济南统计年鉴

JINAN STATISTICAL YEARBOOK

2017

(总第35期 NO.35)

济 南 市 统 计 局
国家统计局济南调查队 编

中国统计出版社
China Statistics Press

图书在版编目（CIP）数据

济南统计年鉴. 2017 / 济南市统计局，国家统计局济南调查队编.
—北京：中国统计出版社，2017.9
ISBN 978-7-5037-8244-2

Ⅰ. ①济…
Ⅱ. ①济… ②国…
Ⅲ. ①统计资料－济南－2017－年鉴
Ⅳ. ①C832.521-54

中国版本图书馆CIP数据核字(2017)第182697号

济南统计年鉴—2017

作　　者/ 济南市统计局　国家统计局济南调查队
责任编辑/ 陈越月　朱立峰
装帧设计/ 济南市委机关文印中心
出版发行/ 中国统计出版社
地　　址/ 北京市丰台区西三环南路甲6号
邮政编码/ 100073
电　　话/ 邮购(010)63376909　书店(010)68783171
网　　址/ http://csp.stats.gov.cn
印　　刷/ 济南市委机关文印中心
经　　销/ 新华书店
开　　本/ 890×1240毫米　1/16
字　　数/ 450千字
印　　张/ 23.25印张
版　　别/ 2017年9月第1版
版　　次/ 2017年9月第1次印刷
定　　价/ 320.00元

如有印装差错，由本社发行部调换。

《济南统计年鉴—2017》编辑委员会

编 辑 说 明

一、《济南统计年鉴—2017》是一部全面反映济南市国民经济和社会发展情况的资料性统计年刊。本书收录了济南市及所辖县、区2016年经济和社会发展各方面大量的统计数据，以及历史重要年份的主要统计数据，是认识和研究济南市情、经济和社会发展，制定宏观政策、指导工作的重要工具书。

二、本年鉴以丰富、翔实的统计资料为主，辅以直观的统计图、特载，全面反映了济南市国民经济和社会发展状况。全书统计资料分为二十个部分，即：1.行政区划；2.人口；3.综合；4.国民经济核算；5.劳动就业；6.固定资产投资；7.城市公用事业和环境保护；8.财政和金融保险；9.物价；10.人民生活；11.农业；12.工业；13.建筑业；14.运输与邮电；15.国内贸易；16.对外贸易与国际旅游；17.科技；18.教育与文化；19.体育卫生；20.民政司法和其它。各篇末附有《主要统计指标解释》，对主要统计指标的含义、统计范围、统计方法以及历史变动情况作了简要说明。

三、本年鉴中使用的度量衡均采用国际统一标准计量单位，统计口径除特别注明外，均包括济南市区、平阴县、济阳县、商河县。资料取自济南市统计局、国家统计局济南调查队及有关部门的统计报表。

四、本年鉴部分数据合计数不等于分项数之和，是由于单位取舍和不同产业的计算误差，部分指标未做机械调整。

五、本年鉴表中的符号使用说明：

“空格”表示该项统计指标数据不详；

“…”表示数据不足本表最小单位数；

“-”表示无此项事实；

“#”表示其中的主要项；

“*”或“①”表示本表下有注解。

《济南统计年鉴》自出版以来，受到了社会各界的关心、支持，在此我们深表感谢。同时，欢迎使用《济南统计年鉴—2017》，敬请广大读者提出宝贵意见。

谢谢！

编 者

2017年9月

目　　录

特　载

一　行政区划

二　人　口

三　综　合

四　国民经济核算

五　劳动就业

六　固定资产投资

七　城市公用事业和环境保护

八　财政和金融保险

九　物　价

十　人民生活

十一　农　业

十二　工　业

十三　建筑业

十四　运输与邮电

十五 国内贸易

十六 对外贸易与国际旅游

十七 科 技

十八　教育与文化

十九　体育卫生

二十　民政、司法和其它

附　录

CONTENTS

Special Report

Chapter 1 Divisions Of Administrative Areas

Chapter 2 Population

Chapter 3 General Survey

Chapter 4 National Accounts

Chapter 5 Employment and Wages

Chapter 6 Investment in Fixed Assets

Chapter 7 Urban Public Unilities and Environmental Protection

Chapter 8 Government Finance, Banking and Insurance

Chapter 9 Price

Chapter 10 People's Livelihood

Chapter 11 Agriculture

Chapter 12 Industry

Chapter 13 Construction

Chapter 14 Transportation Post and Telecommunication Services

Chapter 15 Domestic Trade

Chapter 16 Foreign Economy Trade and International Tourism

Chapter 17 Science and Technology

Chapter 18 Education and Culture

Chapter 19 Sports and Public Health

Chapter 20 Social Welfare, Civil Administration and Others

Appendix

特　载

SPECIAL REPORT

特载-1

济 南 概 况

Introduction of Jinan

济南市位于山东省中部，地理位置介于北纬36°01′至37°32′、东经116°11′至117°44′之间，面积7998平方公里。南部为泰山山地，北部为黄河平原，地势南高北低，地形复杂多样。境内河流较多，主要有黄河、小清河两大水系。还有南北大沙河、玉符河等河流。湖泊有大明湖、白云湖等。济南属于暖温带大陆性气候，春季干燥少雨，多西南风；夏季炎热多雨；秋季天高气爽；冬季严寒干燥，多东北风。年平均气温13.5℃—15.5℃，全年无霜期230天左右，降水量600—900毫米。

济南矿产资源丰富，主要有铁、煤、花岗石、耐火粘土以及铜、钾、铂、钴等多种有色金属、稀有金属和非金属。特别是石灰岩品位高、储量大。花岗石中的黑色花岗石，质地纯正，为国内独有。林木资源分乔木、灌木两大类，共有60多科300多种。南部山区盛产苹果、黄梨、柿子、核桃、山楂、板栗等，并产有远志、丹参、野菊、香附等多种药材。北部沿黄河的平原地带，大枣也有很高的产量。济南种植和养殖资源也相当丰富，有多种粮食作物、经济作物以及家禽、家畜、水产品等。这些资源为济南城乡建设和经济发展储备了一定的物质基础。

济南自然景色秀丽，名胜古迹众多，是中国历史文化名城之一。尤以泉水遍布、清冽甘美而闻名于世，有“济南泉水甲天下”和“泉城”之美誉。主要风景名胜有趵突泉、黑虎泉、珍珠泉、五龙潭、百脉泉五大泉群，大明湖、千佛山、龙洞、灵岩寺、五峰山、华山、城子崖龙山文化遗址、孝堂山汉代郭氏祠、隋代四门塔、唐代龙虎塔、九顶塔以及抢救挖掘的洛庄汉墓、新建的野生动物世界、红叶谷生态旅游区等供人们观赏游览。

济南现在共辖历下、市中、槐荫、天桥、历城、长清、章丘七区和平阴、济阳、商河三县。2016年，全市地区生产总值6536.1亿元，比上年增长7.8%。年末全市常住人口723.3万人，户籍总人口632.8万人。济南又是一个多民族聚居的城市，除汉族外，主要有回、满、苗、蒙古、壮、朝鲜等52个少数民族。

济南是一座有着悠久历史的古城。据史学家考证，早在公元前45世纪之前，已有人类在此繁衍、生息。传说东夷族的首领舜，曾躬耕于济南历山(今千佛山)之下。2600多年前，就建有城郭，最早出现史册上的名称为“泺”(《春秋左传》)，系因济南诸泉汇为泺水，故名。春秋战国时代，济南为齐国之泺邑。随后，齐国又把泺邑改为历下。2100多年前的汉代改称济南(《史记》)，因处于济水之南，故名。公元前164年设立济南国。公元前154年又废国改郡。到了宋代至道三年(公元997年)，分全国为15路，济南属京东路，为齐州(《宋史》)。徽宗政和六年(公元1116年)，齐州升为济南府，辖历城等五县，治所设历城，为府治之始。自明代以来，一直是山东省的省会。1929年7月设济南市至今。1928年4月至1937年底，日本帝国主义先后二次侵占了济南，济南人民深受暴虐的民族压迫和经济掠夺，致使大部分工厂倒闭，无辜同胞惨遭杀戮。1945年8月，日寇投降后，国民党反动派又进行强盗式的劫收，城市又遭到了摧残蹂躏，民生凋敝，物价飞涨，古城一片萧条。1948年9月24日，济南获得解放，这座古城终于回到了人民的怀抱，开始了她新的历史时期。

新中国建立后，济南市始终是中国东部沿海经济大省—山东省省会，是全国副省级城市之一，是全省的政治、经济和科技、教育、文化中心。济南是全国区域性金融中心。2016年年末金融机构本外币各项存款余额达15537.4亿元，各项贷款余额13096.1亿元。

济南是山东省铁路、公路、航空的交通枢纽，京沪、胶济铁路在市区交汇，北连北京、天津，南接南京、上海、福州，东达港口城市青岛、烟台。济南为京沪高铁沿线5个始发终到站之一。济南机场是经国家批准的国际空港，有通往香港、北京、哈尔滨、上海、广州、深圳、福州、厦门、西安、武汉、珠海、海口等城市的几十余条空中航线，通航城市64个。“济青高速”“，济聊高速”与“京福高速”在济南交汇，从而形成了辐射全省、连接全国的高速公路系统省内中心、全国区域性枢纽的格局。济南基本形成了铁路、航空、公路立体构造，联结全省、全国和海外的现代交通网络。

2016 年济南市
国民经济和社会发展统计公报[1]

Statistical Communique on National and Social Development of Jinan in 2016

济 南 市 统 计 局

国家统计局济南调查队

2016年,面对复杂多变的国内外经济环境和繁重艰巨的改革发展稳定任务,在市委、市政府坚强领导下,全市上下认真贯彻党的十八大和十八届三中、四中、五中、六中全会精神,深入学习贯彻习近平总书记系列重要讲话精神,牢固树立并积极践行五大发展理念,坚持稳中求进工作总基调和供给侧结构性改革主线,围绕"四三三"工作体系,扎实推进各项改革事业,妥善应对挑战,全市经济社会保持平稳健康发展。"打造四个中心,建设现代泉城"中心任务破题起势,"十三五"实现良好开局。

一、综 合

经济运行稳中有进。 初步核算,2016年全市地区生产总值[2]6536.1亿元,比上年增长7.8%。分产业看,第一产业增加值317.3亿元,增长4.1 %;第二产业增加值2368.9亿元,增长6.9%;第三产业增加值3849.9亿元,增长8.7%。三次产业比例由上年的5.0:37.8:57.2调整为4.9:36.2:58.9。人均生产总值[3]90999元,增长6.5%,按年均汇率折算为13700美元。

就业形势基本稳定。 全年新增城镇就业18.9万人,新增农村劳动力转移就业5.1万人。年末城镇登记失业率2.17%。

居民消费价格温和上涨,工业生产者价格同比由降转升。 全年居民消费价格上涨2.7%。其中,食品烟酒类价格上涨3.8%。工业生产者出厂价格较年初上升9.7个百分点,工业生产者购进价格较年初上升14.3个百分点。

2016年居民消费价格指数

项 目 名 称	(以上年同期为100)
居民消费价格总指数	102.7
食品烟酒	103.8
衣着	101.3
居住	102.8
生活用品及服务	101.0
交通和通信	98.4
教育文化和娱乐	103.6
医疗保健	106.8
其他用品和服务	103.7

2016年工业生产者出厂价格指数(%)

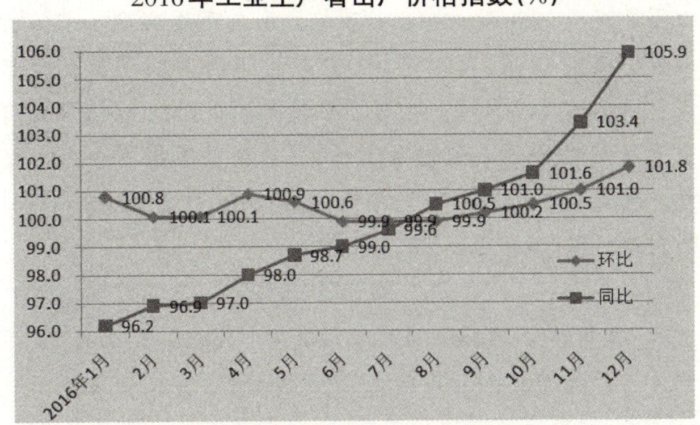

2016年工业生产者购进价格指数(%)

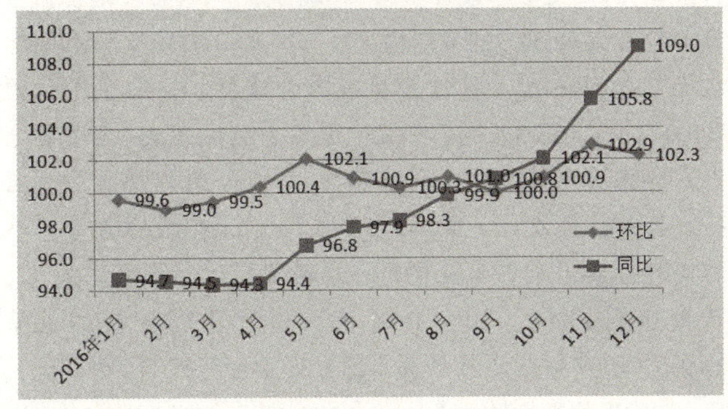

新建商品住宅销售价格指数同比涨幅逐月扩大,至年底略有收窄。

2016年新建商品住宅销售价格同比指数走势图

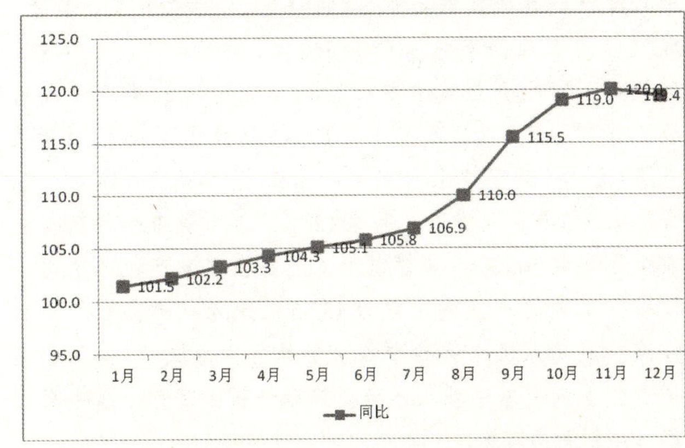

非公有经济稳定发展。 非公有经济增加值2782.1亿元,占GDP比重为42.6%,与上年持平。其中,民营经济增加值

2429.1亿元，占GDP的比重为37.2%，提高0.1个百分点。

现代服务业[4]较快增长。全年现代服务业实现增加值2071.5亿元，增长12.7%；占全市服务业的比重为53.8%，提高1.1个百分点。

“三去一降一补”取得积极成效。东部老工业区搬迁改造和关停腾退工业企业40家，山钢集团济南分公司搬迁工作加快推进，化解150万吨炼铁产能任务提前完成。全市规模以上工业[5]每百元主营业务收入中的成本为82.3元，减少0.6元。基础设施投资571.7亿元，增长11.0%。各项民生和社会重点事业支出557亿元，增长12.7%，占一般公共预算支出比重为75.2%。

重点改革继续深化。深化行政体制改革。市级行政权力下放事项3258项。市级行政权力削减事项44项。取消行政权力事项18项，优化整合行政权力事项7项，不再列为市级行政权力事项9项。推进国企改革。全面完成44户国有企业帮扶解困和改革发展工作，发放帮扶解困资金18.4亿元。实施“五证合一、一照一码”登记制度。全市已有34241户企业领取“五证合一”营业执照。

二、“四三三”工作

“四个中心”建设。区域性经济中心建设。2016年，全市地区生产总值占全省比重达到9.75%，比上年提高0.07个百分点，占比在全省排第三位；一般公共预算收入占比9.89%，排第二位；固定资产投资占比7.6%，排第四位；社会消费品零售总额占比12.3%，排第二位。第三产业占GDP比重58.9%，在全省排第一位。**区域性金融中心建设。**金融业增加值720.0亿元，增长11.5%，占GDP比重为11%，提高0.5个百分点。年末金融机构本外币各项存、贷款余额均排名全省第一。天鹅棉机成功上市，首发融资2.1亿元；另有5家上市公司实现股票再融资38.7亿元。新增新三板挂牌公司58家，总数达到132家（其中16家进入创新层），占全省比重23.2%。47家新三板挂牌公司通过定向发行股票、发行优先股、发行公司债等形式累计融资38.1亿元。**区域性物流中心建设。**社会物流总额21287.5亿元，增长12%，在全省排第四位，占全省比重10.6%，提高0.6个百分点。**区域性科技创新中心建设。**高新技术企业达到751家，增加268家。其中，规模以上工业高新技术企业549家，实现产值增长7.3%。新认定国家级企业技术中心2家，总数达到26家。新增省级工程实验室（工程研究中心）3家，总数达到16家。新增省级（示范）工程技术研究中心8家，总数达到153家。建成国家、省级企业重点实验室12家。年末省市级创新型企业个数达到302家。规模以上工业高新技术产业产值占规模以上工业总产值的比重为43.65%，比年初提高1.02个百分点。成功入围全国科技和金融结合试点城市、全国小微企业创业创新基地城市示范。济南高新区跻身山东半岛国家自主创新示范区。

三项重点工作实现突破进展。**招商引资。**引进市外投资1176.6亿元，增长23.9%。引进总投资过亿元项目466个，过10亿元项目186个。**项目建设。**150个重点项目开工148个，完成投资862亿元，占全年计划的111.2%。其中，121个项目投资计划完成率达到或超过100%。**棚改旧改。**棚户区改造省棚改任务计划4.52万套，实际完成开工4.94万套，年度任务完成率为109.39%。

三大攻坚战不断克难。**治霾。**建成区131台燃煤锅炉淘汰（改造）任务全面完成，从目前淘汰（改造）的数量推算，预计每年可削减燃煤消耗65.3万吨。市区空气质量良好以上天数达到162天，同比增加29天，蓝繁天数203天，增加59天。**治堵。**全年完成轨道交通投资19.5亿元，城市轨道交通R1线和R3线一期工程建设提速。新开通公交线路17条。新建成道路面积80.9万平方米。**脱贫。**分类推进576个贫困村实施产业项目884个。发放富民生产贷、富民农户贷1.6亿元。转移就业贫困群众8900余人。6112名贫困学生享受到教育资助。完成227个贫困村饮水安全工程、1777户贫困户危房改造。农村低保标准、五保分散供养标准提高到每人每年4165元，与市定扶贫线实现“两线合一”。全年实现6.4万建档立卡农村贫困人口脱贫，超额完成省下达减贫任务和年度脱贫计划。

三、农　业

农林牧渔业增势平稳。农业增加值215.1亿元，比上年增长4.2%；林业增加值11.2亿元，增长13.9%；畜牧业增加值86.5亿元，增长2.8%；渔业增加值4.5亿元，增长3.7%。

种植业生产基本稳定。全年粮食种植面积636万亩，棉花15万亩，油料18万亩，蔬菜142万亩。粮食产量257.3万吨，棉花1.3万吨，油料4.2万吨，蔬菜634.2万吨。

林业发展势头良好。完成造林6.3万亩，新育苗3.0万亩。

渔业生产稳定发展。全年水产养殖总面积10.6万亩，水产品产量4.7万吨，渔业总产值6.7亿元。

畜牧业生产稳定发展。肉类总产量36万吨，禽蛋35.1万吨，奶类25.8万吨。新创建国家级畜禽养殖标准化示范场4处，省级示范场15处、市级21处。

农业生产条件持续改善。农业机械总动力451.8万千瓦（不包括农用运输车）。农作物机耕率、机播率和机收率分别达到81.3%、85.4%和85.5%。全年新增有效灌溉面积2.3万亩，新增节水灌溉面积14.8万亩。

农业产业化水平继续提高。市级农业龙头企业总量达437家，新认定38家；农民专业合作社达6039家，新增392家。

四、工业、建筑业

工业整体运行稳中有升。全年全部工业增加值增长6.9%。规模以上工业增加值增长7.3%，按经济类型看，公有制经济增加值增长6.7%，非公有制经济增加值增长7.7%；按轻重工业看，轻工业增加值增长1.0%，重工业增加值增长9.2%。

重点行业继续呈现良好增势。40个工业行业大类中，有29个行业增加值实现增长，增长面达到72.5%，提高5个百分点。

2016年规模以上工业重点行业增加值增长情况

行 业 名 称	增加值增长率(%)
通用设备制造业	5.4
金属制品业	16.8
计算机、通信和其他电子设备制造业	9.5
汽车制造业	22.9
非金属矿物制品业	8.3
石油加工、炼焦和核燃料加工业	6.2
化学原料和化学制品制造业	2.4
医药制造业	2.2
电力、热力生产和供应业	10.4
电气机械和器材制造业	3.6

工业产品产销衔接良好。规模以上工业产品产销率为98.93%,提高0.77个百分点。实现出口交货值273.1亿元,增长2.2 %。在150种工业大类产品中有74种产品产量增长,占49.3%,增幅在30%以上的产品有10种,占6.7%。

2016年规模以上工业企业主要产品产量

产品名称	单位	产量	比上年±%
发电量	亿千瓦时	177.2	0.8
原油加工量	万吨	502.3	−1.5
化肥	万吨	32.5	17.4
初级形态塑料	万吨	50.8	4.2
水泥	万吨	719.8	−7.5
耐火材料	万吨	52.6	−3.9
石墨及炭素制品	万吨	254.3	28.3
粗钢	万吨	805.7	15.3
钢材	万吨	825.9	14.0
工业锅炉	蒸发量吨	2317	3.6
载货汽车	万辆	11.7	26.8
新能源汽车	辆	6576	413.3
摩托车整车	万辆	31.8	−18.8
发电设备	万千瓦	729.4	−0.5
变压器	万千伏安	11354.4	8.9
电子计算机整机	万台	72.3	11.5
服务器	万台	48.6	19.7
电子元件	亿只	35.3	5.5
鲜、冷藏肉	万吨	8.4	−1.6
乳制品	万吨	38.9	−0.6
啤酒	万千升	27.2	9.7
纱	万吨	16.5	−2.2

工业经济效益不断提高。规模以上工业主营业务收入5722.6亿元,增长7.3%;实现利税727.6亿元,增长7.7%;实现利润368.6亿元,增长12.2%。其中,金属制品业利润44.4亿元,增长13.6%;汽车制造业利润30.2亿元,增长68.7%;化学原料和化学制品制造业利润22.9亿元,增长17.4%;石油加工、炼焦和核燃料加工业利润16.7亿元,增长114.1%。

高耗能行业比重上升。六大高耗能行业实现工业增加值占全部规模以上工业增加值的比重为28.1%,提高1.06个百分点。

建筑业平稳发展。全年建筑业增加值493.6亿元,增长6.9%,占GDP比重为7.6%。具有资质等级的建筑业企业460家,比上年增加19家。完成建筑业总产值1864.8亿元,增长12.1%。其中,国有及国有控股企业产值1147.2亿元,增长17.7%。签订合同额4550.5亿元,增长17.4%。其中,本年新签合同额2458.2亿元,增长28.1%。

五、固定资产投资

固定资产投资较快增长。年末全市固定资产投资项目4319个,比上年增长17.9%。其中,亿元及以上投资项目1162个,增加260个。全年固定资产投资3974.3亿元,增长13.7%。分产业看,第一产业投资101.2亿元,增长11.3%;第二产业投资1302.0亿元,增长6.9%;第三产业投资2571.1亿元,增长17.4%。分项目规模看,五十亿元以上项目28个,增加9个,全年完成投资438亿元,增长136.9%,占全市投资的11.0%;十亿元以上至五十亿元项目264个,增加66个,全年完成投资1128.6亿元,增长31.6%,占全市投资的28.4%;亿元以上至十亿元投资项目870个,增加185个,全年完成投资1067亿元,增长4.3%,占全市投资的26.8%。全市民间投资2439.2亿元,增长7.5%。

工业投资稳步增长。全年工业投资1237.4亿元,增长7.8%。其中,技术改造投资708.3亿元,增长0.1%;高新技术产业投资468.2亿元,增长10.7%。

房地产投资增势稳定。全年房地产开发投资1163.9亿元,增长14.8%。其中,住宅投资805.6亿元,增长11.0%。房屋施工面积9719.8万平方米,增长11.4%。其中,住宅施工面积5480.4万平方米,增长19.6%。竣工面积1700.5万平方米,增长19.3 %。其中,住宅竣工面积816.7万平方米,增长105.2%。

房地产业快速发展。房地产业增加值463.2亿元,增长8.6%。商品房销售面积1424.3万平方米,增长19.6%。其中,住宅销售面积1231.7万平方米,增长33.4%。商品房销售额1175.1亿元,增长28.3%。其中,住宅销售额1035.7亿元,增长48.9%。

六、国内贸易

消费需求增长较快。全年社会消费品零售总额3764.8亿元,比上年增长10.4%。其中,商品零售3176.1亿元,增长10.4%;餐饮收入588.7亿元,增长10.3%。分城乡看,城镇社会消费品零售额3418.9亿元,增长10.5%;乡村社会消费品零售额345.9亿元,增长9.8%。全年限额以上法人企业[6]实现零售额1440.8亿元,增长6.6%。

主要商品销势良好。在限额以上法人企业商品零售中,粮油、食品类139.1亿元,增长6.7%;服装、鞋帽、针纺织品类109.9亿元,增长2.0%;日用品类58.4亿元,增长11.4%;家用电器和音像器材类76.6亿元,增长3.6%;通讯器材类58.0亿元,增长7.3%;汽车类371.7亿元,增长7.2%。

2016年限额以上批发和零售业法人企业商品分类零售额

商品类别	零售额(亿元)	增幅(%)
粮油、食品类	139.1	6.7
饮料类	11.0	1.0
烟酒类	22.1	6.1
服装、鞋帽、针纺织品类	109.9	2.0
化妆品类	15.4	3.4
金银珠宝类	47.5	2.9
日用品类	58.4	11.4
体育、娱乐用品类	4.4	-9.6
书报杂志类	28.0	30.5
家用电器和音像器材类	76.6	3.6
中西药品类	115.7	3.1
文化办公用品类	62.7	44.0
家具类	34.4	5.2
通讯器材类	58.0	7.3
石油及制品类	216.9	4.6
汽车类	371.7	7.2

七、开放型经济

对外贸易稳定增长。全年货物进出口总额639.7亿元，比上年增长13.0%。其中，出口408.0亿元，增长9.6%；进口231.7亿元，增长19.5%。出口市场中，对欧洲国家和地区出口增长28.4%，对东南亚、韩国、日本出口分别增长11.8%、80.2%和1.3%，对美国、欧盟出口分别增长39.7 %和9.6 %。主要出口商品中，机电产品出口42.4亿美元，增长6.4%；农产品出口0.9亿美元，增长18.9%；高新技术产品出口7.3亿美元，增长14.3%。

利用外资水平持续提高。实际到账外资112.3亿元，增长14.7%。其中，制造业到账外资0.5亿美元，服务业到账外资15.2亿美元。总投资过亿美元的项目13个，合同外资15.3亿美元。引进世界500强企业投资项目10个，实际到账外资1.6亿美元。

对外经济合作步伐加快。备案核准设立境外企业(机构)56家，增长7%；备案核准中方投资45.4亿元，增长28.5%。派出各类劳务人员6976人，增长1.3%。

八、交通、邮电、旅游和会展

交通运输业平稳发展。年末公路通车里程12730.2公里，比上年下降2.9%。其中，境内高速公路462.2公里，增长10.3%。年末拥有民用机动车182.4万辆。其中，民用汽车174.2万辆，增长13.1%。年末公交线路295条，增加18条；线路总长度5891.4公里，增加501.8公里；公交营运车辆5846辆，增加309辆；全年旅客运输量7.7亿人次，下降0.8%。全年济南机场累计保障起降架次10万架次，增长16.2%；完成旅客吞吐量1161.7万人次，增长22%；累计完成货邮吞吐量[7]10万吨，增长15.8%。

邮电通信业快速增长。全市邮政企业和快递服务企业业务收入(不包括邮政储蓄银行直接营业收入)累计完成41.4亿元，增长37.8%；业务总量完成54.3亿元，增长41.3%。全市快递服务企业业务收入完成32.2亿元，增长38.4%，业务量完成26745.8万件，增长42.4%。全年电信业务总量156亿元，增长27.7%。年末移动电话用户1087.7万户，下降0.23%，其中，4G电话用户数442.1万户，增长44.2%。宽带网用户261.9万户，增长22.6%。

旅游业蓬勃发展。全年接待国内外游客6618.5万人次，增长8.6%。其中，接待国内游客6583.3万人次，增长8.6%；接待入境游客35.2万人次，增长5.6%。实现旅游消费总额846.9亿元，增长13.7%。其中，国内游客消费额762.9亿元，增长13.8%；入境游客消费额19609.1万美元，增长6.5%。共有A级旅游景区44家。其中，5A级景区1家，4A级景区12家。省级旅游强乡镇30个，省级旅游特色村82个，省级以上旅游度假区1家。

会展业稳步发展。全年举办会展165场。其中，国际性展会1场，国家性展会14场。

九、财政和金融

财政收支平稳增长。地域税收收入1025.7亿元，比上年增长10.4%。一般公共预算收入641.2亿元，按可比口径增长9.9%。一般公共预算支出741亿元，增长12.5%。其中，医疗卫生与计划生育支出64.6亿元，增长7.2%；节能环保支出26.4亿元，增长23.8%；城乡社区支出125.6亿元，增长19.9%。

金融存贷款规模继续扩大。年末金融机构本外币各项存款余额15537.4亿元，增长9.6%。金融机构本外币各项贷款余额13096.1亿元，增长15.3%。

金融机构数量持续增加。金融机构单位数502家，增加44家。其中，银行47家，增加3家；保险公司87家，增加5家；证券分公司35家，增加12家；证券营业部83家，增加5家；期货分公司2家，增加2家；期货营业部36家，增加2家；其他各类机构增加15家。

资本市场稳步发展。济南地区证券营业部完成证券交易额3.5万亿元。济南地区期货营业部代理交易额4.5万亿元。截至2016年末，全市区域内上市公司32家，上市公司总市值4267.1亿元。

保险业保持较快增势。保费收入347.5亿元，增长56%。其中，财产险公司保费收入71亿元，增长20.6%；人身险公司保费收入276.5亿元，增长68.7%。各项赔款与给付78.7亿元，增长19.8%。

十、科技、教育、文化、卫生和体育事业

科技发明成果再获新突破。万人有效发明专利拥有量达到20.7件，比上年增长26.0%。技术合同实现交易额44.8亿元，增长44.5%。规模以上工业企业研发人员数量43785人，增长13.1%。规模以上工业企业办研发机构553个，增长7.2%。济南大学独立研发项目“水泥基压电复合监测材料与器件成套制备技术及在混凝土工程应用”荣获国家技术发明二等奖。山东大学产学研项目“高性能光伏发电系统关键控制技术与产业化应用”荣获国家科技进步二等奖。全市获省科技进步一等奖1项、二等奖2项，省技术发明二等奖1项。全年专利申请量31789件，增长9.8%。其中，发明专利申请

量14649件。专利授权量15453件。其中,发明专利授权量4502件,增长15.1%。

教育事业持续发展。普通高等学校43所,普通本专科在校生55.8万人。其中,民办普通高校11所,普通本专科在校生10.7万人。普通中学在校生29.8万人。普通小学在校生43.2万人。学龄儿童入学率和小学毕业生升学率均为100%。继上年实现全面"零择校"后,全市中小学新生分班时全面实行"零择班",确保教育资源分配的均衡与公平。义务教育教师交流轮岗制度化、常态化,全年交流教师3051人。

2016年教育事业基本情况

	单位	2015年	2016年
学校所数	所	946	949
普通高校	所	43	43
中等职业学校	所	41	37
技工学校	所	25	23
普通中学	所	214	224
小学	所	582	582
特殊教育	所	12	11
在校生	万人	153.71	158.56
研究生	万人	3.27	3.43
普通高校普通本专科	万人	53.62	55.79
中等职业学校	万人	5.93	5.79
技工学校	万人	4.68	6.26
普通中学	万人	30.16	29.84
小学	万人	41.44	43.23
特殊教育	人	1074	1080
专任教师	人	88487	103316
普通高校	人	30873	43715
中等职业学校	人	4068	3987
技工学校	人	2878	2608
普通中学	人	23643	24318
小学	人	25795	26976
特殊教育	人	410	402

文化事业健康发展。全市基层群众文化活动示范点达到160个。市属院团举办走基层公益惠民演出336场,观众达32万人次。年末(国有)艺术表演团体13个,文化馆(站)及群众艺术馆152个,档案馆15个,公共图书馆12个。市级以上文物保护单位374处。其中,国家级21处。城市电影院44家,全年放映53.9万场,观众1011万人次,票房收入3.3亿元。年末广播人口混合覆盖率和电视人口混合覆盖率均为100%。全年完成文化产业投资148.7亿元,增长13.9%。成功举办第四届中国非物质文化遗产博览会,非遗参展项目1000余项,展出非遗制品14000余件,观众50余万人次。

医疗卫生水平全面提升。年末拥有卫生机构6188个,增加241家,增长4.1%。其中,医院、卫生院270个(三甲医院21家、民营医院129家),增加2家,增长0.75%。卫生机构床位5.21万张,增长5.68%。各类卫生技术人员7.64万人,增长6.5%;执业(助理)医师3.44万人,增长5.5%。按常住人口计算,每千人拥有病床7.2张,增长4.2%;每千人拥有医生4.75人,增长3.26%。

体育事业广泛开展。全民健身深入开展,全市已成立体育社会组织112个,培训社会体育指导员2015人。全年组织各类全民健身活动(赛事)143次,参与人数超过200万人次。竞技体育实力提升,获省级及以上金牌464枚,银牌329枚,铜牌317枚。我市12名运动员参加了31届里约奥运会,共获得2枚金牌、1枚银牌、1枚铜牌的优异成绩。

十一、城乡建设、环境和安全生产

新型城镇化加快推进。常住人口城镇化率达到69.46%,比上年提高1.5个百分点。城乡布局进一步优化,全年撤乡设镇2个,撤镇设街道办事处9个。章丘市撤县(市)设区。

海绵城市建设有序推进。已完工13个海绵城市试点项目,完成投资52.1亿元。试点区域实施海绵城市改造面积29.98平方公里。其中,实施海绵化改造小区914万平方米;实施海绵绿地建设10.7平方公里;实施海绵化河道改造14.5公里。

城市建设[8]步伐加快。年末城市建成区面积508平方公里,增加11.3平方公里。年末绿地覆盖率40.1%,人均公园绿地面积11.6平方米。全年天然气供气量8亿立方米,增长6.0%;液化石油气供气量5.6万吨,增长18.6%。集中供热面积14600万平方米,增长0.7%。自来水供水量32800万吨,增长3.1%。垃圾无害化处理率100%。

环境治理力度进一步加大。2016年,城区环境空气中可吸入颗粒物(PM_{10})年均浓度141微克/立方米,下降10.2%;细颗粒物($PM_{2.5}$)73微克/立方米,下降16.1%;二氧化硫38微克/立方米,下降24%;二氧化氮45微克/立方米,下降6.3%。区域环境噪声昼间平均等效声级53.1分贝,下降0.6分贝;市区道路交通噪声平均等效声级69.8分贝,下降0.2分贝。

节能降耗成效显著。全年单位GDP能耗下降率完成当年节能降耗目标任务。初步核算,万元GDP能耗下降3.94%。能源利用效率有所提高,一次能源转换成二次能源效率同比增长1.1个百分点,能源回收利用效率增长1.2个百分点。

新能源生产规模快速扩大。全市新能源发电装机总容量38.4万千瓦,占全市发电总装机容量的10.5%。其中,生物质发电装机10.4万千瓦,太阳能发电装机13.1万千瓦,风力发电装机14.9万千瓦。

社会治安秩序良好。全年刑事案件立案21142件,下降39.7%。破获当年刑事案件7610件。受理社会治安案件71868件,下降16.6%。

安全生产事故持续下降。全年共发生各类安全生产事故562起,减少245起;死亡285人,减少7人;重伤213人。亿元国内生产总值生产安全事故死亡率0.044,工矿商贸就业人员十万人生产安全事故死亡率1.36,道路交通万车死亡率1.30。

十二、人口、居民生活和社会保障

人口保持均衡增长。年末全市常住人口723.31万人,比上年末增长1.42%。户籍人口632.83万人。申报出生率

14.61‰，申报死亡率6.27‰，人口自然增长率8.34‰。

城乡居民生活继续改善。城镇居民人均可支配收入43052元，增长7.9%；城镇居民人均生活消费支出28537元，增长8.4%。农村居民人均可支配收入15346元，增长7.8%；农村居民人均生活消费支出9396元，增长9.3%。城乡居民收入比为2.8:1，与上年持平。城镇居民恩格尔系数[9]24.2%，农村居民恩格尔系数32.2%。

社会保障水平进一步提高。年末城镇职工基本养老保险参保人数284.28万，增加18.14万；职工医疗保险参保人数214.48万，增加6.39万；失业保险参保人数135.78万，增加5.7万；工伤保险参保人数161.22万，增加16.76万；生育保险参保人数142.17万，增加5.74万。居民养老保险和医疗保险参保人数分别达到225.09万和404.13万。

2016年城镇、农村居民人均可支配收入情况

指标名称	城镇居民		农村居民	
	本年(元)	增幅(%)	本年(元)	增幅(%)
可支配收入	43052	7.9	15346	7.8
工资性收入	25253	7.1	8672	7.7
经营净收入	2580	1.5	5713	7.8
财产净收入	7210	12.8	309	10.3
转移净收入	8010	8.5	652	8.2

2016年末每百户居民家庭主要耐用消费品拥有情况[10]

指 标	单 位	拥有量	比上年±%
家用汽车	辆	49.8	38.6
摩托车	辆	13.5	75.8
电冰箱(柜)	台	101.4	96.7
洗衣机	台	97.9	89.8
热水器	台	100.8	79.4
空调	台	152.3	67.0
彩色电视机	台	110.6	118.3
摄像机	台	16.1	1.2
照相机	台	52.8	8.8
计算机	台	90.0	43.2
固定电话	部	57.0	48.3
移动电话	部	209.4	224.2
彩电	台	114	1.6
摩托车	台	79.1	3.5
家用电脑	台	40.1	31.9
移动电话	部	213.9	4.2

最低生活保障标准继续提高。城市最低生活保障标准由上年人均每月550元提高到580元，享受城镇最低生活保障的城镇居民1.24万户、1.97万人，发放最低生活保障金及各类补贴1.16亿元。农村最低生活保障标准由年人均不低于3600元提高到4165元，享受农村最低生活保障的农村居民5.4万户、8.01万人，发放最低生活保障金及各类补贴2.49亿元。农村五保集中供养标准由每人每年不低于5900元提高到6400元，分散供养标准由每人每年3700元提高到4165元。

社会救助事业稳定发展。城乡医疗救助资金支出4641.1万元，救助居民1.45万人次。共有救助管理站2处，流浪未成年人保护中心1处。全年培训残疾人9510人次，安置残疾人员就业2099人，帮扶救助残疾人投入资金6420.7万元。

注释：

[1]2016年统计数据为统计快报数或初步核算数，正式数据以出版的《济南统计年鉴—2017》为准。

[2]全市地区生产总值、各产业增加值绝对数按现价计算，增长速度按不变价格计算。

[3]人均地区生产总值按常住人口计算。

[4]现代服务业包括：信息传输、计算机服务业和软件业，金融业，房地产业，商务服务业，研究与试验发展，专业技术服务，科技交流与技术推广服务业，教育，卫生，体育，娱乐业。

[5]规模以上工业企业指年主营业务收入2000万元及以上的工业法人单位。

[6]限额以上法人企业(单位)是指年主营业务收入2000万元及以上的批发业企业(单位)、500万元及以上的零售业企业(单位)、200万元及以上的住宿和餐饮业企业(单位)。

[7]货邮吞吐量是指一国或一地区港口进口和出口货物的总流量，包括了进口、出口、转口的所有数据。

[8]城市建设指标口径为包含三县一市的整个济南地区。

[9]恩格尔系数是指食品支出在消费支出中的比重。

[10]数据来自于住户收支与生活状况调查。

资料来源：本公报中社会治安数据来自公安部门；财政数据来自财政部门；城镇新增就业、新增农村劳动力转移就业、登记失业率、城镇职工各类保险参保数据、人才数据来自人力资源和社会保障部门；安全生产数据来自安全生产监督管理部门；淘汰落后产能相关数据来自经信部门；水产品产量、农业数据来自农业部门；林业数据来自林业部门；灌溉面积数据来自水利部门；外资数据来自投资促进局；进出口、对外承包工程、新设境外企业、外派劳务人员、会展数据来自商务部门；公路里程、公交数据、公路运输数据来自交通部门；邮政、快递数据来自邮政管理部门；机动车数据来自车管所；保险、证券数据来自金融部门；旅游数据来自旅游部门；教育数据来自教育部门；科技数据来自科技部门；新认定国家级企业技术中心数据、新增省级工程实验室(工程研究中心)数据来自发改部门；文化数据来自文化部门；卫生数据、新型农村合作医疗相关数据来自卫生部门；体育数据来自体育部门；城市建设相关数据来自城乡建设部门；环境保护相关数据来自环保部门；海绵城市建设数据来自市政公用事业局；城乡最低生活保障、农村五保、新型城镇化相关数据来自民政部门；全面深化改革数据来自市委全面深化改革领导小组办公室、发改委；扶贫数据来自市扶贫开发领导小组办公室；居民收入与支出数据、恩格尔系数、价格指数、粮食播种面积、产量来自国家统计局济南调查队；其他数据均来自市统计局。

地区生产总值（亿元）

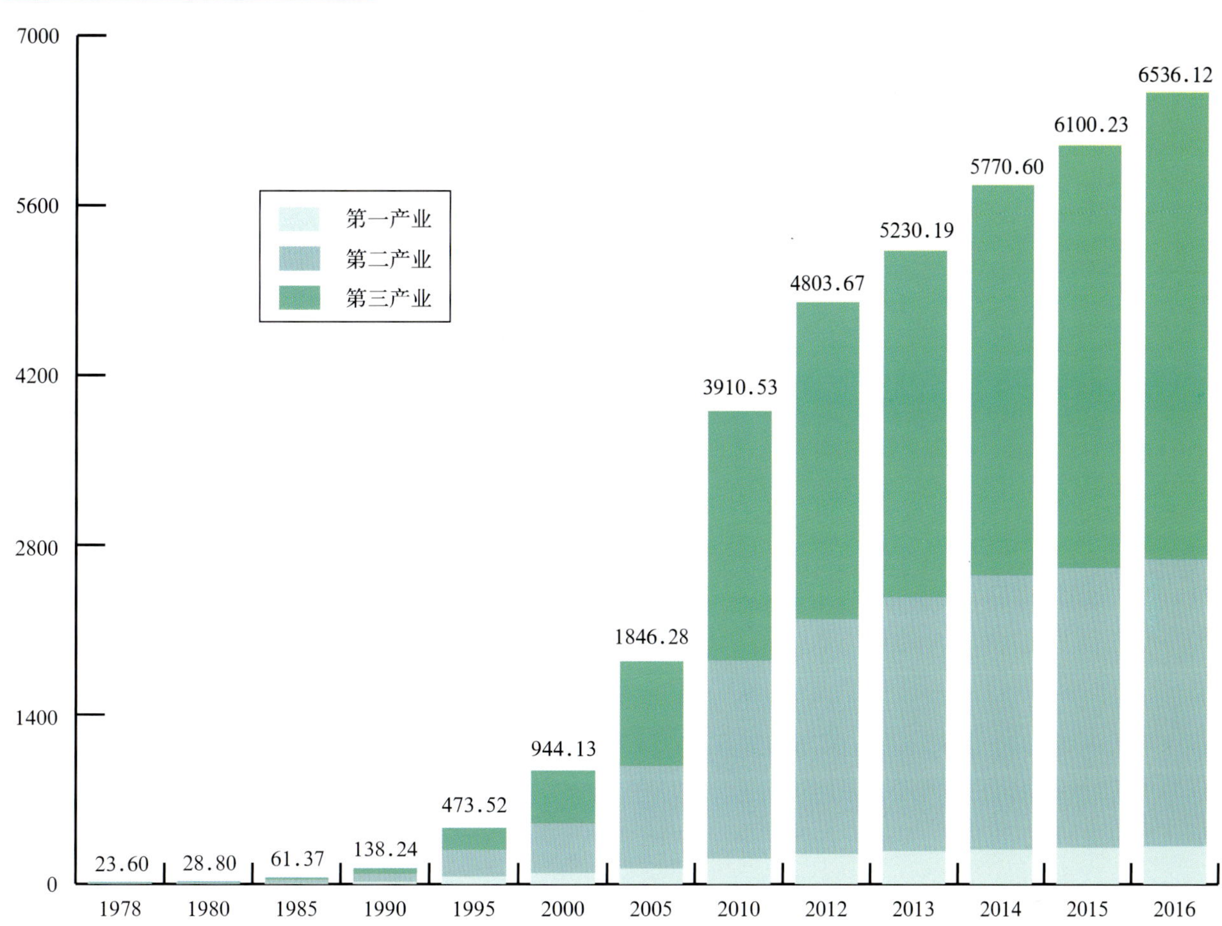

人均地区生产总值（元）

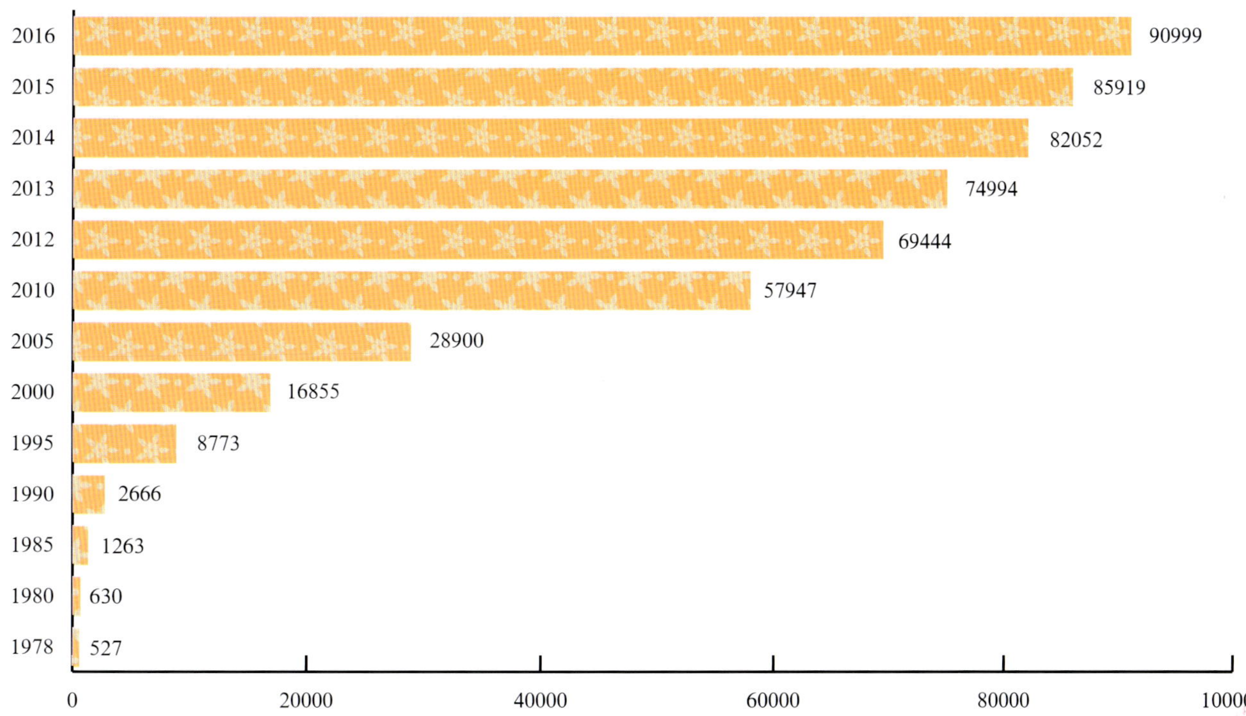

全社会从业人员（万人）

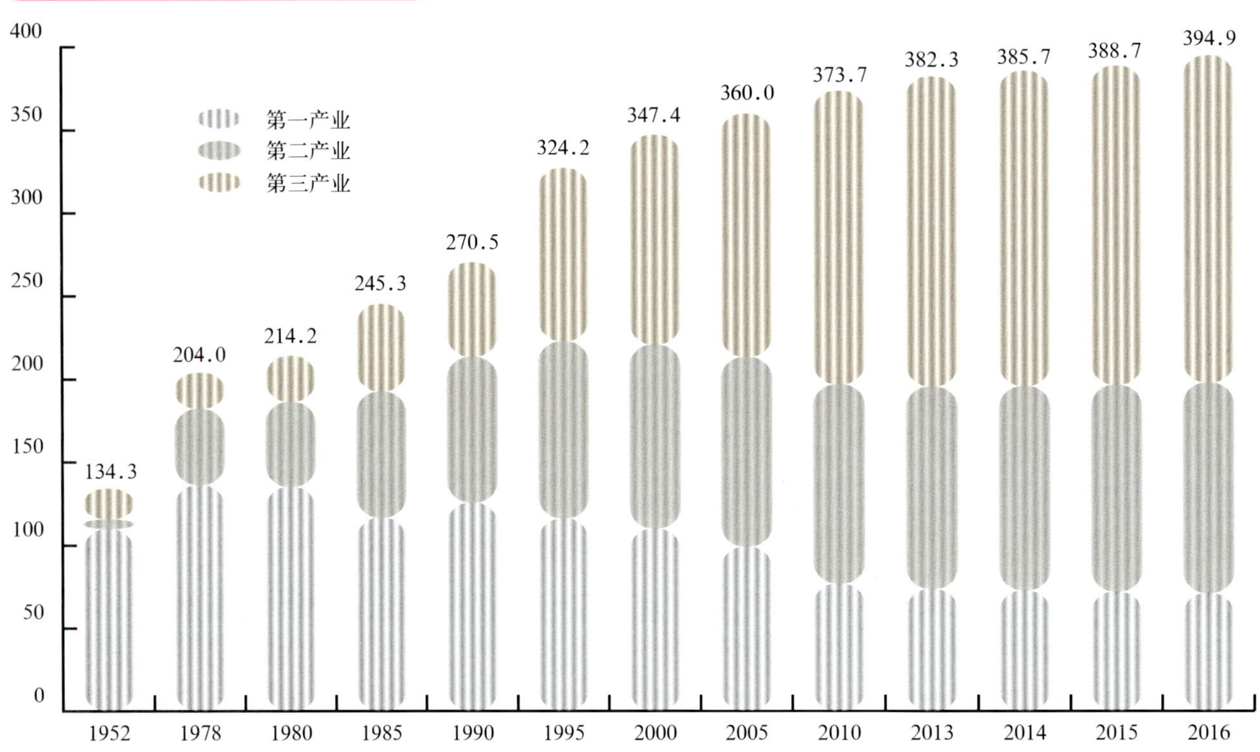

在岗职工平均工资（元）

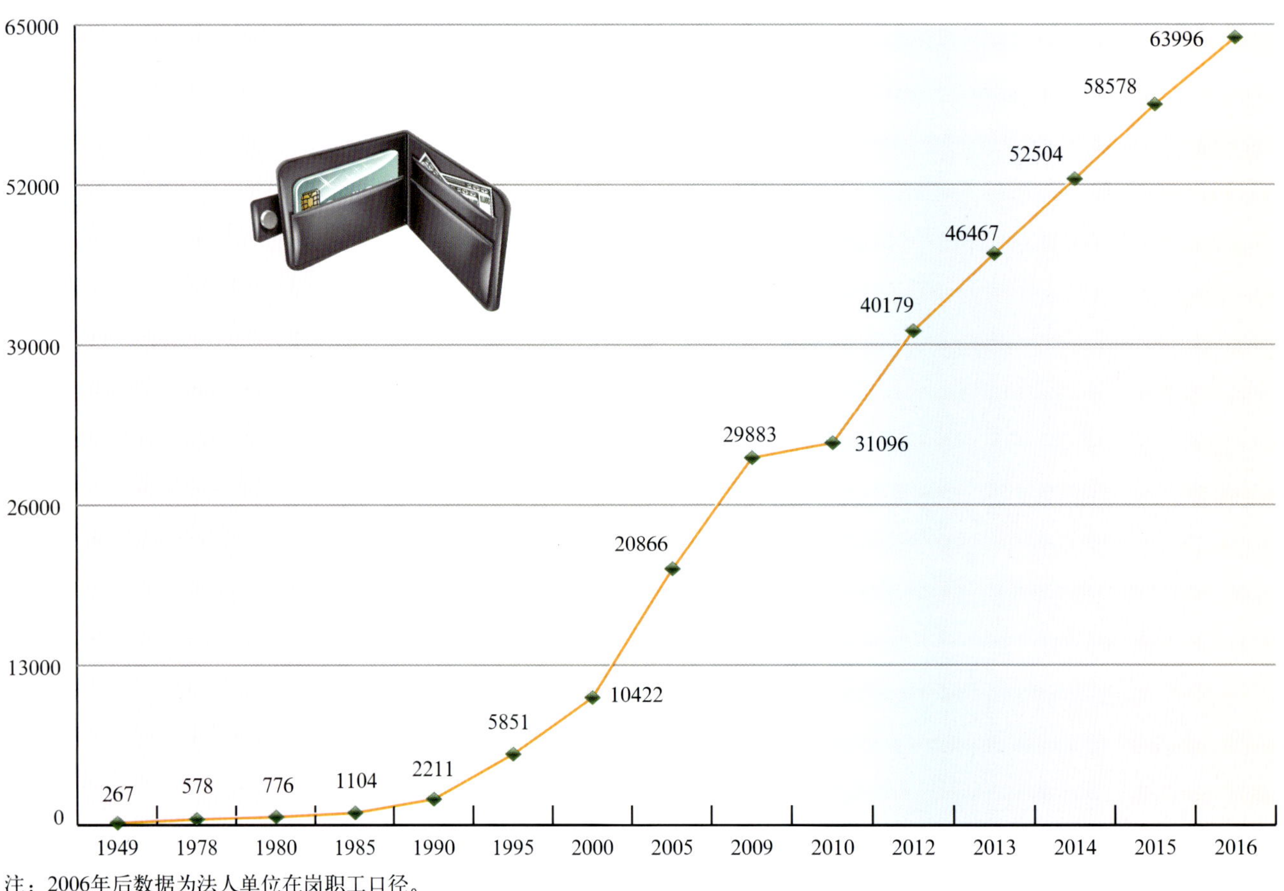

注：2006年后数据为法人单位在岗职工口径。

年末户籍总人口（万人）

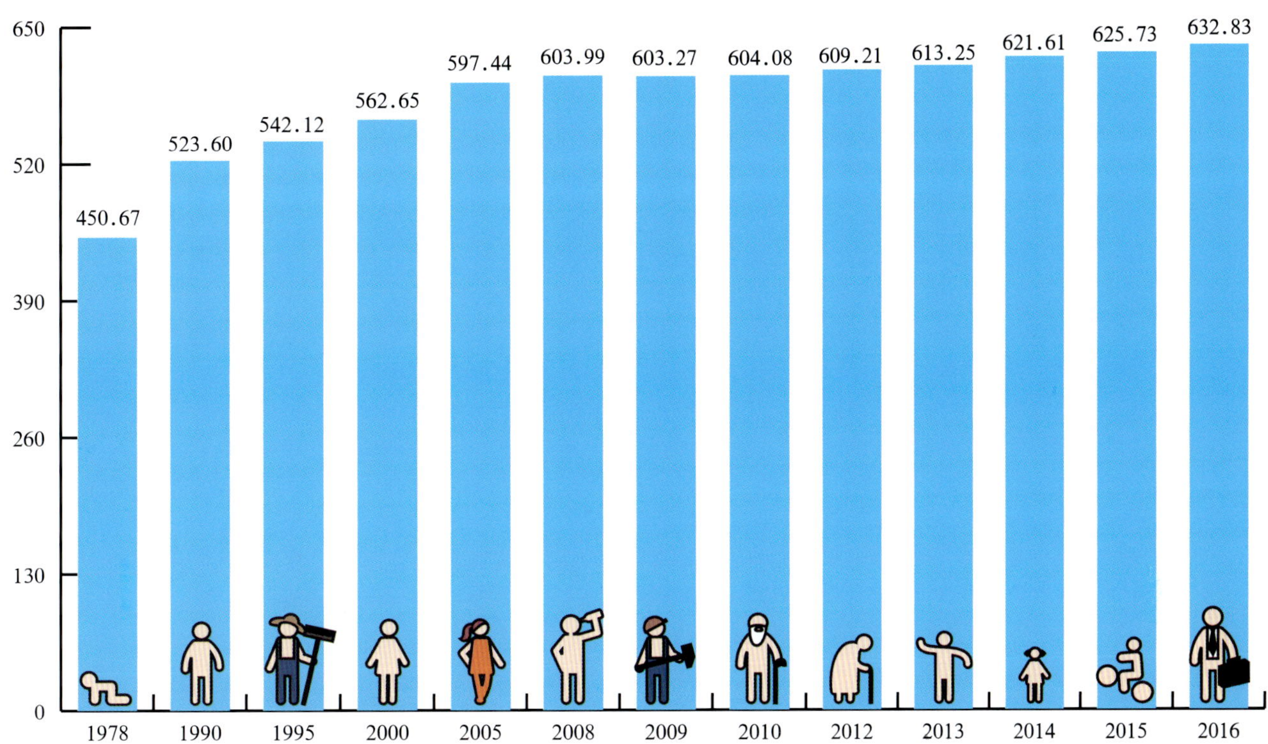

人口自然变动情况（‰）

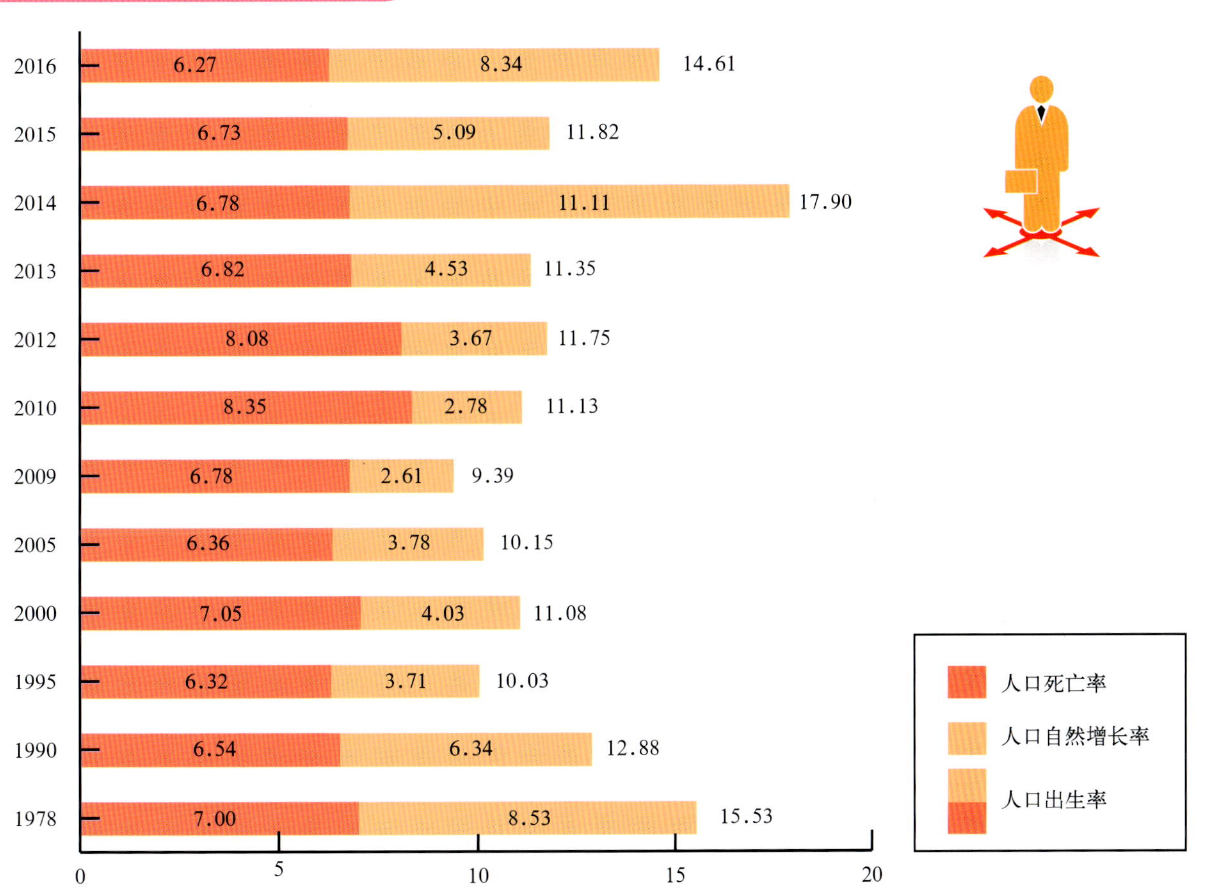

一般公共预算收支（亿元）

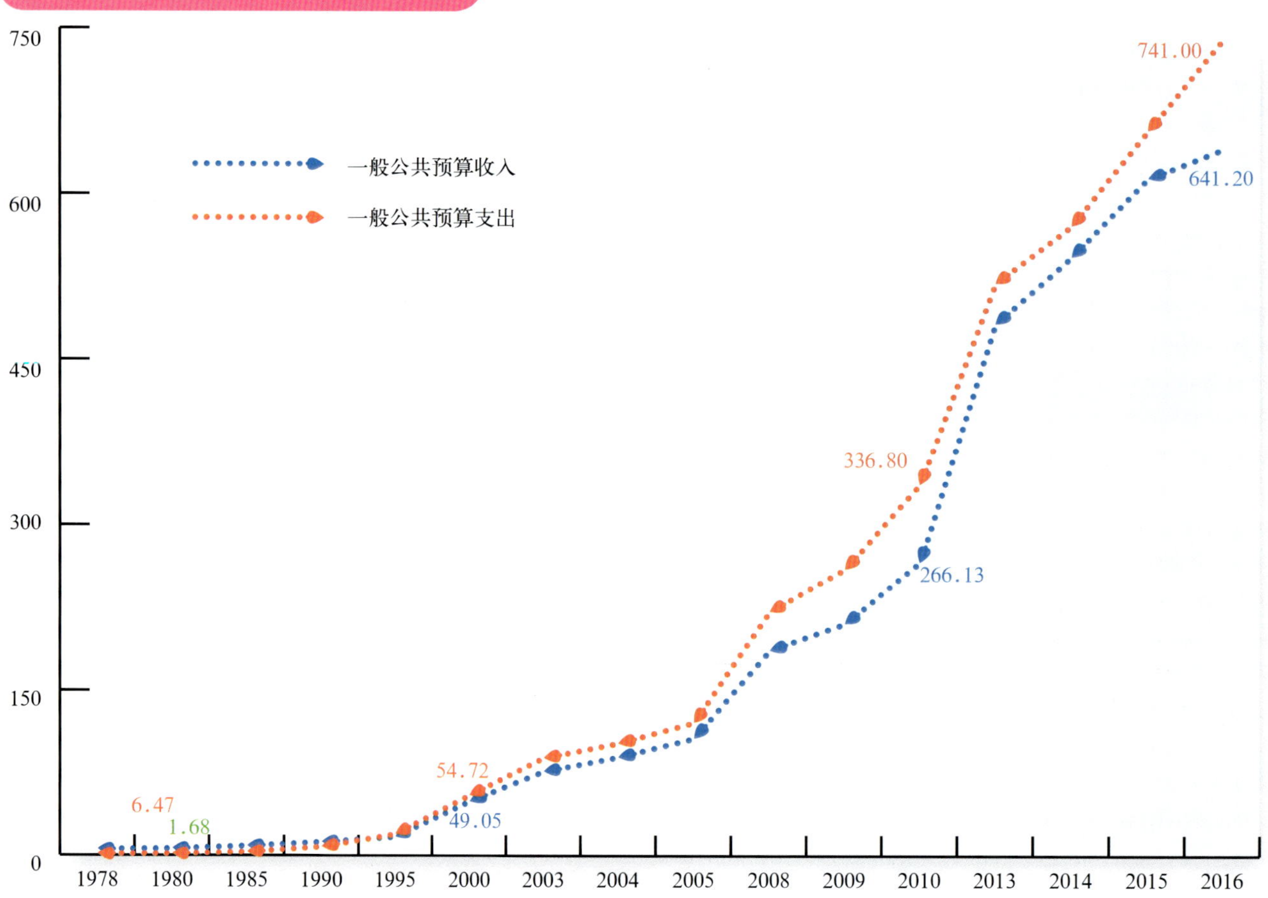

金融机构人民币存、贷款余额（亿元）

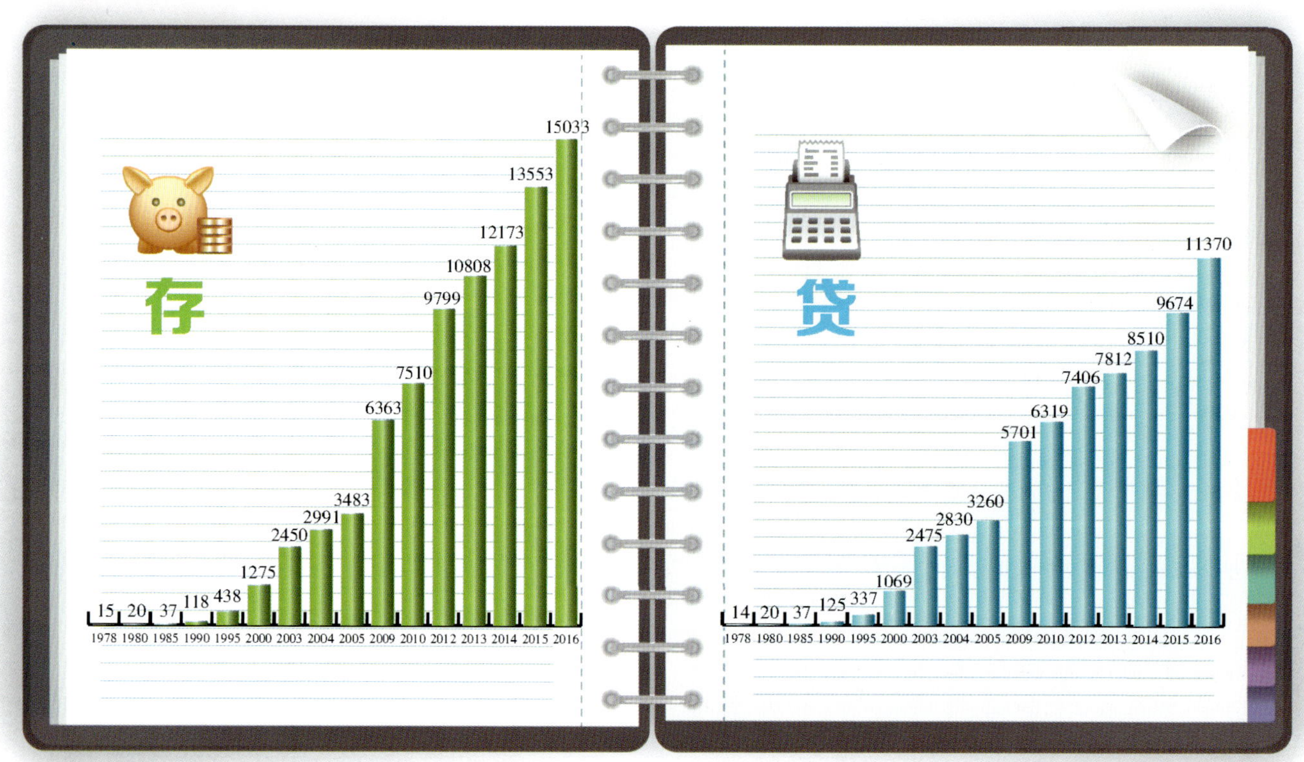

城镇居民人均可支配收入和农村居民人均可支配收入（元）

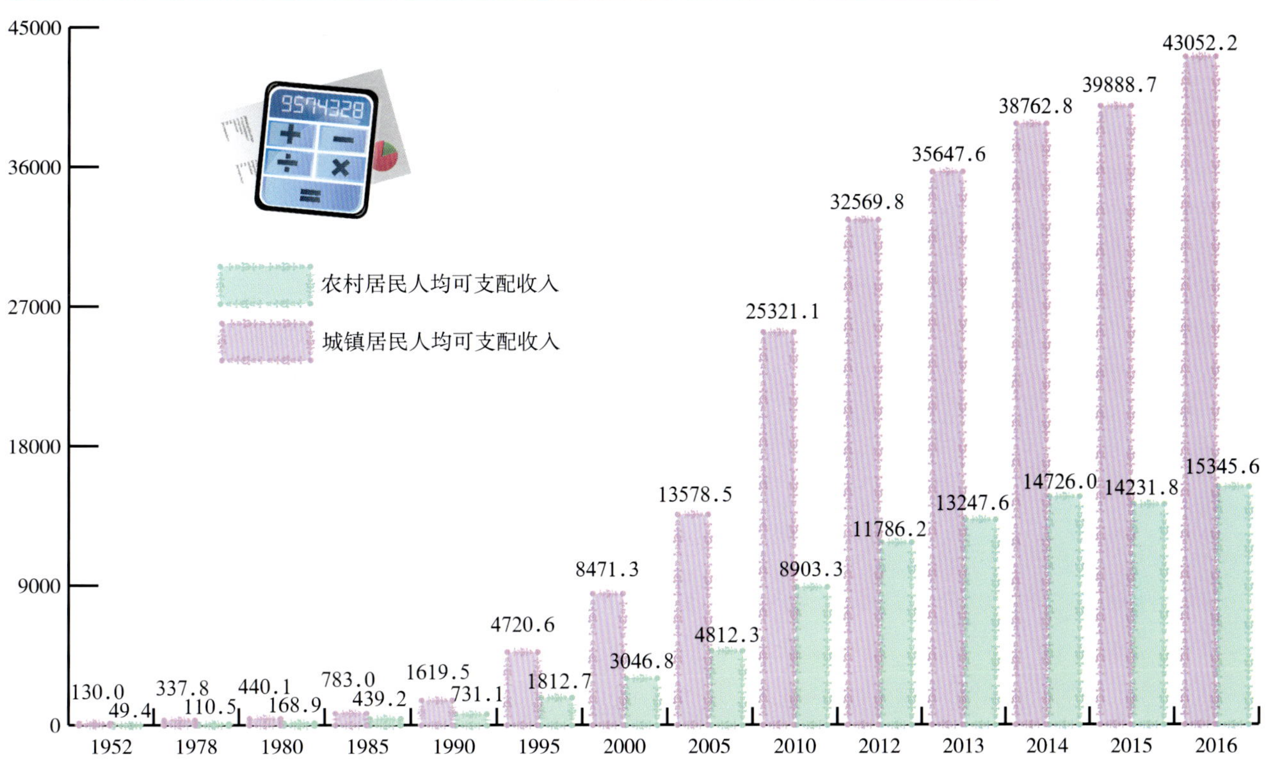

注：城乡一体化改革，2015年起为城镇居民人均支配收入和农村居民人均可支配收入口径；之前年份为城市居民人均可支配收入和农民人均纯收入口径。

城镇居民人均生活消费支出和农村居民人均生活消费支出（元）

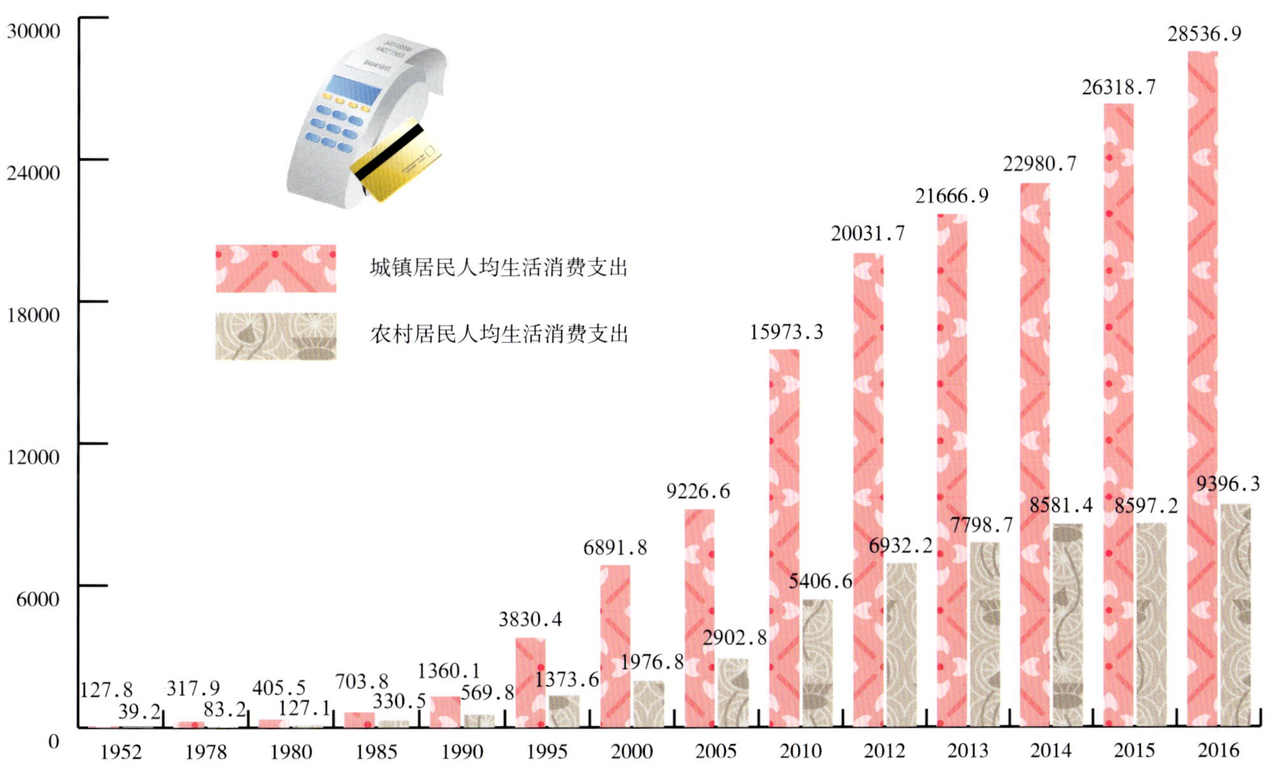

注：城乡一体化改革，2015年起为城镇居民人均生活消费支出和农村居民人均生活消费支出口径；之前年份为城市居民人均消费性支出和农民人均生活费支出口径。

城镇居民与农村居民恩格尔系数（%）

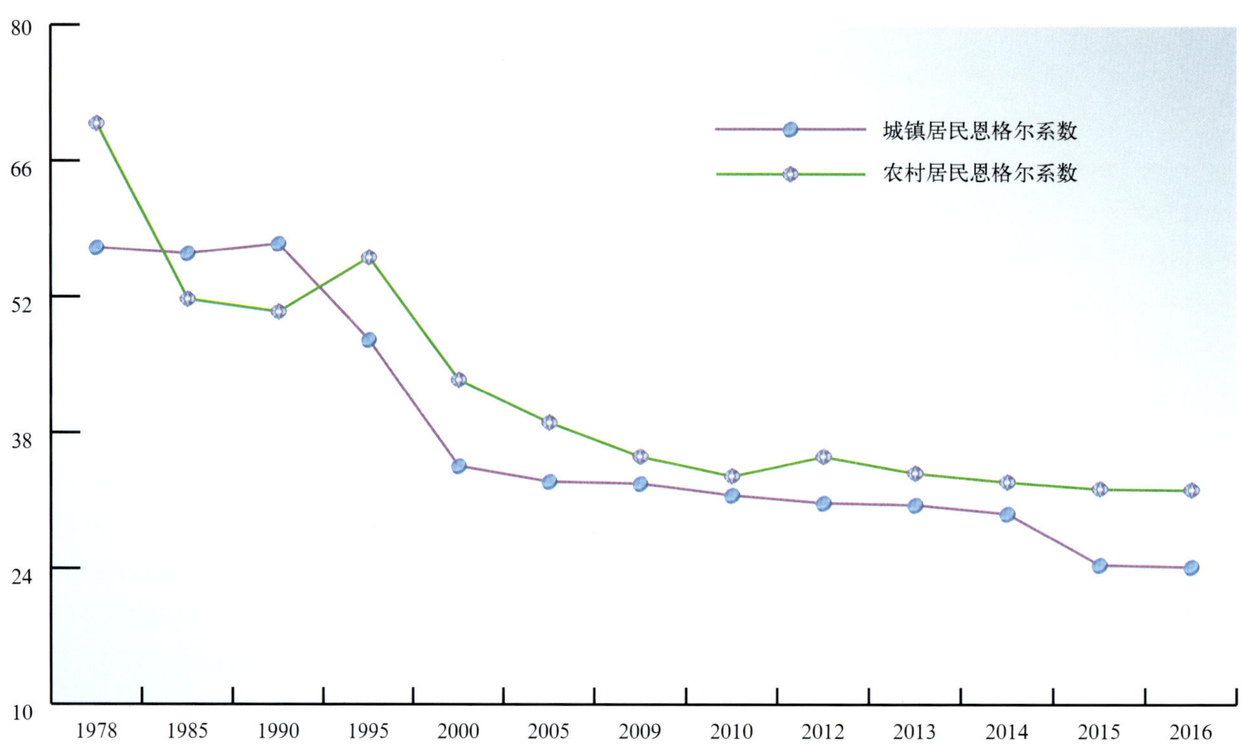

人民币住户存款余额（亿元）

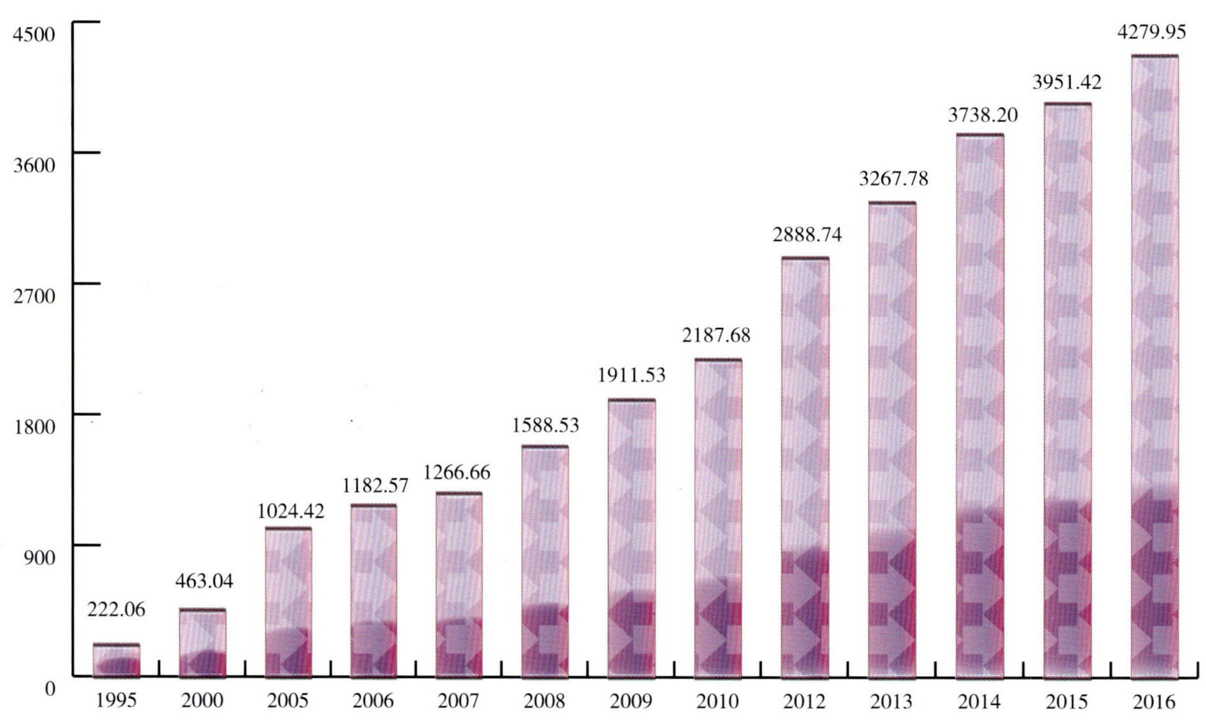

注：2015年之前为城乡居民人民币储蓄存款余额口径，2015年调整为住户存款。

居民消费价格指数与商品零售价格指数（以上年为100/%）

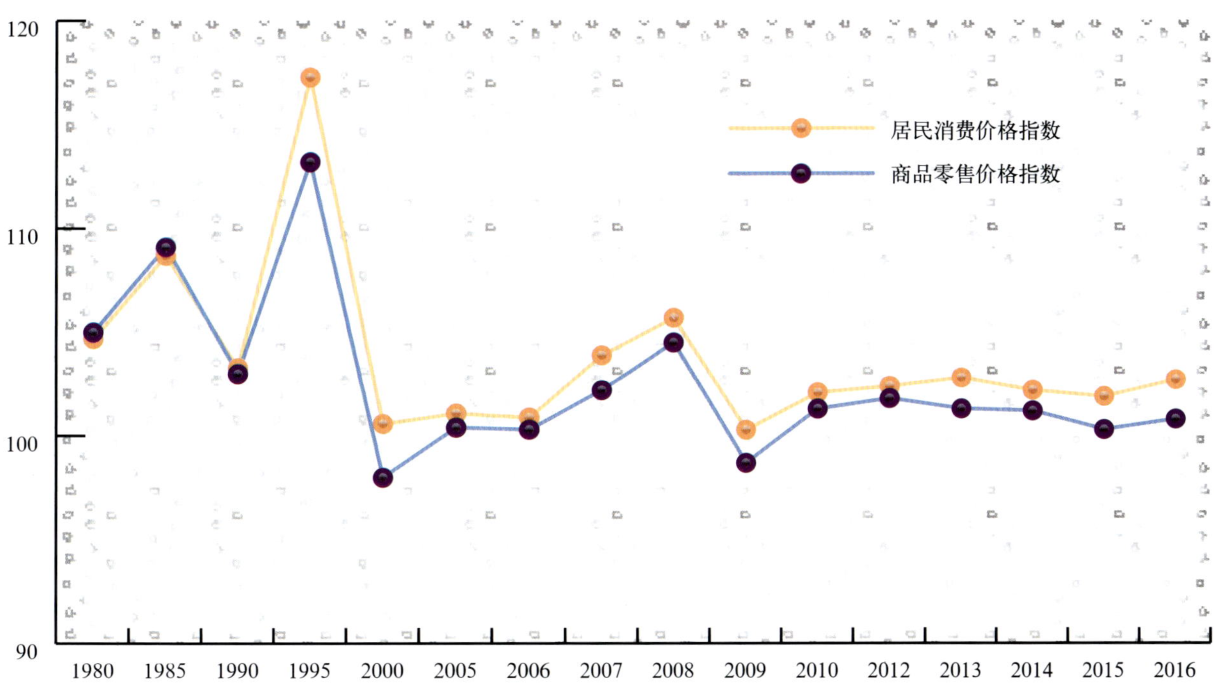

工业生产者出厂价格指数与工业生产者购进价格指数（以上年为100/%）

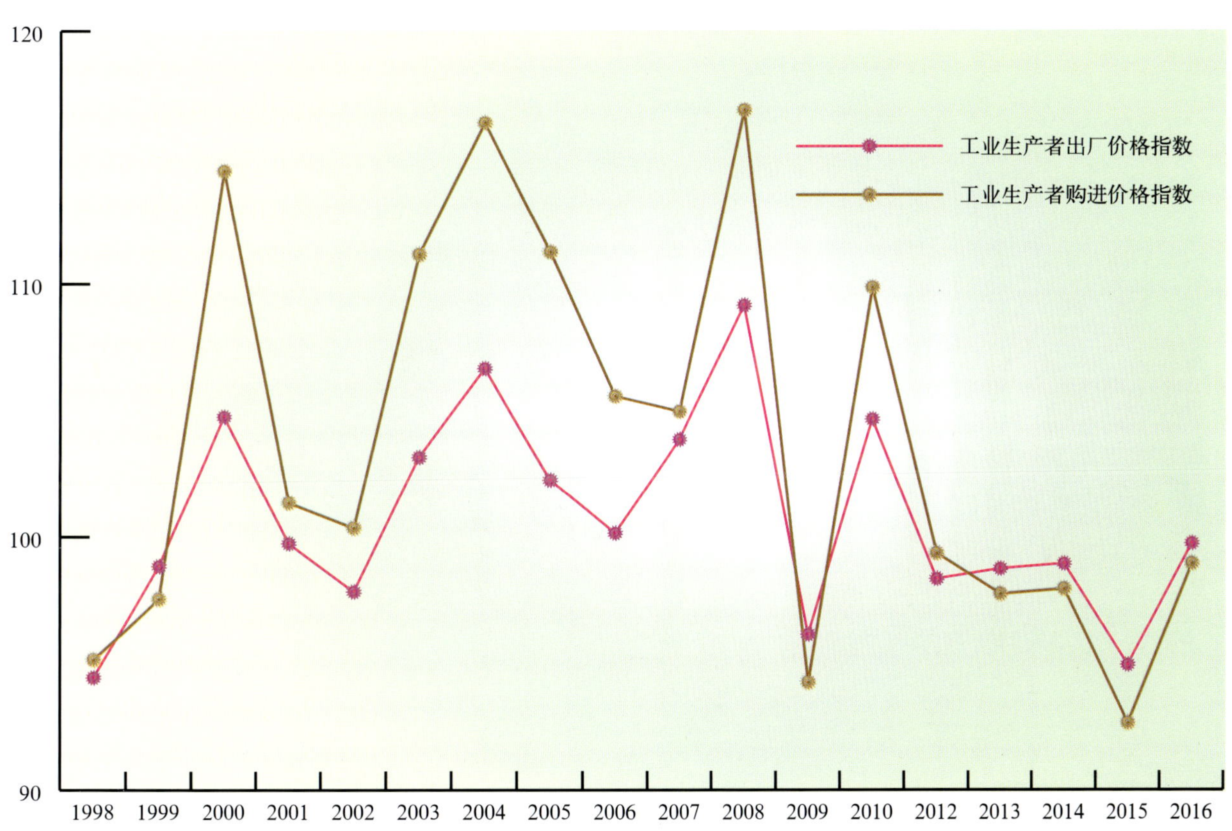

实际使用外资（万美元）

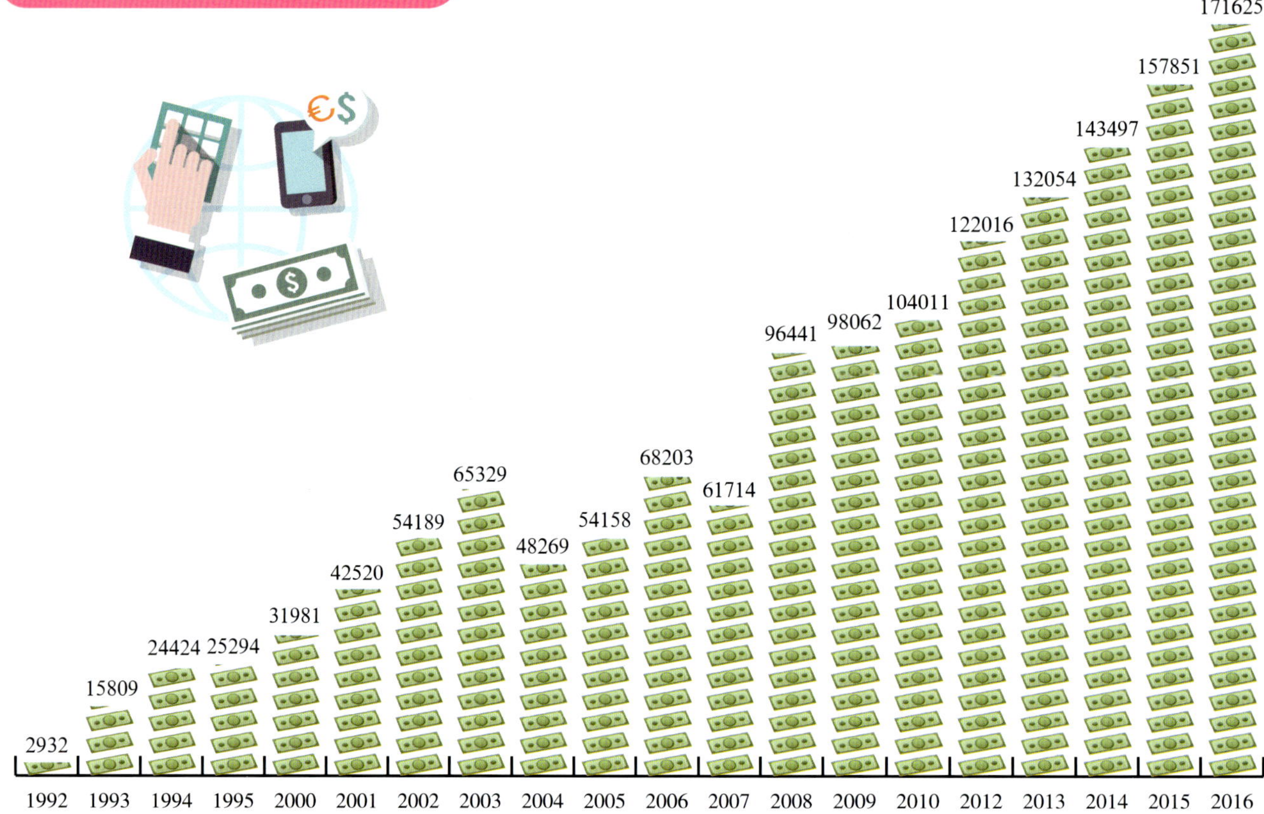

海关进出口总值（万美元）

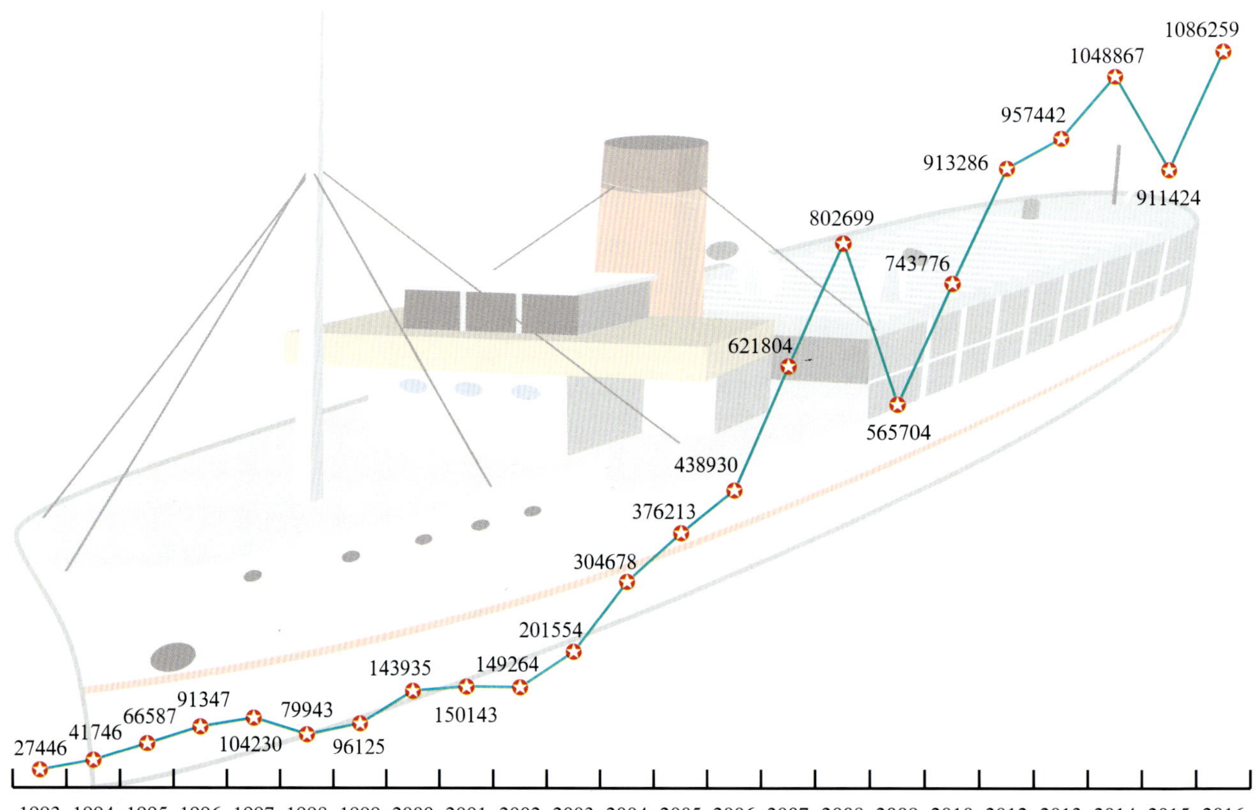

规模以上工业主营业务收入（亿元）

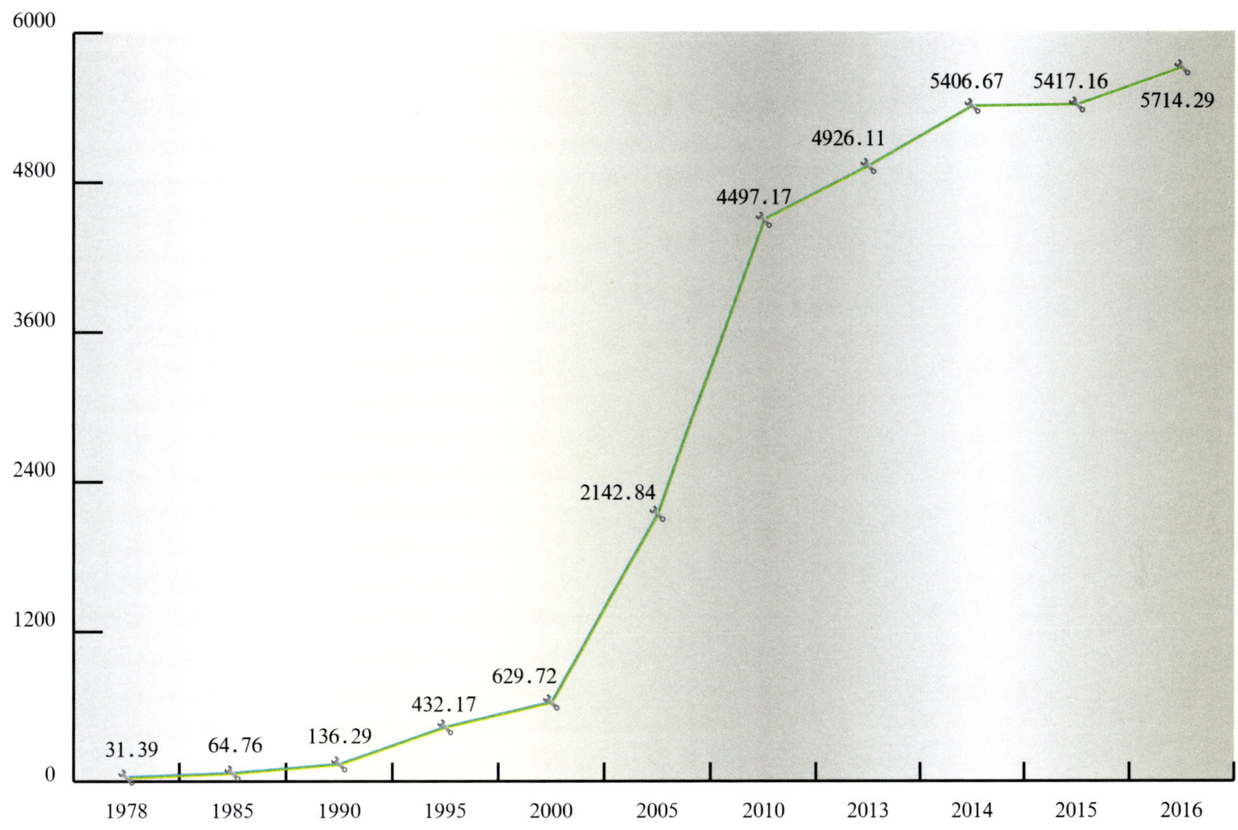

规模以上工业利税总额（亿元）

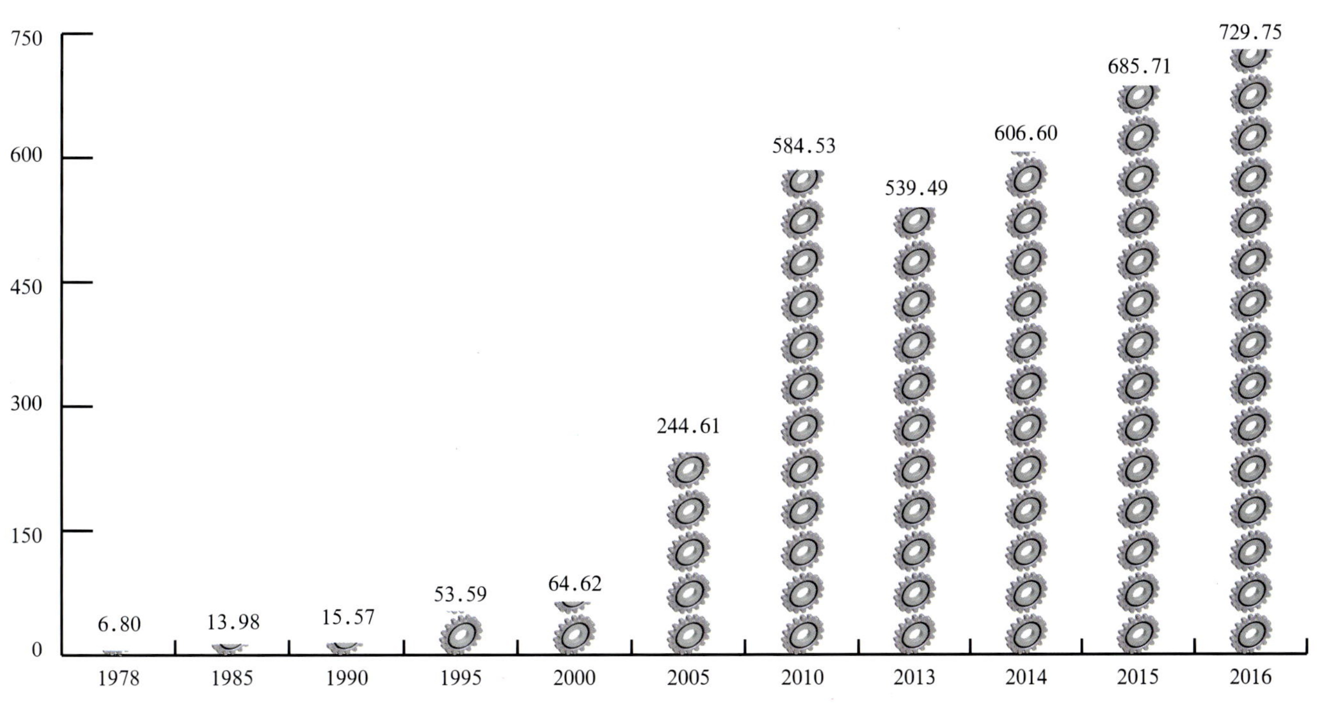

规模以上工业利润总额（亿元）

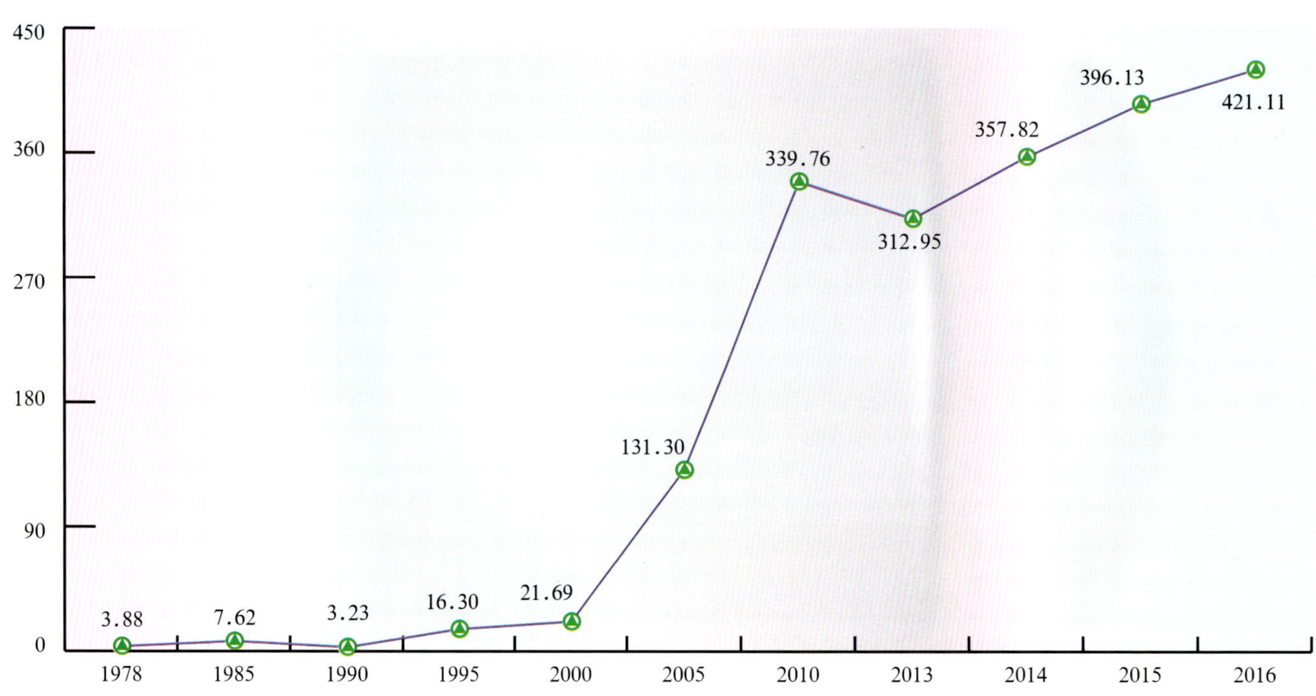

主要工业产品产量

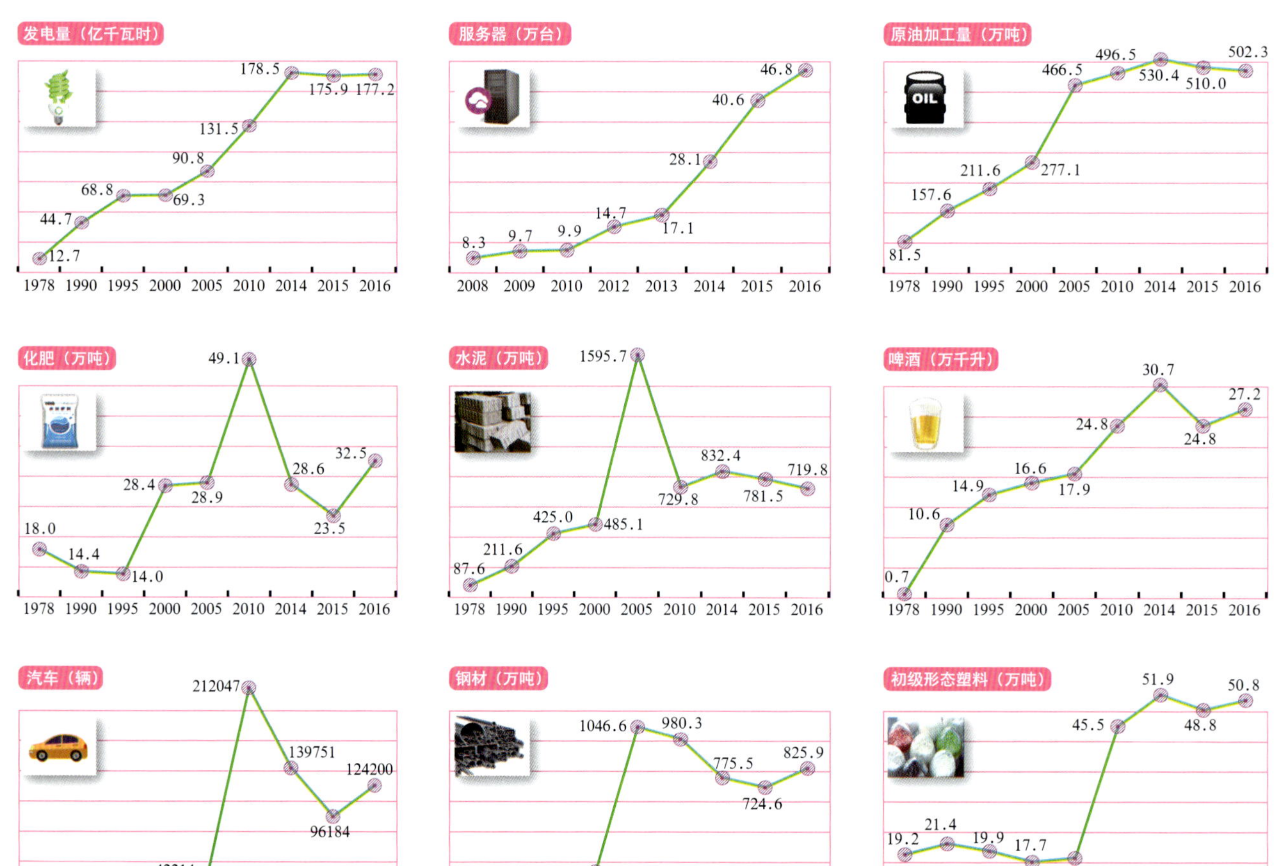

社会消费品零售总额及构成（亿元）

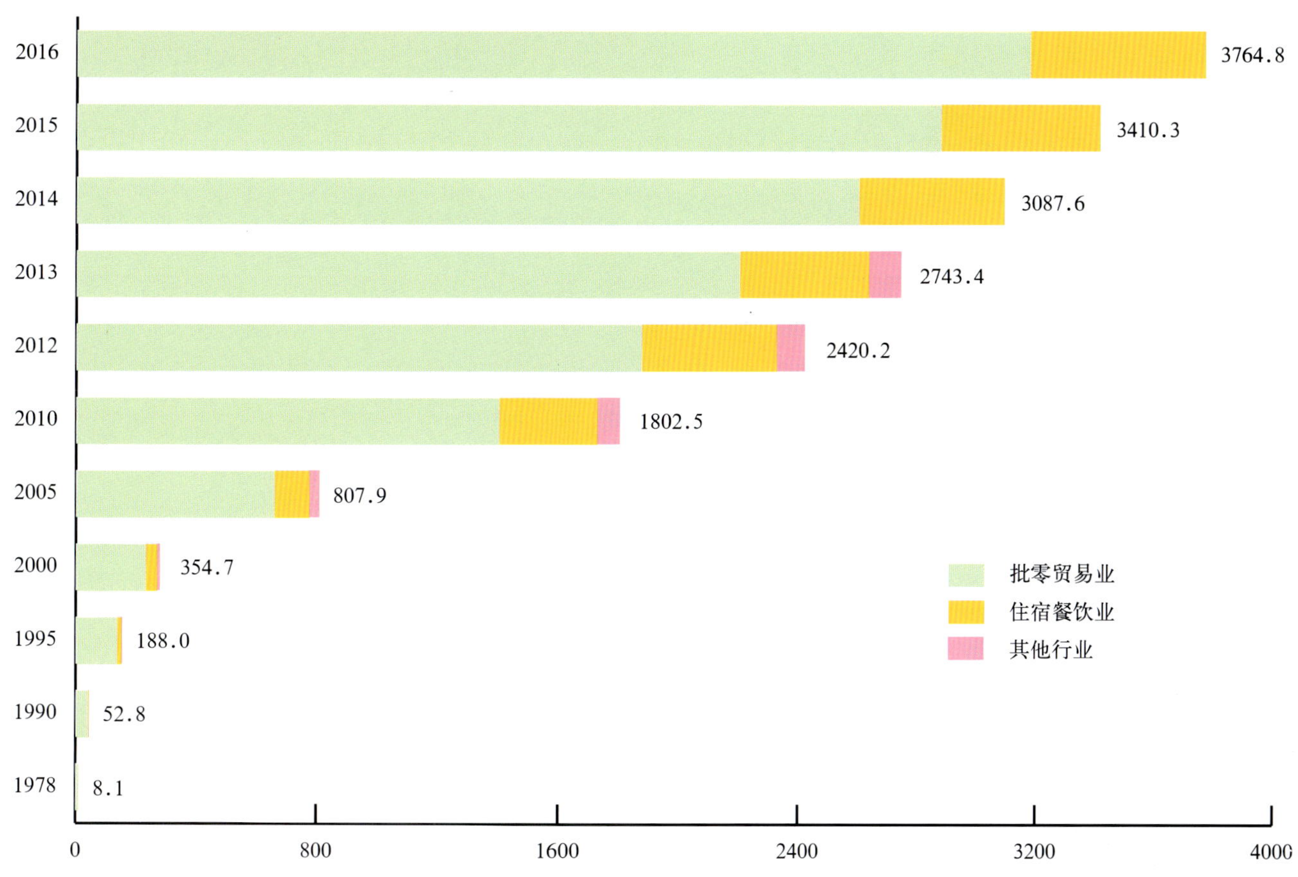

固定资产投资及构成（亿元）

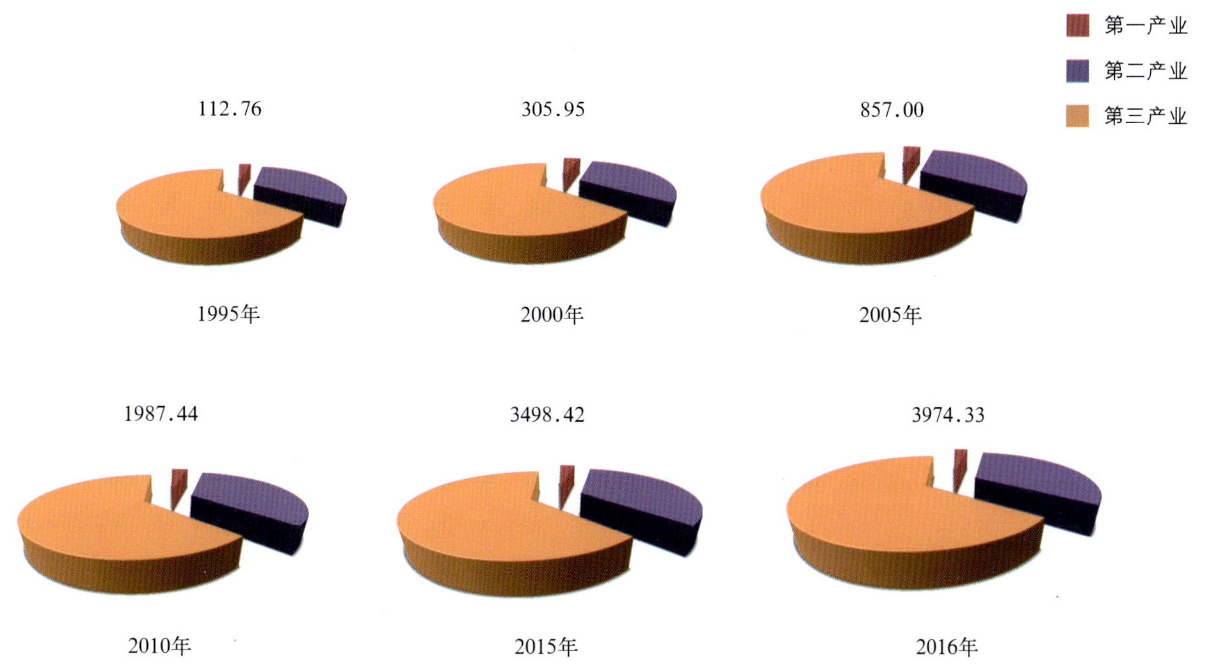

注：从2011年开始固定资产投资项目统计的起点标准从计划总投资50万元以上提高到500万元以上。

农林牧渔业增加值（亿元）

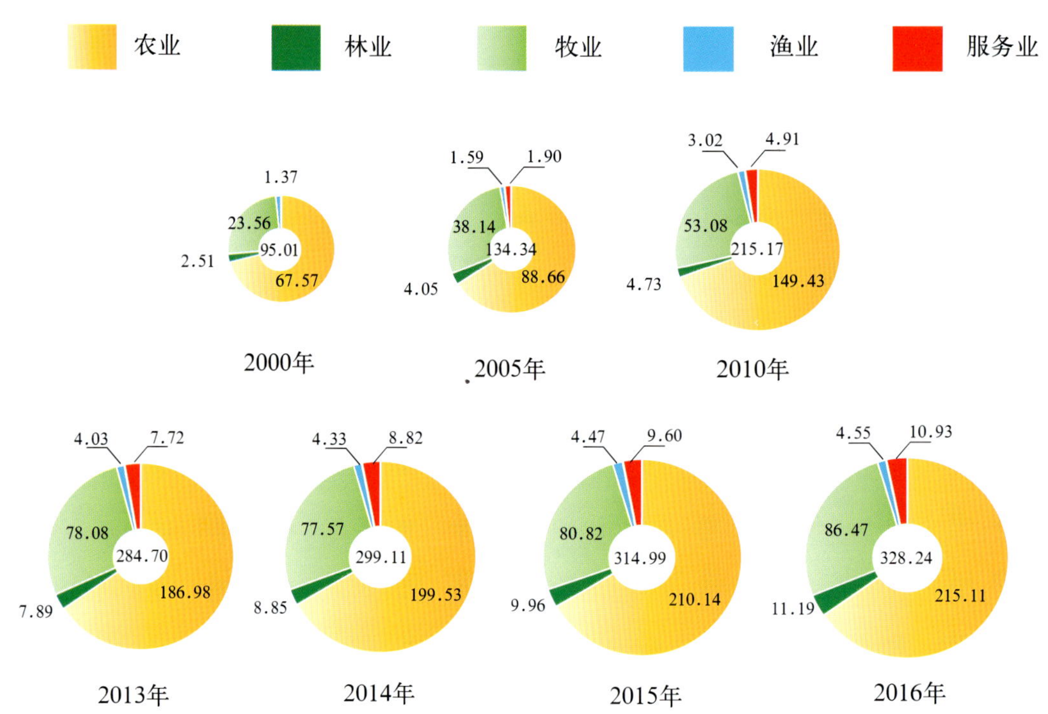

主要农产品产量（万吨）

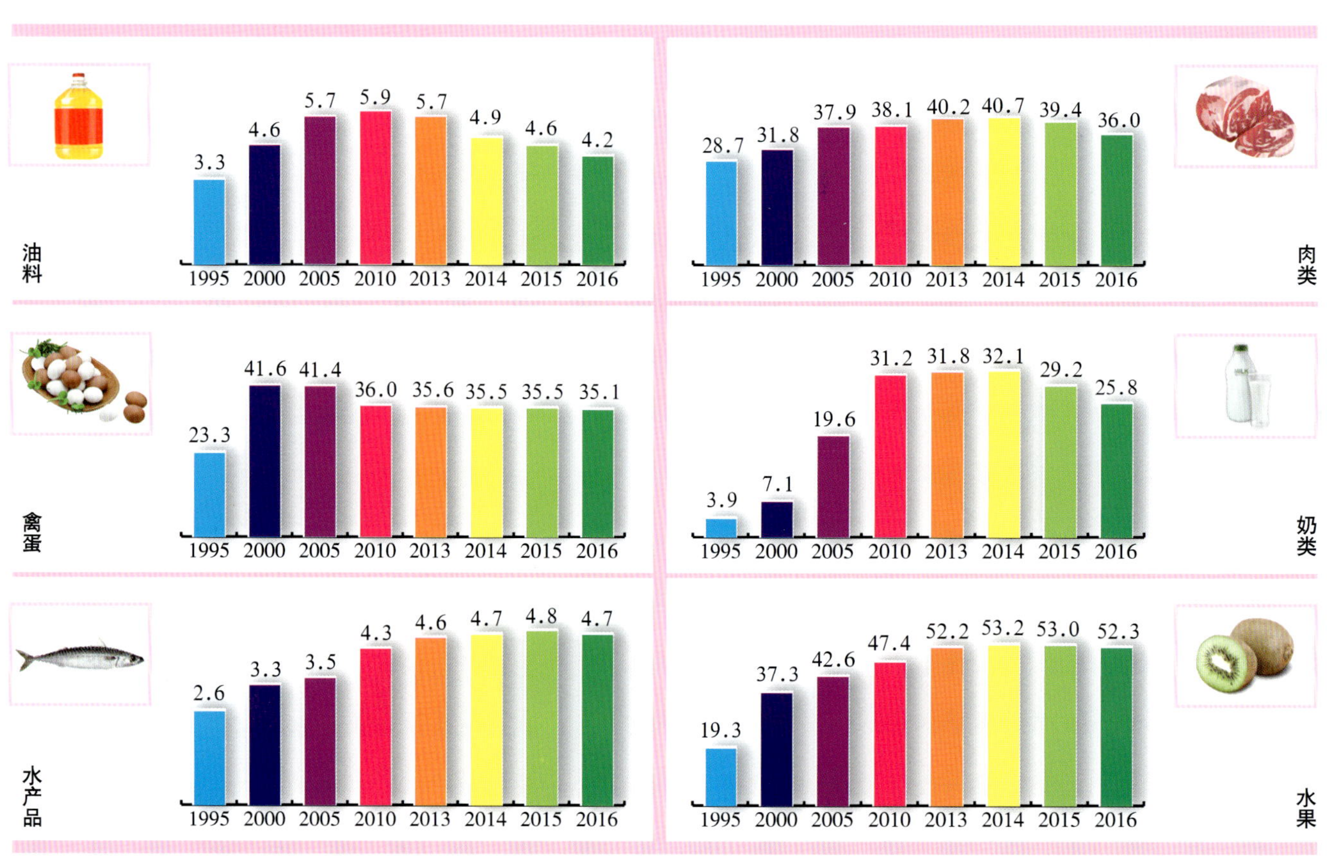

移动电话用户、宽带及互联网拨号注册电话用户（万户）

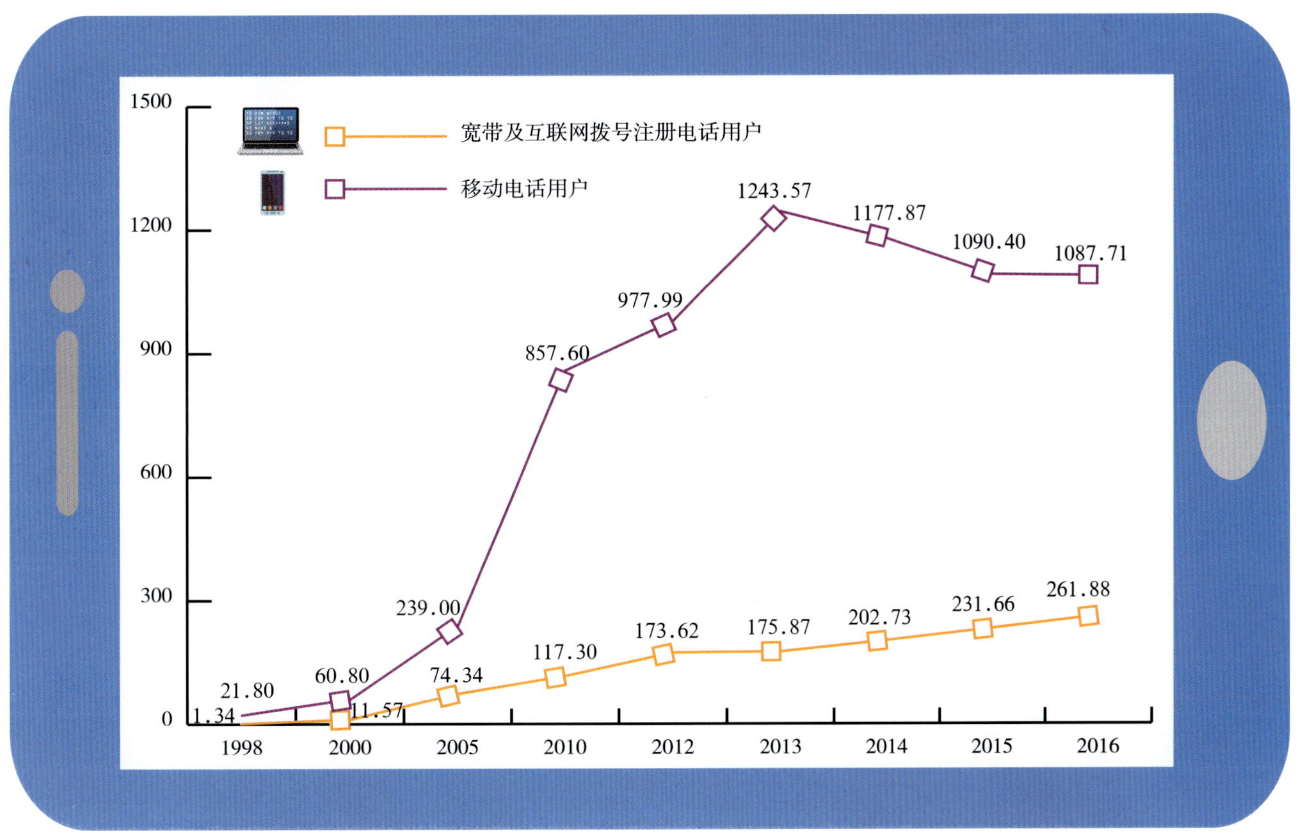

客运量（万人）　货运量（万吨）

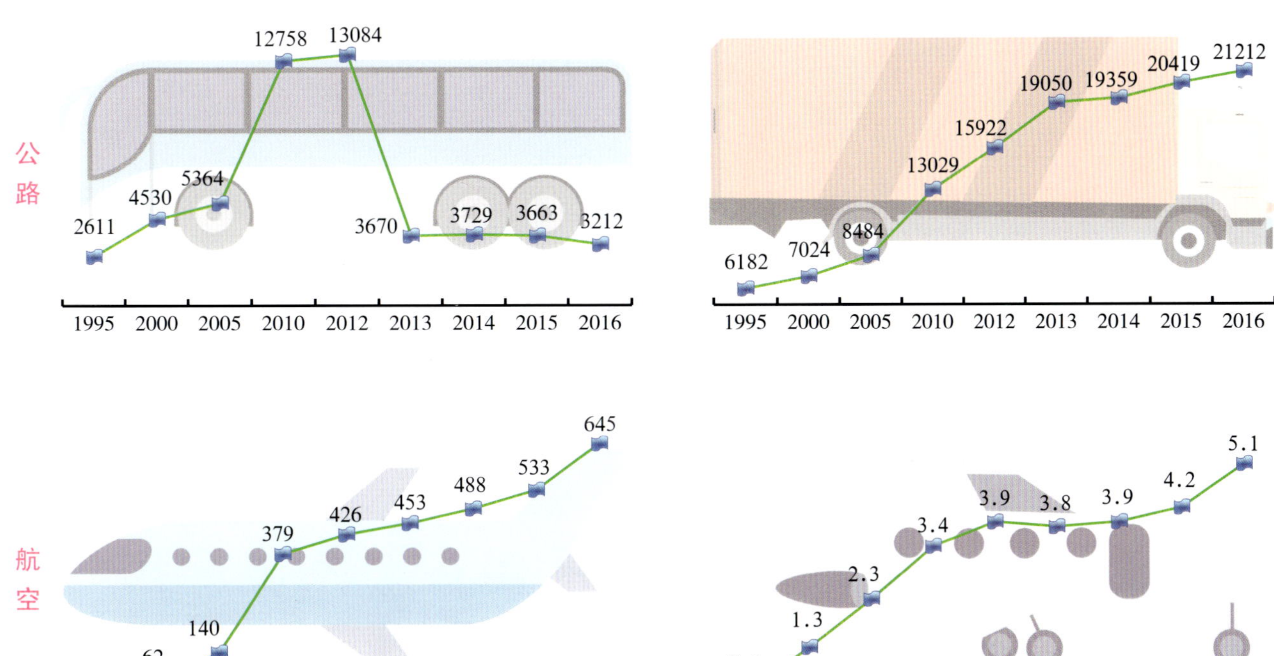

注：自2014年起，交通部门执行新的公路运输量统计方案，调查范围较老口径有所缩小，2014年及2013年数据均为新口径下交通部反馈数据。

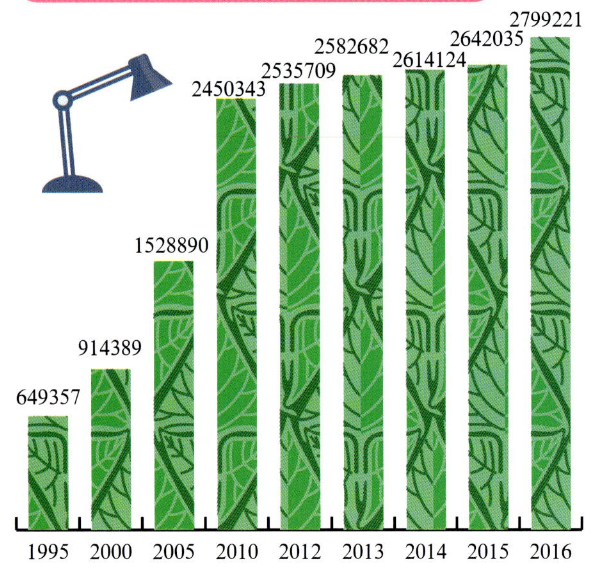
全社会用电量（万千瓦时）
649357
914389
1528890
2450343
2535709
2582682
2614124
2642035
2799221
1995
2000
2005
2010
2012
2013
2014
2015
2016

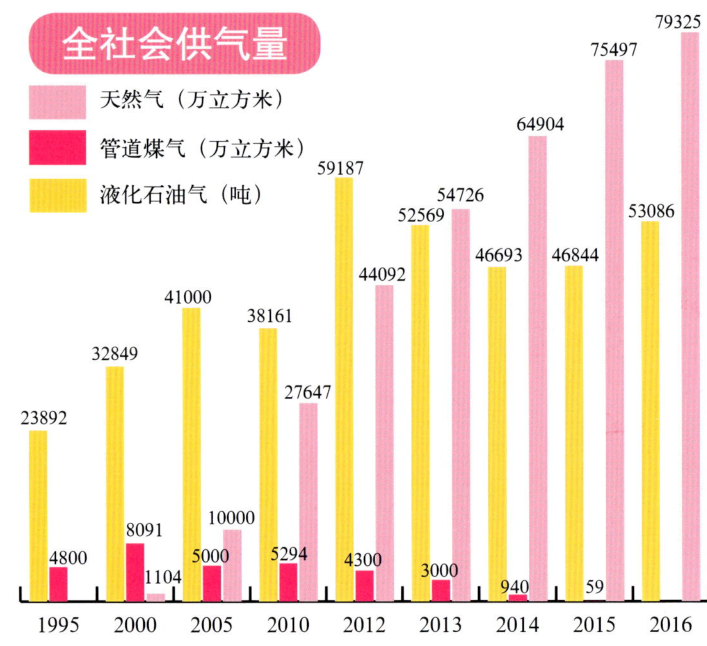
全社会供气量
天然气（万立方米）
管道煤气（万立方米）
液化石油气（吨）
23892
4800
32849
8091
1104
41000
5000
10000
38161
5294
27647
59187
4300
44092
52569
3000
54726
46693
940
64904
46844
59
75497
53086
79325
1995
2000
2005
2010
2012
2013
2014
2015
2016

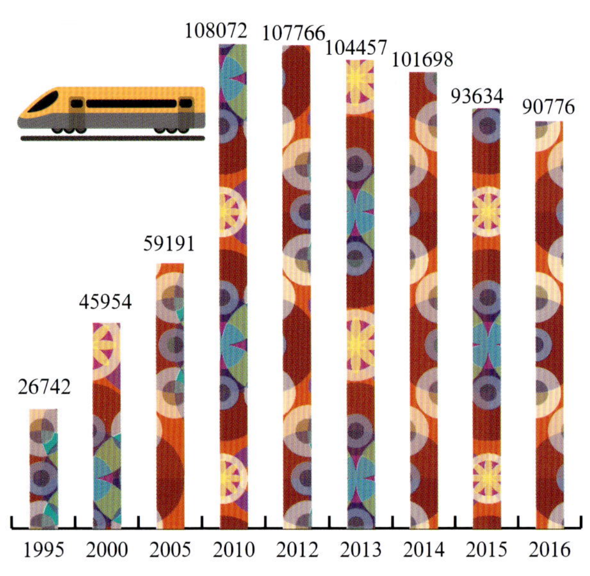
公共交通客运量（万人次）
26742
45954
59191
108072
107766
104457
101698
93634
90776
1995
2000
2005
2010
2012
2013
2014
2015
2016

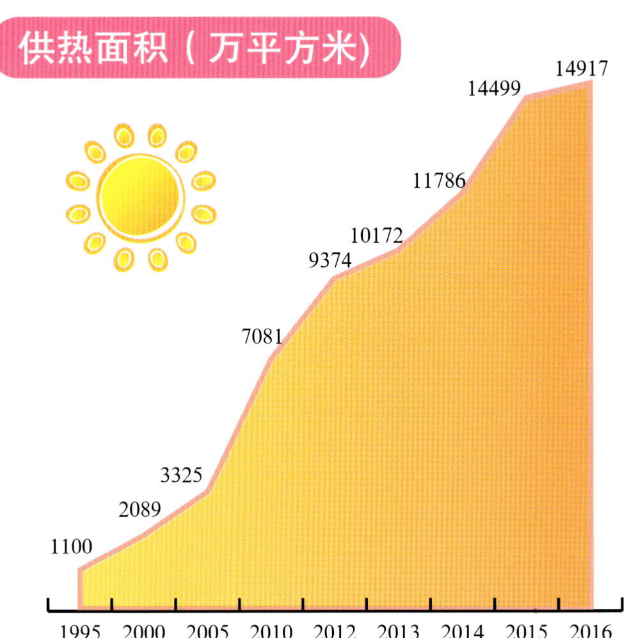
供热面积（万平方米）
1100
2089
3325
7081
9374
10172
11786
14499
14917
1995
2000
2005
2010
2012
2013
2014
2015
2016

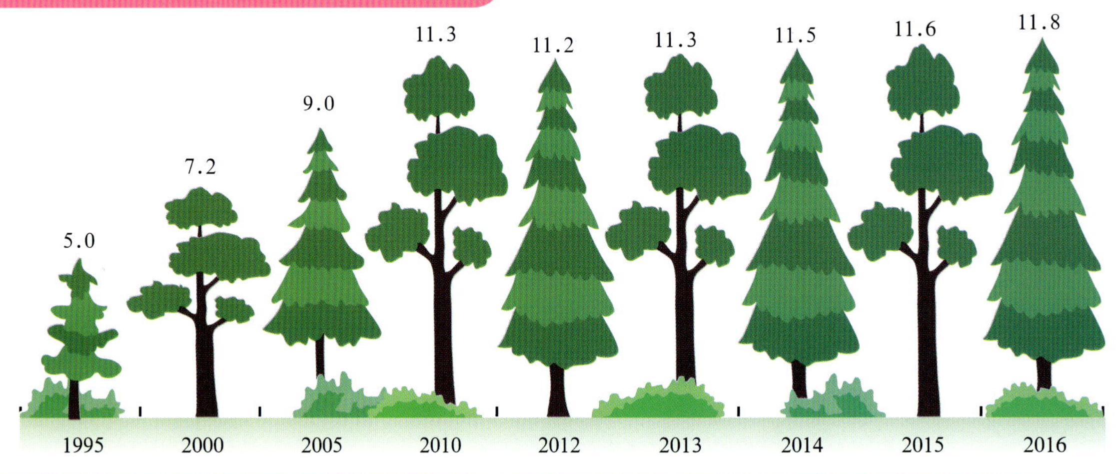
人均公园绿地面积（平方米/人）
5.0
7.2
9.0
11.3
11.2
11.3
11.5
11.6
11.8
1995
2000
2005
2010
2012
2013
2014
2015
2016

专利申请量（件）

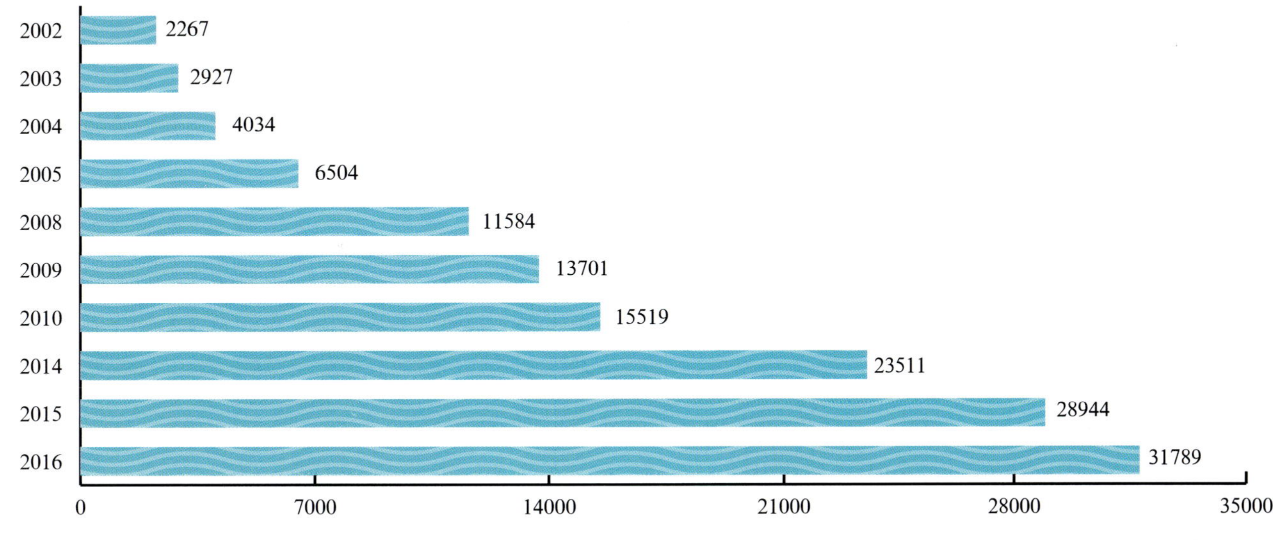

各类学校专任教师（人）

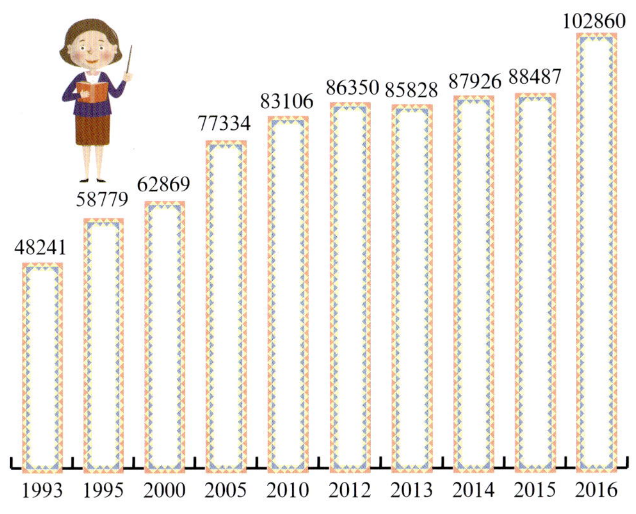

各类学校在校学生（万人）

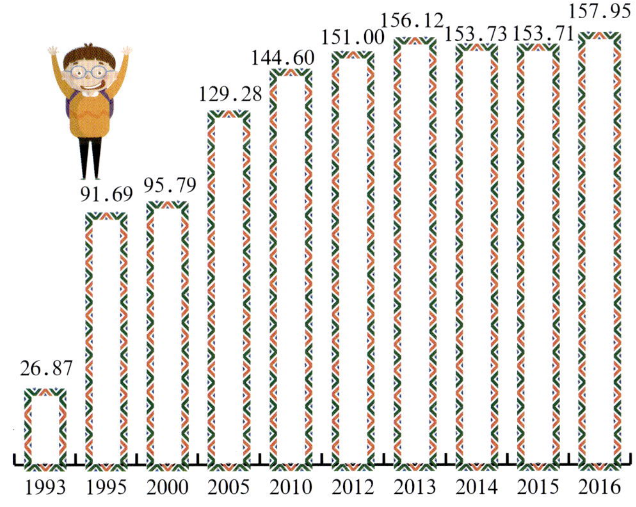

各类出版物—杂志（万册）

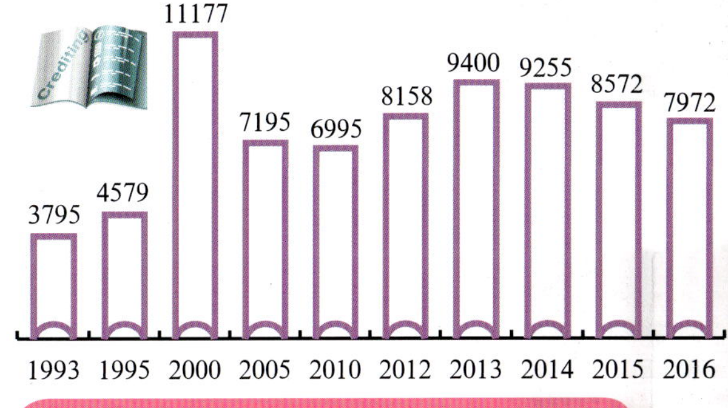

各类出版物—报纸（万份）

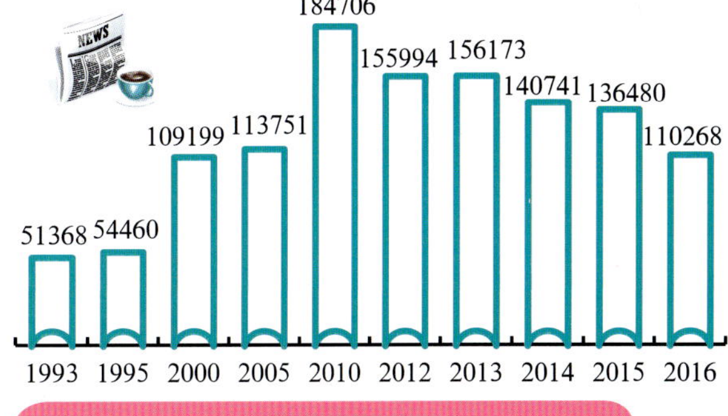

各类出版物—图书（万册）

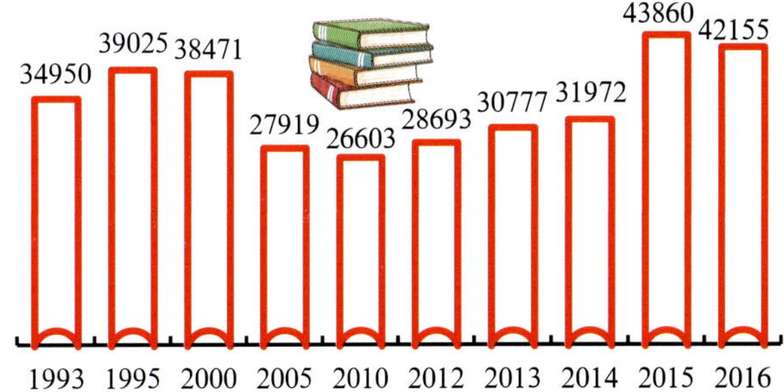

济南的一天

出生252人	死亡108人
迁入130人 迁出78人	结婚130对
供水90.7万吨	用电7648万千瓦时
交通事故8.0起	火灾5.0起

1

行 政 区 划

DIVISIONS OF ADMINISTRATIVE AREAS

1-1 行 政 区 划

Divisions of Administrative Areas

年份地区	乡（个）	镇（个）	街道（个）	村（个）	居委会（个）	土地面积（平方公里）
全市主要年份						
1989	57	54	53	4710	702	8227
1990	57	54	48	4752	669	8227
1991	57	54	48	4752	670	8227
1992	57	54	48	4759	670	8227
1993	56	55	48	4756	670	8227
1994	55	56	48	4759	670	8227
1995	48	63	49	4723	721	8227
1996	42	68	49	4704	685	8154
1997	42	68	50	4696	616	8154
1998	42	69	50	4711	505	8154
1999	42	69	50	4714	468	8154
2000	42	69	50	4702	416	8154
2001	28	64	54	4677	417	8177
2002	27	65	54	4657	487	8177
2003	27	61	58	4657	487	8177
2004	27	61	58	4657	487	8177
2005	12	53	64	4628	400	8177
2006	11	53	64	4604	487	8177
2007	11	50	73	4563	500	8177
2008	11	50	73	4551	521	8177
2009	11	50	75	4553	522	8177
2010	6	49	86	4552	532	8177
2011	4	51	86	4538	556	8177
2012	4	51	86	4532	586	8177
2013	2	51	90	4548	597	7998
2014	2	51	90	4547	627	7998
2015	2	46	95	4546	641	7998
2016		39	104	4547	669	7998
2016年分地区						
市区		14	99	2452	592	5,022
历下区			13	19	88	101
市中区			17	77	113	281
槐荫区			16	92	79	152
天桥区			15	120	142	259
历城区		2	15	520	63	1301
长清区		3	7	585	63	1209
章丘区		9	11	892	17	1719
高新区			5	147	27	
平阴县		6	2	336	24	715
济阳县		8	2	811	39	1099
商河县		11	1	948	14	1162

注：指标“土地面积”2013年起为第二次全市土地调查数据。

1-2 县区所辖镇、办事处(2016年末)

Township and Sub-Branches at County Level(End of 2016)

县区	镇、街道(个)	镇、街道名称
历下区	13	大明湖街道 千佛山街道 燕山街道 泉城路街道 趵突泉街道 东关街道 解放路街道 建筑新村街道 文化东路街道 甸柳新村街道 姚家街道 智远街道 龙洞街道
市中区	17	泺源街道 杆石桥街道 魏家庄街道 大观园街道 四里村街道 六里山街道 七里山街道 二七新村街道 舜玉路街道 舜耕街道 王官庄街道 七贤街道 白马山街道 十六里河街道 兴隆街道 党家街道 陡沟街道
槐荫区	16	西市场街道 五里沟街道 道德街街道 营市街街道 青年公园街道 中大槐树街道 振兴街街道 南辛庄街道 段店北路街道 匡山街道 张庄路街道 美里湖街道 兴福街道 玉清湖街道 腊山街道 吴家堡街道
天桥区	15	无影山街道 堤口路街道 宝华街街道 工人新村南村街道 工人新村北村街道 官扎营街道 北坦街道 天桥东街街道 纬北路街道 制锦市街道 北园街道 泺口街道 药山街道 大桥街道 桑梓店街道
历城区	17	洪家楼街道 山大路街道 东风街道 全福街道 华山街道 荷花路街道 王舍人街道 鲍山街道 郭店街道 唐冶街道 港沟街道 董家街道 仲宫街道 彩石街道 柳埠街道 唐王镇 西营镇
长清区	10	文昌街道 平安街道 崮云湖街道 五峰山街道 归德街道 张夏街道 万德街道 孝里镇 马山镇 双泉镇
章丘区	20	明水街道 双山街道 龙山街道 枣园街道 埠村街道 圣井街道 绣惠街道 相公庄街道 文祖街道 普集街道 官庄街道 垛庄镇 高官寨镇 白云湖镇 宁家埠镇 曹范镇 水寨镇 刁 镇 辛寨镇 黄河镇
平阴县	8	榆山街道 锦水街道 洪范池镇 东阿镇 孔村镇 孝直镇 玫瑰镇 安城镇
济阳县	10	济阳街道 济北街道 回河镇 曲堤镇 仁风镇 垛石镇 孙耿镇 太平镇 崔寨镇 新市镇
商河县	12	许商街道 玉皇庙镇 龙桑寺镇 贾庄镇 殷巷镇 郑路镇 怀仁镇 白桥镇 孙集镇 韩庙镇 张坊镇 沙河镇
高新区	5	舜华路街道 孙村街道 巨野河街道 遥墙街道 临港街道

人 口

POPULATION

2-1 主要年份总户数、总人口(户籍人口)

Total Household and Population in Major Years

年　　份	年末总户数（万户）	年末总人口（万人）	按性别分（万人）		性别比（女=100）	年平均人口（万人）	比上年增长（‰）	人口密度（人/平方公里）
			男　性	女　性				
1952	70.19	318.66	157.68	160.98	97.95	315.94	3.30	387
1957	76.44	346.38	170.30	176.09	96.71	343.25	17.40	421
1962	81.45	351.44	174.55	176.89	98.68	350.18	-4.60	427
1965	83.01	373.22	186.08	187.14	99.43	370.24	19.50	454
1970	89.48	407.50	203.16	204.34	99.42	404.17	16.60	495
1975	96.54	437.73	217.82	219.91	99.05	435.15	9.90	532
1976	98.63	442.09	220.89	221.20	99.86	439.91	10.90	537
1977	100.60	445.05	222.46	222.59	99.94	443.57	8.30	541
1978	102.93	450.67	226.31	224.36	100.87	447.86	9.70	548
1979	105.34	456.37	228.57	227.80	100.34	453.52	12.60	555
1980	106.83	458.61	230.47	228.15	101.02	457.49	8.80	557
1981	110.52	467.93	235.35	232.58	101.19	463.27	12.60	569
1982	112.51	474.23	238.99	235.26	101.59	471.08	16.80	576
1983	114.92	479.38	242.02	237.36	101.54	476.81	12.20	583
1984	116.92	483.85	244.32	239.53	102.00	481.62	10.10	588
1985	120.19	488.39	246.86	241.53	102.21	486.12	9.30	594
1986	122.67	494.06	250.09	243.97	102.51	491.23	10.50	601
1987	125.43	501.03	253.95	247.08	102.78	497.55	12.90	609
1988	130.32	507.18	257.22	249.86	102.95	504.11	13.20	616
1989	134.77	513.39	260.79	252.61	103.24	510.29	12.30	624
1990	140.36	523.60	265.91	257.69	103.19	518.50	16.10	636
1991	143.42	527.43	267.78	259.65	103.13	525.52	13.50	641
1992	147.50	530.70	269.46	261.25	103.14	529.07	6.70	645
1993	149.42	533.53	270.77	262.76	103.05	532.12	5.80	649
1994	153.60	537.31	272.76	264.54	103.11	535.42	6.20	653
1995	156.45	542.12	274.98	267.14	102.93	539.72	8.00	656
1996	156.42	543.45	275.59	267.86	102.89	542.79	5.70	666
1997	157.66	549.20	278.30	270.90	102.73	546.33	6.50	674
1998	160.93	553.54	279.91	273.63	102.30	551.37	9.20	679
1999	163.52	557.63	281.71	275.93	102.09	555.59	7.70	684
2000	166.63	562.65	284.19	278.46	102.06	560.14	8.20	690
2001	168.46	569.00	287.39	281.61	102.06	565.83	10.20	696
2002	170.10	575.01	290.58	284.43	102.16	572.00	10.90	703
2003	172.18	582.56	294.04	288.52	101.91	578.78	11.90	712
2004	173.24	590.08	297.25	292.82	101.51	586.32	13.03	722
2005	177.69	597.44	300.42	297.02	101.15	593.76	12.69	731
2006	179.48	603.35	302.72	300.63	100.70	600.39	11.17	738
2007	181.88	604.85	302.87	301.98	100.29	604.10	6.17	740
2008	184.63	603.99	302.00	301.99	100.00	604.42	0.53	739
2009	187.70	603.27	301.26	302.01	99.75	603.63	-1.30	738
2010	190.65	604.08	301.28	302.80	99.50	603.68	0.08	739
2011	193.61	606.64	302.19	304.44	99.26	605.36	2.78	742
2012	195.79	609.21	303.30	305.91	99.15	607.92	4.23	745
2013	199.67	613.25	304.93	308.32	98.90	611.23	5.44	767
2014	201.93	621.61	309.09	312.52	98.90	617.43	15.64	777
2015	203.59	625.73	310.92	314.80	98.77	623.67	10.11	782
2016	205.45	632.83	314.28	318.55	98.66	629.28	9.00	791

2-2 主要年份市区总户数、总人口(户籍人口)

Total Household and Population of Urban in Major Years

年 份	年末总户数（万户）	年末总人口（万人）	按性别分（万人）		年平均人口（万人）
			男 性	女 性	
1952	26.46	124.96	63.95	61.01	123.83
1957	29.13	143.17	72.05	71.13	140.11
1962	32.25	153.35	78.52	74.83	154.18
1965	34.03	162.82	83.20	79.62	161.90
1970	37.21	167.82	85.61	82.21	168.51
1975	40.67	178.78	90.83	87.95	177.74
1976	41.59	180.99	91.83	89.16	179.88
1977	42.34	181.49	91.92	89.57	181.24
1978	43.79	186.43	94.70	91.73	183.96
1979	45.33	189.26	96.22	93.04	187.84
1980	46.12	190.01	97.22	92.79	189.63
1981	48.64	194.05	99.37	94.69	192.03
1982	50.60	201.31	101.44	99.87	197.68
1983	52.32	205.48	103.42	102.07	203.39
1984	54.30	209.55	105.57	103.99	207.52
1985	56.88	213.28	107.96	105.33	211.42
1986	58.65	216.98	111.54	105.43	215.13
1987	60.54	221.49	113.79	107.70	219.23
1988	63.03	225.00	115.51	109.39	223.25
1989	65.29	228.88	117.49	111.39	226.94
1990	81.22	283.66	145.29	138.36	
1991	83.30	286.20	146.55	139.65	284.93
1992	85.87	288.52	145.19	143.33	287.36
1993	88.02	291.24	149.07	142.17	289.88
1994	90.10	294.60	150.75	143.85	292.92
1995	92.04	299.20	152.97	146.23	296.90
1996	93.12	302.78	154.58	148.20	300.99
1997	93.90	306.98	156.54	150.44	304.88
1998	96.65	309.90	157.58	152.32	308.44
1999	97.74	313.18	159.19	153.99	311.54
2000	99.25	317.20	161.03	156.17	315.19
2001	100.53	322.45	163.73	158.72	319.83
2002	101.62	327.55	166.43	161.12	325.00
2003	102.71	334.80	169.84	164.96	331.18
2004	102.68	341.73	172.91	168.82	338.27
2005	104.87	347.87	175.41	172.45	344.80
2006	106.19	352.29	177.10	175.19	350.08
2007	107.55	352.71	176.70	176.01	352.50
2008	109.26	350.23	175.08	175.15	351.47
2009	111.07	348.24	173.71	174.53	349.24
2010	112.91	348.02	173.19	174.83	348.13
2011	114.75	349.44	173.51	175.93	348.73
2012	116.49	352.17	174.55	177.62	350.81
2013	118.50	355.38	175.86	179.52	353.78
2014	120.33	360.99	178.55	182.44	358.19
2015	121.96	364.54	180.12	184.42	362.77
2016	154.64	473.33	233.74	239.59	418.94

注：1990年以前的数据中不包括长清区。2016年起数据包括章丘区。

2-3 主要年份人口自然变动情况

Natural Change of Population in Major Years

年　份	申报出生人口（人）	申报出生率（‰）	申报死亡人口（人）	申报死亡率（‰）	人口自然增长（人）	人口自然增长率（‰）
1952	72861	23.06	29949	9.48	42912	13.58
1957	108432	31.59	38082	11.09	70350	20.50
1962	108029	30.85	44464	12.70	63565	18.15
1965	121364	32.78	39355	10.63	82009	22.15
1970	111861	27.68	29965	7.41	81896	20.27
1975	82939	19.06	33837	7.78	49102	11.28
1976	70065	15.93	34693	7.89	35372	8.04
1977	67413	15.20	33723	7.60	33690	7.60
1978	69541	15.53	31343	7.00	38198	8.53
1979	72596	16.01	30205	6.66	42391	9.35
1980	60336	13.19	32004	7.00	28332	6.19
1981	70327	15.18	31671	6.84	38656	8.34
1982	74147	15.74	28679	6.09	45468	9.65
1983	56454	11.84	30080	6.31	26374	5.53
1984	61156	12.70	32277	6.70	28879	6.00
1985	55386	11.39	31678	6.52	23708	4.87
1986	69901	14.23	30790	6.27	39111	7.96
1987	86752	17.44	30007	6.03	56745	11.41
1988	78922	15.66	32850	6.52	46072	9.14
1989	76380	14.97	30721	6.02	45659	8.95
1990	66806	12.88	33916	6.54	32890	6.34
1991	59374	11.30	32675	6.20	26699	5.10
1992	52825	9.98	34969	6.61	17856	3.37
1993	46007	8.65	35317	6.64	10690	2.01
1994	49940	9.30	35308	6.60	14632	2.70
1995	54132	10.03	34107	6.32	20025	3.71
1996	58254	10.73	36452	6.71	21802	4.02
1997	62245	11.39	35768	6.55	26477	4.84
1998	62490	11.33	36497	6.64	25893	4.69
1999	55931	10.07	34956	6.29	20975	3.78
2000	62059	11.08	39499	7.05	22560	4.03
2001	55536	9.82	33816	5.98	21720	3.84
2002	57317	10.02	36234	6.33	21083	3.69
2003	54599	9.43	42539	7.35	12060	2.08
2004	60670	10.35	38158	6.51	22512	3.84
2005	60240	10.15	37782	6.36	22458	3.78
2006	57706	9.61	39040	6.50	18666	3.11
2007	58367	9.66	39752	6.58	18615	3.08
2008	59600	9.86	39887	6.60	19713	3.26
2009	56694	9.39	40911	6.78	15783	2.61
2010	67162	11.13	50380	8.35	16782	2.78
2011	66563	11.00	40310	6.66	26253	4.34
2012	71449	11.75	49148	8.08	22301	3.67
2013	69351	11.35	41713	6.82	27638	4.53
2014	110503	17.90	41887	6.78	68616	11.11
2015	73688	11.82	41999	6.73	31689	5.09
2016	91941	14.61	39460	6.27	52481	8.34

2-4 分地区户数、人口数(2016年)(户籍人口)

Household and Population by Region(2016)

地　　区	户数（万户）	人口数（万人）	按性别分（万人）	
			男　性	女　性
全　市	205.45	632.83	314.28	318.55
市　区	154.64	473.33	233.74	239.59
历下区	21.18	62.74	30.96	31.78
市中区	21.73	61.76	30.23	31.53
槐荫区	14.61	41.00	20.02	20.98
天桥区	18.60	51.66	25.43	26.24
历城区	31.10	97.16	48.18	48.98
长清区	16.52	56.01	27.98	28.04
章丘区	30.89	102.99	50.95	52.04
平阴县	13.50	37.45	18.77	18.68
济阳县	17.08	57.85	29.19	28.66
商河县	20.23	64.19	32.57	31.62

2-5 计划生育情况(2016年)

Basic Statistics of Family Planning (2016)

地　　区	合法生育（人）		出生政策符合率%	违法生育（人）		
	一　孩	二　孩		一　孩	二　孩	多　孩
总　计	35691	58996	98.3	321	87	1212
市　区	28097	42265	98.7	182	50	651
历下区	4308	3946	100	0	1	0
市中区	3036	4260	99.3	4	4	46
槐荫区	2046	3381	99.5	2	0	23
天桥区	3117	4359	98.3	15	1	111
历城区	5300	9440	98.7	20	11	159
长清区	3222	5384	98.3	38	17	92
高新区	2044	3226	99.3	6	1	29
章丘区	5024	8269	97.8	97	15	191
平阴县	2013	2952	97.7	36	12	71
济阳县	2814	6473	97.3	38	10	211
商河县	2767	7306	96.6	65	15	279

2-6 分地区人口机械变动情况(2016年)

Un-Natural Changes of Population by Region (2016)

地　　区	迁入人口(人)	迁入率(‰)	迁出人口(人)	迁出率(‰)	人口机械增　长(人)	人口机械增长率(‰)
全　市	47405	7.53	28553	4.54	18852	3.00
市　区	38932	10.60	16818	4.58	22114	6.02
历下区	10380	16.87	4303	6.99	6077	9.88
市中区	6258	10.21	2683	4.38	3575	5.83
槐荫区	4904	12.06	1179	2.90	3725	9.16
天桥区	5166	10.02	1425	2.76	3741	7.26
历城区	8150	8.45	2956	3.06	5194	5.39
长清区	1356	2.42	1291	2.31	65	0.12
章丘区	2718	2.64	2981	2.90	-263	-0.26
平阴县	2187	5.85	3151	8.42	-964	-2.58
济阳县	3722	6.45	4751	8.23	-1029	-1.78
商河县	2564	4.01	3833	5.99	-1269	-1.98

2-7 分地区人口自然变动情况(2016年)

Natural Changes of Population by Region (2016)

地　　区	申报出生人口(人)	申报出生率(‰)	申报死亡人口(人)	申报死亡率(‰)	人口自然增　长(人)	人口自然增长率(‰)
全　市	91941	14.61	39460	6.27	52481	8.34
市　区	69987	19.05	29586	8.05	40401	11.00
历下区	10504	17.07	2502	4.07	8002	13.00
市中区	9041	14.75	3216	5.25	5825	9.50
槐荫区	6524	16.05	2402	5.91	4122	10.14
天桥区	7257	14.08	3479	6.75	3778	7.33
历城区	16946	17.57	6091	6.32	10855	11.25
长清区	7480	13.37	4106	7.34	3374	6.03
章丘区	12235	11.90	7790	7.58	4445	4.32
平阴县	4535	12.12	2802	7.49	1733	4.63
济阳县	7791	13.50	3845	6.66	3946	6.84
商河县	9628	15.06	3227	5.05	6401	10.01

2-8 结婚情况

Number of Marriages

单位:对

地　　区	2010年	2011年	2012年	2013年	2014年	2015年	2016年
总　计	55735	65338	62281	56819	55475	50300	47457
市　直	77	112	92	111	114	88	82
历下区	6481	8384	8401	6212	7139	6594	5742
市中区	5839	7260	7032	6527	6315	5975	5364
槐荫区	4397	5160	4801	4229	4179	3772	3445
天桥区	4987	6383	6018	5387	5472	4953	4447
历城区	8288	9440	8529	8123	7816	7163	7296
长清区	4328	5039	4705	4465	4270	3777	3649
章丘区	6700	7632	7658	7034	6811	6119	6135
平阴县	3191	3621	3553	3262	2893	2550	2563
济阳县	5970	6357	5821	4969	4484	3938	3615
商河县	5477	5950	5671	4824	4275	3794	3526
高新区				1676	1707	1577	1593

2-9 离婚情况

Number of Divorces

单位:对

地　　区	2010年	2011年	2012年	2013年	2014年	2015年	2016年
总　计	18395	19066	22633	25638	25899	25399	26915
法院数	6658	6698	7399	6521	6995	7395	6909
民政数	11737	12368	15234	19117	18904	18004	20006
市　直	14	17	15	16	14	12	17
历下区	1999	2027	3083	2736	2517	2382	2800
市中区	1726	1865	2096	2764	2458	2262	2327
槐荫区	1238	1178	1281	1785	1681	1510	1720
天桥区	1624	1522	1717	2275	2251	2104	2224
历城区	1802	2006	2395	3068	3110	2666	3177
长清区	646	752	1022	1280	1319	1301	1422
章丘区	1203	1360	1579	1997	1967	2026	2171
平阴县	517	571	681	853	764	880	938
济阳县	634	680	894	1156	1281	1344	1434
商河县	334	390	471	639	976	1015	1219
高新区				548	566	502	557

主要统计指标解释

Explanatory Notes on Main Statistical Indicators

人口统计资料主要有三个来源 人口普查、人口抽样调查和人口经常性登记。

人口普查 是在国家规定的统一时间内,用统一的方法,统一的调查项目,对全国或某一地区的人口进行的一种专门调查。

人口抽样调查 是从所要研究的总人口中,随机抽取部分人口,并根据对这些人口调查所得到的数据来推算该人口总体相应指标的方法。

人口经常性登记 是指对人口出生、死亡、婚姻、迁移等事件进行连续的、持久的、强制的全面登记制度。

人口数 指一定时点、一定地区范围内的有生命的个人的总和。

年度统计的年末人口数 指每年12月31日24时的人口数。

出生率(又称粗出生率) 指在一定时期内(通常为一年)平均每千人所出生的人数的比率,一般用千分率表示。计算公式为:

出生率=年出生人数 / 年平均人数×1000‰

式中:出生人数指活产婴儿,即胎儿脱离母体时(不管怀孕月数),有过呼吸或其他生命现象。

出生人数 是指活产婴儿,即胎儿脱离母体时(不管怀孕月数),有过呼吸或其他生命现象。

年平均人数 是指年初、年底人口数的平均数,也可用年中人口数代替。

死亡率(又称粗死亡率) 指在一定时期内(通常为一年)一定地区的死亡人数与同期平均人数(或期中人数)之比,一般用千分率表示。计算公式为:

死亡率=年死亡人数 / 年平均人数×1000‰

人口自然增长率 指在一定时期内(通常为一年)人口自然增加数(出生人数减死亡人数)与该时期内平均人数(或期中人数)之比,一般用千分率表示。计算公式为:

人口自然增长率=(本年出生人数-本年死亡人数)/年平均人数×1000‰

人口自然增长率=人口出生率-人口死亡率

机械增长率 是反映迁移变动的一个相对指标。它表明一个地区在一定时间内迁入人口数与迁出人口数相抵后的差额与总人口数的比率,一般用千分率表示。计算公式为:

机械增长率=一定时期的迁入迁出人口差额/该时期的平均人口×100%

人口密度 指一定时点,一定地区的人口数与该时点、该地区的面积之比,即一定时点的单位土地面积上的人口数,通常以每平方公里的居民人数来表示:

$$人口密度=\frac{该地区人口数}{该地区土地面积}\times 100\%$$

性别比 反映两性人口间比例的指标,指在总人口中或各年龄组人口中,男性人数与女性人数之比。通常以每100个女性人口相对应的男性人口数。计算公式:

$$性别比=\frac{男性人口}{女性人口}\times 100\%$$

综 合

GENERAL SURVEY

3-1 国民经济和社会发展总量指标

Principal Aggregate Indicators on National Economic and Social Development

指 标	计量单位	1978	1990	1995	2000	2005	2010	2015	2016
面积									
土地面积	平方公里		8227	8227	8154	8177	8177	7998	7998
#市内七区建成区面积	平方公里	85	103	114	120	295	347	393	448
人口									
年末总户数	万户	102.93	140.36	156.45	166.63	177.69	190.65	203.59	205.45
年末户籍总人口	万人	450.67	523.60	542.12	562.65	597.44	604.08	625.73	632.83
#市区	万人	186.43	232.30	247.57	317.20	347.87	348.02	458.16	473.33
#男性	万人	226.31	265.91	274.98	284.19	300.42	301.28	310.92	314.28
年末常住总人口	万人						681.80	713.20	723.31
就业									
全社会从业人员	万人	204.04	270.54	324.22	347.37	360.00	373.70	388.70	394.93
第一产业	万人	136.30	125.73	116.13	109.98	99.10	76.66	71.80	70.90
第二产业	万人	46.06	87.75	106.68	110.81	114.20	120.20	124.70	126.90
第三产业	万人	21.68	57.06	101.41	126.58	146.70	176.84	192.20	197.13
职工平均工资	元	578	2211	5851	10422	20866	31096	58578	63996
城镇登记失业人员数	万人			2.45	3.90	5.75	5.97	3.20	3.35
城镇登记失业率	%			2.30	3.70	3.86	3.84	2.04	2.17
国民经济核算									
生产总值	亿元	23.60	138.24	473.52	944.13	1846.28	3910.53	6100.23	6536.12
#非公有制经济	亿元				238.32	768.50	1664.43	2599.60	2782.07
第一产业	亿元	4.16	23.93	67.64	96.02	134.34	215.17	305.39	317.31
第二产业	亿元	13.32	67.36	220.37	414.74	847.47	1637.45	2307.00	2368.90
第三产业	亿元	6.12	46.95	185.51	433.38	864.47	2057.90	3487.84	3849.91
人均生产总值	元	527	2666	8773	16855	31095	57966	85919	90999
固定资产投资									
固定资产投资	亿元	3.19	30.60	112.76	305.95	857.00	1987.44	3498.42	3974.33
第一产业	亿元	0.55	0.52	3.24	13.57	38.28	68.08	102.52	101.24
第二产业	亿元	1.15	14.62	46.26	73.14	362.05	677.28	1217.39	1301.99
#工业	亿元	0.75	2.05	45.35	67.72	352.27	667.35	1147.87	1237.38
第三产业	亿元	1.29	13.94	63.27	219.24	456.67	1242.08	2178.51	2571.11
#房地产投资	亿元	0.00	2.18	16.46	50.53	121.09	484.50	1014.14	1163.94
财政税收									
一般公共预算收入	亿元	5.90	12.40	16.99	49.05	106.15	266.13	614.32	641.22
一般公 共预算支出	亿元	1.50	8.20	19.63	54.72	120.66	336.80	658.20	741.26

注:“职工平均工资”2006年以前为在岗职工口径,2006年及以后为法人单位在岗职工口径。

“市内七区建成区面积”2015年以前为市内六区口径。

3-1续1

指　　标	计量单位	1978	1990	1995	2000	2005	2010	2015	2016
地域税收收入	亿元			53.49	112.35	231.34	527.70	959.33	1025.72
国税税收收入	亿元			39.55	72.54	144.20	309.87	494.43	621.23
地税税收收入	亿元			13.94	39.80	87.14	217.82	464.90	404.49
金融保险									
金融机构人民币存款余额	亿元	15.43	117.95	438.01	1274.96	3483.34	7510.44	14174.72	15032.79
#住户存款	亿元	1.14	51.08	222.06	463.04	1024.42	2187.68	3951.42	4279.95
金融机构人民币贷款余额	亿元	14.08	124.76	337.26	1069.31	3259.86	6319.09	11356.78	11370.18
#短期贷款	亿元	–	98.50	239.31	527.31	1240.49	1898.61	2692.81	2718.81
保险承保额	亿元				2169	5295	16802	97665	112875
保险业务收入	万元				124982	415338	1223791	2227474	3474988
保险业务支出	万元				59618	141353	437708	656570	786752
农业									
农林牧渔业总产值	亿元	6.57	36.92	114.07	154.30	230.46	378.43	544.68	559.76
农用机械总动力	万千瓦	69.70	183.40	241.20	349.47	426.76	509.68	584.98	447.83
年末实有耕地面积	千公顷	373.19	347.56	339.30	333.72	324.84	362.30	362.30	357.60
粮食总产量	万吨	115.38	181.47	252.48	240.27	260.11	289.43	264.55	257.27
蔬菜总产量	万吨	49.19	126.09	253.54	405.95	529.37	601.44	649.73	634.22
肉类总产量	万吨	2.50	11.38	28.68	31.82	37.93	38.08	39.44	35.96
奶类总产量	万吨	0.40	1.87	3.48	7.09	19.61	31.20	29.16	25.80
棉花总产量	万吨	0.51	5.00	2.91	2.73	3.55	2.94	1.47	1.26
规模以上工业									
单位数	个	1319	2007	2648	1038	1670	2021	2021	1962
工业总产值	亿元	37.67	174.89	526.48	680.04	2237.51	4485.61	5339.97	5486.56
主营业务收入	亿元	31.39	136.29	432.17	629.72	2142.84	4497.17	5417.16	5714.29
利税总额	亿元	6.80	15.57	53.59	64.62	244.61	584.53	685.71	729.75
利润总额	亿元	3.88	3.23	16.30	21.69	131.30	339.76	396.13	421.11
资产总计	亿元	25.68	125.25	578.55	958.10	1868.06	3904.42	4987.76	5501.88
所有者权益	亿元	7.47	36.82	180.86	363.37	630.06	1481.75	2159.78	2301.94
建筑业									
资质以上企业个数	个	10	46	141	569	737	739	463	460
建筑业总产值	亿元	0.68	12.56	58.78	141.92	462.65	894.30	1663.83	1864.80
施工面积	万平方米		269	1030	1611	3298	4655	10189	10293
竣工面积	万平方米	49	170	306	701	1400	1306	2039	2298
其中:住宅	万平方米		77	141	396	884	773	1178	1379

注:工业统计指标1997年及以前统计口径为乡及乡以上工业企业,1998年及以后为全部国有及年销售收入500万元以上工业企业,2011年及以后为年主营业务收入2000万元以上工业企业。

3-1续2

指　　标	计量单位	1978	1990	1995	2000	2005	2010	2015	2016
交通运输									
货运量									
铁路	万吨	2191	3416	3877	5168	7211	9913	15794	16749
公路	万吨	1670	3970	6182	7024	8484	13029	20419	21212
航空	万吨			0.4	1.3	2.0	3.4	4.2	5.1
客运量									
铁路	万人	1302	1438	1519	1693	1924	3327	10681	11924
公路	万人	505	1801	2611	4530	5364	12758	3663	3212
航空	万人		2.6	37.0	62.0	140.0	379.2	533.1	645.1
民用汽车拥有量	辆	1684	39748	86766	129204	347687	807378	1541045	1742313
#载客	辆	1353	26032	33968	68625	196415	627849	1400588	1592737
#载货	辆	224	12141	47790	56627	71588	117994	123801	134741
邮电通信									
固定电话	万户	2.68	9.87	39.18	106.34	258.90	213.30	165.30	155.90
#城市	万户	2.27	9.12	36.48	83.08	206.30	177.40	141.00	135.89
移动电话	万户			2.3	60.8	239.0	857.6	1090.40	1087.71
互联网用户	万户				11.57	74.34	117.30	231.66	261.88
国内贸易									
社会消费品零售总额	亿元	8.13	52.82	188.02	354.71	807.88	1802.46	3410.31	3764.78
#批发零售业	亿元	7.07	38.20	134.53	228.75	657.55	1402.27	2875.48	3175.24
#餐饮业	亿元	0.29	2.56	13.35	37.76	108.44	308.11	513.80	566.49
对外经济和国际旅游									
进出口总额(海关)	万美元			66587	143935	376213	743776	911424	1086259
进口总额	万美元			29812	86827	198370	338888	311763	352229
出口总额	万美元			36775	57108	177843	404888	599661	734030
进出口总额	亿元								639.7
进口总额	亿元								231.7
出口总额	亿元								408.0
实际外资	万美元			25294	31981	54158	104011	157851	171625
合同外资	万美元			47449	44074	112072	120903	303100	179479
入境游客人数	人		20583	54468	103990	120164	230985	332942	351526
外国人	人		12705	30011	40990	69762	153327	205477	216899
港澳台同胞	人		7878	24457	63000	50402	77658	127465	134627
国际旅游(外汇)收入	亿美元		0.15	0.19	0.32	0.42	1.14	1.84	1.96
教育									
普通高等教育在校生	万人	1.09	3.73	5.66	9.30	38.04	50.53	53.62	55.10
普通高等教育专任教师	人	2947	7245	7500	8267	18434	26870	30873	43259

注：货运量、客运量中的“铁路”指标，2013年3月铁路系统改革，铁路系统统计数据按新口径执行；“公路指标”自2014年起交通部门执行新的公路运输量统计方案，调查范围较老口径有所缩小，2014年及2013年数据均为新口径下交通部反馈数据。

3-1续3

指　　标	计量单位	1978	1990	1995	2000	2005	2010	2015	2016
中等专业学校在校生	万人	0.68	2.51	4.79	5.75	4.79	2.12	1.57	1.51
中等专业学校专任教师	人	1020	2890	2890	2916	1578	1334	763	708
普通中学在校生	万人	30.61	22.45	27.15	33.82	30.91	30.18	30.16	29.84
普通中学专任教师	人	19275	16065	17621	20585	21915	21943	23643	24318
小学在校生	万人	60.91	47.57	49.23	41.40	37.88	38.40	41.44	43.23
小学专任教师	人	24926	26922	27417	27417	25201	24801	25795	26976
文化									
图书馆藏书量	万册	341.0	476.0	524.6	591.7	725.1	941.2	1195.0	1284.5
图书出版种数	种	389	2001	2603	3851	5389	6586	10234	11246
图书量	万册	20166	31685	39025	38471	27919	26603	43860	42155
报纸量	万份	25055	46930	54460	109199	113751	184706	136480	110268
杂志量	万份	2209	3321	4579	11177	7195	6995	8572	7972
卫生									
卫生机构数	个	1017	1300	1185	1414	2138	5086	5947	6188
#医院及卫生院	个	148	178	216	231	246	277	269	270
卫生机构床位数	张	11496	18214	20747	21698	24695	31947	49311	52191
#医院及卫生院	张	9856	17216	19534	20830	23524	29844	45195	47524
卫生工作人员	人	24949	41444	43648	45166	41499	54711	89117	92060
#卫生技术人员	人	19198	31130	32848	35669	34129	39366	71778	76447
人民生活									
城镇居民人均可支配收入	元	337.8	1619.5	4720.6	8471.3	13578.5	25321.1	39888.7	43052.2
城镇居民人均生活消费支出	元	317.9	1360.1	3830.4	6891.8	9226.6	15973.3	26318.7	28536.9
#食品	元	181.6	781.6	1823.6	2387.1	3046.9	5051.2	6421.8	6908.0
农村居民人均可支配收入	元	110.5	731.1	1812.7	3046.8	4812.3	8903.3	14231.8	15345.6
农村居民人均生活消费支出	元	83.2	569.8	1373.6	1976.8	2902.8	5406.6	8597.2	9396.3
#食品	元	58.2	287.7	770.8	860.0	1134.8	1818.3	2776.8	3028.0
农民人均住宅居住面积	平方米	9.6	22.5	24.7	28.6	33.8	40.2	52.6	53.8
社会治安									
交通事故起数	起		509	1231	1306	911	774	2946	2944
交通事故死伤人数	人		518	1345	1364	1186	1121	3885	3573
交通事故损失折款	万元		64	369	357	316	189	840	875
火灾事故起数	起		309	110	1281	1071	791	2609	1825
火灾事故死伤人数	人		67	87	26	3	9	12	15
火灾事故损失折款	万元		166	925	471	76	462	1571	1903

注：从2015年起，全市居民收支调查指标采用新口径。“农村居民人均可支配收入”2014年以前为农民人均纯收入口径；“农村居民人均生活消费支出”2014年以前为农民人均生活费支出口径。

3-2 国民经济和社会发展比例和效益指标

Indicators on Proportions and Efficiency in National Economic and Social Development

指　　标	单位	1978年	1985年	1990年	1995年	2000	2010年	2014年	2015年	2016年
人　口										
申报出生率	‰	15.53	11.39	12.88	10.03	11.08	11.13	17.90	11.82	14.61
申报死亡率	‰	7.00	6.52	6.54	6.32	7.05	8.35	6.78	6.73	6.27
自然增长率	‰	8.53	4.87	6.34	3.71	4.03	2.78	11.11	5.09	8.34
就　业										
就业者负担人口	人	2.21	1.99	1.94	1.67	1.62	1.62	1.61	1.61	1.59
三次产业从业者比例										
第一产业	%	66.8	47.5	46.5	35.8	31.7	20.5	18.8	18.5	18.0
第二产业	%	22.6	31.0	32.4	32.9	31.9	32.2	32.0	32.1	32.1
第三产业	%	10.6	21.5	21.1	31.3	36.4	47.3	49.2	49.4	49.9
城镇登记失业率	%				2.45	3.70	3.84	2.14	2.04	2.17
国民经济核算										
三次产业增加值比例										
第一产业	%		21.1	17.3	14.3	10.0	5.5	5.0	5.0	4.9
第二产业	%		51.8	48.7	46.5	43.9	41.9	39.2	37.8	36.2
第三产业	%		27.1	34.0	39.2	46.1	52.6	55.8	57.2	58.9
人均生产总值	元		1263	2666	8773	16999	57966	82052	85919	90999
资本形成率(投资率)	%			39.1	39.5	40.2	52.6	59.6	63.0	61.7
最终消费率(消费率)	%			37.8	41.9	56.9	46.9	50.9	52.3	53.0
固定资产投资										
固定资产投资占生产总值比重	%		23.7	22.1	23.8	32.1	50.8	53.1	57.3	60.8
财　政										
一般公共预算收入占生产总值比重	%	25.2	14.5	9.0	3.6	5.2	15.2	9.4	10.1	9.8
一般公共预算支出占生产总值比重	%	6.3	5.6	5.9	4.1	5.8	16.9	9.9	10.8	11.3
农　业										
人均耕地面积	亩	1.24	1.10	1.00	0.94	0.88	0.90	0.87	0.87	0.85

注:“一般公共预算收入占生产总值比重”2012年(含)以前为“地方财政收入”口径;
“一般公共预算支出占生产总值比重”2012年(含)以前为“地方财政支出”口径。

3-2续

指　　标	单位	1978年	1985年	1990年	1995年	2000年	2010年	2014年	2015年	2016年
每公顷耕地化肥施用量(折纯)	公斤		225	330	569	641	645.7	638.3	626.4	618.5
每公顷播种面积粮食产量	公斤	2475	3864	4273	5512	5354	6192	6109	6117	6070
机耕率	%									81.3
规模以上工业										
产品销售率	%				97.12	98.24	98.71	97.89	98.23	98.93
总资产贡献率	%				12.25	8.45	15.98	13.14	13.37	13.69
流动资产周转次数	次				1.69	1.52	2.11	1.97	1.82	1.88
邮电通讯业										
每百人拥有电话机	部	0.60	1.26	1.89	7.23	18.98	35.31	28.46	26.48	24.64
国内商业										
人均消费品零售总额	元	182	500	1009	3468	6332	28563	50008	54687	59827
教　育										
学龄儿童入学率	%		99.44	99.03	99.40	99.93	100.00	100.00	100.00	100.00
学校教师负担人数	人	21.28	16.75	14.20	15.60	15.24	17.40	17.48	17.37	15.36
高等教育	人	2.47	6.55	5.15	7.55	11.25	21.76	22.76	22.53	16.30
中等教育	人	16.65	14.46	12.99	15.30	16.78	14.72	13.95	13.33	13.55
小学	人	34.99	20.33	17.67	18.20	15.10	15.48	15.66	16.07	16.03
卫　生										
每万人拥有医院卫生院数	个	0.33	0.34	0.34	0.40	0.41	0.46	0.43	0.43	0.43
每万人拥有医生数	人	23.3	26.3	29.2	27.9	29.5	29.1	35.0	46.0	47.5
每万人拥有医院床位数	张	22.0	28.2	32.9	36.0	38.6	52.9	68.3	69.1	72.2
市政建设										
城市人口用水普及率	%	99.0	100.0	100.0	100.0	100.0	100.0	98.92	99.00	99.57
城市用气普及率	%	17.8	26.3	45.7	72.2	90.7	95.5	96.88	97.73	99.42
建成区绿化覆盖率	%	12.0	23.0	30.0	30.5	36.1	36.9	39.62	39.94	40.12
生　活										
城镇居民恩格尔系数	%	57.1	56.5	57.5	47.6	34.6	31.6	29.7	24.4	24.2
农村居民恩格尔系数	%	69.9	51.8	50.5	56.1	43.5	33.6	33.0	32.3	32.2

3-3　平均每天主要社会经济活动

Selected Indicators on Average Daily Social and Economic Activities

指　　　标	单位	1978年	1985年	1990年	1995年	2000年	2010年	2014年	2015年	2016年
每天创造的财富										
生产总值(当年价)	万元	646	1682	3787	12973	26087	107138	158098	167130	179072
第一产业	万元	114	354	656	1853	2603	5895	7953	8367	8693
第二产业	万元	365	872	1845	6257	11469	44862	61963	63205	64901
第三产业	万元	167	456	1286	5082	12015	56381	88182	95557	105477
一般公共预算收入	万元	163	244	339	465	1344	7291	14880	16831	17568
一般公共预算支出	万元	41	94	224	537	1499	9227	15655	18032	20309
固定资产投资	万元		399	838	3089	8382	54450	83930	95847	108886
每天生产主要工、农业产品										
粮　食	吨	3161	4479	4972	6917	6583	7930	7430	7248	7048
棉　花	吨	14	136.2	137	79.7	74.7	81	45	40	35
蔬　菜	吨	1348	2304	3455	6946	14733	16478	18243	17801	17376
猪　肉	吨	67	138	215	390	478	597	643	623	552
奶　类	吨	11	23	51	95	194	855	880	799	707
钢　材	吨	689	1197	1576	2856	6507	26857	21247	19852	22627
发电量	万千瓦时	347	724	1225	1884	1898	3601	4890	4818	4855
水　泥	吨	2399	3699	5796	11644	13291	19994	22805	21411	19721
化　肥	吨	494	313	396	384	778	1345	784	644	890
金切机床	台	10	18	14	11	8	6	13	10	13
汽　车	辆	12	31	17	16	8	581	383	263	340
服务器	台	–	–	–	–	–	271	770	1112	1332
布	万米	38	50	55	41	45	22	39	44	44
每天其他经济活动										
最终消费量	万元		780	1580	5524	14833	50253	80444	87412	9498
居民消费	万元		638	1274	4567	11098	39460	50849	55221	7153
农业居民	万元		367	624	1938	3596	5142	6677	7120	938
城镇居民	万元		271	650	2629	7502	34317	44172	48101	6215
政府消费	万元		142	306	957	3735	10794	29595	32192	2345
社会消费品零售总额	万元	261	640	1447	5151	9718	49382	84593	93433	103145
公路货运量	万吨	3.2	6.9	10.9	16.9	19.2	35.7	53.0	55.9	58.1
公路客运量	万人	1.4	3.1	4.9	7.2	12.4	35.0	10.2	10.0	8.8
自来水供水量	万吨	36.9	40	45.3	57.5	76.7	64.5	85.4	87.2	90.9
用电量	万千瓦时	754	747	1255	1779	2505	6713.3	7162.0	7238.5	7669.1
市内公共车辆乘客人数	万人次	34	62.2	73.3	73.3	125.9	296.1	278.6	256.5	248.7
实际使用外资额	万美元			8.5	69.3	87.6	285.0	393.1	432.5	470.2
港澳台及外国来济旅游人数	人		27	56	149	285	633	862	912.2	963
每天人口变动和婚姻										
出　生	人	191	152	183	148	170	184	237	202	252
死　亡	人	86	87	93	94	108	138	115	115	108
结　婚	对			103	137	120	153	152	138	130
离　婚	对				17	20	50	71	70	74

注:“一般公共预算收入”指标1978年到1995年为“地方财政收入”口径。
“一般公共预算支出”指标1978年到1995年为“地方财政支出”口径。

3-4 国民经济人均指标

Per Indicaors of National Economic

指　　标	单位	1978年	1985年	1990年	1995年	2000年	2010年	2014年	2015年	2016年
地区生产总值	元	527	1263	2666	8773	16999	57966	82052	85919	90999
主要农产品产量										
粮　食	公斤	258	336	350	468	429	479	439	424	409
棉　花	公斤	1.14	10.22	9.64	5.38	4.87	4.87	2.67	2.36	2.00
猪　肉	公斤	5.44	10.33	15.13	26.33	31.15	36.10	38.00	36.46	32.03
水　果	公斤	12.65	14.70	12.88	35.81	66.56	78.58	86.20	85.00	83.10
禽　蛋	公斤			18.27	41.29	74.29	59.68	57.52	56.86	55.77
蔬　菜	公斤	109.84	173.02	243.10	469.77	960.06	996.29	1078.4	1041.79	1007.83
牛　奶	公斤	0.88	1.76	3.46	6.44	12.65	51.68	52.04	46.75	41.00
水产品	公斤	0.29	0.41	1.80	4.72	5.87	7.06	7.62	7.63	7.42
主要工业产品产量										
钢　材	公斤	48.1	69.6	169.1	195.7	424.0	1623.8	1256.0	1161.8	1312.4
发电量	千瓦小时	282.5	543.9	862.3	1237.0	1231.5	2177.5	2890.5	2819.9	2815.8
水　泥	公斤	195.5	277.9	408.0	728.4	866.1	1208.9	1348.2	1253.1	1143.8
化　肥	公斤	29.5	18.7	23.6	23.0	46.5	80.3	46.3	37.7	51.6
服务器	台						0.016	0.050	0.065	0.077
布	米	30.8	37.2	38.9	19.9	29.5	13.6	22.8	25.7	25.4
其他经济活动										
社会消费品零售总额	元	182	500	1009	3468	6332	28563	50008	54681	59825
一般公共预算收入	元	133	183	239	315	876	4409	8797	9850	10189
一般公共预算支出	元	33	70	158	363	977	5579	9255	10553	11779
城乡居民人民币储蓄存款余额	元	33	236	985	4115	8266	36239	5697	63358	69042
城市居民人均可支配收入	元	338	732	1620	4721	8471	25321	38763	39889	43052
城市居民人均消费性支出	元	318	704	1369	3830	6892	15973	22981	26319	28537
农村居民人均纯收入	元	111	439	731	1813	3047	8903	14726	14232	15346
农民人均生活费支出	元	83	330	570	1374	1977	5407	8581	8597	9396

注：1.“一般公共预算收入”指标1978年到1995年为“地方财政收入”口径。

2.“一般公共预算支出”指标1978年到1995年为“地方财政支出”口径。

3.从2015年起，全市发布城乡住户调查一体化改革新口径数据，居民收支调查指标与2014年前分别实施的城镇和农村住户调查的调查范围、方法、指标口径、名称有所不同。

3-5 国民经济主要指标及占全国、全省比重(2016年)

Main Indicators of National Economy and Their Proportion in China and Shandong Province(2016)

指　　标	单位	全国	全省	济南	济南占全国比重%	济南占全省比重%
区划面积	万平方公里	960	15.8	0.7998	0.08	5.1
年末总人口	万人	138271	9946.6	632.8	0.46	6.4
生产总值(当年价)	亿元	744127	67008.2	6536.1	0.88	9.8
第一产业	亿元	63671	4929.1	317.3	0.50	6.4
第二产业	亿元	296236	30410.0	2368.9	0.80	7.8
第三产业	亿元	384221	31669.0	3849.9	1.00	12.2
规模以上工业主营业务收入	亿元	1151617.5	150034.9	5714.3	0.50	3.8
规模以上工业利润总额	亿元	68803	8643.1	421.1	0.61	4.9
粮食总产量	万吨	61624	4700.7	257.3	0.42	5.5
棉花总产量	万吨	534	54.8	1.3	0.24	2.3
固定资产投资额	亿元	606466	52364.5	3974.3	0.66	7.6
公路货物周转量	亿吨公里	61211	6071.4	419.0	0.68	6.9
社会消费品零售总额	亿元	332316	30645.8	3764.8	1.13	12.3
实际使用外资	亿元	8132	1110.7	112.3	1.38	10.1
一般公共预算收入	亿元	159552	5860.2	641.2	0.40	10.9
一般公共预算支出	亿元	187841	8749.6	741.3	0.39	8.5
普通本专科在校学生	万人	2695.8	199.6	55.1	2.04	27.6
中等职业教育在校学生	万人	1599.1	85.7	5.8	0.36	6.8
卫生机构数	万个	99.3	7.7	0.6	0.62	8.0
卫生技术人员	万人	844	64.3	7.6	0.90	11.8
#医　生	万人	317	24.5	3.4	1.07	13.9
城镇居民人均可支配收入	元	33616	34012	43052		
农村居民人均可支配收入	元	12363	13954	15346		

主要统计指标解释

Explanatory Notes on Main Statistical Indicators

几点说明：

1.生产总值及一、二、三次产业增加值，历史数据有所调整，以本年鉴所列数据为准。

2.生产总值及一、二、三次产业增加值，全部工业增加值，农业总产值等指标的增长速度均以可比价格计算。

3.由于国家在1994年开始财税体制改革，1994年及以后各年的财政收支与以前年份不可比。另外，2000年财政收入统计口径也有微调。

4.工业统计口径调整。1998年以前工业统计范围为乡及乡以上独立核算工业企业，1998年，统计范围调整为规模以上工业，即全部国有及年销售收入500万元以上的非国有工业单位，2011年，调整为年主营业务收入2000万元以上。

5.建筑业统计范围变化。建筑业统计范围1994−1995年为县及县以上单位，1996−1997年为资质等级四级及以上独立核算建筑业企业，1998年起为资质等级五级及以上独立核算建筑业企业。

企业(单位)登记注册类型 是以在工商行政管理机关登记注册的具有法人资格的各类企业为划分对象。行政机关、事业单位和社会团体及其他经济组织参照执行。

本项以工商行政管理部门对企业(单位)登记注册的类型为依据，将企业(单位)登记注册类型分为以下几种：

(1)国有企业是指企业全部资产归国家所有，并按《中华人民共和国企业法人登记管理条例》规定登记注册的非公司制的经济组织。不包括有限责任公司中的国有独资公司。

(2)集体企业是指企业资产归集体所有，并按《中华人民共和国企业法人登记管理条例》规定登记注册的经济组织。

(3)股份合作企业是指以合作制为基础，由企业职工共同出资入股，吸收一定比例的社会资产投资组建，实行自主经营，自负盈亏，共同劳动，民主管理，按劳分配与按股分红相结合的一种集体经济组织。

(4)联营企业是指两个及两个以上相同或不同所有制性质的企业法人或事业单位法人，按自愿、平等、互利的原则，共同投资组成的经济组织。

联营企业包括国有联营企业、集体联营企业、国有与集体联营企业和其他联营企业。

(5)有限责任公司是指根据《中华人民共和国登记管理条例》规定登记注册，由两个以上，五十个以下的股东共同出资，每个股东以其所认缴的出资额对公司承担有限责任，公司以其全部资产对其债务承担责任的经济组织。

有限责任公司包括国有独资公司以及其他有限责任公司。

①国有独资公司是指国家授权的投资机构或者国家授权的部门单独投资设立的有限责任公司。

②其他有限责任公司是指国有独资公司以外的其他有限责任公司。

(6)股份有限公司是指根据《中华人民共和国登记管理条例》规定登记注册，其全部注册资本由等额股份构成并通过发行股票筹集资本，股东以其认购的股份对公司承担有限责任，公司以其全部资产对其债务承担责任的经济组织。

(7)私营企业是指由自然人投资设立或由自然人控股，以雇佣劳动为基础的营利性经济组织。包括按照《公司法》、《合伙企业法》、《私营企业暂行条件》规定登记注册的私营有限责任公司、私营股份有限公司、私营合伙企业和私营独资企业。

①私营独资企业是指按《私营企业暂行条例》的规定，由一名自然人投资经营，以雇佣劳动为基础，投资者对企业债务承担无限责任的企业。

②私营合伙企业是指按《合伙企业法》或《私营企业暂行条例》的规定，由两个以上自然人按照协议共同投资、共同经营、共负盈亏，以雇佣劳动为基础，对债务承担无限责任的企业。

③私营有限责任公司是指按《公司法》、《私营企业暂行条例》的规定，由两个以上自然人投资或由单个自然人控股的有限责任公司。

④私营股份有限公司是指按《公司法》的规定，由五个以上自然人投资，或由单个自然人控股的有限公司。

(8)其他内资企业是指上述第(1)条至第(7)条之外的其他内资经济组织。

(9)与港澳台商合资经营企业是指港澳台地区投资者与内地的企业依照《中华人民共和国中外合资经营企业法》及有关法律的规定，按合同规定的比例投资设立、分享利润和分担风险的企业。

(10)与港澳台商合作经营企业是指港澳台地区投资者与内地企业依照《中华人民共和国中外合作经营企业法》及有关法律的规定，依照合作合同的约定进行投资或提供条件设立、分配利润和分担风险的企业。

(11)港澳台商独资经营企业是指依照《中华人民共和国外资企业法》及有关法律的规定，在内地由港澳台地区投资者全额投资设立的企业。

(12)港澳台商投资股份有限公司是指根据国家有关规定，经外经贸部依法批准设立，其中港、澳、台商的股本占公司注册资本的比例达25%以上的股份有限公司。凡其中港、澳、台商的股本占公司注册资本的比例小于25%的，属于内资企业中的股份有限公司。

(13)中外合资经营企业是指外国企业或外国人与中国内地企业依照《中华人民共和国中外合资经营企业法》及有关法律的规定，按合同规定的比例投资设立、分享利润和分担风险的企业。

国民经济核算

NATIONAL ACCOUNTS

4-1 各时期生产总值(按当年价格计算)

Gross Domestic Product in Each Period

年份	地区生产总值(万元)	第一产业	第二产业	第三产业	#工业	人均生产总值(元)
1952	38282	14464	11300	12518	10907	121
1957	66616	19282	22378	24956	21840	194
1962	62056	10271	24346	27439	23610	177
1965	96827	18837	44395	33595	43388	262
1970	136085	21582	76949	37554	75571	337
1975	162427	28985	86500	46942	84614	373
"五五"时期						
1976	181751	33447	99797	48507	97215	413
1977	199814	35831	112347	51636	109811	450
1978	235993	41633	133172	61188	128910	527
1979	265619	50144	147679	67796	141048	586
1980	288001	59580	158591	69830	142369	630
"六五"时期						
1981	315623	65646	176516	73461	151131	681
1982	360552	88026	185548	86978	157894	765
1983	420075	116162	204758	99155	179572	881
1984	479948	103502	254684	121762	201017	997
1985	613741	129221	318193	166327	275447	1263
"七五"时期						
1986	712831	148165	344782	219884	286895	1451
1987	845431	175195	402857	267379	328783	1699
1988	1142249	222330	570722	349197	474895	2266
1989	1258319	237692	615209	405418	546591	2466
1990	1382350	239283	673593	469474	604274	2666
"八五"时期						
1991	1633920	253797	765582	614541	677340	3109
1992	2078386	277408	983638	817340	868539	3928
1993	2707637	326614	1331453	1049570	1153600	5088
1994	3718760	494413	1768214	1456133	1544940	6946
1995	4735176	676399	2203700	1855077	1941631	8773
"九五"时期						
1996	5808366	742400	2749300	2316666	2383100	10701
1997	7099490	825200	3279700	2994590	2788668	12995
1998	8021619	902000	3664300	3455319	2984090	14549
1999	8813156	925171	3998006	3889979	3188000	15863
2000(调整前)	9521798	950125	4186077	4385596	3366075	16999
2000	9441315	960185	4147355	4333775	3319701	16855
"十五"时期						
2001	10579155	983242	4380564	5215349	3507175	18697
2002	11901167	1000514	5016352	5884300	4023830	20807
2003	13521540	1048068	5886754	6586718	4822007	23362
2004	16002700	1205800	7219300	7577600	6034000	27293
2005	18462792	1343400	8474679	8644713	7158669	28900
"十一五"时期						
2006	21615316	1451210	9971161	10192945	8441795	33480
2007	25001427	1502995	11287598	12210834	9548644	38301
2008	30067703	1750100	13130913	15186690	11152190	45563
2009	33409059	1870700	14335100	17203259	11913600	50219
2010	39105271	2151700	16374544	20579027	13524244	57947
"十二五"时期						
2011	44062889	2378573	18289700	23394616	15078800	64310
2012	48036696	2529161	19381399	26126136	16030799	69444
2013	52301948	2847088	20532400	28922460	16906300	74994
2013(新行业)	52301948	2769911	20950832	28581205	16906300	74994
2014	57705966	2902894	22616579	32186493	18221072	82052
2015	61002320	3053916	23070000	34878404	18443700	85919
"十三五"时期						
2016	65361165	3173113	23689000	38499052	18788300	90999

注:1.2013年始使用新口径、新行业分类标准(GB-2011)。新行业中:第一产业不再包括农林牧渔服务业;第二产业不再包括开采辅助活动,金属制品、机械和设备修理业;农林牧渔服务业,开采辅助活动,金属制品、机械和设备修理业归入第三产业。后同。

2.2013年(新行业)、2014年为普查口径数据。后同。

3.2005年后人均生产总值为常住人口口径,后同。

4.经核算,2014年人均生产总值修订为82052。

4-2 各时期生产总值环比指数(以上年为100)

Circle Indices of Gross Domestic Product

年　份	地区生产总值	第一产业	第二产业	第三产业	#工业	人均生产总值
1952	123.9	119.1	153.2	132.7	126.2	118.0
1957	97.5	91.7	89.0	112.7	92.3	95.7
1962	105.6	116.7	82.7	121.9	81.3	105.9
1965	120.8	120.4	138.8	105.3	132.9	120.7
1970	113.7	95.9	131.9	100.5	130.8	108.7
1975	139.0	121.5	160.4	117.6	167.8	133.9
“五五”时期						
1976	104.9	93.2	114.6	104.5	113.1	104.6
1977	106.8	95.0	112.3	106.3	113.9	104.7
1978	113.0	99.3	114.2	119.0	111.9	109.1
1979	112.1	120.0	110.5	110.4	109.0	110.8
1980	113.6	124.5	112.5	107.9	105.7	112.6
“六五”时期						
1981	109.5	110.1	111.2	105.1	106.1	108.0
1982	116.0	136.2	106.7	120.2	106.1	114.1
1983	117.0	132.5	110.8	114.5	114.2	115.6
1984	118.4	92.3	128.9	127.3	116.0	117.3
1985	105.4	102.9	103.0	112.6	112.9	104.4
“七五”时期						
1986	110.8	109.4	103.4	126.1	99.4	109.6
1987	112.2	111.9	110.5	115.0	108.4	110.8
1988	119.0	111.8	124.8	115.0	127.2	117.5
1989	103.2	100.1	101.0	108.8	107.8	101.9
1990	108.3	99.2	107.9	114.2	109.0	106.6
“八五”时期						
1991	112.8	101.2	108.5	124.9	107.0	111.3
1992	122.8	105.5	124.0	128.4	123.8	122.0
1993	121.4	109.7	126.1	119.7	123.8	120.7
1994	118.9	131.0	115.0	120.1	115.9	118.2
1995	113.3	121.7	110.9	112.3	111.8	112.4
“九五”时期						
1996	114.9	102.8	116.9	117.0	115.0	114.3
1997	119.6	108.8	116.7	126.3	114.5	118.8
1998	113.8	110.1	112.6	116.3	107.8	112.8
1999	113.1	109.5	111.8	115.4	110.6	112.2
2000	112.1	106.1	110.8	114.9	112.2	111.2
“十五”时期						
2001	112.1	104.0	109.8	115.9	111.0	110.9
2002	113.2	102.6	114.8	113.9	115.2	112.0
2003	114.5	104.6	118.2	113.0	121.9	113.2
2004	115.6	107.8	119.8	113.0	121.9	114.1
2005	115.6	106.0	117.4	115.4	119.8	114.2
“十一五”时期						
2006	115.7	106.0	117.2	115.6	119.3	114.4
2007	115.8	100.0	115.3	118.5	116.0	114.5
2008	113.0	105.0	110.0	116.8	110.7	111.8
2009	112.2	105.1	112.1	113.1	110.5	111.3
2010	112.7	104.9	111.0	114.9	110.7	111.1
“十二五”时期						
2011	110.6	104.4	111.7	110.3	112.2	108.9
2012	109.5	104.7	109.2	110.1	109.7	108.4
2013	109.6	103.9	110.1	109.7	110.6	108.7
2013（新行业）	109.6	103.7	110.1	109.7	110.6	108.7
2014	108.8	103.9	108.8	109.1	108.9	107.9
2015	108.1	104.1	107.4	108.9	107.1	107.0
“十三五”时期						
2016	107.8	104.1	106.9	108.7	106.9	106.5

4-3 资本形成总额(按当年价格计算)

Basic Statistics on Gross Capital Formation

单位:万元

指　　标	2012年	2013年	2014年	2015年	2016年
资本形成总额	24140144	30182535	34417750	38457600	40333673
一、固定资本形成总额	21390653	27194510	31268206	33457249	37051965
1. 住 宅	4209797	6274201	6617872	7438000	9945598
2. 非住宅建筑物	9748694	13011712	15557997	14780097	15626960
3. 机器和设备	3984376	4499778	5067899	6450000	5880359
4. 土地改良支出	44788	62574	92567	136928	83868
5. 矿藏勘探费	4730	5198	6049	6979	6899
6. 计算机软件	2130000	2276970	2590812	2970366	3407010
7. 其他	1268268	1064077	1335012	1674879	2101270
二、存货增加	2749492	2988025	3149544	5000351	3281707
1. 农林牧渔业	161773	163227	-1100	-16200	-31854
2. 工业	248136	670461	685047	733000	8376
3. 建筑业	188246	-532	-603	514751	399574
4. 交通运输、仓储和邮政业	1791	2508	2115	-17600	116139
5. 批发和零售业	175842	31828	110839	-79000	-104495
6. 住宿和餐饮业	157	-1866	-523	-26000	-21754
7. 房地产业	1973546	2122399	2347812	4010000	2090306
8. 其他服务业	0	0	5957	-118600	825415

4-4 最终消费支出（按当年价格计算）

Final Consumption Expenditure

单位:亿元

指　　标	2011年	2012年	2013年	2014年	2015年	2016年
最终消费支出	2139.05	2448.32	2728.45	2936.20	3190.55	3466.81
居民消费支出	1391.82	1574.06	1747.52	1856.00	2015.55	2227.92
农村居民	181.85	206.67	226.28	243.72	259.87	282.02
食品类支出	53.74	60.81	64.14	67.29	68.50	74.73
衣着类支出	8.99	10.16	10.98	12.95	11.73	12.78
居住类支出	24.82	30.13	33.68	31.54	38.73	43.34
家庭设备、用品及服务类支出	9.56	10.88	13.45	15.99	13.94	15.32
医疗保健类支出	20.73	23.83	20.54	19.78	17.73	18.81
交通和通信类支出	22.23	24.73	30.40	36.10	36.83	39.26
文教娱乐用品及服务类支出	9.70	10.75	14.17	16.18	21.61	23.93
金融中介服务虚拟支出	1.85	1.92	2.14	2.33	2.54	2.88
保险服务消费支出	7.22	7.74	8.03	9.42	11.05	11.56
自有住房服务虚拟支出	21.15	24.03	26.68	28.02	29.42	30.89
其他商品和服务类支出	1.88	1.69	2.06	4.12	7.78	8.52
城镇居民	1209.97	1367.39	1521.23	1612.27	1755.68	1945.90
食品类支出	305.32	336.42	367.27	377.92	415.71	447.72
衣着类支出	127.65	138.84	152.42	152.72	155.01	136.57
居住类支出	108.38	123.43	138.63	172.32	181.63	232.57
家庭设备、用品及服务类支出	87.58	96.57	105.23	111.02	126.11	130.78
医疗保健类支出	91.37	100.39	110.48	110.26	125.36	144.54
交通和通信类支出	175.54	220.64	253.86	261.73	288.43	345.54
文教娱乐用品及服务类支出	123.12	143.21	155.17	170.23	197.80	199.58
金融中介服务虚拟支出	30.91	38.25	47.12	51.26	55.78	68.43
保险服务消费支出	13.13	14.61	15.17	17.79	20.87	36.04
自有住房服务虚拟支出	94.73	98.38	114.15	119.85	125.85	142.71
实物消费支出	5.72	5.71	6.18	6.56	9.67	14.28
其他商品和服务类支出	46.52	50.94	55.56	60.62	53.46	47.14
政府消费支出	747.23	874.26	980.93	1080.20	1175.00	1238.89

4-5 实际最终消费(按当年价格计算)

Basic Statistics on Final Real Consumption Expenditure

单位:亿元

指　　标	2011年	2012年	2013年	2014年	2015年	2016年
最终消费	2139.05	2448.32	2728.45	2936.20	3190.55	3466.81
居民消费	1676.83	1907.56	2066.16	2189.96	2378.21	2610.94
农村居民	215.30	245.83	272.82	292.65	312.03	342.28
食品类消费	54.17	61.32	65.67	68.89	70.13	76.51
衣着类消费	9.06	10.24	11.24	13.26	12.01	13.08
居住类消费	24.91	30.24	34.32	32.14	39.46	44.16
家庭设备、用品及服务类消费	9.63	10.97	13.76	16.36	14.26	15.67
医疗保健类消费	36.73	42.55	40.63	39.13	35.07	37.21
交通和通信类消费	22.42	24.95	31.14	36.99	37.73	40.22
文教娱乐用品及服务类消费	26.07	29.90	37.62	42.95	57.39	63.53
金融中介服务虚拟消费	1.86	1.94	2.14	2.33	2.53	2.88
保险服务消费支出	7.27	7.80	8.03	9.42	11.05	11.56
自有住房服务虚拟消费	21.31	24.21	26.68	28.01	29.41	30.89
其他商品和服务类消费	1.89	1.71	1.59	3.18	6.01	6.58
城镇居民	1461.53	1661.73	1793.34	1897.31	2066.06	2268.66
食品类消费	307.66	339.16	364.59	375.17	412.68	444.46
衣着类消费	128.43	139.75	151.07	151.37	153.64	135.36
居住类消费	109.28	124.48	137.67	171.13	180.37	209.96
家庭设备、用品及服务类消费	88.19	97.28	104.39	110.13	125.10	129.73
医疗保健类消费	202.47	230.37	251.57	251.07	285.46	329.14
交通和通信类消费	176.90	222.24	251.79	259.60	286.08	322.30
文教娱乐用品及服务类消费	256.15	298.85	318.87	349.80	406.47	410.13
金融中介服务虚拟消费	31.16	38.54	47.12	51.27	55.78	68.43
保险服务消费支出	13.23	14.73	15.17	17.79	20.87	36.05
自有住房服务虚拟消费	95.54	99.33	114.15	119.86	125.85	142.71
实物消费消费	5.76	5.76	6.18	6.56	9.68	14.28
其他商品和服务类消费	46.77	51.24	30.77	33.57	29.60	26.11
政府消费	462.22	540.76	662.28	746.25	811.74	855.87

4-6 生产总值分布

Distribution of Gross Domestic Product

单位:亿元

年　份	政　府 最终消费	居　民 最终消费	国　内 总投资	国　内 储蓄总额	资金差额
GDP分布					
1990	14.63	52.28	54.12	71.36	17.24
“八五”时期					
1991	16.43	60.70	56.35	86.26	29.91
1992	20.06	71.02	80.23	116.76	36.53
1993	22.75	90.63	122.66	157.38	34.71
1994	25.57	122.10	152.31	224.21	71.90
1995	34.93	197.61	190.05	240.98	50.93
“九五”时期					
1996	50.21	240.49	236.98	290.14	53.16
1997	98.69	291.30	246.44	319.96	73.52
1998	100.52	347.78	285.39	353.86	68.47
1999	126.27	362.71	347.37	392.34	44.97
2000	132.05	332.70	398.13	479.38	81.25
“十五”时期					
2001	146.90	357.84	418.38	553.18	134.79
2002	161.84	401.23	500.89	627.04	126.16
2003	184.97	430.62	562.41	736.57	174.15
2004	206.80	457.71	760.12	935.75	175.63
2005	223.46	522.10	1017.39	1100.72	83.33
“十一五”时期					
2006	285.51	621.65	1126.39	1254.37	127.98
2007	350.33	820.82	1286.16	1328.99	42.83
2008	431.26	940.61	1577.87	1634.90	57.03
2009	495.31	1022.07	1749.05	1823.53	74.48
2010	636.91	1197.34	2055.73	2076.28	20.55
“十二五”时期					
2011	747.23	1391.82	2360.99	2267.24	–93.75
2012	874.26	1574.06	2414.01	2355.35	–58.66
2013	980.93	1747.52	3018.25	3042.14	23.88
2014	1080.20	1856.00	3441.78	2834.40	–561.73
2015	1175.00	2015.55	3845.76	2909.68	–936.08
“十三五”时期					
2016	1238.89	2227.92	4033.37	3069.31	–964.06

4-7 生产总值(2009—2013年)(分行业、按当年价格计算)

Value of Gross Domestic Product(2009-2013)

单位:亿元

指　　标	2009年	2010年	2011年	2012年	2013年
地区生产总值	3340.91	3910.53	4406.29	4803.67	5230.19
第一产业	187.07	215.17	237.86	252.92	284.71
农林牧渔业	187.07	215.17	237.86	252.92	284.71
农　业	120.34	149.43	152.55	160.77	186.98
林　业	8.34	4.73	5.69	6.68	7.89
畜牧业	51.22	53.08	70.61	75.28	78.08
渔　业	2.88	3.02	3.35	3.54	4.04
农林牧渔服务业	4.29	4.91	5.66	6.65	7.72
第二产业	1433.51	1637.45	1828.97	1938.14	2053.24
工　业	1191.36	1352.42	1507.88	1603.08	1690.63
采矿业	26.60	31.64	34.11	33.21	56.03
制造业	1073.42	1194.23	1299.80	1490.91	1539.44
电力、燃气及水的生产和供应业	91.34	126.56	173.98	78.96	95.16
建筑业	242.15	285.03	321.09	335.06	362.61
房屋和土木工程建筑业	193.94	233.87	265.87	279.09	280.86
建筑安装业	36.02	38.26	38.41	40.22	59.54
建筑装饰业	7.51	7.78	11.77	13.03	19.00
其他建筑业	4.69	5.12	5.04	2.72	3.21
第三产业	1720.33	2057.90	2339.46	2612.61	2892.24
交通运输、仓储和邮政业	200.27	236.81	296.61	320.41	332.97
铁路运输业	52.01	56.18	60.70	65.55	63.12
道路运输业	96.68	118.25	152.71	170.27	172.42
城市公共交通业	13.62	14.71	17.08	18.99	18.28
水上运输业	0.60	0.73	0.94	1.05	1.18
航空运输业	17.01	24.76	33.73	27.71	31.87
管道运输业	1.20	1.36	1.37	1.40	1.65
装卸搬运和其他运输服务业	11.84	13.55	21.59	21.64	26.47
仓储业	5.79	6.09	7.18	10.97	15.00
邮政业	1.52	1.19	1.30	2.83	2.98
信息传输、计算机服务和软件业	66.24	116.38	136.70	152.10	162.58
电信和其他信息传输服务业	30.95	31.15	29.93	28.80	33.11
计算机服务业	17.95	25.14	31.67	37.99	44.56
软件业	17.33	60.09	75.10	85.31	84.90
批发和零售业	416.50	476.43	522.96	588.50	671.63
批发业	234.13	288.90	335.52	381.87	437.59
零售业	182.37	187.53	187.44	206.64	234.04
住宿和餐饮业	125.55	142.81	143.73	149.52	168.18
住宿业	12.43	16.44	16.77	17.68	20.76

4-7续

指　　标	2009年	2010年	2011年	2012年	2013年
餐饮业	113.12	126.37	126.96	131.84	147.42
金融业	240.21	288.33	330.14	411.34	461.00
银行业	164.58	226.00	278.34	357.71	387.31
证券业	60.51	47.28	32.05	26.87	33.74
保险业	10.02	5.37	6.43	6.99	8.16
其他金融活动	5.10	9.68	13.32	19.77	31.80
房地产业	172.63	220.79	254.98	273.94	320.56
房地产开发经营业	62.40	83.08	99.19	100.31	124.98
物业管理业	18.69	28.65	31.55	32.35	38.34
房地产中介服务业	10.13	15.53	17.11	17.62	17.62
其他房地产活动	7.21	11.05	12.20	13.03	22.87
居民自有住房服务业	74.20	82.48	94.94	110.62	116.74
租赁和商务服务业	88.71	107.32	131.18	145.29	153.19
租赁业	4.92	7.01	8.39	12.30	15.05
商务服务业	83.78	100.31	122.79	132.99	138.14
科学研究、技术服务和地质勘查业	57.79	63.63	69.22	69.36	75.62
研究与试验发展	19.95	18.95	22.14	22.85	27.12
专业技术服务业	27.36	32.94	33.95	33.78	32.72
科技交流和推广服务业	6.74	7.16	7.87	7.46	9.79
地质勘查业	3.74	4.58	5.27	5.27	5.98
水利、环境和公共设施管理业	12.18	13.84	13.62	14.05	17.26
水利管理业	5.06	6.06	5.91	6.21	9.06
环境管理业	2.46	2.90	2.54	0.07	0.09
公共设施管理业	4.67	4.87	5.17	7.77	8.11
居民服务和其他服务业	32.95	40.75	46.88	52.01	57.49
居民服务业	18.41	22.77	26.18	29.03	30.26
其他服务业	14.53	17.98	20.70	22.98	27.24
教　育	109.66	116.49	123.09	128.09	140.75
卫生、社会保障和社会福利业	64.87	87.30	105.00	127.60	134.11
卫生	56.31	74.52	95.70	117.78	124.11
社会保障业	6.37	9.46	7.11	7.48	7.60
社会福利业	2.19	3.32	2.19	2.34	2.40
文化、体育和娱乐业	23.60	28.01	28.40	32.21	36.29
新闻出版业	9.99	10.94	11.82	11.59	12.35
广播、电视、电影和音像业	5.27	6.65	6.97	10.52	11.24
文化艺术业	4.26	5.84	4.46	4.19	5.04
体育	2.08	2.21	2.47	2.55	4.01
娱乐业	2.01	2.37	2.68	3.37	3.65
公共管理和社会组织	109.18	119.01	136.93	148.19	160.61

注：旧行业分组（GB-2002）。

4-8 生产总值(2013-2016年)(分行业、按当年价格计算)

Value of Gross Domestic Product(2013-2016)

单位:亿元

指　　标	2013年	2014年	2015年	2016年
地区生产总值	5230.19	5770.60	6100.23	6536.12
农、林、牧、渔业	284.71	299.11	314.99	328.24
农业	186.98	199.53	210.14	215.11
林业	7.89	8.85	9.96	11.19
畜牧业	78.08	77.57	80.82	86.47
渔业	4.04	4.33	4.47	4.55
农、林、牧、渔服务业	7.72	8.82	9.60	10.93
工业	1690.63	1822.11	1844.37	1878.83
采矿业	27.95	30.13	36.89	45.80
#开采辅助活动	0.03	0.03	0.03	0.03
制造业	1471.81	1586.27	1715.26	1749.57
#金属制品、机械和设备修理业	3.08	3.32	3.40	3.46
电力、燃气及水的生产和供应业	190.87	205.71	92.22	83.46
建筑业	407.56	442.90	466.06	493.56
房屋建筑业	236.10	252.57	241.65	279.93
土木工程建筑业	107.82	121.17	178.83	172.85
建筑安装业	25.22	27.40	21.12	13.47
建筑装饰业和其他建筑业	38.43	41.76	24.47	27.32
批发和零售业	626.68	691.65	715.54	760.76
批发业	397.64	441.38	453.30	482.02
零售业	229.04	250.27	262.24	278.74
交通运输、仓储和邮政业	332.97	364.29	371.63	392.18
铁路运输业	63.12	69.06	68.40	72.50
道路运输业	166.88	181.18	186.88	191.92
水上运输业	1.18	1.29	1.32	1.50
航空运输业	31.87	34.87	35.57	41.51
管道运输业	21.47	23.49	23.96	24.35
装卸搬运和其他运输服务业	26.47	28.96	29.54	27.33
仓储业	15.00	16.41	16.74	21.68
邮政业	6.98	9.04	9.22	11.38
住宿和餐饮业	168.18	180.96	188.45	202.85
住宿业	20.76	22.45	22.68	23.99
餐饮业	147.42	158.51	165.77	178.86
信息传输、计算机服务和软件业	162.58	190.17	201.95	232.78
电信、广播电视和卫星传输服务	101.79	119.07	126.45	125.49
互联网和相关服务	4.35	5.09	5.40	18.21
软件和信息技术服务业	56.44	66.02	70.11	89.08
金融业	461.00	541.88	641.86	719.98
货币金融服务	387.31	437.25	517.93	589.41
资本市场服务	33.74	48.65	57.63	36.42

4-8续

指　　标	2013年	2014年	2015年	2016年
保险业	8.16	9.59	11.36	23.06
其他金融业	31.80	46.38	54.94	71.10
房地产业	320.56	369.23	415.00	463.21
房地产开发经营业	136.61	169.38	190.37	218.55
物业管理业	26.72	25.46	28.62	33.66
房地产中介服务业	17.62	17.44	19.60	25.72
自有房地产经营活动	116.74	132.83	134.73	140.19
其他房地产业	22.87	24.13	41.68	45.09
租赁和商务服务业	153.19	172.19	182.86	214.29
租赁业	15.05	16.92	17.97	25.15
商务服务业	138.14	155.27	164.90	189.14
科学研究、技术服务和地质勘查业	75.62	82.35	90.00	103.15
研究与试验发展	6.39	6.96	7.60	10.15
专业技术服务业	50.38	54.86	59.96	68.00
科技交流和应用服务业	18.85	20.53	22.43	25.00
水利、环境和公共设施管理业	17.26	18.80	20.54	24.95
水利管理业	1.88	2.05	2.24	2.50
生态保护和环境治理业	0.61	0.74	0.80	1.45
公共设施管理业	14.77	16.01	17.50	21.00
居民服务、修理和其他服务业	57.49	64.63	68.63	80.79
居民服务业	30.26	32.21	34.21	39.47
机动车、电子产品和日用产品修理业	9.12	10.25	10.89	13.07
其他服务业	18.11	22.16	23.53	28.25
教育	140.75	153.27	167.51	196.78
卫生和社会工作	134.11	146.04	159.60	176.10
卫生	124.11	135.15	147.70	161.56
社会工作	10.00	10.89	11.90	14.53
文化、体育和娱乐业	36.29	40.79	43.32	48.60
新闻出版业	12.35	13.88	14.74	17.30
广播、电视、电影和音像业	11.24	14.43	15.33	15.50
文化艺术业	5.04	4.37	4.64	5.69
体育	4.01	4.51	4.79	5.55
娱乐业	3.65	3.60	3.83	4.57
公共管理和社会组织	160.61	190.24	207.91	219.08
第一产业	276.99	290.29	305.39	317.31
第二产业	2095.08	2261.66	2307.00	2368.90
第三产业	2858.12	3218.65	3487.84	3849.91

注：新行业分组（GB-2011）。

4-9 生产总值贡献率(2009—2013年)(分行业、按不变价格计算)

Distribution Rate of Gross Domestic Product(Calculated at Fixed Prices)(2009-2013)

单位:%

指　　标	2009年	2010年	2011年	2012年	2013年
地区生产总值	100.0	100.0	100.0	100.0	100.0
第一产业	2.3	1.9	2.3	2.6	2.0
农林牧渔业	2.3	1.9	2.3	2.6	2.0
农　业	1.3	2.3	-1.3	1.4	1.1
林　业	0.0	-0.6	0.2	0.2	0.2
畜牧业	1.0	0.2	3.3	0.8	0.5
渔　业	0.0	0.0	0.0	0.0	0.0
农林牧渔服务业	0.0	0.1	0.1	0.2	0.2
第二产业	44.6	39.1	46.2	41.2	44.5
工　业	33.8	32.6	39.9	36.0	38.8
采矿业	3.9	1.1	0.6	0.0	5.9
制造业	15.0	23.3	27.5	58.7	30.6
电力、燃气及水的生产和供应业	14.8	8.2	11.7	-22.7	2.4
建筑业	10.8	6.5	6.3	5.2	5.6
房屋和土木工程建筑业	11.5	6.3	5.8	4.7	-6.3
建筑安装业	0.6	0.1	-0.2	0.6	10.5
建筑装饰业	-0.9	0.0	0.9	0.4	1.3
其他建筑业	-0.4	0.0	-0.1	-0.5	0.1
第三产业	53.1	59.0	51.5	56.2	53.5
交通运输、仓储和邮政业	12.4	6.4	13.0	5.4	2.9
铁路运输业	1.2	1.1	0.8	1.1	-0.4
道路运输业	9.7	3.1	7.6	4.1	0.9
城市公共交通业	0.1	0.2	0.5	0.4	-0.1
水上运输业	0.1	0.2	0.0	0.0	0.0
航空运输业	0.9	1.2	2.0	-1.5	0.8
管道运输业	0.1	0.0	0.0	0.0	0.1
装卸搬运和其他运输服务业	0.5	0.4	1.8	0.0	0.8
仓储业	-0.1	0.1	0.2	0.9	0.7
邮政业	0.0	0.1	0.0	0.4	0.0
信息传输、计算机服务和软件业	2.9	7.7	4.7	3.5	2.3
电信和其他信息传输服务业	-0.3	0.1	-0.3	-0.3	0.9
计算机服务业	2.9	2.6	1.5	1.5	1.4
软件业	0.3	5.1	3.5	2.3	-0.1
批发和零售业	10.5	12.4	7.6	13.5	15.7
批发业	10.6	11.8	9.5	9.4	11.2
零售业	-0.1	0.6	-1.8	4.1	4.5
住宿和餐饮业	2.0	3.4	-0.6	1.0	2.5
住宿业	-0.1	1.1	0.1	0.2	0.3

4-9续

指　　标	2009年	2010年	2011年	2012年	2013年
餐饮业	2.1	2.4	-0.7	0.8	2.1
金融业	8.7	8.8	7.0	17.5	13.9
银行业	9.4	11.9	10.0	17.3	9.1
证券业	0.1	-3.0	-4.0	-1.3	1.7
保险业	-0.4	-1.0	0.2	0.1	0.3
其他金融活动	-0.4	0.9	0.8	1.4	2.8
房地产业	5.3	8.3	4.9	3.5	8.3
房地产开发经营业	0.7	3.6	3.1	0.0	4.4
物业管理业	1.3	2.1	0.4	0.1	1.0
房地产中介服务业	0.7	1.2	0.2	0.1	-0.1
其他房地产活动	0.4	0.7	0.2	0.2	1.9
居民自有住房服务业	2.1	0.6	10.0	3.1	1.1
租赁和商务服务业	5.4	3.6	5.2	2.6	0.8
租赁业	0.4	0.3	0.3	0.9	0.5
商务服务业	5.1	3.2	4.9	1.7	0.3
科学研究、技术服务和地质勘查业	1.0	0.5	1.0	-0.4	0.9
研究与试验发展	0.4	-0.6	0.7	0.0	0.7
专业技术服务业	0.1	1.0	0.1	-0.3	-0.4
科技交流和推广服务业	0.4	0.1	0.1	-0.1	0.4
地质勘查业	0.0	0.0	0.1	0.0	0.1
水利、环境和公共设施管理业	-0.3	-0.2	-0.1	0.0	0.6
水利管理业	0.1	-0.1	-0.1	0.0	0.6
环境管理业	0.1	0.0	-0.1	-0.6	0.0
公共设施管理业	-0.5	-0.1	0.0	0.6	0.0
居民服务和其他服务业	0.7	1.8	1.3	0.9	0.9
居民服务业	0.4	1.0	0.7	0.5	0.1
其他服务业	0.3	0.8	0.6	0.4	0.8
教　育	2.8	1.1	1.0	0.5	1.9
卫生、社会保障和社会福利业	0.9	3.5	3.8	4.7	0.6
卫生	0.6	2.6	4.7	4.7	0.6
社会保障业	0.3	0.6	-0.6	0.0	0.0
社会福利业	0.1	0.2	-0.3	0.0	0.0
文化、体育和娱乐业	0.7	1.1	0.0	0.7	0.7
新闻出版业	0.3	0.2	0.2	-0.1	0.1
广播、电视、电影和音像业	0.1	0.3	0.0	0.8	0.1
文化艺术业	0.1	0.4	-0.4	-0.1	0.2
体育	0.2	0.0	0.1	0.0	0.3
娱乐业	0.0	0.1	0.1	0.1	0.0
公共管理和社会组织	0.1	0.7	2.6	2.8	1.7

注：旧行业分组（GB-2002）。

4-10 生产总值贡献率(2013-2016年)(分行业、按不变价格计算)

Distribution Rate of Gross Domestic Product(Calculated at Fixed Prices)(2013-2016)

单位:%

指　　标	2013年	2014年	2015年	2016年
地区生产总值	100.00	100.00	100.00	100.00
农、林、牧、渔业	2.03	2.26	2.37	2.89
农业	1.13	3.36	3.51	1.85
林业	0.20	0.09	0.09	0.29
畜牧业	0.49	-1.36	-1.43	0.48
渔业	0.03	0.05	0.05	0.03
农、林、牧、渔服务业	0.17	0.12	0.16	0.24
工业	38.69	36.05	31.40	26.92
采矿业	2.91	0.60	-0.36	2.41
#开采辅助活动	0.00	0.00	0.00	0.00
制造业	31.06	26.58	26.89	25.49
#金属制品、机械和设备修理业	0.06	0.07	0.06	0.05
电力、燃气及水的生产和供应业	4.73	8.88	4.86	-0.98
建筑业	6.70	7.52	8.58	6.75
房屋建筑业	4.31	-1.08	4.04	8.60
土木工程建筑业	-3.32	7.07	9.30	-0.92
建筑安装业	3.42	0.47	-1.20	-1.59
建筑装饰业和其他建筑业	2.29	1.06	-3.56	0.66
批发和零售业	15.34	10.65	6.58	11.42
批发业	10.89	7.51	3.55	7.35
零售业	4.44	3.13	3.03	4.07
交通运输、仓储和邮政业	2.87	3.58	2.33	3.54
铁路运输业	-0.35	-0.78	1.34	0.73
道路运输业	0.72	2.00	-0.55	0.67
水上运输业	0.03	0.02	-0.01	0.04
航空运输业	0.76	0.72	1.00	1.17
管道运输业	0.57	0.16	0.11	0.03
装卸搬运和其他运输服务业	0.59	0.47	0.14	-0.52
仓储业	0.47	0.35	0.11	1.00
邮政业	0.10	0.65	0.21	0.43
住宿和餐饮业	2.45	2.28	1.16	2.04
住宿业	0.35	0.21	0.22	0.22
餐饮业	2.10	2.06	0.95	1.82
信息传输、计算机服务和软件业	2.27	3.82	1.92	5.69
电信、广播电视和卫星传输服务	2.19	3.39	1.76	-0.65
互联网和相关服务	0.14	0.10	-0.01	2.64
软件和信息技术服务业	-0.06	0.33	0.18	3.69
金融业	13.84	16.01	22.21	15.56
货币金融服务	9.10	7.35	13.63	14.35
资本市场服务	1.68	4.13	5.86	-4.52

4-10续

指　　标	2013年	2014年	2015年	2016年
保险业	0.30	0.30	0.59	2.44
其他金融业	2.74	4.23	2.13	3.29
房地产业	8.28	6.70	10.89	7.55
房地产开发经营业	4.79	5.87	8.17	3.97
物业管理业	0.71	−0.37	0.67	0.76
房地产中介服务业	−0.11	−0.12	0.44	1.06
自有房地产经营活动	1.10	1.15	1.21	1.42
其他房地产业	1.80	0.17	0.41	0.34
租赁和商务服务业	0.77	2.49	1.67	5.85
租赁业	0.49	−0.10	0.37	1.43
商务服务业	0.28	2.58	1.30	4.43
科学研究、技术服务和地质勘查业	0.89	0.81	1.40	1.75
研究与试验发展	0.18	0.24	0.24	0.44
专业技术服务业	−0.13	−0.36	0.74	1.02
科技交流和应用服务业	0.84	0.92	0.41	0.29
水利、环境和公共设施管理业	0.19	0.18	0.32	0.68
水利管理业	0.11	0.02	0.01	0.03
生态保护和环境治理业	0.03	0.04	0.01	0.12
公共设施管理业	0.05	0.12	0.29	0.53
居民服务、修理和其他服务业	0.85	0.93	0.63	2.28
居民服务业	0.10	−0.22	0.51	0.97
机动车、电子产品和日用产品修理业	0.33	0.10	−0.01	0.41
其他服务业	0.42	1.05	0.12	0.90
教育	1.85	1.51	2.60	4.23
卫生和社会工作	0.62	1.42	2.48	1.49
卫生	0.64	1.05	2.38	1.08
社会工作	−0.02	0.37	0.10	0.41
文化、体育和娱乐业	0.67	0.59	0.40	0.94
新闻出版业	0.09	−0.10	−0.06	0.48
广播、电视、电影和音像业	0.09	0.92	−0.01	−0.02
文化艺术业	0.15	−0.21	0.22	0.20
体育	0.29	0.03	0.13	0.14
娱乐业	0.04	−0.05	0.12	0.14
公共管理和社会组织	1.69	3.21	3.08	0.40
第一产业	1.86	2.14	2.21	2.65
第二产业	45.33	43.50	39.92	33.63
第三产业	52.81	54.36	57.88	63.72

注：新行业分组（GB-2011）。

4-11 生产总值行业比重(2009—2013年)(按当年价格计算)

Ratio of Gross Domestic Product(Calculated at Current Prices)(2009-2013)

单位:%

指　　标	2009年	2010年	2011年	2012年	2013年
地区生产总值	100.0	100.0	100.0	100.0	100.0
第一产业	5.6	5.5	5.4	5.3	5.4
农林牧渔业	5.6	5.5	5.4	5.3	5.4
农　业	3.6	3.8	3.5	3.4	3.6
林　业	0.2	0.1	0.1	0.1	0.2
畜牧业	1.5	1.4	1.6	1.6	1.5
渔　业	0.1	0.1	0.1	0.1	0.1
农林牧渔服务业	0.1	0.1	0.1	0.1	0.1
第二产业	42.9	41.9	41.5	40.3	39.3
工　业	35.7	34.6	34.2	33.3	32.3
采矿业	0.8	0.8	0.8	0.7	1.1
制造业	32.1	30.5	29.5	31.0	29.4
电力、燃气及水的生产和供应业	2.7	3.2	3.9	1.6	1.8
建筑业	7.2	7.3	7.3	7.0	6.9
房屋和土木工程建筑业	5.8	6.0	6.0	5.8	5.4
建筑安装业	1.1	1.0	0.9	0.8	1.1
建筑装饰业	0.2	0.2	0.3	0.3	0.4
其他建筑业	0.1	0.1	0.1	0.1	0.1
第三产业	51.5	52.6	53.1	54.4	55.3
交通运输、仓储和邮政业	6.0	6.1	6.7	6.7	6.4
铁路运输业	1.6	1.4	1.4	1.4	1.2
道路运输业	2.9	3.0	3.5	3.5	3.3
城市公共交通业	0.4	0.4	0.4	0.4	0.3
水上运输业	0.0	0.0	0.0	0.0	0.0
航空运输业	0.5	0.6	0.8	0.6	0.6
管道运输业	0.0	0.0	0.0	0.0	0.0
装卸搬运和其他运输服务业	0.4	0.3	0.5	0.5	0.5
仓储业	0.2	0.2	0.2	0.2	0.3
邮政业	0.0	0.0	0.0	0.1	0.1
信息传输、计算机服务和软件业	2.0	3.0	3.1	3.2	3.1
电信和其他信息传输服务业	0.9	0.8	0.7	0.6	0.6
计算机服务业	0.5	0.6	0.7	0.8	0.9
软件业	0.5	1.5	1.7	1.8	1.6
批发和零售业	12.5	12.2	11.9	12.2	12.8
批发业	7.0	7.4	7.6	7.9	8.4
零售业	5.5	4.8	4.3	4.3	4.5
住宿和餐饮业	3.8	3.7	3.3	3.1	3.2
住宿业	0.4	0.4	0.4	0.4	0.4

4-11续

指　　标	2009年	2010年	2011年	2012年	2013年
餐饮业	3.4	3.2	2.9	2.7	2.8
金融业	7.2	7.4	7.5	8.5	8.8
银行业	4.9	5.8	6.3	7.4	7.4
证券业	1.8	1.2	0.7	0.6	0.6
保险业	0.3	0.1	0.1	0.1	0.2
其他金融活动	0.2	0.2	0.3	0.4	0.6
房地产业	5.2	5.6	5.8	5.7	6.1
房地产开发经营业	1.9	2.1	2.3	2.1	2.4
物业管理业	0.6	0.7	0.7	0.7	0.7
房地产中介服务业	0.3	0.4	0.4	0.4	0.3
其他房地产活动	0.2	0.3	0.3	0.3	0.4
居民自有住房服务业	2.2	2.1	2.2	2.2	2.2
租赁和商务服务业	2.7	2.7	3.0	3.0	2.9
租赁业	0.1	0.2	0.2	0.3	0.3
商务服务业	2.5	2.6	2.8	2.7	2.6
科学研究、技术服务和地质勘查业	1.7	1.6	1.6	1.4	1.4
研究与试验发展	0.6	0.5	0.5	0.5	0.5
专业技术服务业	0.8	0.8	0.8	0.6	0.6
科技交流和推广服务业	0.2	0.2	0.2	0.2	0.2
地质勘查业	0.1	0.1	0.1	0.1	0.1
水利、环境和公共设施管理业	0.4	0.4	0.3	0.3	0.3
水利管理业	0.2	0.2	0.1	0.1	0.2
环境管理业	0.1	0.1	0.1	0.0	0.0
公共设施管理业	0.1	0.1	0.1	0.2	0.2
居民服务和其他服务业	1.0	1.0	1.1	1.1	1.1
居民服务业	0.6	0.6	0.6	0.6	0.6
其他服务业	0.4	0.5	0.5	0.5	0.5
教　育	3.3	3.0	2.8	2.7	2.7
卫生、社会保障和社会福利业	1.9	2.2	2.4	2.7	2.6
卫生	1.7	1.9	2.2	2.5	2.4
社会保障业	0.2	0.2	0.2	0.2	0.1
社会福利业	0.1	0.1	0.0	0.0	0.0
文化、体育和娱乐业	0.7	0.7	0.6	0.7	0.7
新闻出版业	0.3	0.3	0.3	0.2	0.2
广播、电视、电影和音像业	0.2	0.2	0.2	0.2	0.2
文化艺术业	0.1	0.1	0.1	0.1	0.1
体育	0.1	0.1	0.1	0.1	0.1
娱乐业	0.1	0.1	0.1	0.1	0.1
公共管理和社会组织	3.3	3.0	3.1	3.1	3.1

注：旧行业分组（GB-2002）。

4-12 生产总值行业比重(2013—2016年)(按当年价格计算)

Ratio of Gross Domestic Product(Calculated at Current Prices)(2013-2016)

单位:%

指　　标	2013年	2014年	2015年	2016年
地区生产总值	100.00	100.00	100.00	100.00
农、林、牧、渔业	5.44	5.18	5.16	5.02
农业	3.57	3.46	3.44	3.29
林业	0.15	0.15	0.16	0.17
畜牧业	1.49	1.34	1.32	1.32
渔业	0.08	0.08	0.07	0.07
农、林、牧、渔服务业	0.15	0.15	0.16	0.17
工业	32.32	31.58	30.23	28.75
采矿业	0.53	0.52	0.60	0.70
#开采辅助活动	0.00	0.00	0.00	0.00
制造业	28.14	27.49	28.12	26.77
#金属制品、机械和设备修理业	0.06	0.06	0.06	0.05
电力、燃气及水的生产和供应业	3.65	3.56	1.51	1.28
建筑业	7.79	7.68	7.64	7.55
房屋建筑业	4.51	4.38	3.96	4.28
土木工程建筑业	2.06	2.10	2.93	2.64
建筑安装业	0.48	0.47	0.35	0.21
建筑装饰业和其他建筑业	0.73	0.72	0.40	0.42
批发和零售业	11.98	11.99	11.73	11.64
批发业	7.60	7.65	7.43	7.37
零售业	4.38	4.34	4.30	4.26
交通运输、仓储和邮政业	6.37	6.31	6.09	6.00
铁路运输业	1.21	1.20	1.12	1.11
道路运输业	3.19	3.14	3.06	2.94
水上运输业	0.02	0.02	0.02	0.02
航空运输业	0.61	0.60	0.58	0.64
管道运输业	0.41	0.41	0.39	0.37
装卸搬运和其他运输服务业	0.51	0.50	0.48	0.42
仓储业	0.29	0.28	0.27	0.33
邮政业	0.13	0.16	0.15	0.17
住宿和餐饮业	3.22	3.14	3.09	3.10
住宿业	0.40	0.39	0.37	0.37
餐饮业	2.82	2.75	2.72	2.74
信息传输、计算机服务和软件业	3.11	3.30	3.31	3.56
电信、广播电视和卫星传输服务	1.95	2.06	2.07	1.92
互联网和相关服务	0.08	0.09	0.09	0.28
软件和信息技术服务业	1.08	1.14	1.15	1.36
金融业	8.81	9.39	10.52	11.02
货币金融服务	7.41	7.58	8.49	9.02
资本市场服务	0.65	0.84	0.94	0.56

4-12续

指　　标	2013年	2014年	2015年	2016年
保险业	0.16	0.17	0.19	0.35
其他金融业	0.61	0.80	0.90	1.09
房地产业	6.13	6.40	6.80	7.09
房地产开发经营业	2.61	2.94	3.12	3.34
物业管理业	0.51	0.44	0.47	0.51
房地产中介服务业	0.34	0.30	0.32	0.39
自有房地产经营活动	2.23	2.30	2.21	2.14
其他房地产业	0.44	0.42	0.68	0.69
租赁和商务服务业	2.93	2.98	3.00	3.28
租赁业	0.29	0.29	0.29	0.38
商务服务业	2.64	2.69	2.70	2.89
科学研究、技术服务和地质勘查业	1.45	1.43	1.48	1.58
研究与试验发展	0.12	0.12	0.12	0.16
专业技术服务业	0.96	0.95	0.98	1.04
科技交流和应用服务业	0.36	0.36	0.37	0.38
水利、环境和公共设施管理业	0.33	0.33	0.34	0.38
水利管理业	0.04	0.04	0.04	0.04
生态保护和环境治理业	0.01	0.01	0.01	0.02
公共设施管理业	0.28	0.28	0.29	0.32
居民服务、修理和其他服务业	1.10	1.12	1.13	1.24
居民服务业	0.58	0.56	0.56	0.60
机动车、电子产品和日用产品修理业	0.17	0.18	0.18	0.20
其他服务业	0.35	0.38	0.39	0.43
教育	2.69	2.66	2.75	3.01
卫生和社会工作	2.56	2.53	2.62	2.69
卫生	2.37	2.34	2.42	2.47
社会工作	0.19	0.19	0.20	0.22
文化、体育和娱乐业	0.69	0.71	0.71	0.74
新闻出版业	0.24	0.24	0.24	0.26
广播、电视、电影和音像业	0.21	0.25	0.25	0.24
文化艺术业	0.10	0.08	0.08	0.09
体育	0.08	0.08	0.08	0.08
娱乐业	0.07	0.06	0.06	0.07
公共管理和社会组织	3.07	3.30	3.41	3.35
第一产业	5.30	5.03	5.01	4.86
第二产业	40.06	39.19	37.82	36.24
第三产业	54.65	55.78	57.18	58.90

注：新行业分组（GB-2011）。

4-13 分地区生产总值(2016年)

Value of Gross Domestic Product by Region(2016)

单位:亿元

指　　标	济南市	历下区	市中区	槐荫区	天桥区	历城区
地区生产总值	6536.12	1186.27	826.32	433.03	417.98	798.33
农林牧渔业	328.24	0.00	3.93	4.06	4.23	45.91
#农林牧渔服务业	10.93	0.00	0.06	0.03	0.02	1.60
工业	1878.83	89.24	66.09	76.44	38.98	242.26
# 开采辅助活动	0.03	0.00	0.00	0.00	0.00	0.00
#金属制品、机械和设备修理业	3.46	0.00	0.00	0.00	0.00	3.07
建筑业	493.56	75.51	66.05	39.62	65.09	61.35
批发和零售业	760.76	150.26	76.36	73.11	106.85	130.57
交通运输、仓储和邮政业	392.18	64.03	10.00	14.32	17.78	62.63
住宿和餐饮业	202.85	56.79	29.91	12.37	20.74	26.99
金融业	719.98	310.04	240.13	14.22	31.11	20.24
房地产业	463.21	112.02	69.80	60.62	36.09	49.03
其他服务业	1296.51	328.38	264.06	138.27	97.12	159.33
营利性服务业	576.47	153.84	159.47	54.97	26.04	52.75
非营利性服务业	720.04	174.54	104.58	83.29	71.07	106.58
第一产业	317.31	0.00	3.87	4.03	4.21	44.31
第二产业	2368.90	164.75	132.14	116.06	104.07	300.55
第三产业	3849.91	1021.52	690.31	312.94	309.70	453.47

4-13续

指　　标	长清区	章丘区	平阴县	济阳县	商河县	高新区
地区生产总值	289.45	914.49	245.24	295.02	179.21	731.10
农林牧渔业	36.31	87.46	34.68	53.43	51.01	7.21
#农林牧渔服务业	0.67	3.45	1.79	0.71	2.56	0.04
工业	75.10	488.61	123.28	135.21	55.94	362.44
# 开采辅助活动	0.00	0.00	0.03	0.00	0.00	0.00
#金属制品、机械和设备修理业	0.01	0.00	0.38	0.00	0.00	0.00
建筑业	38.56	59.36	13.09	16.88	11.26	46.78
批发和零售业	27.19	87.40	15.54	30.10	11.79	51.58
交通运输、仓储和邮政业	9.72	58.56	18.78	8.37	3.30	53.03
住宿和餐饮业	9.51	19.02	7.53	6.18	7.90	5.90
金融业	11.84	22.74	8.23	7.96	7.95	21.14
房地产业	28.20	26.10	7.00	16.23	9.81	49.92
其他服务业	53.01	65.24	17.12	20.65	20.25	133.09
营利性服务业	8.37	16.69	2.26	4.93	8.49	88.65
非营利性服务业	44.64	48.55	14.86	15.73	11.76	44.44
第一产业	35.64	84.01	32.89	52.72	48.45	7.17
第二产业	113.66	547.98	135.95	152.09	67.19	409.22
第三产业	140.15	282.50	76.40	90.21	63.56	314.70

注:新行业分组(GB-2011),各区县数据为2016年调整行政区划后的数据。

4-14 地区生产总值收入法构成(2016年)

Composition of Gross Domestic Product(2016)

单位:亿元

指　　标	增加值	劳动者报酬	生产税净额	固定资产折旧	营业盈余
地区生产总值	6536.12	2714.40	1132.19	814.31	1875.23
农、林、牧、渔业	328.24	319.53	-2.01	10.72	0.00
农业	215.11	209.99	-2.46	7.58	0.00
林业	11.19	10.84	0.00	0.34	0.00
畜牧业	86.47	83.71	0.45	2.31	0.00
渔业	4.55	4.40	0.00	0.15	0.00
农、林、牧、渔服务业	10.93	10.58	0.00	0.35	0.00
工业	1878.83	603.89	451.04	201.75	622.14
采矿业	45.80	16.77	10.59	16.37	2.08
#开采辅助活动	0.03	0.02	0.01	0.00	0.00
制造业	1749.57	549.92	420.75	157.50	621.39
#金属制品、机械和设备修理业	3.46	2.27	0.35	0.23	0.61
电力、燃气及水的生产和供应业	83.46	37.20	19.70	27.88	-1.32
建筑业	493.56	277.80	95.44	22.50	97.82
房屋建筑业	279.93	156.15	46.88	4.62	72.29
土木工程建筑业	172.85	99.92	39.02	15.59	18.31
建筑安装业	13.47	12.66	3.27	1.46	-3.92
建筑装饰业和其他建筑业	27.32	9.07	6.28	0.83	11.14
批发和零售业	760.76	331.57	156.40	67.54	205.25
批发业	482.02	179.82	129.68	39.13	133.39
零售业	278.74	151.75	26.72	28.41	71.86
交通运输、仓储和邮政业	392.18	164.38	40.04	80.66	107.10
铁路运输业	72.50	20.61	14.72	9.79	27.38
道路运输业	191.92	78.60	11.92	37.87	63.54
水上运输业	1.50	0.66	0.16	0.21	0.48
航空运输业	41.51	12.24	5.20	10.00	14.07
管道运输业	24.35	3.16	3.72	11.73	5.74
装卸搬运和其他运输服务业	27.33	28.29	0.97	0.77	-2.71
仓储业	21.68	9.64	2.69	9.44	-0.08
邮政业	11.38	11.18	0.65	0.86	-1.31
住宿和餐饮业	202.85	155.00	30.91	34.75	-17.82
住宿业	23.99	16.80	3.19	6.14	-2.15
餐饮业	178.86	138.21	27.72	28.61	-15.67
信息传输、计算机服务和软件业	232.78	91.12	31.20	48.82	61.65
电信、广播电视和卫星传输服务	125.49	29.48	13.71	43.92	38.37
互联网和相关服务	18.21	17.30	8.52	0.09	-7.70
软件和信息技术服务业	89.08	44.34	8.96	4.80	30.98
金融业	719.98	133.22	66.58	24.33	495.85
货币金融服务	589.41	80.83	55.66	10.40	442.51
资本市场服务	36.42	24.17	4.65	2.11	5.49

指　　标	增加值	劳动者报酬	生产税净额	固定资产折旧	营业盈余
保险业	23.06	25.78	4.96	8.05	-15.72
其他金融业	71.10	2.44	1.32	3.76	63.57
房地产业	463.21	58.78	163.07	167.19	74.17
房地产开发经营业	218.55	33.67	132.49	8.75	43.64
物业管理业	33.66	9.99	9.51	2.16	11.99
房地产中介服务业	25.72	6.18	6.08	3.51	9.95
自有房地产经营活动	140.19	0.00	0.00	140.19	0.00
其他房地产业	45.09	8.94	14.99	12.58	8.58
租赁和商务服务业	214.29	78.42	28.23	27.11	80.54
租赁业	25.15	13.93	3.18	4.30	3.74
商务服务业	189.14	64.49	25.04	22.80	76.80
科学研究、技术服务和地质勘查业	103.15	60.79	10.86	7.85	23.65
研究与试验发展	10.15	4.37	0.55	0.61	4.62
专业技术服务业	68.00	42.95	8.66	4.00	12.38
科技交流和应用服务业	25.00	13.47	1.65	3.23	6.65
水利、环境和公共设施管理业	24.95	9.66	5.38	0.56	9.35
水利管理业	2.50	1.81	0.21	0.12	0.35
生态保护和环境治理业	1.45	0.19	0.17	0.04	1.05
公共设施管理业	21.00	7.67	5.00	0.39	7.95
居民服务、修理和其他服务业	80.79	46.80	11.72	7.75	14.52
居民服务业	39.47	23.88	3.47	3.64	8.48
机动车、电子产品和日用产品修理业	13.07	7.05	3.34	2.06	0.62
其他服务业	28.25	15.88	4.91	2.05	5.42
教育	196.78	95.72	11.11	35.07	54.89
卫生和社会工作	176.10	76.02	13.68	26.88	59.51
卫生	161.56	66.22	13.66	24.84	56.84
社会工作	14.53	9.80	0.02	2.04	2.67
文化、体育和娱乐业	48.60	38.26	12.14	12.99	-14.79
新闻出版业	17.30	9.86	2.12	1.25	4.08
广播、电视、电影和音像业	15.50	13.82	4.92	2.15	-5.41
文化艺术业	5.69	4.22	0.51	4.69	-3.73
体育	5.55	5.54	2.31	3.15	-5.46
娱乐业	4.57	4.82	2.27	1.75	-4.26
公共管理和社会组织	219.08	173.42	6.39	37.86	1.41
第一产业	317.31	308.95	-2.01	10.37	0.00
第二产业	2368.90	879.40	546.13	224.02	719.35
第三产业	3849.91	1526.05	588.07	579.92	1155.87

注：新行业分组（GB-2011）。

4-15 规模以上服务业企业分行业主要经济指标(2016年)

Main Economic Indicators of Service Enterprises Above Designated Size by Sector(2016)

指 标	单位	合 计	交通运输、仓储和邮政业	信息传输、软件和信息技术服务业	房地产业	租赁和商务服务业
单位数	个	1023	238	151	115	195
固定资产原价	万元	12643998	5496220	2666324	311131	3184152
本年折旧	万元	672426	304251	188815	11824	115522
折旧率	%	5.3	5.5	7.1	3.8	3.6
营业收入	万元	9325348	3374953	1911876	297049	1186631
营业税金及附加	万元	79703	24613	7948	8554	18283
税金	万元	28194	5187	3508	2204	9825
营业利润	万元	1220792	329806	261613	29232	254919
利润总额	万元	1402617	447017	279301	29747	259936
应付职工薪酬(本年贷方累计发生额)	万元	1599541	474455	366107	116427	186965
从业人员平均人数	人	195223	59103	33296	29254	25568
人均工资	元	81934	80276	109955	39799	73125
应交增值税	万元	239442	63087	61350	8176	38916

4-15续

指 标	单 位	科学研究和技术服务业	水利、环境和公共设施管理业	居民服务、修理和其他服务业	教育	卫生和社会工作	文化、体育和娱乐业
单位数	个	170	28	24	30	33	39
固定资产原价	万元	473043	212538	11576	50862	40421	197732
本年折旧	万元	29153	5747	1142	3213	4127	8633
折旧率	%	6.2	2.7	9.9	6.3	10.2	4.4
营业收入	万元	1765197	97615	47391	72036	139757	432845
营业税金及附加	万元	10481	1408	1044	1454	1212	4704
税金	万元	3496	255	406	316	62	2937
营业利润	万元	232470	30234	1594	6221	21382	53321
利润总额	万元	241750	30507	1777	6120	21842	84620
应付职工薪酬(本年贷方累计发生额)	万元	316761	19743	11885	26968	22711	57518
从业人员平均人数	人	26849	4075	2731	4846	4445	5056
人均工资	元	117979	48449	43519	55650	51093	113762
应交增值税	万元	44607	2514	1005	1295	20	18472

主要统计指标解释

Explanatory Notes on Main Statistical Indicators

国内生产总值(GDP)　指一个国家(或地区)所有常住单位在一定时期内生产活动的最终成果。国内生产总值有三种表现形态,即价值形态、收入形态和产品形态。从价值形态看,它是所有常住单位在一定时期内生产的全部货物和服务价值超过同期中间投入的全部非固定资产货物和服务价值的差额,即所有常住单位的增加值之和;从收入形态看,它是所有常住单位在一定时期内创造并分配给常住单位和非常住单位的初次收入分配之和;从产品形态看,它是所有常住单位在一定时期内最终使用的货物和服务价值与货物和服务净出口价值之和。在实际核算中,国内生产总值有三种计算方法,即生产法、收入法和支出法。三种方法分别从不同的方面反映国内生产总值及其构成。国统字〔2004〕4号文规定:地区GDP的中文名称改为“地区生产总值”。

生产法　生产法是从生产过程中生产的货物和服务总产品价值入手,剔除生产过程中投入的中间产品的价值,得到增加价值的一种方法。计算公式为:

增加值=总产出-中间投入

将国民经济各行业的增加值相加,得到国内生产总值。

总产出、中间投入和增加值具有相同的生产范围,即常住生产单位货物和服务的生产。它不仅包括常住生产单位为其他单位提供的货物和服务的生产,而且包括为本单位使用的货物和服务的生产,但是,住户为自己最终消费生产的服务,只计算自有住房服务和付酬家庭雇员提供的服务,不包括住户成员为本住户最终消费而生产的自给性家庭服务。

收入法　收入法也称为分配法。按收入法计算生产总值是从生产过程创造收入的角度,对常住单位的生产活动成果进行核算。按照这种计算方法,增加值由劳动者报酬、生产税净额、固定资产折旧和营业盈余四个部分组成。计算公式为:

增加值=劳动者报酬+生产税净额+固定资产折旧+营业盈余

国民经济各部门的增加值之和等于生产总值。

在计算劳动者报酬时,需要注意作为劳动者报酬的实物性收入与中间消耗的界限。如果生产单位为其从事生产活动的劳动者提供的货物或服务,可以由劳动者在自己闲暇的时间里满足他们的需要,并且可以改善和提高他们的实际生活水平,同时,其他普通消费者也可以在市场上购买到这些货物和服务,那么就属于劳动者的实物收入。生产单位为了生产能正常进行,为劳动者购买的货物和提供的服务,如因特殊工作需要提供的服装或鞋,因公出差提供的运输和旅馆服务费用等,属于中间投入。

支出法　支出法是从最终使用的角度反映国内生产总值最终使用去向的一种方法。最终使用包括货物和服务的最终消费支出、资本形成总额、货物和服务净出口三部分,计算公式为:

国内生产总值=最终消费支出+资本形成总额+货物和服务净出口

按支出法计算的生产总值,在计算最终消费支出,包括居民消费支出和政府消费支出时,是从支出的最终承担者的角度计算的,而不是从最终实际消费者的角度计算的;在计算资本形成总额时,固定资本形成总额只包括通过生产活动生产出来的固定资产,不包括自然资产,存货增加不包括由于价格因素影响产生的持有收益。

按三种方法计算的国内生产总值反映的是同一经济总体在同一时期的生产活动成果,因此,从理论上讲,三种计算方法所得到的结果应该是一致的。但是,在实践中,由于受资料来源的口径限制和计算方法的影响,要保证这三种计算方法所得到的结果完全相等几乎是不可能的。在国内生产总值的三种计算方法中,生产法和收入法都是对各产业部门的增加值进行核算,为了就每一产业部门取得一致的增加值数据,根据资料来源状况,我国在核算实践中,有的产业部门,如农业、工业的增加值,确定以生产法的计算结果为准,有的产业部门,如部分服务业增加值,确定以收入法的计算结果为准,因此,我国的生产法国内生产总值等于收入法国内生产总值。但是,支出法国内生产总值与生产法和收入法国内生产总值之间存在统计误差,有的年份支出法国内生产总值大于生产法和收入法国内生产总值,有的年份结果相反。我国通常以生产法和收入法国内生产总值数据为准,将上述统计误差控制在一定范围。各种公开发表的国内生产总值总量和增长速度数据均是生产法和收入法的计算结果。按三种方法计算的国内生产总值数据之间具有如下关系:

国内生产总值=生产法国内生产总值
=收入法国内生产总值
=支出法国内生产总值+统计误差

可比价格　指计算各种总量指标所采用的扣除了价格变动因素的价格,可进行不同时期总量指标的对比。按可比价格计算总量指标有两种方法:一种是直接用产品产量乘某一年的不变价格计算;另一种是用价格指数进行缩减。

不变价格　指以同类产品某年的平均价格作为固定价格,用于计算各年的产品价值。按不变价格计算的产品价值消除了价格变动因素,不同时期对比可以反映生产的发展速度。新中国成立后,随着工农业产品价格水平的变化,国家统计局先后九次制定了全国统一的工业产品不变价格和农业产品不变价格。从1952年到1957年使用1952年工(农)业产品不变价格,从1957年到1970年使用1957年不变价格,从1971年到1980年使用1970年不变价格,从1981年到1990年使用1980年不变价格,从1991年到2000年使用1990年不变价格,从2001年到2005年使用2000年不变价格,从2006年到2010年使用2005年不变价格,从2001年到

2015年使用2010年不变价格，从2016年开始使用2015年不变价格。

三次产业 根据社会生产活动历史发展的顺序对产业结构的划分，产品直接取自自然界的部门称为第一产业，对初级产品进行再加工的部门称为第二产业。为生产和消费提供各种服务的部门称为第三产业。它是世界上通用的产业结构分类，但各国的划分不尽一致。我国的三次产业划分是：

第一产业是指农、林、牧、渔业(不含农、林、牧、渔服务业)。

第二产业是指采矿业(不含开采辅助活动)，制造业(不含金属制品、机械和设备修理业)，电力、热力、燃气及水生产和供应业，建筑业。

第三产业即服务业，是指除第一产业、第二产业以外的其他行业。第三产业包括：批发和零售业，交通运输、仓储和邮政业，住宿和餐饮业，信息传输、软件和信息技术服务业，金融业，房地产业，租赁和商务服务业，科学研究和技术服务业，水利、环境和公共设施管理业，居民服务、修理和其他服务业，教育，卫生和社会工作，文化、体育和娱乐业，公共管理、社会保障和社会组织，国际组织，以及农、林、牧、渔业中的农、林、牧、渔服务业，采矿业中的开采辅助活动，制造业中的金属制品、机械和设备修理业。

国内支出总额 指一个国家(或地区)所有常住单位在一定时期内用于最终消费和投资，以及净出口的货物和服务支出总额，它反映本期生产的国内生产总值的使用构成。这一总量就是支出法测算的国内生产总值，具体包括最终消费支出、资本形成总额、货物和服务净出口。

最终消费 指常住单位在一定时期内的货物和服务的全部最终消费。总消费分为居民消费和政府消费。

居民实际最终消费 指常住住户获得的所有消费品和消费服务的价值。包括以下二类(1)居民自身通过支出所得到的个人货物和服务，其价值即居民在个人消费品和消费服务上承担的支出，包括虚拟支出。(2)作为为居民服务的非营利机构和政府的实物转移得到的个人货物和服务。其价值即为居民非营利机构和政府在个人消费品和服务上的支出。包括虚拟支出。

资本形成总额 指常住单位在一定时期内获得减去处置的固定资产和存货的净额，包括固定资本形成总额和存货增加。

居民消费支出 居民消费支出包括居民实际最终消费中第(1)项内容。所以居民实际最终消费大于居民消费支出。差额为实际最终消费的第(2)项。

政府实际最终消费 指政府向社会或社会中某些部门提供的公共消费服务的价值。其价值即政府在公共服务上的支出。

政府消费支出 指(1)政府在个人消费品和消费服务，(2)在公共消费服务上承担的支出，包括虚拟支出。与政府实际最终消费差额为(1)。

总投资 指常住单位在一定时期内对固定资产和库存的投资支出合计，分为固定资产形成和库存增加两项。

(1)固定资本形成总额 指从常住单位在一定时期内购置、转入和自产自用的固定资产中，扣除已有固定资产的销售和转出后的价值。固定资产形成包括在一定时期内完成的建筑工程、安装工程和设备器具购置价值，以及新增役、种、奶、毛、娱乐用牲畜和新增经济林价值等。

(2)库存增加 指常住单位一定时期内库存实物量变动的市场价值。期初与期末差额为正值表示库存增加，负值表示库存减少。具体包括本期购买的原材料、燃料和储备物资等商品库存；本期生产的产成品、半成品和在制品等产品库存。

货物和服务净出口 指货物和服务出口减货物和服务进口的差额。出口包括常住单位向非常住单位出售或无偿转让的各种货物和服务的价值；进口包括常住单位从非常住单位购买或无偿得到的各种货物和服务的价值。由于服务活动的提供与使用同时发生，因此服务的进出口业务并不发生出入境现象，一般把常住单位从国外得到的服务作为进口，非常住单位从本国得到的服务作为出口。货物的出口和进口都按离岸价格计算。

来自国外的净要素收入 指一定国家(或地区)来自国外(地区外)的生产税及进口税(扣除生产及进口补贴)、劳动者报酬和财产收入，减去支付给国外(地区外)的生产税及进口税(扣除生产及进口补贴)、劳动者报酬和财产收入的差额。国内生产总值加上来自国外的净要素收入等于国民生产总值。

总产出 总产出是指一定时期内一个国家(或地区)常住单位生产的所有货物和服务的价值，即包括新增价值，也包括转移价值。它反映常住单位生产活动的总规模。总产出按生产者价格计算。

中间投入 中间投入是指常住单位在生产或提供货物与服务过程中，消耗和使用的所有非固定资产货物和服务的价值，中间投入也称为中间消耗。一般按购买者价格计算。

增加值 增加值是指常住单位生产过程创造的新增价值和固定资产的转移价值。它可以按生产法计算，也可以按收入法计算，按生产法计算，它等于总产出减去中间投入；按收入法计算，它等于劳动者报酬、生产税净额、固定资产折旧和营业盈余之和。

固定资产折旧 指一定时期内为弥补固定资产损耗而应提取的补偿价值，它反映了全部固定资产在本期生产中的资产转移价值。各类企业的固定资产折旧是指从成本费用中提取的折旧费。对不计提折旧的单位，如政府机关、事业单位、学校医院、部队和居民住房则应进行虚拟折旧。

劳动者报酬 指劳动者为常住单位提供劳务而获得的各种报酬，它反映劳动者参与增加值创造而获得的原始收入。具体包括从各种来源开支的货币工资和实物工资，即单位以工资、福利、社会保险等形式，从成本、费用和利润中为劳动者支付的各种开支，以及个体和其他劳动者通过参加社会生产活动所获得的各种劳动报酬。

生产税净额 指生产税与补贴之差，它反映政府从本期创造的增加值中所得到的原始收入份额。生产税是指政府对生产单位的生产经营活动所征收的各种税、附加和规费，具体包括销售(营业)税金及附加、增值税、管理费开支的税、应交纳的养路费、排污费和水电附加等，以及烟酒专卖上缴政府的专项收入。补贴与生产税相反，是政府对生产单位的单方面收入转移，因此视为负税处理，包括政策亏损补贴、粮食系统价格补贴、外贸企业出口退税收入等。

营业盈余 指常住单位创造的增加值扣除固定资产折旧价值、支付劳动者报酬和上缴政府生产税净额后的余额，它反映企业参与增加值创造而应得到的原始收入份额。该指标相当于企业的营业利润，但要扣除利税后项目中支付的工资、福利及公益金等。

非金融企业部门 非金融企业部门是指由以营利为目的、从事非金融经济活动的所有常住非金融企业组成的集合。包括农业企业、工业、建筑业企业、流通企业、服务企业、执行企业会计制度的事业单位；行政事业单位下属的独立核算单位(即企业化管理的事业单位)亦划入本部门。

金融机构部门 金融机构部门是指由从事金融活动的所有常住独立核算单位组成的集合。在我国的新国民经济核算体系中，将其分为三大类：银行机构、保险机构和非银行金融机构。

银行机构为中央银行(中国人民银行)、政策性银行(国家开发银行、农业开发银行、进出口银行)和商业银行(中国工商银行、中国农业银行、中国银行、中国建设银行、交通银行、中信实业银行、中国投资银行、光大银行、城市合作银行等)，以及若干区域性银行或私营银行(如华夏银行、民生银行等)。

政府部门 政府部门是指由行使国家管理职能的行政单位和为社会提供非市场化服务的事业单位(即所谓非盈利性机构单位)组成的集合。包括国家机关、政党机关、社会团体及执行预算会计制度的事业单位等。军事单位及所属的非独立核算单位也包括在本部门中。由于目前在我国非盈利机构主要是由国家拨款资助的事业单位，因此我国将为政府和为居民服务的非盈利机构统一归进政府部门。

我国的政府部门由行政单位和非盈利的事业单位组成。其中“财政”作为一个特殊的部门归列于政府部门。

住户部门 住户部门是指由所有常住居民户组成的集体。包括城镇常住居民户、农村常住居民户和城乡个体经营单位。由于个体经营单位的资产负债及财务收支还不能完全独立于所属住户，因此把个体经营单位也划入住户部门。

住户内的成员共同享用其生活设施、共同消费一些货物和服务，其收入和财产的部门或全部被集中起来，因此他们也有权利参与或影响整个住户的经济活动。

国外部门 国外部门指与我国常住机构单位发生经济往来的所有非常住机构单位组成的集合，增列国外部门并不要求编制其整个资产负债表，而只限于记录常住机构单位与非常住机构单位之间所进行的交易及往来活动的累计存量，即仅仅是为了反映我国经济总体与国外进行经济往来活动及结果的总规模和结构关系。

非金融资产 根据我国新国民经济核算体系中有关资产负债项目的基本定义和联合国1993年SNA的定义，“非金融资产”是指机构单位单独或共同对其执行所有权或处置权，并通过在核算期内持有或使用它们可从中获得经济利益的，除金融资产以外的经济资产。

非金融资产按是否具有物质形态划分为有形资产和无形资产，按产生的方式或过程可划分为生产资产和非生产资产。在非金融资产中，“生产资产”由固定资产、存货和珍贵物品组成。“非生产资产”可大致分为两类，一类是资源资产，即有形非生产资产，由土地资产、水资源资产、地下资产和非培育生物资产组成；另一类是无形非生产资产，如专利权、租约和其他可转让合同、购买的商誉等。

由于我国目前在资产负债核算中所面临的资料来源和技术条件的限制，我们仅将非金融资产简单地划分为固定资产、存货和其他非金融资产三类。

贡献率 各产业的贡献率是分析经济效益的一个指标，它是指第一、二、三产业增量与生产总值增量之比。

规模以上服务业法人单位 包括：交通运输、仓储和邮政业，信息传输、软件和信息技术服务业，租赁和商务服务业，科学研究和技术服务业，水利、环境和公共设施管理业，居民服务业，修理和其他服务业，教育，卫生和社会工作，文化、体育和娱乐业；以及物业管理、房地产中介服务等行业。

5

劳动就业

EMPLOYMENT AND WAGES

5-1 按三次产业分从业人员及构成

Number of Employed Persons and Structure by Type of Industry

年份地区	从业人员（万人）				构成（合计=100）		
	合 计	第一产业	第二产业	第三产业	第一产业	第二产业	第三产业
1952	134.26	109.87	5.86	18.53	81.8	4.4	13.8
1957	144.29	118.65	13.12	12.52	82.2	9.1	8.7
1962	137.58	106.50	16.45	14.63	77.4	12.0	10.6
1965	143.67	107.68	20.96	15.03	74.9	14.6	10.5
1970	161.18	118.15	30.32	12.71	73.3	18.8	7.9
1975	192.59	135.95	41.56	15.08	70.6	21.6	7.8
1978	204.04	136.30	46.06	21.68	66.8	22.6	10.6
1980	214.21	135.16	51.30	27.75	63.1	23.9	13.0
1985	245.32	116.59	76.08	52.65	47.5	31.0	21.5
1990	270.54	125.73	87.75	57.06	46.5	32.4	21.1
1991	276.18	130.36	87.99	57.83	47.2	31.9	20.9
1992	280.19	127.09	85.59	67.51	45.4	30.5	24.1
1993	285.69	124.25	89.91	71.53	43.5	31.5	25.0
1994	303.46	122.62	91.64	89.20	40.4	30.2	29.4
1995	324.22	116.13	106.68	101.41	35.8	32.9	31.3
1996	332.33	107.70	113.91	110.72	32.4	34.3	33.3
1997	337.43	108.17	113.93	115.33	32.0	33.8	34.2
1998	341.63	109.32	113.38	118.93	31.9	33.2	34.9
1999	344.48	109.56	112.98	121.94	31.8	32.8	35.4
2000	347.37	109.98	110.81	126.58	31.7	31.9	36.4
2001	350.10	109.99	109.24	130.87	31.4	31.2	37.4
2002	352.70	108.01	109.14	135.55	30.6	30.9	38.5
2003	355.30	104.90	110.60	139.80	29.5	31.1	39.4
2004	358.50	99.30	113.30	145.90	27.7	31.6	40.7
2005	360.00	99.10	114.20	146.70	27.5	31.7	40.8
2006	361.80	99.00	115.20	147.60	27.4	31.8	40.8
2007	364.30	98.80	116.30	149.20	27.1	31.9	41.0
2008	367.36	98.01	116.95	152.40	26.7	31.8	41.5
2009	372.25	97.80	119.15	155.30	26.3	32.0	41.7
2010	373.70	76.66	120.20	176.84	20.5	32.2	47.3
2011	375.50	74.95	120.70	179.85	20.0	32.1	47.9
2012	379.30	74.30	123.10	181.90	19.6	32.5	47.9
2013	382.30	73.40	122.19	186.71	19.20	32.00	48.80
2014	385.70	72.50	123.30	189.90	18.80	31.97	49.24
2015	388.70	71.80	124.70	192.20	18.47	32.08	49.45
2016	394.93	70.90	126.90	197.13	17.95	32.13	49.92

5-2 法人单位从业人员和劳动报酬

Number and Wage of Employed Persons in Various Units

指　　标	2015年		2016年	
	从业人员（人）	从业人员人均报酬（元/人）	从业人员（人）	从业人员人均报酬（元/人）
全市法人单位	2001265	57591	2047548	63097
按国民经济行业分组				
农、林、牧、渔业	3260	32634	3735	34080
采矿业	5851	55519	8333	50439
制造业	524464	46580	496820	50122
电力、燃气及水的生产和供应业	18837	72093	18179	76594
建筑业	342837	51027	372993	60488
交通运输、仓储和邮政业	63365	73184	71870	74286
信息传输、计算机服务和软件业	106781	75933	112351	75583
批发和零售业	286562	39528	294429	41650
住宿和餐饮业	46912	38789	41188	42077
金融业	82196	113290	101156	106268
房地产业	74009	48210	79868	52591
租赁和商务服务业	71865	50459	64171	51343
科学研究、技术服务和地质勘查业	54799	64147	64809	72039
水利、环境和公共设施管理业	16494	50185	16009	57784
居民服务和其他服务业	11300	33933	11548	36110
教　育	108083	82448	107252	94837
卫生、社会保障和社会福利业	66659	90581	68954	102042
文化、体育和娱乐业	19928	87439	18299	94165
公共管理和社会组织	97063	79627	95584	94827

注：本表统计口径为全部法人单位，包括非私营单位和私营单位。

5-3 主要年份职工工资

Wage of Staff and Workers in Major Years

年份地区	职工工资总额（万元）				职工平均工资（元）			
	合计	国有经济	城镇集体经济	其他经济	合计	国有经济	城镇集体经济	其他经济
1952	4881	4587	294	–	442	453	324	–
1957	14553	11654	2899	–	586	621	480	–
1962	19412	16409	3003	–	577	607	451	–
1965	20367	16821	3546	–	617	664	461	–
1970	21226	17314	3912	–	549	578	449	–
1975	29239	22662	6577	–	557	615	420	–
1978	37840	28733	9107	–	578	626	465	–
1980	55900	41809	14091	–	776	821	668	–
1985	92092	67756	24330	6	1104	1169	954	894
1986	111934	84269	27643	22	1298	1384	1092	882
1987	126263	96322	29673	268	1422	1515	1185	1603
1988	166206	130287	35515	404	1806	1946	1427	2304
1989	190106	150899	38654	553	2037	2199	1577	2614
1990	210618	166250	43003	1365	2211	2370	1751	2460
1991	229540	181185	46091	2264	2368	2535	1872	2658
1992	267295	214311	49565	3419	2710	2938	2020	2919
1993	327226	264252	54442	8532	3323	3547	2524	3553
1994	465966	371403	67351	27212	4736	5209	2975	4922
1995	581432	465311	79932	36189	5851	6561	3623	5663
1996	700636	562645	89126	48865	7031	7839	4290	6875
1997	792368	636694	67999	57675	7896	8761	4954	7303
1998	717927	578788	68455	70684	8326	9022	5459	7410
1999	756696	608052	67273	81371	9083	9929	5766	7818
2000	857337	639312	59468	158557	10422	11761	6211	8651
2001	950851	713222	60818	176811	11980	13462	7061	9945
2002	1120837	846978	74672	199187	14395	16362	8188	11729
2003	1256160	930392	69554	256214	16027	18197	9331	12942
2004	1420491	1049033	73150	298308	18029	20759	10587	13974
2005	1966782	1126918	77722	762142	20866	24626	11890	18164
2006	2459044	1326412	140974	991658	21808	26550	12332	19305
2007	3086928	1680494	166960	1239474	26085	31910	15763	22500
2008	3735956	2049453	202995	1483509	30798	37191	19296	26645
2009	4241838	2227992	177020	1836825	34544	41239	21365	30368
2010	4695402	2462874	179365	2053164	36833	43339	22593	32740
2011	5569118	2647111	169476	2752531	41959	49342	26646	37851
2012	6458632	2811390	161513	3485729	45924	52845	32180	42294
2013	7927677	2766005	170176	4991497	53650	58842	37264	51891
2014	8464904	2912941	148424	5403539	59534	66810	40170	56945
2015	8885256	3282169	143078	5460009	67112	78733	47013	62283
2016	10068893	3715397	162695	6190800	74834	88887	51370	69107

注：本表中1998年及以后年份数据均为在岗职工口径，国有、集体、其他分组按1998年新标准。
2006年及以后年份数据为非私营单位从业人员口径。

5-4 城镇单位从业人员人数(2016年)

Number of Employed Persons in Urban Units(2016)

单位:人

指标	从业人员	在岗职工	劳务派遣人员	其他从业人员
合计	1358976	1157360	92446	109170
按隶属关系分组				
中央	260860	176907	15099	68854
省属	285417	255880	18659	10878
市属	240198	196923	36432	6843
县及县以下	296287	271968	11302	13017
其他	276214	255682	10954	9578
按国民经济行业分组				
农、林、牧、渔业	798	793	0	5
农业	119	119	0	0
林业	333	333	0	0
畜牧业	202	202	0	0
渔业	17	17	0	0
农、林、牧、渔服务业	127	122	0	5
采矿业	2877	2503	267	107
煤炭开采和洗选业	1220	1220	0	0
石油和天然气开采业	962	608	247	107
黑色金属矿采选业	495	495	0	0
有色金属矿采选业	0	0	0	0
非金属矿采选业	200	180	20	0
开采辅助活动	0	0	0	0
其他采矿业	0	0	0	0
制造业	289324	270862	12699	5763
农副食品加工业	3079	2976	102	1
食品制造业	9607	9254	195	158
酒、饮料和精制茶制造业	6747	6599	72	76
烟草制品业	0	0	0	0
纺织业	7185	7169	5	11
纺织服装、服饰业	7512	7505	0	7
皮革、毛皮、羽毛及其制品和制鞋	1094	1062	0	32
木材加工和木、竹、藤、棕、草制	502	502	0	0
家具制造业	294	294	0	0
造纸和纸制品业	1406	1403	0	3
印刷和记录媒介复制业	4456	4209	194	53
文教、工美、体育和娱乐用品制造	1077	1050	0	27
石油加工、炼焦和核燃料加工业	2141	1987	81	73
化学原料和化学制品制造业	7625	7394	187	44
医药制造业	16707	16608	10	89
化学纤维制造业	323	318	5	0
橡胶和塑料制品业	2786	2738	0	48
非金属矿物制品业	14583	14177	202	204
黑色金属冶炼和压延加工业	47697	44021	595	3081
有色金属冶炼和压延加工业	708	708	0	0

5-4续1

指　　　标	从业人员			
		在岗职工	劳务派遣人员	其他从业人员
金属制品业	17775	16629	861	285
通用设备制造业	31603	29709	1505	389
专用设备制造业	10230	9975	160	95
汽车制造业	35337	28499	6477	361
铁路、船舶、航空航天和其他运输	9508	9046	326	136
电气机械和器材制造业	15138	13532	1126	480
计算机、通信和其他电子设备制造	29811	29517	236	58
仪器仪表制造业	3864	3458	354	52
其他制造业	200	200	0	0
废弃资源综合利用业	170	164	6	0
金属制品、机械和设备修理业	159	159	0	0
电力、热力、燃气及水生产和供应	16988	16713	214	61
电力、热力生产和供应业	11332	11296	14	22
燃气生产和供应业	2986	2747	200	39
水的生产和供应业	2670	2670	0	0
建筑业	267629	180906	43604	43119
房屋建筑业	144655	92104	29989	22562
土木工程建筑业	101129	69593	12750	18786
建筑安装业	16575	14795	457	1323
建筑装饰和其他建筑业	5270	4414	408	448
批发和零售业	107695	98822	6819	2054
批发业	52276	46679	4568	1029
零售业	55419	52143	2251	1025
交通运输、仓储和邮政业	56082	48391	3786	3905
铁路运输业	1177	1060	17	100
道路运输业	26128	24235	1224	669
水上运输业	682	682	0	0
航空运输业	9493	7482	1620	391
管道运输业	1673	1089	86	498
装卸搬运和运输代理业	11623	10554	22	1047
仓储业	1500	1464	3	33
邮政业	3806	1825	814	1167
住宿和餐饮业	25108	23786	569	753
住宿业	13363	12547	479	337
餐饮业	11745	11239	90	416
信息传输、软件和信息技术服务业	79589	75025	4339	225
电信、广播电视和卫星传输服务	59965	56202	3761	2
互联网和相关服务	203	162	41	0
软件和信息技术服务业	19421	18661	537	223
金融业	95662	56496	2079	37087
货币金融服务	38493	36757	1352	384
资本市场服务	2255	2142	35	78

5-4续2

指　　标	从业人员			
		在岗职工	劳务派遣人员	其他从业人员
保险业	54324	17039	662	36623
其他金融业	590	558	30	2
房地产业	45886	42739	1814	1333
房地产开发经营	18221	17318	336	567
物业管理	25473	23546	1473	454
房地产中介服务	1111	1110	0	1
租赁和商务服务业	34386	32899	1209	278
租赁业	1661	1521	126	14
商务服务业	32725	31378	1083	264
科学研究和技术服务业	35307	31669	1428	2210
研究和试验发展	7752	7281	115	356
专业技术服务业	25303	22237	1246	1820
科技推广和应用服务业	2252	2151	67	34
水利、环境和公共设施管理业	14146	8352	2407	3387
水利管理业	2167	2131	9	27
生态保护和环境治理业	99	84	0	15
公共设施管理业	11880	6137	2398	3345
居民服务、修理和其他服务业	5188	4986	115	87
居民服务业	3233	3116	100	17
机动车、电子产品和日用产品修理	1050	965	15	70
其他服务业	905	905	0	0
教育	104419	100678	1510	2231
初等教育	24928	23773	550	605
中等教育	33265	32768	183	314
高等教育	35257	34453	346	458
卫生和社会工作	66685	61907	2578	2200
卫生	65866	61115	2556	2195
社会工作	819	792	22	5
文化、体育和娱乐业	15736	11982	3334	420
新闻和出版业	3989	3778	166	45
广播、电视、电影和影视录音制作	6420	3540	2832	48
文化艺术业	3632	3156	217	259
体育	1015	828	119	68
娱乐业	680	680	0	0
公共管理、社会保障和社会组织	95471	87851	3675	3945
中国共产党机关	4364	4125	219	20
国家机构	87138	79784	3436	3918
人民政协、民主党派	687	667	19	1
社会保障	706	706	0	0
群众团体、社会团体和其他成员组	2576	2569	1	6

5-5 城镇单位从业人员工资总额(2016年)

Total Wage of Employed Persons in Urban Uhits(2016)

单位:万元

指 标	从业人员工资总额	在岗职工工资总额	劳务派遣人员工资总额	其他从业人员工资总额
合 计	10068893	9015800	544377	508716
按隶属关系分组				
中央	2129175	1686956	90842	351377
省属	2609644	2431433	125107	53104
市属	1837945	1577161	232662	28123
县及县以下	1777470	1697766	42232	37473
其他	1714659	1622485	53534	38640
按国民经济行业分组				
农、林、牧、渔业	3457	3440	0	17
农业	479	479	0	0
林业	1605	1599	0	7
畜牧业	584	584	0	0
渔业	29	29	0	0
农、林、牧、渔服务业	760	750	0	10
采矿业	21819	17955	2876	989
煤炭开采和洗选业	6993	6993	0	0
石油和天然气开采业	10823	7021	2813	989
黑色金属矿采选业	3073	3073	0	0
有色金属矿采选业	0	0	0	0
非金属矿采选业	931	868	63	0
开采辅助活动	0	0	0	0
其他采矿业	0	0	0	0
制造业	1670936	1581866	67618	21452
农副食品加工业	11698	11533	163	3
食品制造业	42315	41293	756	266
酒、饮料和精制茶制造业	35987	35263	309	415
烟草制品业	0	0	0	0
纺织业	29511	29217	136	159
纺织服装、服饰业	32094	31816	0	279
皮革、毛皮、羽毛及其制品和制鞋	3578	3207	0	371
木材加工和木、竹、藤、棕、草制	1882	1868	0	14
家具制造业	1139	1139	0	0
造纸和纸制品业	5941	5909	0	32
印刷和记录媒介复制业	20720	19990	658	72
文教、工美、体育和娱乐用品制造	3973	3835	0	138
石油加工、炼焦和核燃料加工业	21040	20026	461	553
化学原料和化学制品制造业	35629	34356	894	380
医药制造业	89864	89540	39	285
化学纤维制造业	1531	1486	45	0
橡胶和塑料制品业	11098	10862	109	127
非金属矿物制品业	72280	70510	1062	708
黑色金属冶炼和压延加工业	281826	266390	5889	9547
有色金属冶炼和压延加工业	5032	5032	0	0

5-5续1

指　　　　标	从业人员工资总额	在岗职工工资总额	劳务派遣人员工资总额	其他从业人员工资总额
金属制品业	80306	75172	4382	752
通用设备制造业	170961	161437	8299	1225
专用设备制造业	47076	45595	925	556
汽车制造业	221233	187950	32237	1047
铁路、船舶、航空航天和其他运输	62268	60580	1169	519
电气机械和器材制造业	103226	92446	7484	3296
计算机、通信和其他电子设备制造	250908	249868	755	285
仪器仪表制造业	25715	23456	1833	427
其他制造业	642	642	0	0
废弃资源综合利用业	769	753	16	0
金属制品、机械和设备修理业	697	697	0	0
电力、热力、燃气及水生产和供应	131025	129371	696	958
电力、热力生产和供应业	89836	89596	149	90
燃气生产和供应业	20781	19367	547	868
水的生产和供应业	20409	20409	0	0
建筑业	1758961	1211907	275813	271240
房屋建筑业	875920	508981	197540	169399
土木工程建筑业	766409	598638	71332	96439
建筑安装业	86566	79689	2926	3950
建筑装饰和其他建筑业	30067	24599	4015	1452
批发和零售业	545846	504802	32574	8471
批发业	306608	279049	22362	5197
零售业	239238	225752	10211	3274
交通运输、仓储和邮政业	461322	418860	24667	17796
铁路运输业	9626	9055	251	320
道路运输业	165886	157910	5673	2303
水上运输业	3540	3540	0	0
航空运输业	193290	179562	12860	868
管道运输业	12115	10745	527	843
装卸搬运和运输代理业	38240	35353	1310	1577
仓储业	8079	7618	55	405
邮政业	30547	15076	3992	11480
住宿和餐饮业	109821	104875	2467	2479
住宿业	62015	58864	1993	1158
餐饮业	47806	46011	475	1321
信息传输、软件和信息技术服务业	722218	694632	24949	2637
电信、广播电视和卫星传输服务	560207	538230	21974	4
互联网和相关服务	1523	1250	273	0
软件和信息技术服务业	160488	155153	2702	2633
金融业	974264	837495	14462	122308
货币金融服务	597658	585740	9625	2294
资本市场服务	62010	61490	284	236

5-5续2

指　　　　标	从业人员工资总额	在岗职工工资总额	劳务派遣人员工资总额	其他从业人员工资总额
保险业	296248	172104	4410	119734
其他金融业	18349	18161	143	44
房地产业	276500	260743	9159	6597
房地产开发经营	178587	170917	3606	4064
物业管理	88399	83239	3635	1525
房地产中介服务	5338	3440	1897	2
租赁和商务服务业	205646	196497	7930	1220
租赁业	12231	11600	582	49
商务服务业	193416	184896	7348	1172
科学研究和技术服务业	335565	312729	8968	13869
研究和试验发展	73096	70111	413	2571
专业技术服务业	246430	226929	8337	11164
科技推广和应用服务业	16040	15688	218	134
水利、环境和公共设施管理业	86228	71971	6955	7302
水利管理业	20474	20197	0	277
生态保护和环境治理业	552	525	0	27
公共设施管理业	65202	51250	6955	6998
居民服务、修理和其他服务业	16855	15945	730	180
居民服务业	10449	9683	691	75
机动车、电子产品和日用产品修理	3739	3595	40	105
其他服务业	2667	2667	0	0
教育	997288	985846	5212	6230
初等教育	200110	197038	1656	1416
中等教育	300187	298563	562	1062
高等教育	409298	406762	1331	1205
卫生和社会工作	685163	654128	18063	12972
卫生	678433	647487	17983	12963
社会工作	6729	6641	80	9
文化、体育和娱乐业	161658	131730	28362	1566
新闻和出版业	45512	44220	1087	205
广播、电视、电影和影视录音制作	71791	45900	25556	334
文化艺术业	30337	29128	720	489
体育	9419	7882	999	538
娱乐业	4600	4600	0	0
公共管理、社会保障和社会组织	904322	881011	12876	10435
中国共产党机关	52995	52155	773	67
国家机构	816588	794218	12018	10352
人民政协、民主党派	7977	7893	82	2
社会保障	7614	7614	0	0
群众团体、社会团体和其他成员组	19148	19131	3	14

5-6 城镇单位从业人员平均工资(2016年)

Average Wage of Employed Persons in Urban Units(2016)

单位:元

指标	从业人员平均工资	在岗职工平均工资	劳务派遣人员平均工资	其他从业人员平均工资
合计	74834	78906	55106	48862
按隶属关系分组				
中央	82339	95003	56734	54054
省属	92765	96352	66720	51976
市属	74760	80390	54517	40285
县及县以下	61496	63858	42949	28086
其他	63340	64738	46495	45103
按国民经济行业分组				
农、林、牧、渔业	43756	43991	0	20750
农业	39917	39917	0	0
林业	48060	48296	0	22000
畜牧业	30396	30396	0	0
渔业	17059	17059	0	0
农、林、牧、渔服务业	59835	61467	0	20000
采矿业	73367	70328	99179	75458
煤炭开采和洗选业	54422	54422	0	0
石油和天然气开采业	108770	118197	104193	75458
黑色金属矿采选业	62202	62202	0	0
有色金属矿采选业	0	0	0	0
非金属矿采选业	46540	48211	31500	0
开采辅助活动	0	0	0	0
其他采矿业	0	0	0	0
制造业	57707	58549	47953	40652
农副食品加工业	37749	38507	15845	25000
食品制造业	43741	44268	38365	17852
酒、饮料和精制茶制造业	53704	53747	44129	59229
烟草制品业	0	0	0	0
纺织业	41234	41086	75389	56714
纺织服装、服饰业	47073	46712	0	397857
皮革、毛皮、羽毛及其制品和制鞋	32145	29669	0	115781
木材加工和木、竹、藤、棕、草制	35050	34912	0	72000
家具制造业	39014	39014	0	0
造纸和纸制品业	42312	42174	0	106667
印刷和记录媒介复制业	46167	47235	32550	13407
文教、工美、体育和娱乐用品制造	36481	36247	0	44484
石油加工、炼焦和核燃料加工业	97677	99831	61413	75753
化学原料和化学制品制造业	46684	46202	63821	67804
医药制造业	57958	58139	39300	30330
化学纤维制造业	47850	47181	90000	0
橡胶和塑料制品业	39451	39919	20865	31775
非金属矿物制品业	49924	50157	48697	35064
黑色金属冶炼和压延加工业	55584	57098	45583	34639
有色金属冶炼和压延加工业	70177	70177	0	0

5-6续1

指　　标	从业人员平均工资	在岗职工平均工资	劳务派遣人员平均工资	其他从业人员平均工资
金属制品业	45530	45473	51434	29478
通用设备制造业	53783	53942	54921	35190
专用设备制造业	45313	45260	41295	61066
汽车制造业	61548	65613	46458	28992
铁路、船舶、航空航天和其他运输	64808	65898	32301	97887
电气机械和器材制造业	68831	69766	58512	70585
计算机、通信和其他电子设备制造	89129	89677	32128	53717
仪器仪表制造业	67459	67989	58923	83647
其他制造业	31601	31601	0	0
废弃资源综合利用业	44422	45078	26167	0
金属制品、机械和设备修理业	44395	44395	0	0
电力、热力、燃气及水生产和供应	79131	79471	31927	157033
电力、热力生产和供应业	81758	81883	62250	41045
燃气生产和供应业	70300	71122	28175	222462
水的生产和供应业	78075	78075	0	0
建筑业	66234	69823	58626	60340
房屋建筑业	60798	59497	58383	68619
土木工程建筑业	76469	86109	58763	51947
建筑安装业	53891	55867	49349	32755
建筑装饰和其他建筑业	57720	58072	83829	29391
批发和零售业	51033	52049	41108	41322
批发业	59087	61330	41713	50454
零售业	43444	43848	39842	32101
交通运输、仓储和邮政业	83443	87970	57579	52526
铁路运输业	79230	84077	125650	27119
道路运输业	63255	65485	47075	25422
水上运输业	50864	50864	0	0
航空运输业	213132	263597	67434	24803
管道运输业	72586	99401	57901	16952
装卸搬运和运输代理业	34332	33516	52810	46105
仓储业	54109	52107	36733	253375
邮政业	80792	82655	50019	99048
住宿和餐饮业	44484	44805	43671	34623
住宿业	47239	47694	42133	37003
餐饮业	41355	41582	51576	32774
信息传输、软件和信息技术服务业	89060	90872	56986	96237
电信、广播电视和卫星传输服务	90487	92605	58024	21000
互联网和相关服务	73216	75739	63535	0
软件和信息技术服务业	84578	85460	49303	96790
金融业	108959	149633	69428	38997
货币金融服务	155827	159907	71989	59269
资本市场服务	281478	292809	78917	35194

5-6续2

指　　标	从业人员平均工资	在岗职工平均工资	劳务派遣人员平均工资	其他从业人员平均工资
保险业	61355	103075	64851	38740
其他金融业	319106	334460	47667	222000
房地产业	62391	63867	43041	48401
房地产开发经营	98874	100380	80498	69239
物业管理	36574	37214	27128	33000
房地产中介服务	47964	44275	56612	17000
租赁和商务服务业	61102	61126	65427	40943
租赁业	75590	78327	47301	34643
商务服务业	60371	60296	67475	41254
科学研究和技术服务业	95873	99636	58460	66678
研究和试验发展	96191	97784	41340	78152
专业技术服务业	97453	102253	60498	65060
科技推广和应用服务业	75837	77512	38875	38143
水利、环境和公共设施管理业	60528	85802	29173	21018
水利管理业	93191	93460	0	77028
生态保护和环境治理业	55717	62464	0	17933
公共设施管理业	54562	83428	29173	20443
居民服务、修理和其他服务业	33016	32593	59374	19956
居民服务业	32951	31822	63954	37350
机动车、电子产品和日用产品修理	35955	37642	26400	14986
其他服务业	29827	29827	0	0
教育	96235	98449	35676	30675
初等教育	80826	83188	33859	24281
中等教育	90628	91388	33071	37509
高等教育	117073	118787	35868	34735
卫生和社会工作	104168	107092	74241	57372
卫生	104448	107401	74589	57459
社会工作	81962	83634	36182	18000
文化、体育和娱乐业	104007	108625	95949	34046
新闻和出版业	113157	116245	63567	43681
广播、电视、电影和影视录音制作	117883	128680	104868	38884
文化艺术业	83458	92149	33493	18865
体育	91889	95654	75105	79088
娱乐业	59663	59663	0	0
公共管理、社会保障和社会组织	94856	100304	35112	27210
中国共产党机关	120827	125948	34659	30227
国家机构	93885	99593	35089	27199
人民政协、民主党派	117835	119956	45556	23000
社会保障	107997	107997	0	0
群众团体、社会团体和其他成员组	73902	74035	28000	24000

5-7 国有单位从业人员和报酬(2016年)

Number and Wage of Employed Persons in State-owned Units(2016)

指　　标	从业人员期末人数(人)	从业人员工资总额(万元)	从业人员平均工资(元)
总　计	420719	3715397	88887
按隶属关系分组			
中央	79803	716540	90836
省属	103570	1119246	108402
市属	83044	723033	87605
县及县以下	150788	1135949	75842
其他	3514	20629	58160
按国民经济行业分组			
农、林、牧、渔业	522	2357	44985
采矿业	0	0	0
制造业	5696	34144	57656
电力、热力、燃气及水生产和供应	5025	38495	78818
建筑业	42003	262331	62473
批发和零售业	7906	35182	44772
交通运输、仓储和邮政业	29871	169649	56642
住宿和餐饮业	7390	33015	44633
信息传输、软件和信息技术服务业	2843	38668	134872
金融业	12412	151300	128416
房地产业	5731	28876	51099
租赁和商务服务业	9621	48166	49810
科学研究和技术服务业	18127	179121	99772
水利、环境和公共设施管理业	11477	74520	64981
居民服务、修理和其他服务业	573	2751	47930
教育	93465	928847	100057
卫生和社会工作	59226	641268	110004
文化、体育和娱乐业	13780	145851	108343
公共管理、社会保障和社会组织	95051	900857	94917

5-8 城镇集体单位从业人员和报酬(2016年)

Number and Wage of Employed Persons in Urban Collective-owned Units (2016)

指　　标	从业人员期末人数(人)	从业人员工资总额(万元)	从业人员平均工资(元)
总　计	32750	162695	51370
按隶属关系分组			
中央	378	830	31912
省属	4022	27962	73660
市属	4446	20747	46248
县及县以下	19966	100254	52161
其他	3938	12904	33010
按国内经济行业分组			
农、林、牧、渔业	80	566	70800
采矿业	0	0	0
制造业	3495	14397	40924
电力、热力、燃气及水生产和供应	58	185	32368
建筑业	8958	48109	58512
批发和零售业	4032	15163	38136
交通运输、仓储和邮政业	237	903	38114
住宿和餐饮业	458	1645	35139
信息传输、软件和信息技术服务业	36	545	151306
金融业	0	0	0
房地产业	2645	11845	43246
租赁和商务服务业	3455	8967	28198
科学研究和技术服务业	639	2464	48021
水利、环境和公共设施管理业	39	233	59769
居民服务、修理和其他服务业	156	473	30321
教育	4316	28612	66447
卫生和社会工作	3745	25263	67583
文化、体育和娱乐业	0	0	0
公共管理、社会保障和社会组织	401	3327	81953

5-9 城镇其他单位从业人员和报酬(2016年)

Number and Wage of Employed Persons in Other Urban Collective-owned Units(2016)

指　　标	从业人员期末人数(人)	从业人员工资总额(万元)	从业人员平均工资(元)
总　计	905507	6190800	69107
按隶属关系分组			
中央	180679	1411806	78678
省属	177825	1462436	83917
市属	152708	1094165	68890
县及县以下	125533	541268	45090
其他	268762	1681126	63860
按国民经济行业分组			
农、林、牧、渔业	196	533	28661
采矿业	2877	21819	73367
制造业	280133	1622395	57919
电力、热力、燃气及水生产和供应	11905	92346	79492
建筑业	216668	1448521	67262
批发和零售业	95757	495502	52090
交通运输、仓储和邮政业	25974	290770	115854
住宿和餐饮业	17260	75162	44678
信息传输、软件和信息技术服务业	76710	683005	87352
金融业	83250	822964	106006
房地产业	37510	235778	65627
租赁和商务服务业	21310	148513	71380
科学研究和技术服务业	16541	153981	93124
水利、环境和公共设施管理业	2630	11475	41894
居民服务、修理和其他服务业	4459	13630	31155
教育	6638	39829	61351
卫生和社会工作	3714	18632	49792
文化、体育和娱乐业	1956	15808	75961
公共管理、社会保障和社会组织	19	138	68750

5-10 社会保障基本情况

Basic Conditions of Social Sewrity

指　　标	单位	2011	2012年	2013年	2014年	2015年	2016年
职工基本养老保险参保人数	万人	164.75	175.02	232.54	250.63	266.14	284.28
# 企业	万人	147.05	157.30	207.60	225.63	241.07	259.26
事业机关	万人	17.70	17.72	24.94	25.01	25.08	25.02
职工基本医疗保险参保人数	万人	167.57	173.58	183.18	196.50	208.09	214.48
参加失业保险人数	万人	103.68	111.12	119.96	125.04	130.08	135.78
工伤保险参保人数	万人	131.59	133.90	135.69	139.42	144.46	161.22
生育保险参保人数	万人	90.05	103.01	107.80	129.43	136.43	142.17
城镇登记失业率	%	3.61	3.08	2.4	2.24	2.04	2.17

注:"职工基本养老保险参保人数"、"#企业"及"事业机关"2013年以前不包含离退休人员,2013年及以后包含离退休人员。
修订:2014年事业机关人数25.01万人;2015年事业机关人数25.08万人。

主要统计指标解释

Explanatory Notes on Main Statistical Indicators

经济活动人口　指在16岁以上,有劳动能力,参加或要求参加社会经济活动的人口;包括从业人员和失业人员。

从业人员　指从事一定社会劳动并取得劳动报酬或经营收入的人员,包括全部职工、再就业的离退休人员、私营业主、个体户主、私营和个体从业人员、乡镇企业从业人员、农村从业人员、其他从业人员(包括民办教师、宗教职业者、现役军人等)。这一指标反映了一定时期内全部劳动力资源的实际利用情况,是研究我国基本国情国力的重要指标。

单位从业人员　指在各级国家机关、政党机关、社会团体及企业、事业单位中工作,取得工资或其他形式的劳动报酬的全部人员。包括在岗职工、再就业的离退休人员、民办教师以及在各单位中工作的外方人员和港澳台方人员、兼职人员、借用的外单位人员和第二职业者。不包括离开本单位仍保留劳动关系的职工。各单位的从业人员反映了各单位实际参加生产或工作的全部劳动力。

城镇私营和个体从业人员　城镇私营从业人员指在工商管理部门注册登记,其经营地址设在县城关镇(含城关镇)以上的私营企业从业人员;包括私营企业投资者和雇工。城镇个体从业人员指在工商管理部门注册登记,并持有城镇户口或在城镇长期居住,经批准从事个体工商经营的从业人员;包括个体经营者和在个体工商户劳动的家庭帮工和雇工。

城镇登记失业人员　指有非农业户口,在一定的劳动年龄内,有劳动能力,无业而要求就业,并在当地就业服务机构进行求职登记的人员。

城镇登记失业率　指城镇登记失业人数同城镇从业人数与城镇登记失业人数之和的比。计算公式为:城镇登记失业率=城镇登记失业人数/(城镇从业人数+城镇登记失业人数)×100%

职工　指在国有经济、城镇集体经济、联营经济、股份制经济、外商和港、澳、台投资经济、其他经济单位及其附属机构工作,并由其支付工资的各类人员,不包括返聘的离退休人员、民办教师、在国有经济单位工作的外方人员和港、澳、台人员(1998年以后的数据均为在岗职工数据,其他相关指标如职工工资总额,职工平均工资等指标也从1998年按此口径进行了相应调整)。

在岗职工　指在本单位工作并由单位支付工资的人员,以及有工作岗位,但由于学习、病伤产假等原因暂未工作,仍由单位支付工资的人员。

离岗职工 指由于各种原因，已经离开本人的生产和工作岗位，并不在本单位从事其他工作，但仍与用人单位保留劳动关系的职工。新指标比原来统计指标中的“下岗职工”范围大。即只要符合“离开本单位仍保留劳动关系的职工”就统计为离岗职工。

离开本单位仍保留劳动关系职工的生活费 指离岗职工在离开本单位仍保留劳动关系期间从本单位领取的生活费用。

内部退养职工 指接近正常退休年龄但因各种原因退出工作岗位，并办理了内退手续，在办理正式退休手续前由单位按月发给一定生活费的职工。

合同制职工 指各单位根据国务院国发(1986)77 号文件和国务院令第99 号的规定，通过签订有固定期限劳动合同、无固定期限劳动合同和以完成一项工作为期限劳动合同所使用的职工。包括实行全员劳动合同制单位的全部职工。

离休、退休、退职人员 指正式办理了离休、退休、退职手续，并享受相应的离休、退休、退职待遇的人员。

国有单位职工 指在国有经济单位及其附属机构工作，并由其支付工资的各类人员。

城镇集体单位职工 指在城镇集体经济单位及其管理部门工作，并由其支付工资的各类人员。

其他单位职工 指在联营经济、股份制经济、外商投资经济、港、澳、台投资经济单位工作，并由其支付工资的各类人员。

在岗职工 指在本单位工作并由单位支付工资的人员，以及有工作岗位，但由于学习、病伤产假等原因暂未工作，仍由单位支付工资的人员。

在岗职工工资总额 指各单位在一定时期内直接支付给本单位全部职工的劳动报酬总额。工资总额的计算原则应以直接支付给职工的全部劳动报酬为根据。各单位支付给职工的劳动报酬以及其他根据有关规定支付的工资，不论是计入成本的还是不计入成本的，不论是按国家规定列入计征奖金税项目的，还是未列入计征奖金税项目的，不论是以货币形式支付的还是以实物形式支付的，均包括在工资总额内。

奖金 指支付给职工的超额劳动报酬和增收节支的劳动报酬。

津贴和补贴 指为了补偿职工特殊或额外的劳动消耗和因其他特殊原因支付给职工的津贴，以及为了保证职工工资水平不受物价影响支付给职工的物价补贴。

在岗职工平均工资 指企业、事业、机关单位的职工在一定时期内平均每人所得的货币工资额。它表明一定时期职工工资收入的高低程度，是反映职工工资水平的主要指标。计算公式为：职工平均工资＝报告期实际支付的全部职工工资总额／报告期全部职工平均人数

职工平均工资指数 指报告期职工平均工资与基期职工平均工资的比率，是反映不同时期职工货币工资水平变动情况的相对数。计算公式为：职工平均工资指数＝报告期职工平均工资／基期职工平均工资

职工平均实际工资指数 职工平均实际工资指扣除物价变动因素后的职工平均工资。职工平均实际工资指数是反映实际工资变动情况的相对数，表明职工实际工资水平提高或降低的程度。计算公式为：职工平均实际工资指数＝报告期职工平均工资指数／报告期城镇居民消费价格指数×100%

保险福利费用 指企业、事业、机关单位在工资以外实际支付给职工和离休、退休、退职人员个人以及用于集体的劳动保险和福利费用。

(1)职工保险福利费用具体包括：

①**医疗卫生费** 指实行公费医疗企业的职工及其供养的直系亲属的医疗费、医务经费、职工因工负伤就医路费以及住院伙食补助费等；卫生部门开支的事业及机关单位职工的公费医疗经费；未参加公费医疗的企业、事业和机关单位职工的医药费。

②**丧葬抚恤救济费** 指职工死亡的丧葬费、丧葬补助费和所遗供养直系亲属的抚恤费、救济费、生活补助费以及职工供养直系亲属死亡时的丧葬补助等。

③**生活困难补助** 指对生活困难的职工实际支付的定期补助和临时性补助。

④**文体宣传费** 指企业、事业和机关单位实际支付的文体宣传费。不包括学习费。

⑤**集体福利事业补贴费** 指对职工浴室、理发室、洗衣房、哺乳室、托儿所等集体福利设施各项支出与收入相抵后的差额补助费。

⑥**集体福利设施费** 指按照国家规定开支的集体福利设施费用。如职工食堂炊事用具的购置费、修理费、职工宿舍的修缮费用。不包括由企业、事业、机关单位自筹经费开支的职工福利设施的基本建设费用。

⑦**计划生育补贴** 指发给职工独生子女的补贴费和保健费。

⑧**其他** 指上述费用以外，单位支付给职工的保险福利费。

(2)离休、退休、退职人员保险福利费用具体包括：

①**离休金** 指发给离休人员的工资和按1982 年国务院发布的“关于老干部离职休养制度的几项规定”发给符合规定的离休干部相当于1–2 个月标准工资的生活补贴和国务院〔1989〕82、83 号文件规定提高退职人员的待遇所增加的费用及糖油价格补贴等。

②**退休金** 指按照国家有关规定发给退休人员的退休费和国务院〔1989〕82、83 号文件规定提高离休人员的待遇所增加的费用及糖油价格补贴等。

③**退职生活费** 指按照1978 年国务院《关于工人退休、退职的暂行办法》规定定期发给退职人员的生活费用和国务院〔1989〕82、83 号文件规定提高离休人员的待遇所增加的费用及糖油价格补贴等。

④医疗卫生费 指离休、退休、退职人员的医疗费、住院费以及住院伙食补助等费用。

⑤护理费 指因工致残、饮食起居需人扶助的离休、退休人员的护理费以及因病不能自理的离休人员的护理费。

⑥生活补贴 指按照1985年国务院《关于发给离休退休人员生活补贴费的通知》规定，发给离休、退休人员的生活补贴费。

⑦交通费补贴 指按月发给离休人员的交通费补贴。

⑧丧葬抚恤救济费 指离休、退休、退职人员死亡的丧葬费、丧葬补助费和所遗供养直系亲属的抚恤费、救济费、生活补助费以及供养直系亲属死亡时的丧葬补助费等。

⑨其他 包括易地安置的离休、退休、退职人员的安家补助费;离休、退休、退职人员的生活困难补助费、书报费、洗理费、副食品价格补贴、房租价格补贴、水电补贴、少数民族补贴以及老干部活动经费开支的旅游费用等。

6

固定资产投资

INVESTMENT IN FIXED ASSETS

6-1 固定资产投资

Total Investment in Fixed Assets

单位:万元

指　　标	2010年	2011年	2012年	2013年	2014年	2015年	2016年
固定资产投资	19874361	19343389	21860756	26383337	30634425	34984158	39743278
按管理渠道分							
城镇集体以上投资	12979273	13059328	14005706	18189147	20297503	23817574	27091510
房地产开发投资	4845029	5271575	6633153	7211744	9173706	10141433	11639381
农村投资	2050059	1012486	1221898	982446	1163216	1025151	1012387
按经济类型分							
国有经济	6703079	7334983	6595774	8770551	6421555	8236033	7175934
集体经济	2494164	1802483	1920132	2165782	2309282	1809902	1298005
联营经济			195897	100213	17820	30882	1808
股份制经济	5449652	5682038	1234405	1448535	5814573	7403146	10826143
外商投资经济	566412	408736	466383	336618	384940	284944	771449
港澳台投资经济	431658	586347	634574	546675	177167	270022	961601
个体经济	3559739	2956158	3318099	30342	4423319	4447149	6788160
其他经济	669657	572644	1169661	2044857	1912063	2360647	1683680
按投资用途分							
第一产业	680779	486482	624114	982446	1163216	1025151	1012387
第二产业	6772774	6073178	7337047	9078831	10985385	12173905	13019930
#工　业	6673469	5767374	7018465	8060463	10410562	11478708	12373806
第三产业	12420808	12783729	13899596	16322060	18485823	21785102	25710961
投资资金来源分							
国家资金	776451	1317777	1693582	1302138	1240862	691574	1360695
国内贷款	2467662	1579846	517431	2173131	341374	73212	3656032
利用外资	199589	68300	226374	262823	32757	44835	327727
自筹资金	15555254	14843051	16405182	19166006	19058000	23594834	28216931
其他资金	3354498	3469710	4139026	5741361	454265	342083	10839004

注:自2011年起固定资产投资统计口径由50万元调整为500万元。

6-2 固定资产投资分类(2016年)

Investment in Fixed Assets(2016)

指　　标	合　计	#房地产开发投资	#市辖区
本年完成投资额(万元)	39743278	11639381	32742377
按构成分			
建筑工程	25164589	7329573	20613199
安装工程	3535734	1614744	2814905
设备、工器具购置	6064166	152443	4764582
其他费用	4978789	2542621	4549691
按工程用途分			
农林牧渔业	1012387		1064409
工业、建筑业	13019930		8931450
房地产业	15280076	11639381	14383792
其　他	10430885		8362726
按单位登记注册类型分			
内　资	37977847	10765700	31043176
国　有	7175934	529202	5874647
集　体	1298005		665622
股份合作	37300		
联营	1808		
国有联营			
集体联营	608		
其他联营企业	1200		
有限责任公司	17589650	7945239	15364107
国有独资公司	2673453	986226	976926
其他有限责任公司	14916197	6959013	12698955
股份有限公司	1397116	252684	1292437
私营	8794354	2038575	6476964
其它内资	1683680		1369399
港澳台投资	961601	773853	924922
港澳台商合资经营	292790	217708	217708
港澳台商合作经营			
港澳台商独资	663836	556145	632149
港澳台股份有限公司	4975		
外商投资	771449	99828	767449
外商合资经营	387266	95905	387266
外商合作经营	14949		
外商独资	149754	3923	145754
外商股份有限公司	219480		
个体经营	32381		

6-2续

指　　标	合　计	房地产开发投资	市辖区
按建设性质分			
新建	14029074		10490203
扩建	5635129		3737191
改建和技术改造	6063379		5135398
单纯建造生活设施	63286		56286
迁建	534395		450676
恢复	73557		66032
单纯购置	1705077		1674582
按国民经济行业分			
农、林、牧、渔业	1577456		1173201
采矿业	42028		26311
制造业	11285776		7815667
电力、热力、燃气及水生产和供应业	1076354		568257
建筑业	646124		521215
批发和零售业	870503		610705
交通运输、仓储和邮政业	3823836		3486963
住宿和餐饮业	118655		
信息传输、软件和信息技术服务业	464821		442821
金融业	257094		217075
房地产业	15280076	11639381	14383792
租赁和商务服务业	564020		472800
科学研究和技术服务业	537208		444634
水利、环境和公共设施管理业	1173545		862419
居民服务、修理和其他服务业	66566		64607
教育	631161		528771
卫生和社会工作	328322		242255
文化、体育和娱乐业	323595		292488
公共管理、社会保障和社会组织	676138		588396
新增固定资产(万元)	19938411	3770747	15269235
施工项目个数(个)	3973	562	2251
#新开工	2811		1839
竣工项目个数(个)	2485		1637
施工房屋面积(万平方米)	9720	7912	8675
#住　宅	5480	5247	4988
竣工房屋面积(万平方米)	1700	1134	1310
#住　宅	817	803	653

6－3　固定资产投资资金来源(2016年)

Investment by Source of Funds (2016)

单位:万元

指　　标	合　计	#房地产开发投资
本年资金来源合计	49033541	21309472
上年末结余资金	4633152	3071341
本年资金来源小计	44400389	18238131
国家预算资金	1360695	
其中:央预算资金		
国内贷款	3656032	2427327
债券	40902	
利用外资	327727	77172
其中:外商直接投资	223684	77172
自筹资金	28216931	5757946
其中:企、事业单位自有资金	11888221	3875833
其中:股东投入资金	456241	456241
其他资金来源	10798102	9975686

6－4　新增主要生产能力和效益(2016年)

Newly Increased Production Capacity and Administrative(2016)

项　　目	单　位	新增生产能力
济南天鸿铝业有限公司	吨/年	10000
包裹型有机无机复合混肥料生产线项目	吨/年	45000
原状吸水树脂生产项目	吨/年	680
高铁动车空调过滤棉座椅雨刮器和刹车片项目	吨/年	5000
医用可降解无纺布生产及深加工项目	吨/年	9990
化学纤维产品生产项目	吨/年	400
济南海龙纺织有限公司项目	锭	2300
新建济南至青岛高速铁路	公里	44.5
主干道路改造提升工程	公里	90
平阴堡子岭至平阴东平界及薛馆线平阴肥城界至孙官庄国道大中修工	公里	27.5
中海油平阴风电场一期工程	万千瓦	3.8

6-5 历年房地产开发建设情况

Basic Situations of Real Estate Development in Major Years

指　　标	单 位	2011年	2012年	2013年	2014年	2015年	2016年
计划总投资	万元	28739458	35839876	40958297	47123834	55571721	65080572
本年完成投资	万元	5271555	6633152	7211744	9173706	10141433	11639381
按构成分							
建筑工程	万元	3526223	3973188	4774627	5444613	6083337	7329570
安装工程	万元	321614	664914	728393	922515	1126053	1614742
设备、工器具购置	万元	72053	48749	75129	116907	78310	152443
其他费用	万元	1351665	1946301	1633595	2689671	2853733	2542621
#旧建筑物购置费	万元	24266	2053	37192	18696	1892	35444
土地购置	万元	1084153	1620182	1134128	2356776	2545842	2241602
按工程用途分							
住　宅	万元	4023431	4447006	5135293	6136895	7254184	8055689
办公楼	万元	258259	552686	560175	1267961	1379919	1112954
商业营业用房	万元	564753	714377	742425	1115138	833683	1665634
其　他	万元	425112	919083	773851	653712	673647	805104
本年新增固定资产	万元	2279902	1649602	3055912	1865035	1815666	3770747
待开发土地面积	万平方米	158.64	205.17	250.54	179.81	291.87	2257988
本年购置土地面积	万平方米	199.34	272.72	217.71	273.89	274.45	1703376
房屋施工面积	万平方米	3499.28	3815.50	4806.99	5257.57	6625.90	7912.3
房屋竣工面积	万平方米	553.51	492.25	805.02	516.76	579.05	1134.1
竣工房屋价值	万元	1887061	1184728	2058306	1204331	1389148	2639414
竣工住宅	套	39928	30589	53075	29976	27877	68682

6－6　历年房地产开发公司经营情况

Real Estate Development and Managment in Major Years

指　　标	单　位	2011年	2012年	2013年	2014年	2015年	2016年
开发公司家数	家	468	477	494	524	570	622
企业资本金	万元	5451271	4782092	5490601	6756174	7612830	9270991
资产与负债							
资产总计	万元	34266298	32094577	40538425	47284278	57218796	72602423
负债总计	万元	25913875	25865804	32646896	38185924	46478285	58406976
所有者权益	万元	8352423	6228773	7891530	9098353	10740511	14195447
损益情况							
经营收入	万元	3776161	4276447	6583934	7146915	7076463	11913217
土地转让收入	万元	115313	7005	8165	15595	14820	2409
商品房销售收入	万元	3511313	3966112	63030345	6709472	6265506	11227539
房屋出租收入	万元	95836	47703	67931	86836	79458	106425
其他收入	万元	53699	255627	204804	335012	716679	576844
经营成本	万元	2658621	2966442	4831143	5416141	5515583	968896
经营税金及附加	万元	334344	377381	555833	569221	573637	706161
利润总额	万元	371300	431899	707966	525409	401995	606344
房屋销售与出租							
本年实际销售房屋面积	平方米	5940632	6579929	8201657	8648934	11911661	14242514
#住　宅	平方米	5367883	5583496	7028475	7234582	9234805	12316804
本年房屋实际销售额	万元	3985934	4501017	5875180	6374593	9159131	11750932
#住　宅	万元	3583710	3718378	4937873	5179753	6954738	10357228
待售房屋面积	平方米	674094	760852	1014400	1173463	1694588	1720232
#住　宅	平方米	364737	483329	614943	607336	864938	931437
出租房屋面积	平方米	87450	164528	137775	61250	229415	182137

6-7 房地产开发公司经营情况(2016年)

Real Estate Development and Management(2016)

指　　标	单 位	合 计	内资企业		外资企业	
			小 计	#国 有	小 计	#港澳台商
开发公司家数	家	622	587	50	35	26
按资质分						
#一级资质	家	14	14	4	0	0
二级资质	家	48	44	10	4	3
三级资质	家	115	106	11	9	6
四级资质	家	27	26	5	1	0
企业资本金	万元	9270991	7820241	2484015	1450750	1425960
资产与负债						
资产总计	万元	72602423	68858908	18510774	3743515	3350714
负债总计	万元	58406976	56210883	12703880	2196093	1811167
所有者权益	万元	14195447	12648025	5806894	1547422	1539547
损益情况						
经营收入	万元	11913217	11387199	2047636	526017	514489
土地转让收入	万元	2409	2409	2052	0	0
商品房销售收入	万元	11227539	10735137	1622989	492401	483842
房屋出租收入	万元	106425	72821	11578	33604	30646
其他收入	万元	576844	576832	411016	12	0
经营成本	万元	968896	9294760	1939198	394202	384032
经营税金及附加	万元	706161	670525	53289	35636	34750
利润总额	万元	606344	558470	37141	47873	52670

主要统计指标解释

Explanatory Notes on Main Statistical Indicators

固定资产投资额 是以货币表现的建造和购置固定资产活动的工作量，它是反映固定资产投资规模、速度、比例关系和使用方向的综合性指标。全社会固定资产投资按经济类型可分为国有、集体、个体、联营、股份制、外商、港澳台商、其他等。按照管理渠道，全社会固定资产投资总额分为基本建设、更新改造、房地产开发投资和其他固定资产投资四个部分。

房地产开发投资 指房地产开发公司、商品房建设公司及其他房地产开发法人单位和附属于其他法人单位实际从事房地产开发或经营的活动单位统一开发的包括统代建、拆迁还建的住宅、厂房、仓库、饭店、宾馆、度假村、写字楼、办公楼等房屋建筑物和配套的服务设施，土地开发工程（如道路、给水、排水、供电、供热、通讯、平整场地等基础设施工程）的投资；不包括单纯的土地交易活动。

城镇和工矿区私人建房投资和农村个人投资 城镇和工矿区私人建房包括市、县城、镇、工矿区所辖范围内的全部私人建房，不论其房主是否系本地的常住户口均应包括。农村个人投资包括农村个人建房及购置生产性固定资产的投资。

固定资产投资的资金来源 根据固定资产投资的资金来源不同，分为国家预算内资金、国内贷款、利用外资、自筹资金和其他资金来源。

（1）国家预算内资金：指中央财政和地方财政中由国家统筹安排的基本建设拨款和更新改造拨款，以及中央财政安排的专项拨款中用于基本建设的资金和基本建设拨款改贷款的资金等。

（2）国内贷款：指报告期内企、事业单位向银行及非银行金融机构借入的用于固定资产投资的各种国内借款。包括银行利用自有资金及吸收的存款发放的贷款、上级主管部门拨入的国内贷款、国家专项贷款（包括煤代油贷款、劳改煤矿专项贷款等）、地方财政专项资金安排的贷款、国内储备贷款、周转贷款等。

（3）利用外资：指报告期内收到的用于固定资产投资的国外资金，包括统借统还、自借自还的国外贷款，中外合资项目中的外资，以及对外发行债券和股票等。国家统借统还的外资指由我国政府出面同外国政府、团体或金融组织签订贷款协议、并负责偿还本息的国外贷款。

（4）自筹资金：指建设单位报告期内收到的，用于进行固定资产投资的上级主管部门、地方和企、事业单位自筹资金。

（5）其他资金来源：指报告期内收到的除以上各种拨款、固定资产投资按国民经济行业分。

建设项目归哪个行业，按其建成投产后的主要产品或主要用途及社会经济活动性质来确定。基本建设按建设项目划分国民经济行业，更新改造、国有单位其他固定资产投资及城镇集体投资根据整个企业、事业单位所属的行业来划分。一般情况下，一个建设项目或一个企业、事业单位只能属于一种国民经济行业。为了更准确地反映国民经济各行业之间的比例关系，联合企业（总厂）所属分厂属于不同行业的，原则上按分厂划分行业。

固定资产投资按建设性质分 建设项目的性质一般分为新建、扩建、改建、迁建、恢复。基本建设按建设项目划分建设性质，更新改造、国有单位其他固定资产投资及城镇集体投资等按整个企业、事业单位的建设情况确定建设性质，房地产开发单位、农村投资、城镇工矿区私人建房等投资不划分建设性质。

（1）新建：一般是指从无到有、“平地起家”新开始建设的单位。有的单位原有的基础很小，经过建设后其新增加的固定资产价值超过原有固定资产价值（原值）三倍以上的也算新建。

（2）扩建：一般是指为扩大原有产品的生产能力，在厂内或其他地点增建主要生产车间（或主要工程）、独立的生产线或分厂的企业；事业单位和行政单位在原单位增建业务用房（如学校增建教学用房、医院增建门诊部或病床用房、行政机关增建办公楼等）也作为扩建。

（3）改建：一般是指现有企业、事业单位为了技术进步，提高产品质量，增加花色品种，促进产品升级换代，降低消耗和成本，加强资源综合利用和三废治理、劳保安全等，采用新技术、新工艺、新设备、新材料等对现有设施、工艺条件进行技术改造或更新（包括相应配套的辅助性生产、生活福利设施）。有的企业为充分发挥现有生产能力，进行填平补齐而增建不增加本单位主要产品生产能力的车间等，也属于改建。

固定资产投资按构成分 固定资产投资活动按其工作内容和实现方式分为建筑安装工程，设备、工具、器具购置，其他费用三个部分。

（1）建筑安装工程（建筑安装工作量）：指各种房屋、建筑物的建造工程和各种设备、装置的安装工程。包括各种房屋建造工程，各种用途设备基础和各种工业窑炉的砌筑工程；为施工而进行的各种准备工作和临时工程以及完工后的清理工作等；铁路、道路的铺设，矿井的开凿及石油管道的架设等；水利工程；防空地下建筑等特殊工程；以及各种机械设备的安装工程；为测定安装工程质量，对设备进行的试运工作。在安装工程中，不包括被安装设备本身的价值。

（2）设备、工具、器具购置：指购置或自制达到固定资产标准的设备、工具、器具的价值，固定资产的标准按财务部门规定。新建单位、扩建单位的新建车间按照设计和计划要求购置或自制的全部设备、工具、器具，不论是否达到固定资产标准均计入“设备、工具、器具购置”中。

（3）其他费用：指在固定资产建造和购置过程中发生的，除建筑安装工程和设备、工具、器具购置以外的各种应摊入固定资产的费用。

施工项目 指报告期内曾进行建筑或安装工程施工活动的建设项目，包括报告期内新开工项目、报告期以前开工跨入报告期继续施工的项目以及报告期施过工并在报告期内全部建成投产或停缓建的项目。

全部建成投产项目 工业项目是指设计文件规定形成

生产能力的主体工程及其相应配套的辅助设施全部建成，经负荷试运转，证明具备生产设计规定合格产品的条件，并经过验收鉴定合格或达到竣工验收标准，与生产性工程配套的生活福利设施可以满足近期正常生产的需要，正式移交生产的建设项目。非工业项目是指设计文件规定的主体工程和相应的配套工程全部建成，能够发挥设计规定的全部效益，经验收鉴定合格或达到竣工验收标准，正式移交使用的建设项目。

新增生产能力 指通过固定资产投资活动而增加的设计能力或工程效益，它是用实物形态表示的固定资产投资的成果。新增生产能力的计算，是以能独立发挥生产能力或工程效益的单项工程（或项目）为对象。当单项工程（或项目）建成，经有关部门鉴定合格，正式移交投入生产，即可计算新增生产能力。新增生产能力或工程效益有以下几种表现形式：

（1）以建设项目或单项工程建成后的年产能力表示，如煤炭开采、石油开采等。

（2）以建设项目或单项工程建成后处理原料的能力表示，如选矿工程的年处理矿石能力、洗煤厂年洗原煤能力等。

（3）以新增的主要设备数量或容量表示，如棉纺锭锭数、发电机组容量等。

（4）以建筑物容积、容量、面积或长度表示，如水库容量、铁路公路里程等。

新增生产能力的数量一般按设计能力计算。设计能力是指设计文件中规定的在正常情况下能够达到的生产能力，而不论投产后的实际产量如何。以设备数量、建筑物容积、面积、长度等表示的新增生产能力或工程效益，则按建成的实际数量计算。

房屋建筑面积 指从房屋外墙线算起的各层平面面积的总和，包括可供使用的有效面积和房屋结构（如柱、墙）占用的面积。多层建筑按各层（包括地下室）面积总和计算。

住宅建筑面积 指施工和竣工房屋建筑面积中供居住用的施工和竣工房屋建筑面积。

施工面积 指报告期内施工的全部房屋建筑面积。包括本期新开工的面积、上期跨入本期继续施工的房屋面积、上期停缓建在本期恢复施工的房屋面积、本期竣工的房屋面积及本期施工后又停缓建的房屋面积。

竣工面积 指在报告期内房屋建筑按照设计要求已全部完工，达到住人和使用条件，经验收鉴定合格，正式移交使用单位的建筑面积。

房屋建筑面积竣工率 指一定时期内房屋竣工面积占同期房屋施工面积的比率。它是从房屋建筑施工速度的角度反映投资效果和建筑业经济效益的指标。

新增固定资产 指通过投资活动所形成的新的固定资产价值，包括已经建成投入生产或交付使用的工程价值和达到固定资产标准的设备、工具、器具的价值及有关应摊入的费用。它是以价值形式表示的固定资产投资成果的综合性指标，可以综合反映不同时期、不同部门、不同地区的固定资产投资成果。

建设项目投产率 指一定时期内全部建成投入生产项目个数与同期正式施工项目个数的比率。它是从项目建设速度的角度反映投资效果的指标。

固定资产交付使用率 指一定时期新增固定资产与同期完成投资额的比率。它是反映各个时期固定资产动用速度，衡量建设过程中投资效果的一个综合性指标。

未完工程占用率 指年末未完工程累计完成投资额占全年实际完成投资额的比率。它反映未完工程的相对规模，并可从资金占用的角度反映固定资产投资效果。由于未完工程是指已经开工，但尚未建成交付使用的工程，有跨年度问题，因此未完工程占用率会出现大于1的情况。

房地产开发本年完成投资 是指从本年1月1日起至本年最后一天止完成的全部用于房屋建设工程和土地开发工程的投资额。“本年完成投资”包括土地购置费和公益性建筑等的投资。

土地购置和开发情况

（1）待开发土地面积:指经有关部门批准，通过各种方式获得土地使用权，但尚未进行开发的土地面积。

（2）本年购置土地面积:是指在本年内通过各种方式获得土地使用权的土地面积。

商品房屋销售与出租情况

（1）实际销售面积:是指报告期内正式交付给购房者的房屋面积。

不包括已签订预售合同正在建设的商品房屋面积。

（2）待售面积:是指报告期末已竣工的商品房屋建筑面积中，尚未销售或出租的部分，包括以前年度竣工和本期竣工可供出售或出租而未售出或租出的房屋面积。

（3）出租面积:是指在报告期期末房屋开发单位出租的商品房屋的全部面积。

（4）实际销售额:指报告期内售出房屋的收入（即双方签署正式买卖合同所拟定的总价）。该指标与实际销售面积同口径，包括正式交付的商品房屋在建设前期预收入的定金、预收的款项及结算尾款和拖欠款;不包括未交付的商品房所预收入的款项。收取的外汇按当时外汇调节市场价折算在其中。如果商品房屋是跨年完成的，应包括以前年度所收的定金及预收款。

7

城市公用事业和环境保护

URBAN PUBLIC UNILITIES
AND ENVIRONMENTAL
PROTECTION

7-1 城市道路与公共交通

Basic Statistics on Muncipal Engineering and Public Transportation

指　标	2011年	2012年	2013年	2014年	2015年	2016年
城市道路						
道路长度（公里）	5067	5126	5222	5264	5350	5421.88
道路面积（万平方米）	7458	8337	8572	9116	9523	9723.75
城市桥梁（座）	832	832	836	836	845	927
#立交桥	81	81	81	76	77	82
路灯（盏）	135368	151021	152361	162590	167462	170314
人均拥有道路面积（平方米）	21.98	23.73	23.87	25.19	26.1	26.2
公共交通						
年末营运车辆（辆）	13394	13861	13840	14650	15236	15539
公共汽车	4375	4701	4820	5099	5537	5846
无轨电车	140	140	140	139	140	121
出租汽车	9019	9020	9020	9551	9699	9693
乘客人数（万人次）	108320	107766	104457	101698	93634	90776.1

7-2 水、电、气、热供应情况

Basic Statistics on Water、Electricity、Gas and Heating in Cities

指　　标	单位	2011年	2012年	2013年	2014年	2015年	2016年
自来水							
年末水厂生产能力	万吨/日	194.59	199.24	201.74	201.74	201.74	211.47
年末管线长度	公里	3847	4055	4094	4222	4325.56	4241.04
全年供水量	万吨	29376	30677	30357	31158	31826.63	33191.11
人均日生活用水	升	141.3	136.6	137.3	143.9	138.95	142.78
城市人口用水普及率	%	100.0	100.0	98.64	98.92	99	99.57
用电量							
全社会用电量	万千瓦时	2565727	2535709	2582682	2614124	2642035	2799221
工　业	万千瓦时	1619051	1488648	1490436	1507683	1420304	1470794
城乡居民生活用电	万千瓦时	407128	444176	483401	488075	522513	554853
液化石油气和管道煤气							
液化石油气全年供气量	吨	50374	59187	52569	46693	46844.2	53086.2
生活用	吨	35584	35441	32310	21960	21866	19771
居民用气人口	万人	88.4	91.2	82.88	85	87.1	77.39
天然气供气量	万立方米	36791	44092	54726	64904	75496.75	79325.47
生产用	万立方米	29482	33104	42454	45937	58196.06	60994.42
生活用	万立方米	3727	10988	12272	17967	17300.69	18331.05
居民用气人口	万人	198	217	258	264	269.44	291.56
管道煤气供气量	万立方米	4658	4300	3000	940	58.99	-
生产用	万立方米	2070	1720	900	796	58.99	-
生活用	万立方米	2588	2580	2100	144	0	-
居民用气人口	万人	37.1	30.25	7	2	0	-
用气普及率	%	95.3	96.4	96.81	96.88	97.73	99.42
集中供热							
管道长度	公里	1949	1935	2334	2488	2615	2742
供热面积	万平方米	7629	9374	10172	11786	14499	14917

修订：2015年集中供热管道长度为2615公里。

7-3 环境状况及污染治理情况

Basic Statistics on Environment and Treatment of Pollution

指　　标	单位	2011年	2012年	2013年	2014年	2015年	2016年
环境质量状况							
环境空气细颗粒物（$PM_{2.5}$)浓度年均值	mg/m^3			0.108	0.090	0.087	0.073
环境空气二氧化硫浓度年均值	mg/m^3	0.050	0.082	0.093	0.072	0.050	0.038
环境空气二氧化氮浓度年均值	mg/m^3	0.036	0.049	0.059	0.053	0.048	0.045
环境空气可吸入颗粒物(PM_{10})浓度年均值	mg/m^3	0.103	0.154	0.191	0.172	0.157	0.141
集中式饮用水源地水质达标率	%	100.00	100.00	100.00	100.00	100.00	100
区域环境噪声昼间平均等效声级	分贝	53.8	52.0	52.5	54.2	53.7	53.1
道路交通噪声平均等效声级	分贝	69.2	69.1	69.3	69.7	70.0	69.8
污染物排放情况							
废水排放总量	万吨	29794	33338	38402	38904	39454	34530
#工业废水排放量	万吨	6396	6653	8596	7880	7415	5993
化学需氧量排放量	吨	120765	115807	108889	104876	107743	30202
#工业化学需氧量排放量	吨	5614	5497	5413	5289	5515	2777
氨氮排放量	吨	10211	9613	8482	8224	9050	4306
#工业氨氮排放量	吨	413	373	380	346	360	186
二氧化硫排放量	吨	120633	114520	107265	97171	99653	44403
#工业二氧化硫排放量	吨	109299	103187	81118	67842	70327	28458
氮氧化物排放量	吨	116832	112700	104265	95295	91614	61075
#工业氮氧化物排放量	吨	83022	81261	72969	64861	63781	34502
机动车氮氧化物排放量	吨	30112	27741	27571	26703	24080	24472
烟（粉）尘排放量	吨	115658	62825	58250	100899	108643	64253
#工业烟（粉）尘排放量	吨	103915	51609	47117	90082	92900	54677

注：根据国家环保部2012年制订新的环境质量指数规定，2013年开始监测并公布新的环境质量指标，所以部分指标没有历史数据。从2014年起工业烟（粉）统计口径增加钢铁、水泥等行业无组织排放量。

7-4 城市园林绿化、环境卫生及其他

Basic Statistics on Parks、Gardens、Green Areas and Urban Sanitation in Cities

指　　标	单位	2011年	2012年	2013年	2014年	2015年	2016年
园林绿化							
年末园林绿地面积	公顷	14864	15556	16226	17002	17561	18162.9
#公园面积	万平方米	2861	2906	2923	3116	3190	3190
人均公园绿地面积	平方米/人	10.9	11.16	11.27	11.52	11.55	11.81
建成区绿化覆盖率	%	37.1	38.21	39.03	39.62	39.94	40.12
城市卫生							
污水集中处理率	%	86.55	89.83	90.21	95.33	95.85	96.33
清运垃圾	万吨	113	121	122.79	114	158	179.68
清运粪便	万吨	42.6	47.8	63.79	58.5	48.2	10.5
公共厕所	座	643	731	1006	1026	1060	1077
城市维护费收支							
维护费收入	万元	1112214	1148757	1574821	1546397	1693759	1843784
维护费支出	万元	1074226	1150366	1597865	1559055	1681108	1571443

主要统计指标解释

Explanatory Notes on Main Statistical Indicators

年末自来水生产能力　指年底城建部门管理的自来水厂和自备水源的社会单位取水、净化、送水、出厂输水干管等环节的实际生产能力。

年末供水管道长度　指从送水泵到用户水表之间所有管道的长度。

全年供水总量　指公用自来水厂和自备水源的社会单位全年的供水总量，包括有效供水量及损失水量。

生活用水量　指居民日常生活与公共福利设施的用水量，包括居民、饮食店、旅馆、医院、理发店、浴池、洗衣店、游泳池、商店、学校、机关、部队等单位的用水量。

城市人口用水普及率　指城市用水的非农业人口数(不包括临时人口和流动人口)与城市非农业人口总数之比。计算公式为：

用水普及率＝城市用水的非农业人口数／城市非农业人口数×100%

人工煤气生产能力　指城市煤气厂制气、净化、输送等环节的综合实际生产能力。

输气管道长度　指由压缩机、鼓风机、储气罐的出口到用户煤气表之间的全部管道长度。

全年供气总量　指全年售给各类用户的全部煤气量，包括工业用量、家庭用量和其他用量。

城市用气普及率　指使用煤气(包括人工煤气、液化石油气、天然气)的城市非农业人口数(不包括临时人口和流动口)与城市非农业人口总数之比。计算公式为：

城市煤气普及率＝城市用气的非农业人口数／城市非农业人口总数×100%

城市供热能力　指热电厂、热力公司和达到标准的集中采暖锅炉房向城市输送的供热源的设计能力，即每小时向城市输送蒸汽、热水的能力。

城市供热总量　指热电厂、热力公司和达到标准的集中采暖锅炉房向城市输送的全部蒸汽、热水量。

城市供热管道长度　指热电厂、热力公司和达到标准的集中采暖锅炉房管理的集中供热热源到用户之间的全部供气、供热水的管道长度。

年底实有铺装道路长度　指除土路外，路面经过铺装宽度在3.5米以上的道路，包括高级、次高级道路和普通道路。

城市桥梁　指城市范围内，修建在河道上的桥梁和道路与道路立交、道路跨越铁路的立交桥及人行天桥。包括永久性桥和半永久性桥，不包括临时性桥、铁路桥、涵洞。

城市下水道总长度　指所有排水总管、干管、支管及暗渠、检查井、连接井进出水口等长度之和。

城市污水日处理能力　指污水处理厂每昼夜处理污水

量的设计能力。

年末实有公共汽(电)车 指年底可参加营运的全部车辆数,包括营运车辆数和库存查封未参加营运的车辆。不包括非营运车辆,如架线车、油罐车、工程车、货车及其他专用车辆和借入的客运车辆。

城市园林绿地面积 指城市公共绿地、专用绿地、生产绿地、防护绿地、郊区风景名胜区的全部面积。

公共绿地 指供游览休息的各种公园、动物园、植物园、陵园以及花园、游园和供游览休息用的林荫道绿地、广场绿地,不包括一般栽植的行道树及林荫道的面积。

废气排放总量 指燃料燃烧和生产工艺过程中排放的各种废气总量,以标准状态下每年万标立方米表示。

工业固体废物产生量 指工业企业在生产过程中产生的固体状、半固体状和高浓度液体状废弃物的总量,包括冶炼废渣、粉煤灰、炉渣、煤矸石、化工废渣、尾矿、放射性废渣和其它废渣等;不包括矿山开采的剥离废石和掘进废石(煤矸石和呈酸性或碱性的废石除外)。酸性或碱性废石是指采掘的废石其流经水、雨淋水PH值小于4或PH值大于10.5者。

工业固体废物处置量 指以符合环境保护要求的方式将固体废物放置在不再回取的场所的固体废物量,如填埋、焚烧、经封场处理的专业贮存场(库)、深层灌注、回填矿井等(包括当年处置往年的堆存量)。

二氧化硫年平均值 指城市建成区环境空气中测得的单位体积中的二氧化硫含量,按日计算的年平均值。

总悬浮颗粒物年平均值 指城市建成区环境空气中测得的单位体积中总悬浮颗粒物含量,按日计算的年平均值。

氮氧化物年平均值 指城市建成区环境空气中测得的单位体积中氮氧化物含量,按日计算的年平均值。

饮用水源水质达标率 指市区从城市集中饮用水源地中取得的水,其水质要求达到《生活饮用水卫生标准》的数量占取水总量的百分比。

城市地面水水质达标率 是指城市市区地面水功能区认证点位按各水体功能区划标准监测达标的频次占各认证点位监测总频次的百分比。目前该指标只考核下列四类功能的水体:渔业水体、农田灌溉水体、工业用水和景观娱乐用水。

区域环境噪声平均值 是指城市建成区环境噪声网格监测的等效声级算术平均值。

交通干线噪声平均值 是指城市建成区交通干线各路段监测数据,按其长度加权的等效声级平均值。

工业废水处理量 指报告期内各种水治理设施实际处理的工业废水量,包括处理后外排的和处理后回用的工业废水量。虽经处理但未达到国家或地方排放标准的废水量也应计算在内。计算时,如遇有车间和厂排放口均有治理设施,并对同一废水分级处理时,不应重复计算工业废水处理量。

工业废水处理率 工业废水处理量占需处理的工业废水量的百分率。

工业污染治理投资总额 指在报告期内,企业实际用于治理废水、废气、固体废物、噪声和其他(如电磁波、恶臭等)环境污染的环境治理工程的各种资金来源合计。

工业废水排放量 指经过企业厂区所有排放口排到企业外部的工业废水量。包括生产废水、外排的直接冷却水、超标排放的矿井地下水和与工业废水混排的厂区生活污水,不包括外排的间接冷却水(清污不分流的间接冷却水应计算在内)。

工业废水排放达标量 指各项指标都达到国家或地方排放标准的外排工业废水量,包括未经处理外排达标的和经过处理后外排达标的和两部分。国家排放标准见GB8978-88。

工业废气排放量 指企业厂区内燃料燃烧和生产工艺过程中产生的各种排放空气的含有污染物的气体的总量,以标准状态〔273K,101325Pa〕计。

二氧化硫排放量 指企业在燃料燃烧和生产工艺过程中排放大气的二氧化硫量。

工业烟尘排放量 指企业厂区内的燃料燃烧产生的烟气中夹带的颗粒物的量。

工业粉尘排放量 指企业在生产工艺过程中排放的颗粒物重量。如钢铁企业的耐火材料粉尘、焦化企业的筛焦系统粉尘、烧结机的粉尘、石灰窑的粉尘、建材企业的水泥粉尘等。不包括电厂排放大气的烟尘。

工业固体废物产生量 指企业在生产工艺过程中产生的固体状、半固体状和高浓度液体状废弃物的总量,包括危险废物、冶炼废渣、粉煤灰、炉渣、煤矸石、尾矿、放射性废物和其他废物等;不包括矿山开采的剥离废石和掘进废石(煤矸石和呈酸性或碱性的废石除外)。酸性或碱性废石是指采掘的废石其流经水、雨淋水的pH值小于4或pH值大于10.5者。

危险废物 指列入国家危险废物名录或根据国家规定的危险废物鉴别标准和鉴别方法认定的,具有爆炸性、易燃性、易氧化性、毒性、腐蚀性、易传染疾病等危险特性之一的废物。

工业固体废物综合利用量 指通过回收、加工、循环、交换等方式,从固体废物中提取或者使其转化为可以利用的资源、能源和其他原材料的固体废物量(包括当年利用往年的工业固体废物累计贮存量)。如用作农业肥料、生产建筑材料、筑路等。综合利用量由原产生固体废物的单位统计。

工业固体废物贮存量 指将固体废物焚烧或者最终置于符合环境保护规定要求的场所并不再回取的工业固体废物量(包括当年处置往年的工业固体废物累计贮存量)。处置方法如:填埋(其中危险废物应安全填埋)、焚烧、专业贮存场(库)封场处理、深层灌注、回填矿井等。

工业固体废物排放量 指将所产生的固体废物排到固体废物污染防治设施、场所以外的量。不包括矿山开采的剥离废石和掘进废石(煤矸石和呈酸性或碱性的废石除外)。

"三废"综合利用产品产值 指利用"三废"(废液、废气、废渣)作为主要原料生产的产品产值(现行价),已经销售或准备销售的,应计算产品产值;但留作生产上自用的,不应计算产品产值。

"三废"综合利用产品利润 指利用"三废"(废液、废气、废渣)生产的产品,销售后所得到的利润。

环境污染与破坏事故 指由于违反环境保护法规的经济、社会活动与行为,以及意外因素的影响或不可抗拒的自然灾害等原因,致使环境受到污染,国家重点保护的野生动植物、自然保护区受到破坏,人体健康受到危害,社会经济和人民财产受到损失,造成不良社会影响的突发性事件。

财政和金融保险

GOVERNMENT FINANCE
BANKING AND INSURANCE

8-1 各时期地方财政收支及指数

Local Government Revenue、Expenditures and Indices of Major Years

年　　份	一般公共预算收入（万元）	一般公共预算支出（万元）	指数%（以上年为100）	
			一般公共预算收入	一般公共预算支出
1999	460690	497667	119.9	110.8
2000	490485	547210	110.5	110.4
“十五”时期				
2001	596061	703720	121.5	128.6
2002	662511	775046	115.4	110.2
2003	761064	884597	119.6	114.3
2004	890364	1016953	120.9	115.0
2005	1061547	1206643	120.7	118.7
“十一五”时期				
2006	1284388	1469762	121.0	121.8
2007	1570192	1799787	122.3	122.5
2008	1860155	2213190	118.5	123.1
2009	2101923	2599178	113.0	117.4
2010	2661314	3368037	126.6	129.6
“十二五”时期				
2011	3249315	3968831	122.1	117.8
2012	3808218	4656731	117.0	117.3
2013	4820722	5193190	113.9	111.5
2014	5431278	5714138	112.7	110.0
2015	6143172	6581813	113.1	115.2
“十三五”时期				
2016	6412167	7412641	104.4	112.6

注:2013年财政部门对一般公共预算收入口径进行调整,2013年起一般公共预算收入指数为可比口径。

8-2 财政收入(2016年)

Financial Revenue(2016)

单位:万元

指　　标	全市合计	市本级			县区级
		小　计	市　直	高新区	
一般公共预算收入	6412167	1443616	558263	885353	4968551
增值税	1405610	278923	0	278923	1126687
营业税	884202	105766	0	105766	778436
企业所得税	741432	122401	0	122401	619031
个人所得税	281602	45247	0	45247	236355
资源税	7648	368	0	368	7280
城市维护建设税	334004	77135	3084	74051	256869
房产税	167927	22560	0	22560	145367
印花税	78948	16463	0	16463	62485
城镇土地使用税	240804	24665	0	24665	216139
土地增值税	338652	46940	0	46940	291712
车船税	72769	1423	0	1423	71346
耕地占用税	39064	2413	0	2413	36651
契　税	391171	43913	0	43913	347258
专项收入	400027	173573	118133	55440	226454
行政事业性收费收入	327053	184505	182681	1824	142548
罚没收入	92957	54016	53519	497	38941
国有资本经营收入	-4148	-6735	-6735	0	2587
国有资源(资产)有偿使用收入	481769	172760	130819	41941	309009
其他收入	130676	77280	76762	518	53396
政府性基金收入	7667535	7200144	7112562	87582	467391
#城市公用事业附加收入	20868	17180	17180	0	3688

8-3 各区财政收入(2016年)

Financial Revenue by District(2016)

单位:万元

指　　标	合　计	历下区	市中区	槐荫区	天桥区	历城区	长清区	章丘区
一般公共预算收入	4516501	1277379	916943	442857	382116	812720	175035	509451
增值税	1019990	288957	180745	103025	71406	219630	41045	115182
营业税	729811	246458	157404	111384	52142	97116	26722	38585
企业所得税	574895	199656	181070	35510	43605	73175	6818	35061
个人所得税	225501	76125	71730	18201	18817	23716	4494	12418
资源税	1801	0	551	0	0	196	215	839
城市维护建设税	241409	80728	41983	25979	14692	46345	8471	23211
房产税	137193	47585	29997	13743	13178	14916	6338	11436
印花税	58905	16442	15228	4788	5279	10040	1674	5454
城镇土地使用税	185348	19028	19622	22140	16394	45531	23442	39191
土地增值税	276437	84451	57639	22659	23825	55633	11426	20804
车船税	52320	24340	5653	671	428	1285	2007	17936
耕地占用税	26641	0	5548	731	1823	5713	1827	10999
契　税	336817	76188	60353	43474	27045	95355	7316	27086
专项收入	200715	69585	31908	19727	10841	36123	8310	24221
行政事业性收费收入	131437	9182	31044	1828	26489	16524	11431	34939
罚没收入	28236	2615	1600	2270	1374	9512	2651	8214
国有资本经营收入	0	0	0	0	0	0	0	0
国有资源（资产）有偿使用收入	266092	34958	24779	16679	52709	45050	8415	83502
其他收入	22953	1081	89	48	2069	16860	2433	373
政府性基金收入	243100	0	0	0	11066	1843	14378	215813
#城市公用事业附加收入	2041	0	0	0	0	1843	198	0

8-4 各县财政收入(2016年)

Financial Revenue by County(2016)

单位:万元

指　　标	合　计	平阴县	济阳县	商河县
一般公共预算收入	452050	178183	185778	88089
增值税	106697	49772	41920	15005
营业税	48625	11567	23552	13506
企业所得税	44136	19300	21735	3101
个人所得税	10854	7297	2442	1115
资源税	5479	4006	1422	51
城市维护建设税	15460	6678	6313	2469
房产税	8174	3106	3387	1681
印花税	3580	1547	1379	654
城镇土地使用税	30791	8887	9901	12003
土地增值税	15275	4951	6738	3586
车船税	19026	1129	8635	9262
耕地占用税	10010	3801	4123	2086
契　税	10441	4099	3273	3069
专项收入	25739	13393	8399	3947
行政事业性收费收入	11111	3865	4602	2644
罚没收入	10705	5493	4141	1071
国有资本经营收入	2587	2587	0	0
国有资源（资产）有偿使用收入	42917	12547	29211	1159
其他收入	30443	14158	4605	11680
政府性基金收入	224291	64766	110876	48649
#城市公用事业附加收入	1647	890	757	0

8-5 地方财政支出(2016年)

Local Financial Expenditures (2016)

单位:万元

指　　标	全市合计	市　本　级			县区级
		小　计	市　直	高新区	
一般公共预算支出	7412641	3097130	2492794	604336	4315511
一般公共服务支出	790888	239464	192135	47329	551424
国防支出	28087	25324	25221	103	2763
公共安全支出	507033	368145	359125	9020	138888
教育支出	1308610	257638	225482	32156	1050972
科学技术	118638	78958	21487	57471	39680
文化体育与传媒支出	123771	78975	78222	753	44796
社会保障和就业支出	961056	411501	394545	16956	549555
医疗卫生与计划生育支出	646087	180367	174500	5867	465720
节能环保支出	264260	167422	158737	8685	96838
城乡社区支出	1256922	627332	464365	162967	629590
农林水支出	462220	88011	79462	8549	374209
交通运输支出	177824	113349	108117	5232	64475
资源勘探信息等支出	180703	101347	41215	60132	79356
商业服务业等支出	215177	190744	19240	171504	24433
金融支出	21216	7690	712	6978	13526
援助其他地区支出	20922	11703	10555	1148	9219
国土海洋气象等支出	123771	26186	17941	8245	97585
住房保障支出	141179	105473	104430	1043	35706
粮油物资储备支出	8238	2893	2893	0	5345
债务付息支出	26864	14362	14301	61	12502
其他支出	29175	246	109	137	28929
政府性基金支出	7672136	5826787	5593429	233358	1845349
#城市公用事业附加安排的支出	8364	6929	6874	55	1435

8-6 各区地方财政支出(2016年)

Local Financial Expenditures by District(2016)

单位:万元

指　　标	合　计	历下区	市中区	槐荫区	天桥区	历城区	长清区	章丘区
一般公共预算支出	3391910	573623	472842	373388	340663	600126	317393	713875
一般公共服务支出	466922	104554	79588	62253	48753	85302	32285	54187
国防支出	1525	782	305	64	46	29	63	236
公共安全支出	98668	16509	14848	13672	12031	12635	5844	23129
教育支出	820827	145161	146440	70425	75477	147963	70602	164759
科学技术	32338	5953	5173	5690	4172	3741	2400	5209
文化体育与传媒支出	31770	6159	2091	2740	2076	5202	4806	8696
社会保障和就业支出	449566	105325	50333	58690	56383	57446	56558	64831
医疗卫生与计划生育支出	350388	31206	44177	36382	39630	73979	35734	89280
节能环保支出	83463	13047	11548	11190	5598	9054	3075	29951
城乡社区支出	547764	117239	69303	93265	63239	77140	22658	104920
农林水支出	226639	8439	14317	9572	15613	46855	52481	79362
交通运输支出	40430	0	1737	567	1813	11642	6438	18233
资源勘探信息等支出	59712	5752	6250	3024	10234	10496	2143	21813
商业服务业等支出	19289	3448	2071	2914	1173	4463	1685	3535
金融支出	11759	4180	4527	1501	211	847	82	411
援助其他地区支出	8760	2498	2017	579	558	1580	170	1358
国土海洋气象等支出	77824	1486	5992	422	1086	22909	12822	33107
住房保障支出	23071	20	11655	58	88	3914	3424	3912
粮油物资储备支出	3841	0	0	15	0	467	2487	872
国债还本付息支出	8457	900	470	365	1099	734	506	4383
其他支出	28897	965	0	0	1383	23728	1130	1691
政府性基金支出	1575254	5971	654184	103082	55343	420102	43607	292965
# 城市公用事业附加安排的支出	1088	0	106	32	0	890	0	60

8-7 各县地方财政支出(2016年)

Local Financial Expenditures by County(2016)

单位:万元

指　　标	合　计	平阴县	济阳县	商河县
一般公共预算支出	923601	283131	341918	298552
一般公共服务支出	84502	31282	27982	25238
国防支出	1238	1065	9	164
公共安全支出	40220	14638	14237	11345
教育支出	230145	64901	86599	78645
科学技术	7342	1203	4995	1144
文化体育与传媒支出	13026	2282	7310	3434
社会保障和就业支出	99989	23024	44393	32572
医疗卫生与计划生育支出	115332	23595	51296	40441
节能环保支出	13375	4999	4156	4220
城乡社区支出	81826	35861	21629	24336
农林水支出	147570	36915	56179	54476
交通运输支出	24045	6813	8325	8907
资源勘探信息等支出	19644	12166	6206	1272
商业服务业等支出	5144	955	1249	2940
金融支出	1767	1584	86	97
援助其他地区支出	459	167	197	95
国土海洋气象等支出	19761	10934	1714	7113
住房保障支出	12635	8604	3373	658
粮油物资储备支出	1504	465	571	468
国债还本付息支出	4045	1666	1392	987
其他支出	32	12	20	0
政府性基金支出	270095	98673	99497	71925
#城市公用事业附加安排的支出	347	47	300	0

8-8 金融机构本外币各项存、贷款期末余额

Balance of The Deposits and Loans of Insurance Institutes

单位:万元

指　标	2014年	2015年	2016年
金融机构本外币各项存款余额	128227600	141747205	155374463
#住户存款	37382004	39514181	43448420
非金融企业存款	51251804	55586635	69796525
广义政府存款	25649256	30334927	30738367
非银行业金融机构存款	6936776	9459081	8457783
金融机构本外币各项贷款余额	100045558	113567816	130961411
#住户贷款	14254728	17974193	24694440
非金融企业及机关团体贷款	69280571	77690643	90455320
短期贷款	25291168	26928099	27912544
中长期贷款	37948483	43226472	51574175
票据融资	5422126	7140286	9670794
融资租赁	315033	242448	1129383
各项垫款	303760	153338	168425
非银行业金融机构贷款	20000	20000	73

8-9 金融机构人民币各项存、贷款期末余额

Balance of The Deposits and Loans of Insurance Institutes

单位:万元

指　　标	2014年	2015年	2016年
金融机构人民币各项存款余额	121732505	135529851	150327948
#住户存款	37382004	39514181	42799454
非金融企业存款	51251804	55586635	68394947
广义政府存款	25649256	30334927	30735405
非银行业金融机构存款	6936776	9459081	8232449
金融机构人民币各项贷款余额	85102896	96742203	113701787
#住户贷款	14254728	17974193	24693431
非金融企业及机关团体贷款	69280571	77690643	88019574
短期贷款	25291168	26928099	27188058
中长期贷款	37948483	43226472	49896069
票据融资	5422126	7140286	9670794
融资租赁	315033	242448	1129383
各项垫款	303760	153338	135271
非银行业金融机构贷款	20000	20000	0

8-10 保险业务情况

Insurance Business

指　　标	2011年	2012年	2013年	2014年	2015年	2016年
承保额(亿元)	26747	39166	32896	63675	97665	112875
企业财产险	8639	8480	6749	17723	36178	26150
家庭财产险	117	94	118	321	1744	1568
运输工具及责任险	4328	3935	4613	10470	13920	14443
货物运输险	595	907	480	2021	1955	2769
养老金险	269	497	442	1017	1800	7187
人身意外伤害险	10857	17274	17495	24686	34112	43834
简易人身险	1008	1263	1033	3620	4239	10871
农业险	7	19	18	28	30	36
其他险	927	6697	1948	3788	3687	6017
保险业务收入(万元)	1122605	1225223	1414714.64	1628650	2227474	3474988
企业财产险	35108	38825	29628	30479	42535	53352
家庭财产险	619	797	595	726	1757	2761
运输工具及责任险	231089	279866	334114	386898	487124	547370
货物运输险	3207	2139	2458	3042	4260	4035
养老金险	646928	643830	714798	809083	1322141	1818536
人身意外伤害险	28856	47150	75971	56249	74259	71613
简易人身险	51592	65857	88527	120282	245598	827557
农业险	2419	6386	6569	5527	9389	9036
其他险	122787	140372	162054	216365	40411	140728
保险业务支出(万元)	392821	465245	472811	529707	656570	786752
企业财产险	13092	13717	4833	860	7184	8843
家庭财产险	815	182	129	15	80	705
运输工具及责任险	99029	125586	127747	17016	151723	187490
货物运输险	325	756	1111	204	1954	3455
养老金险	211499	237719	249865	451243	392111	426820
人身意外伤害险	10673	14141	13571	7389	16613	16603
简易人身险	25375	25277	29783	47425	69165	101695
农业险	1158	2809	5587	218	1795	6021
其他险	30855	45058	40186	5337	15946	35120

8-11 证券机构及证券交易情况

Institution and Trading Summary for Stocks

指　　标	单 位	2012年	2013年	2014年	2015年	2016年
注册地在济南证券公司数	个	1	1	1	1	1
证券营业部	个	57	60	72	78	83
证券交易额	亿元	5347	8863	16077	54575	34687
股　票	亿元	4114	5566	10165	38091	19183
基　金	亿元	80	353	1044	4568	1449
债　券	亿元	20	47	4857	11899	14045
其　他	亿元	1132	2897	11	17	10

注:数据由金融办提供。

主要统计指标解释

Explanatory Notes on Main Statistical Indicators

财政收入　指国家财政参与社会产品分配所取得的收入,是实现国家职能的财力保证。财政收入所包括的内容几经变化,目前主要包括:

(1)各项税收:包括增值税、营业税、消费税、土地增值税、城市维护建设税、资源税、城市土地使用税、印花税、个人所得税、企业所得税、关税、农牧业税和耕地占用税等。

(2)专项收入:包括征收排污费收入、征收城市水资源费收入、教育费附加收入等。

(3)其他收入:包括基本建设贷款归还收入、基本建设收入、捐赠收入等。

(4)国有企业计划亏损补贴:这项为负收入,冲减财政收入。

财政支出　国家财政将筹集起来的资金进行分配使用,以满足经济建设和各项事业的需要,主要包括:

(1)基本建设支出:指按国家有关规定,属于基本建设范围内的基本建设有偿使用、拨款、资本金支出以及经国家批准对专项和政策性基建投资贷款,在部门的基建投资额中统筹支付的贴息支出。

(2)企业挖潜改造资金:指国家预算内拨给的用于企业挖潜、革新和改造方面的资金。包括各部门企业挖潜改造资金和企业挖潜改造贷款资金,为农业服务的县办"五小"企业技术改造补助,挖潜改造贷款利息支出。

(3)地质勘探费用:指国家预算用于地质勘探单位的勘探工作费用,包括地质勘探管理机构及其事业单位经费、地质勘探经费。

(4)科技三项费用:指国家预算用于科技支出的费用,包括新产品试制费、中间试验费、重要科学研究补助费。

(5)支援农村生产支出:指国家财政支援农村集体(户)各项生产的支出。包括对农村举办的小型农田水利和打井、喷灌等的补助费,对农村水土保持措施的补助费,对农村举办的小水电站的补助费,特大抗旱的补助费,农村开荒补助费,扶持乡镇企业资金,农村农技推广和植保补助费,农村草场和畜禽保护补助费,农村造林和林木保护补助费,农村水产补助费,发展粮食生产专项资金。

(6)农林水利气象等部门的事业费用:指国家财政用于农垦、农场、农业、畜牧、农机、林业、森工、水利、水产、气象、乡镇企业的技术推广、良种推广(示范)、动植物(畜禽、森林)保护、水质监测、勘探设计、资源调查、干部训练等项费用,园艺特产场补助费,中等专业学校经费,飞播牧草试验补助费,营林机构、气象机构经费,渔政费以及农业管理事业费等。

(7)工业交通商业等部门的事业费：指国家预算支付给工交商各部门用于事业发展的经费，包括勘探设计费、中等专业学校经费、技术学校经费、干部训练费。

(8)文教科学卫生事业费：指国家预算用于文化、出版、文物、教育、卫生、中医、公费医疗、体育、档案、地震、海洋、通讯、电影电视、计划生育、党政群干部训练、自然科学、社会科学、科协等项事业的经费支出和高技术研究专项经费。主要包括工资、补助工资、福利费、离退休费、助学金、公务费、设备购置费、修缮费、业务费、差额补助费。

(9)抚恤和社会福利救济费：指国家预算用于抚恤和社会福利救济事业的经费。包括由民政部门开支的烈士家属和牺牲病残人员家属的一次性、定期抚恤金，革命伤残人员的抚恤金，各种伤残补助费，烈军属、复员退伍军人生活补助费，退伍军人安置费，优抚事业单位经费，烈士纪念建筑物管理、维修费，自然灾害救济事业费和特大自然灾害灾后重建补助费等。

(10)国防支出：指国家预算用于国防建设和保卫国家安全的支出，包括国防费、国防科研事业费、民兵建设以及专项工程支出等。

(11)行政管理费：包括行政管理支出，党派团体补助支出，外交支出，公安安全支出，司法支出，法院支出，检察院支出和公检法办案费用补助。

(12)价格补贴支出：指经国家批准，由国家财政拨给的政策性补贴支出。主要包括粮食加价款，粮、棉、油差价补贴，棉花收购价外奖励款，副食品风险基金，市镇居民的肉食价格补贴，平抑市价肉食、蔬菜价差补贴等以及经国家批准的教材课本、报刊新闻纸等价格补贴。

中央财政收入和地方财政收入　指按财政体制划分的中央本级收入和地方本级收入。1994 年分税制财政体制以后，属于中央财政的收入包括关税、海关代征消费税和增值税，消费税，中央企业所得税，地方银行和外资银行及非银行金融企业所得税，铁道、银行总行、保险总公司等集中缴纳的营业税、所得税、利润和城市维护建设税，增值税的75%部分，证券交易税(印花税)50%部分和海洋石油资源税。属于地方财政的收入包括营业税，地方企业所得税，个人所得税，城镇土地使用税，固定资产投资方向调节税，城镇维护建设税，房产税，车船使用税，印花税，屠宰税，农牧业税，农业特产税，耕地占用税，契税，增值税25%部分，证券交易税(印花税)50%部分和除海洋石油资源税以外的其他资源税。

中央财政支出和地方财政支出　指根据政府在经济和社会活动中的不同职责，划分中央和地方政府的责权，按照政府的责权划分确定的支出。中央财政支出包括国防支出，武装警察部队支出，中央级行政管理费和各项事业费，重点建设支出以及中央政府调整国民经济结构、协调地区发展、实施宏观调控的支出。地方财政支出主要包括地方行政管理和各项事业费，地方统筹的基本建设、技术改造支出，支援农村生产支出，城市维护和建设经费，价格补贴支出等。

预算外资金收支　预算外资金指国家机关、事业单位和社会团体为履行或代行政府职能，依据国家法律、法规和具有法律效力的规章而收取、提取和安排使用的未纳入国家预算管理的各种财政性资金。其范围主要包括：法律、法规规定的行政事业性收费、基金和附加收入等；国务院或省级人民政府及其财政、计划(物价)部门审批的行政事业性收费；国务院及财政部审批建立的基金、附加收入等；主管部门所属单位集中上缴资金；用于乡镇政府开支的乡自筹和乡统筹资金；其他未纳入预算管理的财政性资金。社会保障基金在国家财政尚未建立社会保障预算制度以前，先按预算外资金管理制度进行管理，专款专用。财政部门在银行开设统一的专户，用于预算外资金收入和支出管理。部门和单位的预算外收入必须上缴同级财政专户，支出由同级财政按预算外资金收支计划和单位财务收支计划统筹安排，从财政专户中拨付，实行收支两条线管理。

信贷资金　指金融机构以信用方式积聚和分配的货币资金。金融机构信贷资金的来源有各项存款、对国际金融机构负债、流通中货币、银行自有资金及当年结益等；信贷资金的运用有各项贷款、黄金占款、外汇占款、财政借款及在国际金融机构中的资产等。

存款　指企业、机关、团体或居民根据资金必须收回的原则，把货币资金存入银行或其他信用机构保管并取得一定利息的一种信用活动形式。根据存款对象的不同可划分为企业存款、财政存款、机关团体存款、基本建设存款、城镇储蓄存款、农村存款等科目。它是银行信贷资金的主要来源。

贷款　指银行或其他信用机构根据资金必须归还的原则，按一定利率，为企业、个人等提供资金的一种信用活动形式。我国银行贷款分为流动资金贷款、固定资产贷款、城乡个体工商户贷款以及农业贷款等科目。

中资保险公司　指中国公民、法人或其他组织出资(含外资参股)设立的保险公司。

承保额　又叫保险金额。它是保险人对被保险人负提损失补偿或约定给付的金额。它是保险合同上的最高责任额，也是计算保费的依据。

保费　又叫保险费。是保险人根据保险合同的有关规定，为被保险人取得因约定危险事故发生所造成的经济损失补偿(或给付)权利，付给保险人的代价。包括财产险和人身险储金收入。

赔款　保险事故发生后，经查证确属保险责任范围以内的保险标的损失，保险人根据保险合同的规定履行赔偿义务，给予被保险人的款项叫做赔款。赔款可分为已决赔款和未决赔款两种。

给付　包括死伤医疗给付和满期给付。死伤医疗给付是指保险人根据人寿保险及长期健康保险合同的规定，因被保险人在保险期内发生保险责任范围内的保险事故支付给被保险人(或受益人)的金额。满期给付是指被保险人生存期满，保险人按人寿保险合同规定支付给被保险人的满期保险金额。

物 价

PRICE

9-1 主要年份物价指数(以上年价格为100)

Price Indices of Major Years(Preceding Last Year=100)

年　份	居民消费价格指数	#食品	#服务项目	零售物价指数
1951	108.5	105.3	98.7	109.8
1952	101.5	103.9	101.0	101.2
1955	101.6	101.3	103.4	101.4
1956	100.5	100.7	100.6	100.5
1965	107.3	111.5	97.5	108.0
1970	98.4	99.0	100.0	98.3
1971	100.0	100.5	100.0	100.0
1972	100.1	100.3	100.0	100.1
1973	99.5	99.6	97.9	99.7
1974	99.4	99.1	99.9	99.5
1975	100.2	100.0	100.0	100.2
1976	100.4	100.0	100.0	100.4
1977	99.2	99.9	91.2	100.0
1978	100.3	100.3	100.0	100.3
1979	101.1	101.7	100.5	101.1
1980	104.7	107.9	100.0	105.0
1981	101.9	102.2	100.1	102.0
1982	101.1	101.6	100.3	101.2
1983	100.1	100.3	100.9	100.1
1984	101.9	101.1	109.8	101.3
1985	108.7	112.2	103.3	109.1
1986	106.2	107.6	104.9	106.3
1987	109.5	111.9	104.9	109.8
1988	122.4	128.0	108.8	123.4
1989	116.2	111.2	113.5	116.4
1990	103.3	102.6	108.0	103.0
1991	106.7	107.6	106.9	106.7
1992	110.4	108.7	122.2	109.3
1993	114.7	109.8	138.0	112.1
1994	124.8	133.9	114.5	122.7
1995	117.3	123.0	115.1	113.2
1996	109.1	109.7	116.2	106.3
1997	102.9	101.8	107.8	101.5
1998	100.9	99.4	119.0	98.9
1999	99.1	97.3	127.6	96.9
2000	100.6	97.9	129.0	98.0
2001	100.3	100.8	106.1	98.8
2002	98.8	100.2	101.3	97.8
2003	99.9	103.6	100.3	98.0
2004	102.5	107.4	101.2	100.6
2005	101.1	102.7	101.2	100.4
2006	100.9	102.4	100.9	100.3
2007	103.9	111.6	101.8	102.2
2008	105.7	115.5	101.8	104.5
2009	100.3	102.7	102.4	98.7
2010	102.1	107.3	100.6	101.3
2011	105.4	111.3	104.4	104.6
2012	102.4	103.6	102.2	101.8
2013	102.8	104.9	102.7	101.3
2014	102.2	103.2	102.9	101.2
2015	101.9	101.4	101.6	100.3
2016	102.7	103.9	103.5	100.8

9-2 主要年份物价指数(以1950年价格为100)

Price Indices of Major Years(Preceding 1950=100)

年　份	居民消费价格指数	#食品	#服务项目	零售物价指数
1951	108.5	105.3	98.7	109.8
1952	110.1	109.4	103.7	111.1
1955	117.2	123.7	108.2	118.4
1956	117.8	124.6	108.8	119.0
1965	127.7	141.5	116.9	130.7
1970	123.0	141.6	110.1	126.0
1971	123.0	142.3	110.1	126.0
1972	123.1	142.7	110.1	126.1
1973	122.5	142.1	107.8	125.8
1974	121.8	140.9	107.7	125.1
1975	122.0	140.9	107.7	125.4
1976	122.5	140.9	107.7	125.9
1977	121.5	140.7	98.2	125.9
1978	121.9	141.1	98.2	126.3
1979	123.2	143.5	98.6	127.6
1980	129.0	154.9	98.6	134.0
1981	131.5	158.3	98.7	136.7
1982	132.9	160.8	99.0	138.3
1983	133.0	161.3	99.9	138.5
1984	135.6	163.1	109.7	140.3
1985	147.4	183.0	113.3	153.0
1986	156.5	195.8	118.9	162.7
1987	171.4	219.1	124.7	178.6
1988	209.8	280.4	135.7	220.4
1989	234.8	311.8	154.0	256.5
1990	251.8	319.9	166.3	264.2
1991	268.7	344.2	177.8	281.9
1992	296.6	376.2	217.3	308.1
1993	340.2	413.1	299.8	345.4
1994	424.6	570.4	343.3	423.8
1995	498.1	709.7	395.1	479.7
1996	543.4	797.7	459.1	509.9
1997	559.2	782.5	494.9	551.6
1998	564.2	777.8	588.9	545.5
1999	559.1	756.8	751.4	528.6
2000	562.4	740.9	969.3	518.0
2001	564.1	746.8	1028.4	511.8
2002	557.3	748.3	1041.8	500.5
2003	556.7	775.2	1044.9	490.5
2004	570.6	832.6	1057.4	493.4
2005	576.9	855.1	1070.1	495.4
2006	582.1	875.6	1079.7	496.9
2007	604.8	977.2	1099.1	507.8
2008	639.3	1128.7	1118.9	530.7
2009	641.2	1159.2	1145.8	523.8
2010	654.7	1243.8	1152.7	530.6
2011	690.2	1384.7	1203.1	555.1
2012	706.8	1434.5	1229.5	565.1
2013	726.6	1504.8	1262.7	572.4
2014	742.6	1553.0	1299.3	579.3
2015	756.7	1574.7	1320.1	581.0
2016	777.1	1636.1	1366.3	585.6

9-3 分月居民消费

Consumer Price Indices

指　　标	全　年	一　月	二　月	三　月	四　月
居民消费价格总指数	102.7	102.1	102.3	102.6	102.6
非食品烟酒价格指数	102.3	100.8	101.2	101.0	101.5
服务价格指数	103.5	101.3	101.2	101.6	102.1
工业品价格指数	100.9	100.3	101.2	100.3	100.8
消费品价格指数	102.3	102.6	102.9	103.2	102.8
扣除食品和能源价格指数	102.6	101.1	101.5	101.5	102.0
一、食品烟酒	103.8	105.3	104.7	106.4	105.2
1.食品	103.9	107.0	105.8	108.3	106.2
（1）粮食	98.9	98.4	99.2	99.3	98.0
（2）薯类	113.5	106.0	107.7	113.6	128.6
（3）豆类	99.7	104.1	102.7	102.6	101.2
（4）食用油	100.6	98.0	98.8	99.5	99.7
食用植物油	100.1	97.6	98.5	99.0	99.0
（5）菜	102.9	124.4	118.6	133.0	104.5
鲜　菜	103.0	126.3	119.6	135.3	104.8
（6）畜肉类	115.5	118.0	123.1	127.2	130.7
猪　肉	120.8	127.9	135.0	140.7	142.6
（7）禽肉类	104.3	100.6	98.6	101.9	101.5
（8）水产品	100.6	102.4	97.0	99.8	100.1
（9）蛋类	95.0	93.9	93.6	92.6	95.7
鸡　蛋	93.5	92.8	91.7	90.5	93.8
（10）奶类	99.8	101.4	101.5	100.2	99.0
（11）干鲜瓜果类	97.4	96.8	89.3	87.6	94.2
鲜瓜果	95.7	94.8	86.6	85.0	93.1
（12）糖果糕点类	99.8	99.7	100.5	98.6	98.5
（13）调味品	106.8	106.0	106.1	106.8	108.7
（14）其他食品类	101.4	101.1	99.9	101.3	104.0
2.茶及饮料	100.1	99.0	99.1	99.7	100.0
3.烟酒	99.3	101.0	100.8	100.3	99.7
（1）烟草	100.8	103.0	102.7	102.7	102.7
（2）酒类	97.4	98.7	98.6	97.5	96.2
4.在外餐饮	106.0	103.1	103.9	104.1	105.2
二、衣着	101.3	100.2	102.6	101.0	101.6
1.服装	100.6	99.3	102.3	100.6	101.2
（1）男式服装	101.4	99.1	101.4	100.8	102.3
（2）女式服装	99.6	99.0	101.8	99.4	99.9
（3）儿童服装	102.8	101.3	107.7	105.4	103.8
2.服装材料	104.3	106.7	100.0	100.0	100.0
3.其他衣着及配件	100.4	98.6	98.9	99.9	100.0
4.衣着加工服务费	102.6	100.0	100.0	100.0	100.0

价　格　指　数（2016年，以上年同期价格为100）

by Month（2016，Preceding Last Year=100）

五　月	六　月	七　月	八　月	九　月	十　月	十一月	十二月
102.0	102.6	102.8	102.5	103.3	103.2	103.4	103.6
101.1	102.0	102.9	103.0	103.4	103.2	103.6	104.0
102.0	103.4	104.6	104.6	105.0	105.1	105.5	105.4
99.9	100.3	100.9	101.1	101.5	101.0	101.5	102.3
101.9	102.1	101.7	101.1	102.3	102.1	102.2	102.4
101.7	102.6	103.3	103.3	103.5	103.4	103.7	103.8
104.3	104.3	102.8	101.2	103.2	103.3	102.9	102.5
104.5	103.9	101.9	99.5	102.6	102.7	102.3	101.7
96.9	98.7	97.5	97.4	98.6	99.3	101.2	102.3
156.0	147.2	112.2	86.3	86.7	97.8	106.3	106.4
100.1	98.6	97.1	97.8	98.1	98.4	98.3	98.1
99.2	100.8	102.6	101.8	101.9	100.8	101.3	102.9
98.4	100.0	102.0	101.4	101.6	100.5	100.9	102.4
89.0	79.5	85.6	87.9	100.8	105.6	101.2	93.2
88.0	77.6	84.3	86.9	100.7	105.9	101.0	92.6
132.6	127.0	110.2	104.2	104.9	104.2	105.7	107.5
146.2	136.1	110.0	104.0	105.7	105.3	107.1	109.9
105.0	106.0	105.9	104.9	107.8	106.4	109.6	103.5
100.7	101.6	102.7	104.0	101.5	99.0	99.6	98.9
96.4	98.3	97.1	93.2	93.4	95.6	95.7	94.7
94.2	96.6	95.9	91.5	92.1	95.1	95.5	93.7
99.5	99.8	99.7	100.3	100.2	99.3	98.5	98.5
88.2	95.7	104.5	97.4	108.7	108.9	102.6	105.1
84.5	93.0	104.5	95.3	110.8	110.6	101.4	104.7
98.9	99.8	99.8	101.1	100.1	99.7	100.0	100.6
106.9	108.0	108.6	107.1	105.7	105.4	105.9	106.4
103.1	103.5	101.4	101.0	99.6	100.2	100.1	101.6
99.9	100.3	100.3	101.0	100.5	100.5	100.2	100.8
99.4	98.4	98.5	98.5	98.8	98.9	98.5	98.5
101.2	99.7	100.0	99.7	99.7	99.6	99.5	99.5
97.2	96.8	96.7	97.1	97.6	98.0	97.4	97.3
106.5	108.0	107.3	106.8	106.8	106.8	106.8	106.8
102.0	102.6	102.4	101.6	101.1	100.8	99.7	100.6
101.2	101.4	101.5	101.1	100.7	99.7	98.9	99.9
101.9	102.5	102.2	101.9	102.5	100.4	100.3	101.6
100.0	100.0	100.5	100.2	99.4	98.7	97.8	98.7
104.0	104.5	103.3	102.6	100.7	101.6	98.8	100.0
100.0	102.6	105.1	106.4	107.6	107.6	107.6	107.6
100.3	101.0	101.4	100.5	100.3	101.1	101.0	101.9
101.0	101.9	101.9	105.2	105.2	105.2	105.2	105.2

9-3续1

指　　标	全　年	一　月	二　月	三　月	四　月
5.鞋类	103.6	103.0	104.7	102.4	103.4
（1）鞋	103.7	103.1	104.8	102.5	103.5
（2）鞋类加工服务	101.0	100.0	100.0	100.0	100.0
三、居住	102.8	101.3	102.0	102.5	102.9
1.租赁房房租	103.5	100.3	101.4	102.1	102.7
2.住房保养维修及管理	100.1	100.7	100.5	100.4	101.2
（1）住房装潢材料	100.2	101.8	101.3	101.0	102.9
（2）物业管理费	100.0	100.0	100.0	100.0	100.0
（3）住房装潢维修	100.0	100.0	100.0	100.0	100.0
3.水电燃料	102.2	104.1	104.1	104.1	104.1
（1）水	109.2	133.7	133.7	133.7	133.7
（2）电	100.0	100.0	100.0	100.0	100.0
（3）燃气	108.2	108.2	108.2	108.2	108.2
（4）取暖费	100.0	100.0	100.0	100.0	100.0
（5）其他燃料	100.0	100.0	100.0	100.0	100.0
4.自有住房	103.7	100.3	101.5	102.2	102.8
四、生活用品及服务	101.0	100.7	100.3	101.0	102.0
1.家具及室内装饰品	102.9	102.6	102.6	102.6	110.9
（1）家具	101.9	101.6	101.6	101.6	112.3
（2）室内装饰品	106.6	106.2	106.2	106.2	106.2
2.家用器具	101.3	103.0	102.7	102.9	101.6
（1）大型家用器具	101.0	102.1	101.7	101.9	101.1
（2）小家电	102.7	107.0	107.3	107.9	104.1
3.家用纺织品	102.4	99.7	99.7	102.2	101.3
（1）床上用品	102.5	99.4	99.2	102.2	100.6
（2）窗帘门帘	100.5	100.0	100.0	100.0	106.6
（3）其他家用纺织品	103.7	103.1	105.8	105.2	104.4
4.家庭日用杂品	99.3	99.3	98.9	98.8	99.4
（1）洗涤卫生用品	98.1	98.6	98.6	97.9	98.5
（2）厨具餐具茶具	102.6	102.1	102.1	103.2	102.6
（3）家用手工工具	104.0	101.9	101.9	101.9	101.9
（4）其他家庭日用杂品	99.1	98.2	96.2	97.1	99.1
5.个人护理用品	100.3	99.3	99.2	99.5	99.2
（1）化妆品	100.1	99.5	99.9	100.1	99.2
（2）其他护理用品类	100.5	99.1	98.6	98.8	99.2
6.家庭服务	100.7	98.2	96.6	100.0	100.0
五、交通和通信	98.4	98.1	98.3	96.3	97.0
1.交通	99.0	99.0	99.6	96.3	96.8
（1）交通工具	98.3	98.9	98.7	97.0	96.7
（2）交通工具用燃料	97.8	94.5	95.8	90.5	91.6

五　月	六　月	七　月	八　月	九　月	十　月	十一月	十二月
105.4	106.8	105.5	102.9	102.2	103.8	101.4	102.1
105.5	106.9	105.6	102.9	102.2	103.8	101.4	102.1
100.0	100.0	100.0	101.8	101.8	101.8	102.7	103.6
102.0	102.0	102.7	102.7	102.8	103.7	104.5	104.6
102.7	102.7	103.8	103.8	103.8	105.4	106.7	106.7
99.8	100.0	99.5	99.4	100.1	99.2	99.8	100.3
99.6	99.9	98.9	98.7	100.2	98.1	99.5	100.7
100.0	100.0	100.0	100.0	100.0	100.0	100.0	100.0
100.0	100.0	100.0	100.0	100.0	100.0	100.0	100.0
101.3	101.3	101.3	101.3	101.3	101.3	101.3	101.3
100.0	100.0	100.0	100.0	100.0	100.0	100.0	100.0
100.0	100.0	100.0	100.0	100.0	100.0	100.0	100.0
108.2	108.2	108.2	108.2	108.2	108.2	108.2	108.2
100.0	100.0	100.0	100.0	100.0	100.0	100.0	100.0
100.0	100.0	100.0	100.0	100.0	100.0	100.0	100.0
102.8	102.8	104.0	104.0	104.0	105.7	106.9	106.9
100.7	101.0	101.0	101.1	101.2	100.6	101.2	101.3
101.9	102.7	102.7	102.8	103.3	98.1	102.8	103.2
100.6	101.7	101.7	101.8	102.5	95.7	101.4	101.6
106.2	106.2	106.2	106.4	106.3	106.5	107.8	109.1
101.1	101.4	101.0	100.7	99.9	101.1	100.4	99.8
100.5	101.5	101.2	101.0	100.1	101.2	100.4	99.5
104.1	101.4	100.2	99.5	99.1	100.3	100.9	101.3
101.7	102.5	101.9	103.1	105.2	104.8	104.0	103.2
101.7	102.6	101.9	103.3	105.9	105.5	104.6	103.7
100.0	100.0	100.0	100.0	100.0	100.0	100.0	100.0
104.5	104.5	104.5	104.5	102.7	102.1	102.4	101.0
100.2	100.0	99.3	99.1	98.9	99.2	99.0	99.0
99.7	99.8	98.2	97.4	96.9	97.2	97.1	97.2
102.6	102.1	102.2	102.6	102.8	103.4	102.8	102.5
101.9	101.9	101.9	106.9	106.9	106.9	106.9	106.9
98.9	97.9	99.8	100.1	100.4	100.3	100.2	100.3
99.5	100.0	100.3	101.0	101.3	101.2	101.4	101.3
99.5	99.7	100.1	100.2	100.3	100.2	101.2	100.8
99.6	100.3	100.6	101.9	102.4	102.2	101.6	101.8
100.0	100.0	101.8	101.8	101.8	101.8	102.2	104.9
96.5	97.3	97.6	98.5	100.0	99.8	100.3	101.3
96.5	97.3	97.7	98.6	101.0	100.9	101.5	103.0
97.3	96.8	97.9	97.8	98.5	98.3	100.3	101.2
89.7	93.1	95.2	98.4	104.4	104.3	106.5	112.9

9-3续2

指　　标	全　年	一　月	二　月	三　月	四　月
（3）交通工具使用和维修	101.3	101.3	101.3	101.3	101.3
（4）交通费	102.4	106.6	109.1	101.7	105.0
2.通信	97.4	96.5	96.2	96.2	97.4
（1）通信工具	85.9	83.9	82.6	82.3	85.1
（2）通信服务	100.0	100.0	100.0	100.0	100.0
（3）邮递服务	107.1	100.0	100.0	100.0	109.4
六、教育文化和娱乐	103.6	103.5	102.0	102.5	102.3
1.教育	101.9	99.5	99.4	99.7	100.9
（1）教育用品	105.2	103.4	102.7	102.5	102.5
（2）教育服务	101.8	99.3	99.3	99.6	100.8
2.文化娱乐	105.2	107.3	104.3	105.0	103.6
（1）文娱耐用消费品	95.7	98.2	99.0	99.1	96.0
（2）其他文娱用品	104.3	104.9	106.2	106.2	106.2
（3）文化娱乐服务	106.9	106.1	106.1	109.0	107.9
（4）旅游	108.3	112.0	105.2	105.4	104.1
七、医疗保健	106.8	101.6	102.4	101.4	101.9
1.药品及医疗器具	105.7	103.3	105.1	102.9	103.9
（1）中药	105.9	105.8	105.8	104.5	106.6
（2）西药	100.1	101.2	101.2	101.2	103.4
（3）滋补保健品	120.8	107.1	116.3	105.9	103.8
（4）医疗卫生器具	102.1	102.9	102.9	102.9	102.9
（5）保健器具	100.9	100.0	100.0	100.0	100.0
2.医疗服务	107.9	100.0	100.0	100.0	100.0
（1）综合医疗类	136.3	100.0	100.0	100.0	100.0
（2）诊断类	97.3	100.0	100.0	100.0	100.0
（3）治疗类	109.8	100.0	100.0	100.0	100.0
（4）康复类	100.0	100.0	100.0	100.0	100.0
（5）中医医疗服务类	100.0	100.0	100.0	100.0	100.0
（6）其他医疗服务	100.0	100.0	100.0	100.0	100.0
八、其他用品和服务	103.7	98.3	99.9	103.0	103.7
1.其他用品类	104.4	96.9	99.6	104.3	103.0
（1）首饰手表	105.5	95.0	98.6	105.1	103.2
（2）其他杂项用品	101.2	102.6	102.6	102.0	102.3
2.其他服务类	103.1	99.8	100.3	101.8	104.4
（1）旅馆住宿	101.1	98.4	100.4	98.8	105.6
（2）美容美发洗浴	111.1	100.0	100.7	107.3	114.5
（3）养老服务	100.0	100.0	100.0	100.0	100.0
（4）金融保险	100.0	100.0	100.0	100.0	100.0
（5）其他服务类	100.8	100.0	100.0	100.0	100.0

五　月	六　月	七　月	八　月	九　月	十　月	十一月	十二月
101.3	101.3	99.8	101.3	101.3	103.8	101.3	101.3
104.5	105.8	101.1	100.0	103.9	102.0	96.9	93.2
96.6	97.2	97.5	98.5	98.3	98.1	98.4	98.4
81.7	84.4	85.5	90.0	89.1	88.2	89.7	89.7
100.0	100.0	100.0	100.0	100.0	100.0	100.0	100.0
109.4	109.4	109.4	109.4	109.4	109.4	109.4	109.4
102.2	102.2	104.5	104.6	106.0	104.6	104.7	104.5
101.0	101.0	100.9	100.9	104.3	105.2	105.1	105.1
102.5	102.5	102.5	102.5	108.7	110.8	110.8	110.8
100.9	100.9	100.9	100.8	104.1	105.0	104.9	104.8
103.2	103.3	107.7	108.0	107.5	104.1	104.3	104.0
94.9	94.5	93.2	94.4	94.6	95.2	94.8	95.2
106.5	107.3	102.1	101.4	103.6	102.2	102.5	102.6
107.9	108.4	107.7	108.3	105.3	104.6	104.9	106.8
103.9	103.9	114.6	114.6	113.9	107.5	107.9	106.5
102.0	108.4	110.0	110.4	110.4	110.2	111.2	112.1
104.1	102.8	106.1	106.9	106.9	106.7	108.5	110.4
106.6	103.0	105.2	105.1	106.8	106.7	107.2	107.4
102.5	99.9	98.7	98.9	98.3	98.3	98.9	98.8
106.6	109.7	126.0	128.9	130.7	128.8	138.3	148.4
102.9	102.9	102.9	102.9	98.9	100.3	100.3	102.9
100.0	100.0	100.0	102.1	102.1	102.1	102.1	102.1
100.0	113.6	113.6	113.6	113.6	113.6	113.6	113.6
100.0	162.2	162.2	162.2	162.2	162.2	162.2	162.2
100.0	95.4	95.4	95.4	95.4	95.4	95.4	95.4
100.0	116.8	116.8	116.8	116.8	116.8	116.8	116.8
100.0	100.0	100.0	100.0	100.0	100.0	100.0	100.0
100.0	100.0	100.0	100.0	100.0	100.0	100.0	100.0
100.0	100.0	100.0	100.0	100.0	100.0	100.0	100.0
103.9	104.8	106.9	106.3	105.6	103.8	104.5	104.1
104.1	106.0	109.9	108.9	107.3	104.1	105.1	103.7
104.9	107.3	112.6	111.7	110.0	106.0	107.2	104.9
102.0	102.1	102.3	100.7	99.8	98.6	99.2	100.3
103.7	103.7	103.9	103.9	104.0	103.5	103.9	104.5
99.2	99.2	100.4	100.4	104.4	100.0	103.7	102.5
114.5	114.5	114.5	114.5	112.6	112.6	112.6	115.5
100.0	100.0	100.0	100.0	100.0	100.0	100.0	100.0
100.0	100.0	100.0	100.0	100.0	100.0	100.0	100.0
100.0	101.4	101.4	101.4	101.4	101.4	101.4	101.4

9-4 主要年份零售商品

Per Retail and Services

商品名称	规格等级牌号	单 位	1978年	1980年	1985年	1990年	1995年
面 粉	特 一	元/千克	0.50	0.50	0.50	0.50	2.24
粳 米	标 一	元/千克	0.34	0.34	0.40	1.04	3.33
小 米	一 等	元/千克	0.27	0.27	0.44	1.32	2.66
土 豆		元/千克	0.19	0.22	0.30	0.36	1.48
豆 腐	水豆腐	元/千克	0.16	0.18	0.26	0.70	1.43
猪 肉	净 肉	元/千克	1.72	1.95	2.65	5.52	12.91
牛 肉	净 肉	元/千克	1.26	1.76	2.91	5.43	12.06
羊 肉	净 肉	元/千克	1.38	1.88	2.80	5.91	15.49
鸡 蛋	新鲜完整	元/千克	1.58	2.20	2.60	4.96	5.99
海 带	盐干一级	元/千克	1.18	1.26	1.32	3.60	5.35
大白菜	一等	元/千克	0.11	0.07	0.09	0.13	0.72
菠 菜	一等	元/千克	0.08	0.09	0.28	0.50	0.90
油 菜	一等	元/千克	0.05	0.07	0.26	0.63	1.11
芹 菜	一等	元/千克	1.13	0.11	0.39	0.60	1.22
韭 菜	一等	元/千克	0.15	0.16	0.54	1.01	1.80
黄 瓜	一等	元/千克	0.19	0.18	0.47	0.99	2.45
西红柿	一等	元/千克	0.15	0.18	0.53	1.02	2.66
茄 子	一等	元/千克	0.14	0.11	0.27	0.89	2.67
青 椒	一等	元/千克	0.23	0.20	0.47	1.34	4.13
大 葱	一等	元/千克	0.11	0.12	0.28	0.54	1.46
黑木耳	甲 级	元/千克	30.00	32.00	34.86	48.95	59.16
精 盐	再制盐	元/500克	0.16	0.16	0.14	0.31	0.70
酱 油	二 级	元/千克	0.22	0.22	0.34	0.68	1.83
味 精	含麸酸钠80%以上	元/千克	10.80	9.68	12.60	16.50	22.81

和服务项目年平均价格

Price of Major Years

2000年	2005年	2010年	2011年	2012年	2013年	2014年	2015年	2016年
1.78	2.86	4.14	4.69	4.79	5.07	5.41	5.43	5.46
2.03	3.08	4.76	5.16	5.55	5.91	5.91	6.04	6.05
2.07	3.26	6.99	7.49	7.52	8.58	14.10	14.63	10.51
1.48	1.92	4.53	4.05	2.90	3.61	3.72	3.80	3.84
1.55	2.14	4.31	4.49	4.75	5.21	5.99	6.24	5.97
12.87	14.90	25.18	35.86	35.30	33.04	30.57	32.37	35.78
10.99	16.34	36.47	41.80	48.47	64.52	65.00	66.58	69.02
15.04	22.07	44.80	58.25	68.65	75.33	79.23	76.29	76.85
3.99	5.72	7.48	8.86	8.24	8.52	10.87	9.25	8.41
5.36	8.76	19.29	20.30	23.42	30.35	33.43	32.50	28.87
0.91	1.64	3.23	3.24	2.96	2.77	2.29	2.84	2.80
1.57	2.21	6.69	6.75	8.15	7.61	6.53	7.91	8.53
1.26	1.83	5.05	5.43	5.99	5.84	5.17	6.43	7.14
1.25	2.28	4.99	5.25	5.31	5.46	4.07	5.62	5.06
1.98	2.99	6.55	7.93	7.31	7.05	6.47	7.42	5.33
2.53	3.16	5.67	5.90	6.14	6.26	5.36	5.96	6.03
2.07	2.90	6.01	6.42	6.37	6.60	6.37	7.02	6.97
2.51	3.07	6.05	5.61	5.92	6.34	5.60	6.14	6.66
3.15	4.10	6.45	7.35	7.90	7.48	6.38	8.07	7.61
1.31	2.51	6.16	6.42	8.38	6.95	5.94	6.56	9.59
68.57	65.13	86.80	98.56	104.76	121.45	128.14	122.59	118.11
1.10	2.02	1.50	1.50	3.37	3.83	3.84	4.28	5.17
2.40	4.53	6.74	5.93	7.25	7.04	6.75	6.61	7.14
14.26	15.67	19.33	22.21	23.99	21.02	21.34	22.19	21.94

9-4续

商品名称	规格等级牌号	单　位	1978年	1980年	1985年	1990年	1995年
绵白糖	国产机制一级	元/千克	1.60	1.70	1.70	2.60	6.89
红　糖	一　级	元/千克	1.30	1.30	1.30	2.21	6.32
啤　酒	熟12度瓶装	元/瓶	0.58	0.58	0.73	1.41	2.13
苹　果	一　级	元/千克	0.82	0.90	1.19	2.48	3.86
桔　子	一　级	元/千克	1.30	1.52	2.35	2.27	3.37
西　瓜	一　级	元/千克	0.24	0.28	0.32	0.58	3.20
香　蕉	一　级	元/千克	1.46	1.65	1.82	2.93	4.78
自来水	生活用水	元/吨	0.08	0.08	0.09	0.19	0.51
照明用电	民用220V	元/度	0.18	0.18	0.18	0.18	0.29
平　信	外　埠	元/封	0.08	0.08	0.08	0.13	0.20
注射费	肌肉注射	元/次	0.10	0.10	0.10	0.20	0.25
住院费	普通床位	元/天				2.50	4.00
学杂费	高中学生	元/学期	2.50	2.50	2.50	12.00	49.00
公园门票	大明湖	元/张	0.03	0.03	0.03	0.30	4.33
理　发	男理一级全活	元/次	0.30	0.30	0.45	1.30	5.63
洗　澡		元/次	0.24	0.24	0.30	0.58	5.00
课　本	高中语文一年级	元/本				2.00	2.55
银　花	一　等	元/千克	6.65	8.00	18.00	28.00	70.00

2000年	2005年	2010年	2011年	2012年	2013年	2014年	2015年	2016年
6.12	5.43	9.75	12.52	13.64	15.15	15.89	16.08	14.38
5.90	5.54	9.80	12.91	15.00	15.62	15.54	14.70	15.68
2.30	2.42	2.61	2.68	2.69	2.68	2.77	2.76	2.72
2.72	3.19	8.93	9.36	10.63	12.04	14.96	15.11	10.86
2.35	3.30	7.45	9.00	8.37	10.29	11.97	9.06	10.72
2.70	3.06	4.72	5.64	5.26	5.56	5.88	5.57	5.16
4.05	4.02	6.39	7.91	7.27	7.28	9.70	7.01	7.04
1.60	2.78	3.15	3.15	3.15	3.15	3.15	4.00	4.21
0.43	0.53	0.55	0.55	0.55	0.55	0.56	0.56	0.56
0.80	0.80	1.20	1.20	1.20	1.20	1.20	1.20	1.20
1.67	2.00	2.00	2.00	2.00	2.00	2.00	2.00	2.00
7.67	15.00	26.67	26.67	26.67	26.67	23.33	23.33	33.89
600.00	800.00	800.00	800.00	800.00	800.00	800.00	800.00	800.00
13.48	15.63	30.00	30.00	30.00	30.00	30.00	30.00	30.00
10.00	17.50	20.50	20.50	20.67	25.00	25.21	25.21	32.38
8.00	12.00	30.00	38.00	38.00	38.00	53.00	58.00	58.00
6.41	4.60	6.47	6.47	6.47	6.47	6.47	6.47	6.47
93.00	87.22	325.00	420.65	368.81	314.10	361.17	352.71	325.00

9-5 工业生产者出厂

Producer Price Index for Manufactured

项目名称	1月	2月	3月	4月	5月
总指数	100.8	100.1	100.1	100.9	100.6
㈠核心指数	100.6	100.1	100.2	101.1	100.6
㈡高技术	106.0	100.6	100.0	99.8	99.8
㈢能源	99.4	98.8	99.2	100.0	101.3
㈣按轻重工业分					
⑴轻工业	99.9	100.4	100.1	100.2	100.3
1.以农产品为原料	99.7	100.6	100.4	100.5	100.7
2.以非农产品为原料	100.1	100.1	99.7	99.9	99.8
⑵重工业	101.1	100.0	100.1	101.1	100.7
1.采掘	96.9	100.0	103.2	100.0	103.6
2.原料	101.0	98.9	99.5	100.4	101.3
3.加工	101.1	100.3	100.3	101.3	100.5
㈤按生产生活资料分					
⑴生产资料	100.3	100.0	100.1	101.1	100.7
1.采掘	96.9	100.0	103.2	100.0	103.6
2.原料	101.1	99.3	99.5	100.5	101.3
3.加工	100.1	100.2	100.3	101.3	100.5
⑵生活资料	103.4	100.5	100.0	100.0	100.3
1.食品	105.2	101.0	100.7	100.6	100.7
2.衣着	100.0	100.0	100.0	100.0	100.0
3.一般日用品	103.1	99.9	99.7	99.1	100.0
4.耐用消费品	100.2	100.5	99.1	100.4	100.1
㈥按初级中间最终产品分					
⑴初级产品	96.9	100.0	103.2	100.0	103.6
1.矿产品	96.9	100.0	103.2	100.0	103.6
2.废料					
⑵中间产品	100.9	100.1	100.1	101.2	100.8
⑶最终产品	100.7	99.9	99.6	100.0	100.0
1.最终投资品	100.1	99.8	99.6	99.9	100.0
2.最终消费品	102.5	100.2	99.7	100.0	100.1
㈦按工业部门分					
⑴冶金工业	100.4	101.7	104.6	109.9	106.0
⑵ 电力工业	98.5	98.1	98.0	100.1	99.1
⑶煤炭及炼焦工业					
⑷石油工业	100.0	99.3	100.0	99.9	102.6
⑸化学工业	105.8	99.7	99.5	100.0	99.9
⑹机械工业	100.2	100.1	99.6	99.9	99.9
⑺建筑材料工业	99.6	99.9	100.8	100.7	96.8
⑻森林工业	100.0	100.8	100.0	99.2	100.0
⑼食品工业	99.7	100.8	100.6	100.7	100.7
⑽纺织工业	99.4	100.0	99.8	100.0	100.8
⑾缝纫工业	100.0	100.0	100.0	100.0	100.0
⑿皮革工业					
⒀造纸工业	100.0	100.0	100.0	100.0	100.0
⒁文教艺术用品工业	100.0	100.1	99.6	100.3	100.0
⒂其它工业	100.1	100.3	100.2	100.4	100.3

价 格 总 指 数（2016年，以上月价格为100）

Goods (2016,Preceding last month=100)

6月	7月	8月	9月	10月	11月	12月
99.9	99.9	99.9	100.2	100.5	101.0	101.8
99.5	99.8	100.2	100.1	100.5	101.2	102.0
99.3	99.8	100.0	100.0	99.9	99.5	100.7
102.5	100.3	97.8	102.1	100.8	100.0	101.5
100.4	100.2	100.3	100.0	100.2	100.2	100.0
100.4	100.7	100.2	100.3	100.1	100.1	100.3
100.6	99.6	100.3	99.6	100.4	100.4	99.7
99.8	99.8	99.9	100.3	100.5	101.2	102.2
96.6	101.5	103.0	101.0	102.4	116.0	111.4
100.8	99.6	98.8	101.3	101.2	100.8	102.0
99.5	99.8	100.1	100.0	100.3	101.3	102.2
99.8	99.9	99.9	100.4	100.6	101.2	102.1
96.6	101.5	103.0	101.0	102.4	116.0	111.4
100.9	99.6	98.8	101.4	101.3	100.9	102.1
99.5	100.0	100.1	100.1	100.4	101.2	102.1
100.4	99.6	100.3	99.7	100.1	100.3	100.0
100.0	99.5	100.3	99.8	99.9	100.1	100.1
100.0	100.0	100.0	100.0	100.0	100.0	100.0
100.5	100.0	99.9	99.8	99.8	100.3	100.4
101.4	98.6	101.0	98.8	101.1	101.0	99.0
96.6	101.5	103.0	101.0	102.4	116.0	111.4
96.6	101.5	103.0	101.0	102.4	116.0	111.4
99.8	99.9	99.9	100.4	100.6	101.4	102.4
100.2	100.1	99.8	100.0	100.3	100.1	100.5
100.1	100.2	99.5	100.1	100.4	100.0	100.6
100.4	99.6	100.4	99.7	100.1	100.2	100.1
97.1	97.8	101.6	101.3	100.0	107.2	111.1
100.5	99.8	101.1	99.7	100.3	99.7	99.7
103.7	100.6	95.9	103.5	101.1	100.2	102.5
99.3	99.4	99.9	100.3	100.9	101.4	100.8
99.8	100.0	100.0	99.7	100.3	99.8	100.5
102.3	102.4	99.9	99.0	103.1	104.1	101.8
100.0	100.0	100.0	96.7	100.0	101.7	100.0
100.4	99.5	100.3	99.8	99.9	100.1	100.3
100.6	106.3	100.3	102.4	100.9	99.9	100.4
100.0	100.0	100.0	100.0	100.0	100.0	100.0
100.0	100.0	100.0	100.0	100.0	100.0	100.0
100.7	100.2	100.1	99.6	99.7	100.3	100.1
100.2	100.2	100.2	99.8	99.9	100.5	100.3

9-6 工业生产者出厂

Producer Price Index for Manufactured

项目名称	全年	1月	2月	3月	4月	5月
总指数	99.8	96.2	96.9	97.0	98.0	98.7
(一)核心指数	99.3	95.2	95.8	96.3	97.6	98.5
(二)高技术	105.5	105.5	106.1	105.4	104.6	105.0
(三)能源	97.1	95.5	96.0	93.0	94.0	93.4
(四)按轻重工业分						
(1)轻工业	100.9	99.5	100.1	99.9	100.1	100.4
1.以农产品为原料	101.8	99.1	100.1	100.2	100.6	101.3
2.以非农产品为原料	99.6	99.9	100.0	99.6	99.4	99.3
(2)重工业	99.5	95.5	96.2	96.3	97.5	98.3
1.采掘	93.3	75.4	78.5	82.4	82.4	86.8
2.原料	97.3	94.8	95.5	93.5	94.6	94.6
3.加工	100.1	95.7	96.4	97.1	98.4	99.4
(五)按生产生活资料分						
(1)生产资料	98.8	94.6	95.2	95.4	96.8	97.5
1.采掘	93.3	75.4	78.5	82.4	82.4	86.8
2.原料	97.8	95.1	96.0	94.0	94.9	94.8
3.加工	99.0	94.5	95.1	95.7	97.2	98.2
(2)生活资料	104.6	104.5	105.0	104.8	104.1	104.6
1.食品	108.6	108.4	109.9	109.8	108.6	109.2
2.衣着	100.4	101.3	101.3	100.9	100.5	100.5
3.一般日用品	102.0	102.4	101.7	101.7	101.0	101.6
4.耐用消费品	100.7	100.2	100.6	99.7	100.1	100.1
(六)按初级中间最终产品分						
(1)初级产品	93.3	75.4	78.5	82.4	82.4	86.8
1.矿产品	93.3	75.4	78.5	82.4	82.4	86.8
2.废料						
(2)中间产品	99.5	95.1	96.0	96.0	97.3	98.1
(3)最终产品	99.1	98.4	98.6	98.0	98.1	98.1
1.最终投资品	97.9	97.1	97.3	96.6	96.8	96.7
2.最终消费品	102.6	102.6	102.9	102.4	102.1	102.3
(七)按工业部门分						
(1)冶金工业	106.1	79.8	83.5	89.8	99.5	107.2
(2) 电力工业	94.3	95.6	94.5	92.5	93.4	92.7
(3)煤炭及炼焦工业						
(4)石油工业	98.8	95.4	97.0	93.3	94.3	93.8
(5)化学工业	101.9	102.0	102.3	101.2	100.4	100.3
(6)机械工业	98.2	97.8	97.8	97.4	97.4	97.5
(7)建筑材料工业	97.1	90.7	90.7	92.9	94.1	91.6
(8)森林工业	99.3	100.0	100.8	100.8	100.0	100.0
(9)食品工业	102.0	99.4	100.7	101.4	102.0	102.7
(10)纺织工业	102.2	96.8	97.2	95.1	95.3	96.2
(11)缝纫工业	100.4	101.3	101.3	100.9	100.5	100.5
(12)皮革工业						
(13)造纸工业	100.1	100.5	100.1	100.1	100.1	100.1
(14)文教艺术用品工业	100.0	99.8	99.7	99.3	99.3	99.5
(15)其它工业	99.8	98.5	98.8	98.7	98.9	99.3

价格总指数(2016年,以上年同期价格为100)

Goods(2016,Preceding last year=100)

6月	7月	8月	9月	10月	11月	12月
99.0	99.6	100.5	101.0	101.6	103.4	105.9
98.5	99.2	100.3	100.5	101.2	103.3	106.1
104.4	106.0	108.2	106.3	104.8	104.7	105.3
95.7	96.7	96.6	99.9	100.4	101.4	103.7
100.8	100.9	101.5	101.5	101.8	102.1	102.2
101.6	102.3	103.0	103.3	103.3	103.6	103.8
99.6	99.1	99.5	99.2	99.7	100.2	100.0
98.6	99.3	100.3	100.8	101.5	103.7	106.8
84.5	89.8	96.7	97.7	101.0	119.4	139.8
95.8	96.2	96.7	98.7	100.0	102.8	105.8
99.3	100.2	101.2	101.4	101.9	103.9	107.0
97.8	98.6	99.6	100.2	101.0	103.1	106.2
84.5	89.8	96.7	97.7	101.0	119.4	139.8
96.0	96.4	96.9	99.1	100.5	103.6	106.7
98.2	99.2	100.3	100.5	101.1	103.0	106.0
104.8	104.3	104.6	104.5	104.5	104.7	104.7
108.9	107.9	108.3	108.1	108.0	108.1	108.1
100.5	100.0	100.0	100.0	100.0	100.0	100.0
101.8	102.3	102.3	102.6	102.2	102.4	102.6
101.6	100.2	101.2	100.0	101.1	102.1	101.1
84.5	89.8	96.7	97.7	101.0	119.4	139.8
84.5	89.8	96.7	97.7	101.0	119.4	139.8
98.3	99.2	100.3	101.0	101.7	104.2	107.6
98.4	99.0	99.5	99.5	99.8	100.2	101.2
97.0	97.9	98.4	98.5	98.8	99.3	100.6
102.7	102.4	102.8	102.6	102.7	103.0	103.0
106.0	106.8	110.6	114.6	116.5	127.6	144.9
93.9	94.4	95.2	94.9	95.0	95.1	94.7
96.8	98.0	97.4	103.0	103.7	105.3	109.3
99.9	100.0	100.6	101.1	102.4	105.7	107.0
97.7	98.3	99.0	98.4	98.5	98.7	99.7
94.1	97.4	98.1	98.0	101.9	107.1	110.5
100.0	100.0	100.0	96.7	96.7	98.3	98.3
103.0	102.4	102.7	102.4	102.3	102.5	102.7
97.0	103.1	106.1	109.1	110.1	110.9	111.3
100.5	100.0	100.0	100.0	100.0	100.0	100.0
100.1	100.1	100.1	100.1	100.1	100.1	100.1
99.8	100.4	100.7	100.5	99.9	100.2	100.6
99.3	99.5	99.9	100.5	100.9	101.2	102.5

9-7 工业生产者购进价格指数(2016年,以上月价格为100)

Purchasing Price Index for Industrial Producers(2016,Preceding Last Month=100)

项目名称	1月	2月	3月	4月	5月	6月
总指数	99.6	99.0	99.5	100.4	102.1	100.9
按初级中间最终产品分						
(1)初级产品	99.7	96.2	98.1	100.5	105.1	104.6
1.农产品	99.9	101.6	100.5	99.8	100.1	101.0
2.矿产品	99.7	94.6	97.4	100.7	106.8	105.7
3.废料						
(2)中间产品	99.5	99.8	99.9	100.3	101.3	99.8
九大类原材料购进价格指数						
(1)燃料、动力类	99.7	97.4	98.3	100.0	103.6	102.7
(2)黑色金属材料类	98.5	100.2	103.0	103.8	102.9	99.0
1.钢材	98.1	100.6	100.8	102.8	100.9	99.5
2.其它	98.9	99.8	105.4	104.9	104.9	98.5
(3)有色金属材料及电线类	96.0	100.3	99.7	99.8	100.9	99.0
(4)化工原料类	99.1	99.0	100.0	100.4	103.4	98.8
(5)木材及纸浆类	100.0	100.0	100.0	100.0	100.0	100.0
(6)建筑材料及非金属类	99.9	99.9	99.7	100.2	99.0	100.6
(7)其它工业原材料及半成品类	100.2	99.7	99.1	99.4	100.7	100.3
(8)农副产品类	99.9	101.6	100.5	99.8	100.1	101.0
(9)纺织原料类	99.9	99.1	98.9	99.4	100.1	100.7

9-7续

项目名称	7月	8月	9月	10月	11月	12月
总指数	100.3	101.0	100.0	100.9	102.9	102.3
按初级中间最终产品分						
(1)初级产品	103.3	103.3	98.5	102.3	104.5	100.3
1.农产品	97.8	101.4	99.3	99.8	100.5	100.5
2.矿产品	104.9	103.9	98.3	103.0	105.5	100.2
3.废料						
(2)中间产品	99.3	100.2	100.5	100.4	102.3	103.0
九大类原材料购进价格指数						
(1)燃料、动力类	101.2	101.6	99.8	101.6	105.0	102.5
(2)黑色金属材料类	99.5	101.3	101.9	101.0	105.6	107.2
1.钢材	100.0	100.7	100.2	100.0	101.0	104.8
2.其它	99.0	101.8	103.6	102.0	109.7	109.3
(3)有色金属材料及电线类	100.1	102.6	100.3	99.6	101.8	105.9
(4)化工原料类	98.8	101.0	100.5	101.0	99.2	101.2
(5)木材及纸浆类	99.5	100.0	99.8	99.9	100.2	100.6
(6)建筑材料及非金属类	99.3	99.5	99.5	101.2	100.5	101.8
(7)其它工业原材料及半成品类	100.0	100.3	99.0	99.9	100.6	99.5
(8)农副产品类	97.8	101.4	99.3	99.8	100.5	100.5
(9)纺织原料类	103.9	98.1	102.6	101.3	100.5	101.9

9-8 工业生产者购进价格指数(2016年,以上年同期价格为100)

Purchasing Price Index for Industrial Producers(2016,Preceding Last Year=100)

项目名称	全年	1月	2月	3月	4月	5月	6月
总指数	99.0	94.7	94.5	94.3	94.4	96.8	97.9
按初级中间最终产品分							
(1)初级产品	97.4	87.3	86.5	85.7	84.4	89.5	94.5
1.农产品	102.6	102.2	104.0	104.6	103.7	103.2	103.7
2.矿产品	96.0	83.7	82.0	80.9	79.5	86.0	92.1
3.废料							
(2)中间产品	99.5	97.1	97.1	97.1	97.7	99.1	99.0
九大类原材料购进价格指数							
(1)燃料、动力类	97.3	90.9	90.1	89.1	88.1	91.9	95.1
(2)黑色金属材料类	102.6	89.1	89.9	93.0	97.0	100.3	101.1
1.钢材	98.7	91.2	92.3	93.6	96.6	98.0	98.0
2.其它	106.5	87.1	87.7	92.5	97.3	102.5	104.2
(3)有色金属材料及电线类	94.7	91.7	92.0	91.5	91.5	92.4	92.1
(4)化工原料类	98.0	95.3	95.1	95.1	96.3	99.3	97.8
(5)木材及纸浆类	99.9	100.2	100.6	100.5	100.2	100.2	100.1
(6)建筑材料及非金属类	95.5	93.1	93.6	93.7	94.9	94.4	95.1
(7)其它工业原材料及半成品类	100.3	102.5	102.2	101.3	100.8	101.5	100.8
(8)农副产品类	102.6	102.2	104.0	104.6	103.7	103.2	103.7
(9)纺织原料类	100.7	100.0	99.1	98.0	97.4	97.5	98.2

9-8续

项目名称	7月	8月	9月	10月	11月	12月
总指数	98.3	99.9	100.8	102.1	105.8	109.0
按初级中间最终产品分						
(1)初级产品	98.3	103.0	104.9	108.2	114.4	117.2
1.农产品	101.5	101.8	101.4	101.3	102.0	102.1
2.矿产品	97.4	103.3	105.9	110.1	118.0	121.7
3.废料						
(2)中间产品	98.3	98.9	99.6	100.2	103.1	106.6
九大类原材料购进价格指数						
(1)燃料、动力类	96.9	99.7	101.4	103.6	109.7	113.9
(2)黑色金属材料类	101.6	103.9	107.2	109.0	116.4	126.4
1.钢材	98.9	100.6	101.5	101.9	103.7	109.5
2.其它	104.3	107.2	112.9	116.3	129.5	143.8
(3)有色金属材料及电线类	92.8	95.3	96.0	96.9	99.3	105.9
(4)化工原料类	96.7	97.9	98.9	100.3	100.7	102.4
(5)木材及纸浆类	99.5	99.3	99.3	99.2	99.4	100.0
(6)建筑材料及非金属类	95.1	95.0	95.1	96.6	98.8	100.9
(7)其它工业原材料及半成品类	99.4	99.7	98.7	98.5	99.2	98.7
(8)农副产品类	101.5	101.8	101.4	101.3	102.0	102.1
(9)纺织原料类	101.8	100.0	102.4	103.7	104.4	106.5

9-9 住宅销售价格指数(2016年,以上月价格为100)

Sales Price of Residential Buildings(2016,Preceding last month=100)

指　　标	1月	2月	3月	4月	5月	6月
新建住宅	100.2	100.6	100.9	101.1	101.0	100.8
新建商品住宅	100.2	100.6	100.9	101.1	101.0	100.8
90平方米及以下	100.4	100.3	101.0	101.4	101.0	100.9
90-144平方米	100.3	100.8	100.9	101.1	100.9	100.9
144平方米以上	100.0	100.0	100.8	100.7	101.1	100.8
二手住宅	100.1	100.1	100.8	100.4	100.4	100.6
90平方米及以下	100.0	100.4	100.9	100.5	100.5	100.7
90-144平方米	100.2	100.0	100.6	100.3	100.4	100.5
144平方米以上	100.3	99.1	101.0	100.5	100.3	100.4

9-9续

指　　标	7月	8月	9月	10月	11月	12月
新建住宅	100.9	103.2	105.2	103.4	101.1	99.7
新建商品住宅	100.9	103.2	105.2	103.4	101.1	99.7
90平方米及以下	101.2	102.8	105.5	102.2	100.9	99.8
90-144平方米	101.0	103.5	105.1	103.5	101.1	99.6
144平方米以上	100.5	102.1	105.2	103.9	101.1	100.2
二手住宅	100.5	102.2	105.1	102.7	101.1	100.6
90平方米及以下	100.4	102.2	105.4	102.5	100.8	100.7
90-144平方米	100.6	102.6	105.1	102.8	101.3	100.6
144平方米以上	100.3	101.3	104.4	103.4	101.3	100.3

9-10 住宅销售价格指数（2016年，以上年同期价格为100）

Sales Price of Residential Buildings（2016,Preceding last year=100）

指　　标	1月	2月	3月	4月	5月	6月
新建住宅	101.5	102.2	103.3	104.3	105.1	105.8
新建商品住宅	101.5	102.2	103.3	104.3	105.1	105.8
90平方米及以下	101.9	102.3	103.3	104.8	105.3	106.4
90-144平方米	101.9	102.8	103.9	104.7	105.5	106.3
144平方米以上	100.0	100.2	101.3	102.7	103.3	103.8
二手住宅	101.5	102.0	103.0	103.4	103.8	104.1
90平方米及以下	101.8	102.3	103.5	104.0	104.4	105.1
90-144平方米	101.3	102.1	102.7	102.9	103.3	103.4
144平方米以上	101.2	101.0	102.3	102.9	103.2	103.2

9-10续

指　　标	7月	8月	9月	10月	11月	12月
新建住宅	106.9	110.0	115.5	119.0	120.0	119.4
新建商品住宅	106.9	110.0	115.5	119.0	120.0	119.4
90平方米及以下	107.8	110.4	116.1	118.4	118.9	118.7
90-144平方米	107.2	110.7	116.0	119.7	120.9	120.1
144平方米以上	105.0	107.2	113.2	116.9	117.6	117.3
二手住宅	104.1	106.2	111.6	114.4	115.3	115.5
90平方米及以下	105.0	106.9	112.6	114.9	115.4	115.9
90-144平方米	103.5	106.1	111.4	114.7	116.0	115.9
144平方米以上	103.2	104.4	108.7	112.1	113.2	113.2

9-11 主要年份工业生产者出厂、购进价格指数(以上年价格为100)

Purchasing Price Index for Industrial Producers and Producer Price Index for Manufactured Goods in Main Years(Preceding last year=100)

年份	工业生产者出厂价格指数	工业生产者购进价格指数
1998	94.5	95.2
1999	98.9	97.6
2000	104.8	114.5
2001	99.8	101.4
2002	97.9	100.4
2003	103.2	111.2
2004	106.7	116.4
2005	102.3	111.3
2006	100.2	105.6
2007	103.9	105.0
2008	109.2	116.9
2009	96.2	94.3
2010	104.7	109.9
2011	105.3	108.2
2012	98.4	99.4
2013	98.8	97.8
2014	99.0	98.0
2015	95.0	92.7
2016	99.8	99.0

主要统计指标解释

Explanatory Notes on Main Statistical Indicators

居民消费价格 是指城乡居民支付生活消费品和服务项目消费的价格，是社会产品和服务项目的最终价格，同人民生活密切相关，在整个国民经济价格体系中具有极为重要的地位。

居民消费价格指数 是度量一组代表性消费品及服务项目价格水平随着时间而变动的相对数，反映居民家庭购买的消费品及服务项目价格水平的变动情况。它是宏观经济分析和决策、价格总水平监测和调控以及国民经济核算的重要指标。其按年度计算的变动率通常被用来作为反映通货膨胀(或紧缩)程度的指标。

按用途划分为8个大类，包括食品、烟酒、衣着、家庭设备用品及维修服务、医疗保健及个人用品、交通和通信、娱乐教育文化用品及服务、居住等。下设262个基本分类，我市根据国家规定，确定代表规格品592种。对比基期分类分别为2010年(定基)、上年同月、上月和上年12 月。定基价格指数是从2001年开始编制的。

商品零售价格 是指工业、商业、餐饮业和其它零售企业向城乡居民、机关团体出售生活消费品和办公用品的价格。

商品零售价格指数 是反映一定时期内商品零售价格变动趋势和变动程度的相对数。

商品零售价格的调查范围涉及到各种类型的工业、商业、餐饮业和其它行业的零售商品以及农民对非农业居民出售商品的价格。包括食品、饮料烟酒、服装鞋帽、纺织品、家用电器及音像器材、文化办公用品、日用品、体育娱乐用品、交通通信用品、家具、化妆品、金银珠宝、中西药品及医疗保健用品、书报杂志及电子出版物、燃料、建筑材料及五金电料等16 个大类，229个基本分类的商品零售价格。

工业生产者价格 工业生产者价格包括工业企业产品第一次出售时的出厂价格和企业作为中间投入的原材料、燃料、动力购进价格(简称工业生产者购进价格)。工业生产者价格调查的目的在于及时、准确、科学地反映各工业行业产品价格水平及其变动趋势和幅度，为国民经济核算、计算工业发展速度、宏观经济分析和调控、理顺价格体系等提供科学、准确的依据。

土地交易价格 指房地产开发商或其他建设单位在进行项目开发之前，为获得土地使用权而实际支付的价格，不包括土地的后续开发费用、税费、各种手续费和拆迁费等。

住宅销售价格 指房产所有权转移时买卖双方实际成交的价格(合同价格)。房产买卖时，买房人购买的是房产的所有权，卖房人将房产所有权出让，同时要获得房产所有权出让的价格补偿。它主要包括新建住宅销售和二手住宅销售两部分。

住宅租赁价格 指房屋的所有人出租房屋的实际价格。在此种交易形式中，房屋所有权不变，承租者支付房租，获得一定时期内的房屋使用权；出租者放弃或出让一定时期内的房屋使用权。

10

人民生活

PEOPLE´S LIVELIHOOD

10-1 人民物质文化生活提高情况

Improvement in People's Material and Cultural Life

指　　标	单位	1978年	1990年	2000年	2010年	2015年	2016年
就　业							
每一农村劳动力负担人数	人	1.70	1.61	1.40	1.35	1.38	1.42
每一城市就业者负担人数	人	1.89	1.72	1.71	1.67	1.80	1.87
城镇登记失业率	%			3.70	3.84	2.04	2.17
收入与支出							
农村居民家庭人均可支配收入	元	111	731	3047	8903	14232	15346
农村居民家庭人均生活消费支出	元	83	570	1977	5407	8597	9396
农村居民恩格尔系数	%	69.9	50.5	43.5	33.6	32.3	32.2
城镇居民家庭人均可支配收入	元	338	1620	8471	25321	39889	43052
城镇居民家庭人均生活消费支出	元	318	1360	6892	15973	26319	28537
城镇居民恩格尔系数	%	57.1	57.5	34.6	31.6	24.4	24.2
居民储蓄							
城乡居民年末储蓄存款余额	亿元	1.3	51.1	463.0	2187.7	3951.4	4279.9
人均储蓄存款余额	元	28.5	975.5	8229.6	36239.0	63358	68012.6
住房面积							
农村人均住房面积	平方米	9.6	22.5	28.6	40.2	52.6	53.8
城市人均住宅居住面积	平方米	4.1	7.5	10.5	29.7	44.9	45.5
交通通讯							
农村每百户拥有摩托车	辆		4.0	61.0	84.9	79.1	75.8
城市每百户拥有摩托车	辆		7.7	34.3	13.3	15.1	13.5
城市公用事业							
城市人口用水普及率	%	99	100	100	100	99.00	99.57
每万人拥有公园绿地面积	公顷	1.6	4	7.2	11.3	11.55	11.81
文化生活							
城市每百户拥有彩色电视机	台	–	61.3	132.3	115.5	110.5	110.6
农村每百户拥有彩色电视机	台	–	70.0	125.0	122.2	114.0	118.3
教育卫生							
每万人口中在校大学生数	人	22	71	165	1064	1141	1154
每万人拥有卫生技术人员	人	10.98	59.45	63.40	65.2	100.6	105.6
每万人拥有医院病床	张	22.01	32.88	38.57	52.9	69.1	72.0

注：1.城镇居民家庭人均生活消费支出1990年以前为生活费支出。
2.城市人均居住面积2010年以后为人均建筑面积。
3.从2015年起，全市发布城乡住户调查一体化改革新口径数据，居民收支调查指标与2014年前分别实施的城镇和农村住户调查的调查范围、方法、指标口径、名称有所不同。（以下相关表同）
4.农村居民家庭人均可支配收入2014年以前为农民人均纯收入口径。

10-2 各时期城镇居民生活情况

Basic Conditions of Urban Households in Each Period

年份	人均可支配收入（元）	人均生活消费支出（元）		就业者负担人数（人）	人均住宅居住面积（平方米）
		小计	人均食品支出		
1949	64.53	61.30	37.39		4.09
1978	337.80	317.88	181.56	1.89	4.06
1981	487.19	452.77	256.67	1.73	4.40
1982	502.97	468.03	275.30	1.70	4.57
1983	552.37	484.87	293.32	1.66	4.93
1984	671.89	537.27	326.97	1.69	5.10
1985	783.00	703.82	397.33	1.68	5.21
"七五"时期					
1986	946.46	836.50	474.62	1.70	7.40
1987	1057.48	943.58	534.12	1.73	7.30
1988	1272.83	1150.44	635.11	1.70	7.50
1989	1487.91	1355.64	745.32	1.71	7.50
1990	1619.50	1360.08	781.58	1.72	7.50
"八五"时期					
1991	1854.33	1569.26	896.62	1.71	7.60
1992	2148.49	1781.21	979.03	1.73	7.65
1993	2873.94	2394.03	1146.02	1.74	7.80
1994	3951.94	3224.73	1566.59	1.72	7.90
1995	4720.55	3830.38	1823.64	1.80	8.00
"九五"时期					
1996	5681.49	4422.91	2161.00	1.71	8.00
1997	6261.21	5210.40	2185.11	1.62	8.10
1998	6757.12	5440.10	2179.99	1.61	9.89
1999	7162.48	6415.39	2204.76	1.66	10.00
2000	8471.32	6891.75	2387.06	1.71	10.50
"十五"时期					
2001	9564.99	7465.04	2386.84	1.74	10.70
2002	10094.13	7818.33	2575.21	1.72	17.83
2003	11012.86	8395.36	2610.75	1.68	18.85
2004	12005.06	8580.54	2784.87	1.65	19.50
2005	13578.46	9226.61	3046.93	1.73	19.55
"十一五"时期					
2006	15340.17	10713.13	3335.31	1.74	20.1
2007	18005.10	12389.69	3900.91	1.72	21.0
2008	20802.17	13904.59	4466.18	1.87	21.5
2009	22721.65	14764.28	4836.78	1.86	29.4
2010	25321.06	15973.32	5051.18	1.67	29.7
"十二五"时期					
2011	28891.97	18045.58	5722.65	1.71	30.3
2012	32569.75	20031.67	6162.16	1.72	–
2013	35647.59	21666.94	6624.32	–	–
2014	38762.77	22980.67	6814.14	2.04	–
2015	39888.71	26318.72	6415.00	1.80	44.9
"十三五"时期					
2016	43052.16	28536.93	6908.01	1.87	45.5

注：1. 可支配收入1983年以前为生活费收入，消费性支出1992年以前为生活费支出。
2. 从2002年开始，"居民住宅居住面积"改为"使用面积"，2009年改为"建筑面积"。

10-3 主要年份农村居民生活情况

Basic Conditions of Rural Households in Major Years

年份	人均可支配收入（元）	人均生活消费支出（元）		每一劳动力负担人数（人）	人均住宅居住面积（平方米）
		小 计	人均食品支出		
1952	49.4	39.2	29.2	1.8	7.5
1957	63.6	57.9	34.8	1.8	7.8
1962	67.7	59.9	36.3	1.8	8.0
1965	92.6	69.7	46.1	1.8	8.2
1970	82.7	67.2	42.2	1.7	8.5
1975	79.1	59.5	40.8	1.7	9.0
1978	110.5	83.2	58.2	1.7	9.6
1980	168.9	127.1	85.8	1.6	10.5
1985	439.2	330.5	171.1	1.6	16.9
1990	731.1	569.8	287.7	1.6	22.5
1991	810.1	610.6	303.7	1.6	23.7
1992	865.3	660.5	335.1	1.6	21.1
1993	1031.4	724.8	371.4	1.6	22.9
1994	1401.0	942.5	511.0	1.6	24.1
1995	1812.7	1373.6	770.8	1.4	24.7
1996	2328.1	1728.1	926.2	1.4	26.9
1997	2600.0	1799.7	922.0	1.4	27.1
1998	2826.4	1872.5	935.9	1.4	27.4
1999	2943.7	1841.2	876.7	1.4	28.3
2000	3046.8	1976.8	860.0	1.4	28.6
2001	3215.7	2057.8	852.5	1.5	29.9
2002	3355.8	2133.9	849.5	1.4	30.6
2003	3619.3	2316.2	900.7	1.4	32.5
2004	4198.7	2543.1	1040.4	1.4	32.9
2005	4812.3	2902.8	1134.8	1.4	33.8
2006	5480.0	3415.3	1199.8	1.4	35.3
2007	6300.1	3789.8	1423.0	1.4	37.3
2008	7180.2	4385.4	1628.2	1.4	38.7
2009	7804.8	4733.1	1686.3	1.4	39.4
2010	8903.3	5406.6	1818.3	1.4	40.2
2011	10411.8	5905.1	2147.3	1.4	41.2
2012	11786.2	6932.2	2465.4	1.4	42.9
2013	13247.6	7798.7	2640.8	1.4	43.9
2014	14726.0	8581.4	2831.4	1.4	–
2015	14231.8	8597.2	2775.5	1.4	52.6
2016	15345.6	9396.3	3028.0	1.4	53.8

注：人均可支配收入2014年以前为农民人均纯收入口径。

10-4 每百户城市居民家庭主要耐用消费品拥有量

Number of Durable Consumer Goods Owned Per 100 Urban Households in Major Years

商品名称	单位	1995年	2000年	2005年	2010年	2015年	2016年
摩托车	辆	13.0	34.3	30.1	13.3	15.1	13.5
助力车	辆			18.1	40.2	72.0	73.1
家用汽车	辆			5.4	22.7	47.6	49.8
洗衣机	台	91.5	100.0	97.0	93.2	98.5	97.9
电冰箱	台	92.0	99.3	97.0	96.7	101.8	101.4
彩色电视机	台	95.0	132.3	126.8	115.5	110.5	110.6
家用电脑	台		20.0	54.2	81.0	90.8	90.0
组合音响	台	10.5	29.0	26.8	16.2	–	9.1
摄像机	台		2.3	4.0	10.8	16.9	16.1
照相机	架	40.5	76.0	59.2	54.0	56.1	52.8
其它中高档乐器	件	6.5	12.3	6.4	3.5	5.7	7.2
微波炉	台		32.3	53.2	55.8	58.7	62.7
空调器	台	16.0	65.0	104.4	121.5	146.3	152.3
淋浴热水器	台	36.5	81.3	79.3	82.0	100.3	100.8
消毒碗柜	台			5.4	6.5	6.2	7.6
洗碗机	台			1.0	0.3	2.1	4.4
健身器材	件		4.7	6.4	4.3	10.2	10.6
住宅电话	部	38.0	86.7	88.6	46.3	54.7	57.0
移动电话	部		28.7	145.2	179.7	213.5	209.4

10-5 农村每百户居民家庭主要耐用消费品拥有量

Number of Major Durable Consumer Goods Owend Per 100 Rural Households

指 标 名 称	单位	2010年	2011年	2012年	2013年	2014年	2015年	2016年
洗衣机	台	79	82	86	88	88	86	90
电冰箱	台	83	88	91	92	93	91	97
摩托车	辆	85	71	62	65	65	79	76
彩色电视机	台	120	116	118	119	114	114	118
照相机	架	14	15	14	16	17	8	9
抽 油 烟 机	台	22	27	28	34	42	28	36
空调器	台	36	36	39	46	63	56	67
热水器	台	55	64	69	69	74	74	79
电话机	部	80	60	58	55	65	47	48
移动电话	部	153	175	186	195	210	214	224
家用计算机	台	28	36	39	43	47	40	43

10-6 居民人均可支配收入和生活消费支出(2016年)

Per Capital Annual Income and Per Capital Annual Expenditure(2016)

单位:元

指 标 名 称	全体居民	城镇居民	农村居民
可支配收入	33909.0	43052.2	15345.6
工资性收入	19780.9	25252.7	8671.5
经营净收入	3613.6	2579.5	5713.2
财产净收入	4932.7	7210.2	308.8
转移净收入	5581.7	8009.8	652.0
消费支出	22220.5	28536.9	9396.3
食品烟酒	5627.6	6908.0	3028.0
衣着	1462.1	1927.2	517.9
居住	6145.7	8307.4	1756.9
生活用品及服务	1732.1	2279.3	621.1
交通通信	3151.1	3919.2	1591.5
教育文化娱乐	2248.4	2878.0	969.9
医疗保健	1398.5	1712.1	761.9
其他用品和服务	455.0	605.6	149.0

主要统计指标解释

Explanatory Notes on Main Statistical Indicators

城镇居民家庭就业人口 指城镇居民从事社会劳动并取得劳动报酬或经营收入的人口。就业人口包括通过国家统筹规划和指导由劳动部门介绍就业,自愿组织起来就业和自谋职业等方式,在国有制、集体所有制、中外合资、中外合作、外资在华独资的企事业单位和私营企业单位工作或从事个体劳动的有固定性职业或临时性职业的人口。被聘用和留用的离退休人员也计入就业人口。

城镇居民家庭全部收入 指被调查城镇居民家庭全部的实际现金收入,包括经常或固定得到的收入和一次性收入。不包括周转性收入,如提取银行存款、向亲友借入款、收回借出款以及其他各种暂收款。

城镇居民家庭可支配收入 指被调查城镇居民家庭在支付个人所得税之后,所余下的实际收入。

可支配收入=实际收入-个人所得税-家庭副业生产支出-记帐补贴

现金收入 包括实际收入和借贷收入。

(1)实际收入 指调查户的全部实际的现金收入;不包括借贷收入,如提银行存款、向亲友借入款、收回借出款以及其他各种暂收款。

(2)借贷收入 指周转性收入。包括提取银行存款、储金会款、借入款、收回借出款、兑售有价证券、赊购、为购买房屋从银行贷款等。

城镇居民家庭生活费收入 指被调查的城镇居民家庭全部收入中能用于安排家庭日常生活的实际收入。即城镇居民家庭的全部实际收入除"赡养支出"、"赠送支出"和缴纳的各种税款以及被调查户非本家庭人口的经济用饭人口所交的"搭伙费"。

现金支出 包括现金的实际支出和借贷支出

(1)实际支出 包括消费性支出、非消费性支出和家庭副业生产支出。

(2)借贷支出 包括存入储蓄款、存入储金会款、归还借款、借出款、储蓄性保险支出、购买有价证券、预购、归还为购买住房的银行贷款等。

城镇居民家庭消费性支出 指被调查的城镇居民家庭用于日常生活的全部支出,包括购买商品支出和文化生活、服务等非商品性支出。不包括罚没、丢失款和缴纳的各种税款(如个人所得税、牌照税、房产税等),也不包括个体劳动者生产经营过程中发生的各项费用。

城镇居民家庭购买商品支出 指被调查的城镇居民家庭为自用或赠送亲友而购买商品的全部支出,包括从商店、工厂、饮食业、工作单位食堂、集市以及直接从农民手中购买各种商品的开支。商品支出分为以下八类:食品;衣着;家庭设备用品及服务;医疗保健;交通与通信;娱乐、教育、文化服务;居住;杂项商品和服务。

农民总收入 是指农村住户年内从各种来源得到的全部实际收入(包括现金收入和实物收入)。由基本收入,转移性收入和财产性收入等三部分组成。

基本收入:包括劳动者报酬收入和家庭经营收入。

劳动者报酬收入:指受雇于单位或个人,出卖劳动而得到的报酬收入。包括在乡村组织中劳动得到的报酬收入、在企业劳动得到的报酬收入和在其他单位劳动得到的报酬收入。

工资性收入:指农村住户成员受雇于单位或个人,靠出卖劳动而获得的收入。按来源渠道划分为,在非企业组织中劳动得到的收入、在本地企业劳动得到的收入、常住人口外出务工收入和从其他单位劳动得到的收入。

家庭经营收入主要用来反映以家庭为生产单位的收入水平、生产规模和经济效益情况。它是农村住户从事各项生产的收入,包括种植业收入、林业收入、牧业收入、渔业收入、手工业收入、采集捕猎收入、工业收入、建筑业收入、运输业收入、商业收入、饮食业收入、服务业收入和其他家庭经营收入。

转移性收入:包括在外人口寄回和带回、农村外部亲友赠送的收入、调查补贴、保险赔款、救济金、救灾款、退休金、抚恤金、五保户的供给、奖励收入、土地征用补偿收入和其他转移性收入。

财产性收入:包括利息收入、股息收入、租金收入、出让特许权收入、集体财产收入、其他财产收入。

农民纯收入 是总收入扣除相应的各项费用性支出后归农民所有的收入。它既可以用于生产、非生产投资,改善个指标用来观察农民实际收入水平,以及农民扩大再生产和改善生活的能力。

全年纯收入=总收入-家庭经营费用支出-生产用固定资产折旧-税收-上交集体承包任务-调查补贴-赠送农村外部亲友的支出

农民总支出 是指农村住户全年用于生产、生活和再分配等方面的全部实际支出。包括家庭经营费用支出、购置生产用固定资产支出、缴纳税款、上交集体承包任务、集体提留和摊派、生活消费支出和其他非借贷性支出。但借贷性支出不包括在内。

11

农 业

AGRICULTURE

11-1 各时期农业主要经济指标

Major Economic Indicators of Agriculture in Each Period

年份	农村劳动力（万人）	农林牧渔业总产值（亿元）	农用机械总动力（万千瓦）	年末实有耕地面积（千公顷）	粮食总产量（万吨）	蔬菜总产量（万吨）	肉类总产量（万吨）	粮食单产（千克/公顷）
1949	106.51	1.50	…	469.85	51.63	10.72	0.24	825
1952	112.35	1.91	…	481.17	62.75	8.61	0.40	960
1957	121.09	2.79	0.32	479.58	67.92	15.86	0.66	1065
1962	108.44	1.33	2.98	412.34	39.74	27.67	0.72	765
1965	111.74	2.61	4.84	410.02	73.80	29.12	1.12	1350
1970	123.91	2.75	14.32	396.49	75.47	31.81	1.21	1470
1975	141.00	4.07	48.04	382.05	100.46	42.00	2.07	2025
1978	140.05	6.57	69.70	373.19	115.38	49.19	2.50	2475
1979	141.60	7.48	80.63	372.45	122.56	49.42	2.92	2610
1980	143.19	7.79	88.45	370.87	116.54	58.13	3.69	2565
“六五”时期								
1981	146.52	11.73	94.47	369.80	121.27	49.85	3.99	2865
1982	149.07	14.47	106.60	369.22	121.13	63.45	4.31	3060
1983	152.39	18.07	112.19	368.45	147.41	65.66	4.66	3570
1984	158.23	19.00	123.92	367.35	160.60	86.91	5.03	3915
1985	162.51	18.36	130.41	357.41	163.50	84.11	5.43	3915
“七五”时期								
1986	165.86	20.91	147.36	353.96	168.16	118.86	6.44	3855
1987	168.56	24.65	156.23	352.18	167.25	101.52	7.13	3945
1988	171.44	34.24	172.89	350.56	167.95	122.83	8.68	4080
1989	173.38	35.14	182.40	349.59	162.45	117.99	9.70	3945
1990	176.83	36.92	183.40	347.56	181.47	126.09	11.38	4273
“八五”时期								
1991	180.09	40.13	191.00	344.76	207.55	146.87	13.50	4779
1992	182.51	45.14	191.50	343.29	198.29	170.61	15.36	4655
1993	183.78	57.81	194.40	341.54	232.21	205.62	19.12	4963
1994	183.42	85.37	207.40	339.97	237.66	226.39	26.14	5237
1995	183.55	114.07	241.20	339.30	252.48	253.54	28.68	5512
“九五”时期								
1996	184.68	117.65	247.07	337.25	267.08	350.36	30.43	5602
1997	186.68	131.69	258.50	335.90	240.34	328.64	24.75	5064
1998	186.54	141.45	273.30	334.83	273.10	344.67	27.38	5634
1999	188.27	148.61	297.55	333.72	279.01	366.78	29.89	5752
2000	189.15	154.30	349.47	333.72	240.27	405.95	31.82	5354
“十五”时期								
2001	189.87	162.27	409.07	331.75	239.08	435.20	33.23	5480
2002	190.98	167.99	410.17	329.35	189.86	478.34	31.87	4440
2003	192.71	180.30	417.43	325.18	220.56	504.81	33.29	5448
2004	191.31	204.39	418.54	324.89	242.74	515.26	35.35	5807
2005	190.21	230.46	426.76	366.99	260.11	529.37	37.93	5932
“十一五”时期								
2006	190.80	247.70	429.62	361.74	267.91	536.28	38.74	6042
2007	191.16	265.50	446.60	358.80	268.01	522.24	31.85	6064
2008	190.45	308.70	466.00	361.33	281.50	548.36	36.20	6230
2009	195.56	329.00	486.00		289.47	591.18	37.61	6246
2010	196.85	378.43	509.68	362.30	289.43	601.44	38.08	6192
“十二五”时期								
2011	197.38	422.99	527.39	361.25	295.84	617.82	38.85	6315
2012	198.74	451.86	538.66	360.28	286.03	633.62	39.80	6285
2013	199.80	508.84	552.06	361.01	266.60	657.12	40.24	5997
2014	199.73	524.22	567.02	360.24	271.19	665.86	40.67	6109
2015	200.45	544.68	584.98	358.57	264.55	649.73	39.44	6117
“十三五”时期								
2016	200.46	559.76	447.83	357.60	257.27	634.22	35.96	6070

注：1. 自2005年始年末实有耕地面积由国土资源局提供，暂无2009年数据。
2. 依据2006年农业普查数据，对1997年至2007年蔬菜面积、产量做了相应调整。
3. 粮食作物产量、播种面积自2012年开始由山东调查总队反馈。
4. 按照国土资源局反馈，调整2011年以来年末实有耕地面积的历史数据。

11-2 农村基层组织和农业基本情况

Basic Conditions of Rural Grassroots Units and Agriculture

指　　标	单位	2011年	2012年	2013年	2014年	2015年	2016年
乡镇数量	个	55	55	53	53	48	39
#镇	个	51	51	51	51	46	39
村民委员会	个	4538	4532	4532	4547	4546	4547
乡村户数	万户	100.05	100.62	101.11	101.31	101.96	103.14
乡村人口	万人	354.2	355.41	357.43	357.42	360.29	362.55
家庭从业人员	万人	197.37	198.74	199.81	199.73	200.45	200.46
男	万人	105.07	105.56	106.34	105.89	106.07	106.06
女	万人	92.31	93.18	93.47	93.84	94.38	94.4
地类面积	公顷	799841	799841	799841	799841	799841	799841
耕地	公顷	361251	360279	361012	360241	358568	357601
其中水浇地	公顷	266031	265366	265725	265119	264016	263310
园地	公顷	26632	26485	26233	26180	26054	25957
林地	公顷	86070	85682	85100	84963	84676	84484
草地	公顷	58404	58193	57520	57430	57250	57151
城镇村及工矿用地	公顷	137306	139087	140218	140772	142969	144219
交通运输用地	公顷	28459	28742	28740	29068	29135	29319
水域及水利设施用地	公顷	51324	51246	51155	51039	50962	50875
其它土地	公顷	50395	50127	49863	50150	50227	50236
年末耕地总资源	公顷	388724	387564	398999	398132	396365	395292
农业机械总动力	万千瓦	527.39	538.66	552.06	567.02	584.98	447.83
农用大中型拖拉机	台	19611	21415	22717	23906	24328	25574
农用小型拖拉机	台	42791	43036	39099	37503	36964	35492
联合收割机	台	8608	9416	10902	12734	12933	14365
柴　油　机	台	85157	84971	84915	85395	85775	84583
割　晒　机	台	4042	3873	3783	3768	3357	3103
脱　粒　机	台	18996	18934	19464	20901	20178	20450
农村用电量	亿千瓦小时	25.68	26.02	26.35	26.42	26.51	25.66
农作物总播种面积	千公顷	622.32	606.88	591.69	585.37	569.4	569.4

注:2012年粮食播种面积数据为山东调查总队反馈数据。

11-3 分地区农村基层组织

Basic Conditions of Rural Grassrootsunits

指标	单位	济南市	历下区	市中区	槐荫区
乡镇数量	个	39			
#镇	个	39			
村民委员会	个	4547	19	77	92
乡村户数	万户	103.14	0	4.29	3.73
乡村总人口	万人	362.55	0	14.99	13.13
乡村劳动力	万人	200.46	0	7.39	6.70
男	万人	106.06	0	3.95	3.49
女	万人	94.40	0	3.43	3.21
地类面积	公顷	799841	10118	28149	15161
耕地	公顷	357601	313	5446	3421
其中水浇地	公顷	263310	91	1451	1499
园地	公顷	25957	28	1113	41
林地	公顷	84484	1905	3710	448
草地	公顷	57151	445	4157	128
城镇村及工矿用地	公顷	144219	7202	10087	7573
交通运输用地	公顷	29319	59	849	711
水域及水利设施用地	公顷	50875	39	359	2673
其它土地	公顷	50236	127	2430	166
年末耕地总资源	公顷	395292	313	6713	3736
农业机械总动力	万千瓦	447.83	4.31	12.65	7.12
农用大中型拖拉机	台	25574	486	552	324
农用小型拖拉机	台	35492	535	1118	410
联合收割机	台	14365	77	114	158
柴油机	台	84583	65	65	5
割晒机	台	3103	0	0	0
脱粒机	台	20450	33	130	2772
农村用电量	亿千瓦小时	25.66	0	1.94	0.74
农作物总播种面积	千公顷	569.40	0.00	5.34	3.30

和农业基本情况（2016年）

and Agriculture by Region(2016)

天桥区	历城区	长清区	章丘区	平阴县	济阳县	商河县
	2	3	9	6	8	11
	2	3	9	6	8	11
120	520	585	892	336	811	948
2.58	19.73	12.98	24.78	8.79	12.51	13.73
9.13	65.86	44.29	82.62	29.81	49.02	53.71
4.52	37.15	23.15	48.00	16.15	28.67	28.71
2.38	19.31	11.75	25.43	8.38	15.94	15.42
2.16	17.84	11.40	22.56	7.77	12.72	13.29
25897	130121	120859	171909	71506	109881	116240
9655	33389	46440	79130	33375	70534	75899
9109	18691	20755	52826	16232	67264	75392
90	13774	4402	3814	2020	384	291
1794	23238	20723	14762	10502	4440	2962
148	15724	15194	16481	4015	508	351
8860	28001	14443	27859	9471	15379	15344
1264	4813	3681	5944	2689	4094	5214
3811	4630	4914	8089	3209	11651	11501
276	6553	11061	15829	6223	2892	4679
10893	41103	52933	91112	37272	73648	77568
16.39	53.18	45.45	95.40	39.70	96.39	77.23
641	2889	2673	5500	3618	4641	4250
2220	4931	3489	1138	2950	10917	7784
335	1408	1224	3724	988	2508	3829
4510	1969	1376	12180	1330	27159	35924
0	0	61	0	21	1120	1901
1255	1319	876	2753	891	6027	4394
0.62	4.63	2.65	10.09	2.24	1.13	1.61
13.37	39.90	61.55	50.33	121.24	127.54	146.58

11-4 各时期农林牧渔业增加值（按当年价格计算）

Added Value of Farming、Animal Husbandry and Fishery in Each Period

单位:亿元

年份地区	合计	农业	林业	牧业	渔业	农林牧渔服务业
1952	1.45	1.09	…	0.36	…	–
1957	1.89	1.42	…	0.47	…	–
1962	1.01	0.76	…	0.25	…	–
1965	1.85	1.39	…	0.46	…	–
1970	2.11	1.58	…	0.53	…	–
1975	2.84	2.13	…	0.71	…	–
1978	4.08	2.94	0.19	0.89	0.06	–
1980	5.84	4.21	0.27	1.28	0.08	–
1985	12.16	8.75	0.57	2.66	0.18	–
"七五"时期						
1986	13.94	10.03	0.65	3.05	0.21	–
1987	16.21	11.66	0.76	3.55	0.24	–
1988	22.05	15.87	1.03	4.83	0.32	–
1989	22.74	16.37	1.06	4.98	0.33	–
1990	22.70	16.34	1.06	4.97	0.33	–
"八五"时期						
1991	24.68	18.00	0.95	5.31	0.42	–
1992	27.74	19.52	1.31	6.38	0.53	–
1993	35.66	23.83	1.45	9.72	0.66	–
1994	49.44	33.39	2.02	13.48	0.55	–
1995	67.24	49.59	1.97	14.95	0.75	–
"九五"时期						
1996	72.74	55.35	2.68	13.49	1.22	–
1997	81.07	62.25	2.95	14.66	1.21	–
1998	88.06	67.07	2.67	16.92	1.40	–
1999	92.52	67.30	2.21	21.33	1.68	–
2000	95.01	67.57	2.51	23.56	1.37	–
"十五"时期						
2001	97.17	68.96	2.25	24.49	1.47	–
2002	98.74	68.88	2.44	25.99	1.43	–
2003	104.90	70.71	2.87	28.51	1.22	1.60
2004	120.47	80.17	3.15	33.86	1.50	1.77
2005	134.34	88.66	4.05	38.14	1.59	1.90
"十一五"时期						
2006	145.12	95.80	4.54	40.32	1.77	2.69
2007	150.30	97.13	5.31	42.46	1.90	3.50
2008	175.00	108.91	7.71	51.79	2.88	3.71
2009	187.07	120.34	8.34	51.22	2.88	4.29
2010	215.17	149.43	4.73	53.08	3.02	4.91
"十二五"时期						
2011	237.86	152.55	5.69	70.61	3.35	5.66
2012	252.92	160.77	6.68	75.28	3.54	6.65
2013	284.70	186.98	7.89	78.08	4.03	7.72
2014	299.11	199.53	8.85	77.57	4.33	8.82
2015	314.99	210.14	9.96	80.82	4.47	9.60
"十三五"时期						
2016	328.24	215.11	11.19	86.47	4.55	10.93
2016年分地区						
历下区						
市中区	3.93	1.01	0.31	2.55	0.00	0.06
槐荫区	4.06	1.98	0.49	1.05	0.51	0.03
天桥区	4.23	2.06	0.17	1.82	0.16	0.02
历城区	52.13	34.82	2.73	12.38	0.60	1.60
长清区	36.31	23.68	1.83	10.02	0.11	0.67
章丘区	88.46	51.89	2.16	29.94	0.97	3.49
平阴县	34.68	23.42	0.88	8.36	0.23	1.79
济阳县	53.43	38.17	1.12	12.53	0.90	0.71
商河县	51.01	38.08	1.50	7.81	1.06	2.56

11-5 各时期农林牧渔业总产值(按当年价格计算)

Gross Output Value of Farming、Forestry、Animal Husbandry in Each Period

单位:亿元

年份地区	合计	农业	林业	牧业	渔业	农林牧渔服务业
1952	1.91	1.67	0.04	0.18	0.02	–
1957	2.79	2.41	0.09	0.28	0.01	–
1962	1.33	1.18	0.03	0.12	…	–
1965	2.61	2.25	0.07	0.28	0.01	–
1970	2.75	2.32	0.10	0.32	0.01	–
1975	4.07	3.48	0.13	0.44	0.02	–
1978	6.57	5.63	0.20	0.72	0.02	–
1980	7.78	6.66	0.18	0.93	0.01	–
1985	18.36	14.63	0.75	2.93	0.05	–
“七五”时期						
1986	20.91	16.81	0.79	3.23	0.08	–
1987	24.65	19.50	0.99	4.05	0.11	–
1988	34.24	24.83	1.42	7.67	0.32	–
1989	35.14	25.04	1.24	8.47	0.39	–
1990	36.92	24.70	1.41	10.36	0.45	–
“八五”时期						
1991	40.13	26.44	1.47	11.64	0.58	–
1992	45.14	29.01	1.70	13.71	0.72	–
1993	57.81	36.00	1.98	18.86	0.97	–
1994	85.37	52.36	2.80	29.38	0.83	–
1995	114.07	71.48	2.71	38.69	1.19	–
“九五”时期						
1996	117.65	77.16	3.35	35.25	1.89	–
1997	131.69	87.91	3.86	38.04	1.88	–
1998	141.45	93.56	3.55	42.17	2.17	–
1999	148.61	96.81	3.12	46.27	2.41	–
2000	154.30	100.18	3.64	48.34	2.14	–
“十五”时期						
2001	162.27	105.54	3.27	51.16	2.30	–
2002	167.99	106.27	3.51	55.84	2.37	–
2003	180.30	109.41	4.11	60.90	2.05	3.83
2004	204.39	121.28	4.49	71.87	2.50	4.25
2005	230.46	137.01	5.56	80.56	2.69	4.64
“十一五”时期						
2006	247.72	147.98	6.44	84.86	2.89	5.55
2007	265.49	156.88	7.34	91.90	3.06	6.31
2008	308.68	179.13	10.82	105.85	4.20	8.68
2009	329.00	202.74	11.46	100.84	4.26	9.70
2010	378.43	246.82	7.12	109.10	4.54	10.85
“十二五”时期						
2011	422.99	261.48	8.34	135.74	4.97	12.45
2012	451.86	277.71	9.49	145.26	5.44	13.96
2013	508.83	319.46	10.99	156.16	6.09	16.13
2014	524.22	333.07	12.00	155.16	6.40	17.58
2015	544.68	344.39	13.14	162.01	6.55	18.59
“十三五”时期						
2016	559.76	352.12	14.41	166.38	6.67	20.18
2016年分地区						
历下区						
市中区	6.14	1.68	0.35	4.00	0.00	0.11
槐荫区	5.73	2.87	0.56	1.52	0.74	0.05
天桥区	6.87	3.47	0.19	2.96	0.21	0.03
历城区	86.64	56.09	3.60	23.56	0.97	2.43
长清区	54.10	33.99	2.37	16.77	0.17	0.80
章丘区	134.55	73.04	2.82	50.63	1.33	6.73
平阴县	63.09	41.19	1.14	17.41	0.36	3.00
济阳县	102.65	68.16	1.43	30.73	1.20	1.13
商河县	99.98	71.63	1.95	18.81	1.70	5.90

11-6 各时期农林牧渔业总产值定基指数(以1952年为100)

Gross Output Value and Indices of Farming、Forestry、Animal Husbandry in Each Period

年份	合计	农业	林业	牧业	渔业
1952	100.00	100.00	100.00	100.00	100.00
1957	116.18	114.55	170.35	119.90	109.96
1962	73.32	74.42	69.10	69.25	20.68
1965	123.31	121.76	147.34	141.38	28.95
1970	151.35	146.28	254.82	184.02	58.65
1975	201.09	196.80	317.61	226.74	78.38
"五五"时期					
1976	198.67	185.64	340.19	269.52	118.70
1977	197.95	190.19	373.20	218.87	56.26
1978	208.10	203.90	304.32	239.93	57.89
1979	233.93	224.05	316.47	293.89	53.70
1980	264.53	259.07	286.30	330.80	43.98
"六五"时期					
1981	279.36	279.29	281.28	377.56	55.36
1982	312.68	308.75	346.83	460.13	51.95
1983	402.03	369.18	434.91	460.59	57.98
1984	493.28	436.59	572.67	651.29	69.52
1985	505.48	460.68	992.56	841.94	161.47
"七五"时期					
1986	531.29	488.47	964.62	857.25	229.32
1987	560.14	506.85	1075.00	960.76	291.92
1988	585.14	510.86	992.11	1191.92	383.08
1989	571.95	483.32	886.96	1320.55	495.30
1990	607.77	449.63	1126.99	1931.15	695.49
"八五"时期					
1991	670.19	488.17	1189.04	2204.93	830.45
1992	712.62	491.78	1298.34	2574.55	1007.33
1993	844.31	566.55	1420.51	3221.58	1209.21
1994	945.74	603.90	1671.10	2864.71	1064.29
1995	1093.57	657.49	1508.72	4905.57	1945.11
"九五"时期					
1996	1197.20	727.03	1818.36	5258.95	2224.25
1997	1273.56	820.27	2002.99	5116.96	2202.07
1998	1426.28	914.05	1858.14	5907.41	2516.54
1999	1486.09	934.64	2110.21	6277.65	2639.47
2000	1569.90	991.58	2255.81	6620.62	2441.73
"十五"时期					
2001	1599.32	1005.16	1700.16	6905.18	2646.43
2002	1638.09	997.16	1826.57	7349.57	2712.97
2003	1711.88	1072.24	1977.78	7726.93	2324.25
2004	1804.32	1132.29	1979.76	8121.00	2803.05
2005	1930.62	1188.90	2237.13	8770.68	2802.30
"十一五"时期					
2006	2046.15	1249.31	2454.25	9245.35	3003.10
2007	2046.15	1334.26	2610.83	9006.43	3540.65
2008	2148.45	1422.32	2783.14	9231.59	3204.85
2009	2260.17	1524.73	2964.04	9342.35	3323.43
2010	2367.76	1584.02	1815.08	10311.68	3416.48
"十二五"时期					
2011	2471.94	1658.47	2016.56	10600.40	3508.72
2012	2588.12	1724.80	2216.20	11151.62	3768.36
2013	2689.05	1762.74	2491.01	11809.56	3877.64
2014	2801.99	1845.58	2724.66	12116.60	3916.41
2015	2919.67	1924.93	2986.23	12540.68	4033.90
"十三五"时期					
2016	3045.21	2007.70	3317.70	12967.06	4187.19

11-7 主要农作物播种面积及产量

Sown Areas and Output of Main Farm Crops

指　　　标	2011年	2012年	2013年	2014年	2015年	2016年
农作物总播种面积(万公顷)	62.23	60.69	59.17	58.54	56.94	56.94
粮食作物	46.85	45.51	44.47	44.39	43.25	42.38
谷　物	44.28	43.26	42.94	42.80	41.65	40.79
小　麦	21.57	21.31	21.04	21.05	20.99	20.68
稻　谷	0.85	0.75	0.45	0.34	0.21	0.18
玉　米	21.12	20.62	20.85	20.81	19.82	19.22
谷　子	0.63	0.46	0.50	0.49	0.54	0.61
高　粱	0.10	0.10	0.09	0.09	0.09	0.09
其　他	0.01	0.02	0.01	0.01	0.01	0.01
豆　类	1.09	1.00	0.69	0.69	0.71	0.78
薯　类	1.47	1.25	0.84	0.91	0.88	0.81
油料作物	1.53	1.49	1.52	1.36	1.30	1.18
#花　生	1.40	1.37	1.33	1.21	1.13	1.03
棉　花	2.52	2.20	1.62	1.34	1.18	1.00
蔬　菜	9.79	9.93	9.99	9.97	9.73	9.48
果用瓜	1.36	1.32	1.31	1.29	1.28	1.20
其他作物	0.13	0.16	0.19	0.19	0.20	0.19
果园种植面积(万公顷)	3.18	3.30	3.30	3.29	3.23	3.14
#苹　果	1.49	1.54	1.54	1.53	1.49	1.38
梨	0.18	0.18	0.19	0.18	0.18	0.16
葡　萄	0.13	0.12	0.13	0.13	0.12	0.12
桃	0.54	0.53	0.56	0.57	0.56	0.58
农作物总产量(万吨)						
粮食作物产量	295.84	286.03	266.61	271.19	264.55	257.27
谷　物	281.82	275.83	259.98	264.64	257.65	250.41
小　麦	128.95	128.53	123.86	126.37	129.75	126.23
稻　谷	6.34	5.30	2.89	2.33	1.52	1.29
玉　米	143.96	139.78	131.40	134.26	124.39	120.49
谷　子	2.25	1.86	1.59	1.45	1.74	2.14
高　粱	0.27	0.29	0.20	0.19	0.22	0.23
其　他	0.05	0.07	0.04	0.04	0.03	0.03

11-7续

指　　标	2011年	2012年	2013年	2014年	2015年	2016年
豆　类	3.39	2.71	1.87	1.71	1.92	2.13
薯　类	10.64	7.47	4.76	4.85	4.99	4.72
油料作物	5.48	5.67	5.69	4.95	4.59	4.16
#花　生	5.16	5.38	5.33	4.63	4.23	3.82
棉　花	2.84	2.72	1.98	1.65	1.47	1.26
蔬　菜	617.82	633.62	657.12	665.86	649.73	634.22
果用瓜	95.32	80.22	78.75	77.79	77.00	70.74
水果总产量(万吨)	48.01	50.56	52.22	53.23	53.01	52.29
#苹　果	23.47	24.58	25.37	25.79	25.36	24.10
梨	3.21	3.73	3.99	3.94	4.05	3.56
葡　萄	2.07	2.16	2.13	2.14	2.18	2.09
桃	9.91	10.33	10.84	10.65	10.54	11.95
杏	4.21	4.31	4.37	5.07	4.94	4.74
枣(鲜)	0.97	0.97	0.98	1.02	1.00	0.99
柿子(鲜)	2.00	2.04	2.07	2.05	1.86	1.79
山　楂	1.03	1.07	1.10	1.11	1.10	1.10
樱　桃	0.7	0.91	0.89	0.99	1.49	1.49
其　他	0.45	0.46	0.48	0.48	0.48	0.48
农作物单位面积产量(公斤/公顷)						
粮食作物单位面积产量	6315	6285	5995	6109	6117	6070
谷　物	6364	6377	6054	6184	6186	6139
小　麦	5978	6032	5887	6002	6182	6103
稻　谷	7467	7059	6422	6799	7259	7354
玉　米	6816	6779	6302	6452	6276	6268
谷　子	3579	4077	3180	2965	3220	3500
高　粱	2669	2870	2222	2149	2497	2572
其　他	3648	3300	4000	2974	3000	3000
豆　类	3102	2716	2710	2474	2683	2741
薯　类	7226	5960	5667	5341	5673	5805
油料作物	3594	3798	3743	3627	3545	3507
#花　生	3681	3935	4008	3830	3747	3713
棉　花	1128	1233	1222	1233	1254	1266
蔬　菜	63128	63830	65778	66779	66791	66917
果用瓜	69891	60963	60115	60506	60263	58805

注：1. 依据2006年农业普查数据，对1997年至2007年蔬菜面积、产量做了相应调整。

2. 2012年主要粮食产量、播种面积数据为山东调查总队反馈数据。

11-8 林、牧、渔业生产情况

Basic Statistics on Forestry、Animal Husbandry and Fishery

指　　标	单　位	2011年	2012年	2013年	2014年	2015年	2016年
林业生产							
造林面积	公顷	15496	14300	13637	14881	12013	3504
四旁植树	万株	1350	1399	1377	1366	1311	1312
育苗面积	公顷	5326	6525	8900	12073	14439	11773
果品产量	吨	564891	587133	535625	574248	573064	539475
木材采伐量	立方米	114792	148014	167433	143896	132014	157238
牧业生产							
大牲畜存栏	万头	74.60	77.06	77.23	76.75	72.58	66.16
#役　畜	万头	2.00	1.75	1.49	1.37	0.26	0.19
#牛	万头	74.50	76.46	76.64	76.16	72.05	65.6
猪存栏	万头	201.50	205.15	210.05	207.72	189.69	170.52
羊存栏	万只	148.10	151.09	150.39	153.16	145.02	140.41
家禽存栏	万只	3679.90	3776.89	3662.78	3552.24	3548.74	3388.10
猪出栏数	万头	294.50	304.04	316.10	321.6	304.44	270.19
羊出栏数	万只	215.00	220.67	224.78	229.44	217.4	217.46
肉类总产量	吨	388451	397994	402436	406661	394410	359604
#猪牛羊肉	吨	305893	315239	321471	327654	315101	282927
猪　肉	吨	215581	224637	229684	234635	227413	201530
牛　肉	吨	67827	67492	68114	68825	65875	59948
羊　肉	吨	22485	23110	23673	24194	21813	21449
禽　肉	吨	78471	78591	76373	72815	74655	72250
奶　类	吨	314047	332312	318240	321302	291582	257982
#牛　奶	吨	314047	332312	318240	321298	291578	257978
禽　蛋	吨	351894	361178	355883	355122	354604	350948
#鸡　蛋	吨	336659	344115	339787	339617	339093	334780
渔业生产							
水产品产量	吨	43692	45169	46048	47018	47565	46709
捕　捞	吨	1352	1024	905	759	650	465
养　殖	吨	42340	44145	45143	46259	46915	46244
养殖面积	公顷	6853	6936	7428	7360	7285	7079
养殖单产	公斤/公顷	6178	6365	6077	6285	6440	6533

11-9 分地区主要农作物

Sown Areas and Output of

指标	济南市	历下区	市中区	槐荫区
农作物播种总面积(公顷)				
粮　食	423844		4373	2707
谷　物				
小　麦	206840		2033	1373
稻　谷	1753			614
玉　米	192226		2094	660
谷　子	6112		200	
高　粱	893			
其　他	100			
豆　类	7786		35	60
薯　类	8134		11	
油料作物	11848		25	75
#花　生	10299		22	29
棉　花	9979		30	
蔬　菜	94779		219	251
果用瓜	12030		8	
其他作物	1852			
果园种植面积(公顷)	31408		157	
#苹　果	13839		28	
梨	1591		0.67	
葡　萄	1210		13	
桃	5832		80	
农作物产量(吨)				
粮食作物产量	2572663		19052	15069
谷　物				
小　麦	1262281		8501	7383
稻　谷	12893			4265
玉　米	1204944		9975	3305
谷　子	21394		449	
高　粱	2296			
其　他	300			

播种面积及产量（2016年）

Main Farm Crops by Region(2016)

天桥区	历城区	长清区	章丘区	平阴县	济阳县	商河县
12260	23393	44800	105197	31567	91467	108080
6607	9293	18733	51400	14267	48400	54733
45	80		114		901	
5527	11623	20439	46240	11504	41248	52891
	1242	2049	1673	948		
	133	19	694	47		
		100				
81	528	1045	2667	2148	871	350
	494	2415	2409	2653	46	106
234	505	4843	2347	2914	849	56
234	504	4455	2192	1959	849	56
126	27	373	3768	2956	545	2154
388	10671	8808	25228	8573	23316	17324
48	1068	313	5174	1023	3829	567
	86			1670		95
64	11207	2863	6239	8500	1794	583
12	2986	120	2988	6235	1294	176
39	848	67	300	53	68	215
0	42	27	470	412	102	143
12	3897	349	1068	274	103	49
66098	125811	262854	615891	172659	565431	729798
38693	52968	103017	307521	73997	306662	363539
279	509		861		6979	
26957	63242	135292	277019	75723	248894	364536
	4099	9112	4397	3337		
	361	58	1756	121		
		300				

11-9续

指　　标	济南市	历下区	市中区	槐荫区
豆　类	21338		78	117
薯　类	47217		49	
油料作物	41560		37	126
#花　生	38238		34	70
棉　花	12635		49	
蔬　菜	6342244		10252	5783
果用瓜	707432		405	
水果总产量(吨)	522926		3105	
#苹　果	241001		237	
梨	35596		3	
葡　萄	20896		585	
桃	119451		2084	
杏	47380		130	
枣(鲜)	9926			
柿子(鲜)	17946		60	
山　楂	11043		1	
樱　桃	14868		6	
其　他	4786			
农作物单位面积产量(公斤/公顷)				
粮食作物单位面积产量	6070		4356	5567
谷　物				
小　麦	6103		4181	5376
稻　谷	7354			6950
玉　米	6268		4764	5009
谷　子	3500		2250	
高　粱	2572			
其　他	3000			
豆　类	2741		2189	1945
薯　类	5805		4425	
油料作物	3507		1455	1667
#花　生	3713		1530	2426
棉　花	1266		1650	
蔬　菜	66917		46740	23021
果用瓜	58805		52346	

注:粮食作物产量、播种面积自2012年开始由山东调查总队反馈。

天桥区	历城区	长清区	章丘区	平阴县	济阳县	商河县
170	1588	2939	7635	5448	2599	766
	3044	12135	16703	14033	296	958
606	2051	15100	7674	11493	4176	297
606	2039	14507	7473	9036	4176	297
192	40	487	4881	3582	586	2818
21440	772338	658300	1847310	653398	1390432	982992
2288	51708	16754	253762	67108	273136	42271
1724	182226	48474	76226	135806	49298	26066
209	31957	2460	46554	113797	38134	7653
1054	21283	1914	2215	1609	734	6785
5	1614	1000	3515	5482	2477	6218
401	92647	7382	10591	3519	1162	1665
	26345	14365	2961	1765	506	1307
55	72	482	5578	426	1085	2228
	3729	9217	1098	3212	428	202
	3597	100	1168	1398	4772	8
	814	11520	2492	35		
	168	11	55	4553		
5391	5378	5867	5855	5470	6182	6752
5857	5700	5499	5983	5187	6336	6642
6150	6390		7562		7748	
4877	5441	6619	5991	6582	6034	6892
	3300	4447	2628	3519		
	2715	3000	2532	2581		
		3000				
2100	3004	2813	2862	2537	2983	2187
	6165	5025	6934	5290	6363	9075
2595	4065	3117	3269	3945	4920	5280
2595	4050	3257	3410	4611	4920	5280
1530	1485	1305	1295	1212	1074	1308
55296	72375	74736	73223	76217	59636	56744
48000	48413	53517	49043	65588	71330	74543

11-10 分地区林、牧、渔

Basic Statistics on Forestry、Animal Husbandry

指　　标	单 位	济南市	历下区	市中区	槐荫区
林业生产					
造林面积	公顷	3504	15	34	333
四旁植树	万株	1312	95	91	80
育苗面积	公顷	11773	39	82	67
果品产量	吨	539475		11828	
木材采伐量	立方米	157238			
牧业生产					
大牲畜存栏	万头	66.16		0.47	0.11
#役　畜	万头	0.19			
#牛	万头	65.60		0.47	0.11
猪存栏	万头	170.52		2.69	0.23
羊存栏	万只	140.41		1.70	0.45
家禽存栏	万只	3388.10		91.40	14.00
猪出栏数	万头	270.19		5.92	1.26
羊出栏数	万只	217.46		2.82	1.03
肉类总产量	吨	359604		7027	1715
#猪牛羊肉	吨	282927		5225	1275
猪　肉	吨	201530		4500	903
牛　肉	吨	59948		398	230
羊　肉	吨	21449		327	142
禽　肉	吨	72250		1800	440
奶　类	吨	257982		13821	4804
#牛　奶	吨	257978		13821	4804
禽　蛋	吨	350948		8043	923
#鸡　蛋	吨	334780		8009	923
渔业生产					
水产品产量	吨	46709	0	0	2350
捕　捞	吨	465	0	0	0
养　殖	吨	46244	0	0	2350
养殖面积	公顷	7079	0	0	207
养殖单产	公斤/公顷	6533	0	0	11353

业 生 产 情 况 (2016年)

and Fishery by Region(2016)

天桥区	历城区	长清区	章丘区	平阴县	济阳县	商河县
	151	467	1085	201	816	402
21	165	160	320	120	100	160
323	4163	2839	655	151	1230	2224
1880	356188	60758	27921	22798	38946	19156
4600	11081	45014	19827	14075	12831	49810
0.07	2.39	4.84	25.00	6.65	18	8.63
		0.11		0.03		0.05
0.07	2.39	4.75	24.88	6.43	17.9	8.60
0.61	14.03	21.65	50.68	16.28	28.32	36.03
0.68	8.67	23.24	28.60	28.98	21.96	26.13
38.63	292.60	279.76	1449.08	282.04	408.67	531.92
2.90	21.49	30.34	81.09	29.18	34.74	63.27
2.78	8.74	27.27	36.32	55.2	31.14	52.16
4711	21660	30120	117745	40899	57249	78478
3485	16477	24400	84329	31774	52779	63183
2173	14088	19050	62005	21038	27893	49880
978	1337	3102	18742	5374	21929	7858
334	1052	2248	3582	5362	2957	5445
1227	4539	5523	31573	7547	4368	15233
389	14903	34996	75343	29972	32174	51580
389	14903	34992	75343	29972	32174	51580
4396	28354	24818	165281	37290	46644	35199
4388	28170	23455	161801	36866	43903	27265
2335	4971	1240	12040	2220	10637	10916
0	26	123	34	0	135	147
2335	4945	1117	12006	2220	10502	10769
280	866	345	2153	456	1502	1270
8339	5710	3238	5576	4868	6992	8480

11-11 农业"四化"情况(2016年)

Basic Statistics on Four Modernization of Agriculture(2016)

指　　标	机耕面积(千公顷)	有效灌溉面积(千公顷)	化肥施用量(吨折纯)	每公顷耕地化肥施用量(公斤折纯)	农药施用量(吨)	每公顷耕地农药施用量(公斤)
全　市	372.8	256.2	221167	618.5	2933.0	8.2
历下区						
市中区	2.9	2.7	1272	233.6	48.0	8.8
槐荫区	2.0	2.1	710	207.5	29.0	8.5
天桥区	12.6	8.5	5130	531.3	48.8	5.1
历城区	25.1	24.7	17123	512.8	429.8	12.9
长清区	33.1	25.1	13419	289.0	403.6	8.7
章丘区	88.5	57.5	52948	669.1	428.1	5.4
平阴县	28.7	18.7	14873	445.6	145.8	4.4
济阳县	63.6	52.9	44789	635.0	959.1	13.6
商河县	116.3	63.9	70907	934.2	441.2	5.8

11-12 主要农副产品产量与上年和历史最高年份比较

Output of Major Agricultral Products in Comparision with Last Year and Maximum Year

指　　标	2016年	2015年	历史最高年		2016年为历史最高年的%	2016年为2015年的%
			年　份	产　量		
农产品产量(万吨)						
粮食总产量	257.27	264.55	2011	295.84	87.0	97.2
#小　麦	126.23	129.75	2015	129.75	97.3	97.3
稻　谷	1.29	1.52	2000	9.89	13.0	84.9
玉　米	120.49	124.39	2011	143.96	83.7	96.9
薯　类	4.72	4.99	1995	23.10	20.4	94.6
经济作物(万吨)						
#棉　花	1.26	1.47	1999	5.00	25.3	85.7
油料花生	3.82	4.23	2009	6.07	63.0	90.5
蔬菜总产量	634.22	649.73	2014	665.86	95.2	97.6
水果总产量	52.29	53.01	2014	53.23	98.2	98.6
水产品总产量(万吨)	4.7	4.8	2015	4.80	97.9	97.9

主要统计指标解释

Explanatory Notes on Main Statistical Indicators

农林牧渔业产值　是以货币表现的农、林、牧、渔业全部产品的总量，它反映一定时期内农林牧渔业生产的总规模和总成果。

农、林、牧、渔四业的统计范围是辖区内各种经济组织类型、各个系统的全部农林牧渔业生产单位和非农行业单位附属的农林牧渔业生产活动单位。不包括农业科学试验机构进行的农业生产。

农林牧渔业总产值的核算范围是本辖区内在一定时期内生产的农业、。林业、牧业、渔业产品的价值和对农林牧渔业生产活动进行的各种支持性服务活动的价值总和，执行日历年度。

(1)农业产值，包括谷物和其他作物产值：蔬菜，园艺作物产值：水果，坚果，饮料和香料产值；中药材产值。其中谷物和其他作物产值包括谷物、薯类、豆类、棉花、油料，糖料，麻类、烟叶和其他农作物的产值。其他农作物包括青饲料，绿肥、牧草、桑叶及采集的野生植物。

(2)林业，包括林木的培育和种植(不包括茶园、桑园和果园的栽培，管理和收获等活动)。林产品的采集和竹木采伐。

(3)牧业，包括除渔业养殖以外的一切动物饲养和放牧以及捕猎野兽野禽产值。

(4)渔业，包括水生动物和海藻类植物的养殖和捕捞。

(5)农林牧渔服务业，包括灌溉，农产品初加工。农机服务，病虫害防治、森林防火、兽医服务、鱼苗及鱼种场等对农林牧渔业生产活动进行的各种支持性服务活动。但不包括各种科学技术和专业技术服务活动。农林牧渔业总产值核算采用“产品法”进行计算，即用产品产量乘以价格以求出各种产品产值，然后加总求得各业产值，最后各业相加求得农林牧渔业总产值。

1957 年以前的农业总产值中包括了厩肥和农民自给性手工业(如农民自制衣服、鞋、袜，自己从事粮食初步加工等)。1958 年及以后的农业总产值，林业中增加了村及村以下竹木采伐产值；牧业中取消了厩肥产值；副业中取消了农民自给性手工业产值，增加了村及村以下办的工业产值；渔业中增加了海洋捕捞水产品产值。1980 年及以后的农业总产值，在副业中增加了农民家庭兼营工业商品性部分的产值。从 1984 年起村及村以下办工业产值划归工业。从 1993 年起取消副业，将采集野生植物产值和农民家庭兼营商品性工业产值划归农业产值，捕猎野兽、野禽产值划入牧业产值。2003 年根据新的国民经济行业分类，农林牧渔服务业划归第一产业。原农业产值中的农民家庭兼营商品性工业产值划归工业产值；林业中竹木采伐产值统计范围由村及村以下改为全社会。

农林牧渔业增加值　是指农、林、牧、渔及农林牧渔服务业生产货物或提供服务活动而增加的价值，为农林牧渔业现价总产值扣除农林渔业现价中间投入后的余额。

农林牧渔业增加值的核算范围同农林牧渔业总产值的核算范围相同。

农林牧渔业增加值的计算方法：采用生产法和分配法(收入法)两种。

1．生产法计算公式：

农林牧渔业增加值=农林牧渔业总产值-农林牧渔业中间消耗

2．分配法计算公式：

农林牧渔业增加值=固定资产折旧+劳动者报酬+生产税净额+营业盈余

其中：生产税净额=生产税收-生产补贴

农林牧渔业中间消耗　指在农林牧渔业生产过程中投入(或消耗)的各种物质产品和劳务价值的总和。包括中间物质消耗和对非物质生产部门的劳务支出两部分。计算中间消耗有两个原则：一是计算的口径范围要与总产值保持一致，二是本期消耗的不属于固定资产的低值易耗品。某些小农具即使使用年限超过一年，但价值在50元以下，也作为中间物质消耗处理。

粮食产量　指全社会的粮食作物产量。包括国营农场等全民所有制经营的、集体统一经营和农民家庭经营的粮食产量，还包括工矿企业家属办的农场和其他生产单位的产量粮食除包括稻谷、小麦、玉米、高粱、谷子及其他杂粮外，还包括薯类和大豆。其产量计算方法，豆类按去豆荚后的干豆计算；薯类包括甘薯和马铃薯，不包括芋头和木薯。1963 年以前按每 4 公斤鲜薯 1 公斤粮食计算，从 1964 年以后按 5 公斤鲜薯折1公斤粮食计算。其他粮食一律按脱粒后的原粮计算。

油料产量　指全部油料作物的生产量。包括花生、油菜籽、芝麻、向日葵籽、胡麻籽(亚麻籽)和其他油料。不包括大豆、木本油料和野生油料。花生以带壳干花生计算。

水产品产量　指人工养殖的水产品和天然生长的水产的捕捞量。包括海水的鱼类、虾蟹类、贝类和藻类以及淡水的鱼类、虾蟹类和贝类，不包括淡水水生植物。

猪、牛、羊肉产量　指当年出栏并已屠宰的猪、牛、羊的肉产量。即屠宰后除去头蹄下水后带骨肉(即胴体重)的重量。

耕地面积　指年初可以用来种植农作物、经常进行耕锄的田地，包括熟地、当年新开荒地、连续撂荒未满三年的耕地和当年的休闲地(轮歇地)，还包括以种植农作物为主并附带种植桑树、茶树、果树和其他林木的土地，以及沿海、沿湖地区已围垦利用的“海涂”、“湖田”等面积。

不包括属于专业性的桑园、茶园、果园、果木苗圃、林地、芦苇地、天然或人工草地面积。

农作物播种面积　指实际播种或移植有农作物的面

积。凡是实际种植有农作物的面积，不论种植在耕地上还是种植在非耕地上，均包括在农作物播种面积中。在播种季节基本结束后，因遭灾而重新改种和补种的农作物面积，也包括在内。

灌溉面积　指有效灌溉面积，即具有一定的水源，地块比较平整，灌溉工程或设备已经配套，在一般年景下半年能够进行正常灌溉的耕地面积。

农用化肥施用量　指本年内实际用于农业生产的化肥数量，包括氮肥、磷肥、钾肥和复合肥。化肥施用量要求按折纯量计算数量。折纯量是指把氮肥、磷肥、钾肥分别按含氮、含五氧化二磷、含氧化钾的百分之一百成份进行折算后的数量。复合肥按其所含主要成分折算。

农业机械总动力　指主要用于农、林、牧、渔业的各种动力机械的动力总和。包括耕作机械、排灌机械、收获机械、农产品加工机械、运输机械、植物保护机械、牧业机械、林业机械、渔业机械和其他农业机械（内燃机按引擎马力折成瓦(特)计算），电动机按功率折成瓦特计算。不包括专门用于乡办工业、基本建设、非农业运输、科学试验和教学等非农业生产方面用的动力机械与作业机械。

12

工　业

INDUSTRY

12-1 各时期全部工业基本情况

Basic Statistics on Total Industry in Each Period

年份	全部工业单位数(个)	#国有单位	工业总产值(亿元)	#国有单位	工业增加值(亿元)	#国有单位	国有独立核算工业(万元)	
							利润总额	利税总额
1949	52	–	1.20	0.52	0.40	0.15	190	541
1952	92	–	2.97	1.65	1.09	0.52	1616	2761
1957	399	–	6.90	6.13	2.18	1.84	5742	10065
1962	847	286	6.67	5.61	2.36	1.80	3293	8242
1965	724	247	11.99	10.09	4.34	3.39	16246	22906
1970	828	285	23.12	17.93	7.56	5.64	19347	31834
1975	1041	326	26.41	18.87	8.46	5.50	11555	27846
1978	1319	398	39.06	25.87	12.89	7.11	28852	53031
1979	1353	359	42.95	28.90	14.10	8.01	31875	57532
1980	1535	356	45.31	30.37	14.24	8.85	32909	59572
"六五"时期								
1981	1538	350	47.61	31.72	15.11	9.47	35077	62657
1982	1619	357	51.98	33.91	15.79	10.01	32062	64673
1983	1674	369	59.06	36.99	17.96	11.49	35870	60308
1984	1981	325	66.96	39.78	20.10	13.17	45869	83520
1985	2584	477	74.41	44.66	27.54	16.97	61274	112154
"七五"时期								
1986	3005	369	86.93	48.71	28.69	17.53	54804	115006
1987	3957	361	107.63	56.16	32.88	19.40	58715	125775
1988	5252	372	138.05	68.58	47.49	25.09	80173	156056
1989	7655	380	158.53	76.19	54.66	30.51	76571	170703
1990	11020	394	222.63	116.92	60.43	37.11	25084	125522
"八五"时期								
1991	12211	376	245.73	131.35	67.73	43.35	36715	151718
1992	15374	373	303.33	162.35	86.85	48.97	55463	193000
1993	19392	376	448.25	230.93	115.36	69.65	57984	223445
1994	22009	366	614.08	236.40	154.49	69.64	60393	240473
1995	24621	495	752.23	279.16	194.16	83.12	65335	316289
"九五"时期								
1996	32902	425	834.45	260.16	238.31	91.30	79615	337807
1997	33000	325	897.59	263.34	278.87	92.99	95267	343426
1998	32793	227	966.62	234.03	298.41	94.28	42152	292991
1999	29319	211	981.78	212.95	318.80	79.51	–2340	254619
2000	30899	195	994.00	237.14	336.61	81.00	34824	292198
"十五"时期								
2001	34135	169	1090.70	140.44	356.72	64.69	49222	226242
2002	30064	155	1302.00	144.78	410.98	49.16	28011	234986
2003	30258	126	1544.50	167.30	494.55	68.80	53363	302975
2004	31163	115	1981.80	150.70	620.14	37.21	–3943	72684
2005	31370	102	2447.51	177.00	786.11	66.49	268573	354111
"十一五"时期								
2006	35370	86	2806.94	193.10	861.48	73.95	315323	458191
2007	36112	76	3389.09	283.32	985.78	103.65	364790	751182
2008	36416	80	4829.16	338.24	1140.14	136.55	418265	853091
2009	37656	77	5096.98	345.44	1191.36	166.36	422898	885006
2010	37521	66	5800.39	404.38	1352.42	284.75	643216	1162785
"十二五"时期								
2011	36750	54	5544.60	478.10	1507.88		561683	1217350
2012	35917	52	5535.25	491.20	1603.08		646193	1401892
2013	38443	30	5711.48	280.63	1690.63		551967	665206
2014	38753	25	5861.98	246.26	1822.11		507491	611865
2015	38793	24	5877.28	204.79	1844.37		517575	571354
"十三五"时期								
2016	34310	16	6059.16	157.83	1878.83		540739	622714

注：1. 工业增加值、工业总产值按当年价格计算。
2. 1985、1995年因工业普查对教育局校办工厂统计方法的规定，故国有单位较多。
3. 2001年后炼油、浪潮、将军等原国有企业陆续改制，故国有数字较以前年份有所减小。
4.2004年第一次经济普查后，统计年鉴包含济南供电公司年报数据。

12-2 各时期规模以上工业基本情况

Basic Statistics of Industrial Enterprises Above Designated Size in Each Period

年份	单位数(个)	工业总产值(亿元)	工业增加值(亿元)	主营业务收入(亿元)	利税总额(亿元)	利润总额(亿元)	资产总计(亿元)	所有者权益(亿元)
1949	52	1.06	0.40	0.91	0.07	0.03	0.58	0.17
1952	92	2.83	1.02	2.40	0.32	0.18	1.89	0.55
1957	399	6.04	2.08	5.85	1.04	0.60	2.85	0.83
1962	847	6.65	2.15	6.87	0.92	0.39	5.66	1.65
1965	724	11.89	4.07	9.49	2.47	1.73	5.93	1.73
1970	828	22.94	7.29	19.30	3.66	2.22	10.67	3.10
1975	1041	26.16	7.94	19.70	3.47	1.55	17.21	5.01
1978	1319	37.67	9.94	31.39	6.80	3.88	25.68	7.47
1979	1353	38.79	11.18	35.51	7.21	4.13	27.19	7.91
1980	1535	43.60	12.15	36.90	7.51	4.26	29.22	8.50
"六五"时期								
1981	1538	42.26	12.77	39.84	7.98	4.37	31.49	9.20
1982	1619	45.58	13.63	42.94	8.13	4.18	34.52	10.08
1983	1674	49.64	14.86	46.38	8.84	4.74	38.09	11.12
1984	1981	55.95	17.91	52.16	10.46	5.82	41.66	12.16
1985	1915	66.98	23.10	64.76	13.98	7.62	47.09	13.75
"七五"时期								
1986	2036	75.67	24.54	73.98	14.38	7.07	56.79	16.70
1987	2004	88.17	27.24	86.19	15.88	7.52	64.21	18.88
1988	1984	107.76	35.39	113.84	19.65	10.37	81.67	24.01
1989	1993	118.88	43.20	131.86	20.88	9.73	104.34	30.68
1990	2008	174.89	41.63	136.29	15.57	3.23	125.25	36.82
"八五"时期								
1991	1985	194.29	44.84	160.58	18.46	4.97	138.34	40.81
1992	1941	236.37	60.16	200.54	23.48	7.84	167.44	49.39
1993	2156	319.49	104.43	309.91	31.88	10.26	338.15	99.61
1994	2202	414.81	113.71	346.13	41.69	13.61	462.34	136.14
1995	2648	526.48	130.88	432.17	53.59	16.30	578.55	180.86
"九五"时期								
1996	2301	549.40	175.21	494.99	66.82	27.83	705.50	225.53
1997	1843	603.30	194.42	605.81	70.12	26.99	882.36	286.59
1998	1060	593.83	189.88	539.29	58.56	18.62	882.38	297.81
1999	1064	628.59	201.38	579.64	59.17	15.97	931.22	302.21
2000	1038	680.04	219.19	629.72	64.62	21.69	958.10	363.37
"十五"时期								
2001	1015	786.70	252.61	746.92	77.79	28.45	984.71	369.40
2002	1125	1009.04	325.98	917.31	92.71	32.13	1120.60	407.36
2003	1319	1318.54	426.30	1223.76	132.84	54.71	1312.97	440.85
2004	1512	1781.78	560.15	1677.93	175.98	83.68	1473.90	507.63
2005	1670	2237.51	722.11	2142.84	244.61	131.30	1868.06	630.06
"十一五"时期								
2006	1752	2591.65	797.70	2490.94	289.78	153.74	2000.62	702.78
2007	1820	3189.09	926.58	3086.85	358.87	199.73	2337.09	903.87
2008	2016	3862.64	1052.48	3766.93	425.72	220.79	2899.47	1123.03
2009	2156	3950.77	1154.01	3868.70	500.63	275.85	3478.94	1572.11
2010	2021	4485.61	1313.00	4497.17	584.53	339.76	3904.42	1481.75
"十二五"时期								
2011	1417	4028.49	-	4165.19	453.47	242.63	3932.90	1407.89
2012	1647	4248.29	-	4454.97	498.24	253.06	4109.29	1582.77
2013	1901	4777.47	-	4926.11	539.49	312.95	4249.79	1671.91
2014	1984	5253.05	-	5406.67	606.60	357.82	4564.86	1846.32
2015	2021	5339.97	-	5417.16	685.71	396.13	4987.76	2159.78
"十三五"时期								
2016	1962	5486.56		5714.29	729.75	421.11	5501.88	2301.94

注：1. 工业增加值、工业总产值按当年价格计算。
2. 1997年及以前统计口径为乡及乡以上工业企业，1998年及以后为全部国有及年销售收入500万元以上工业企业，2011年及以后为年主营业务收入2000万元以上工业企业。
3. 1991年及以前"工业增加值"指标为"工业净产值"指标。
4. 2004年第一次经济普查后，统计年鉴包含济南供电公司年报数据。

12-3 各时期主要工业产品产量

Output of Major Industrial Products in Each Period

年 份	钢（万吨）	发电量（亿千瓦小时）	水泥（万吨）	化肥（万吨）	金切机床（台）	汽车（辆）	服务器（万台）	布（万米）
1949	–	0.29	0.15	–	40	–	–	2682
1952	–	0.55	1.08	1.62	565	–	–	5104
1957	0.03	1.07	1.29	0.48	2312	–	–	5573
1962	0.57	4.20	4.85	0.81	1140	12	–	2160
1965	0.54	5.65	19.24	3.79	2061	335	–	4853
1970	7.01	11.28	38.06	4.87	4718	1775	–	11665
1975	22.81	11.07	58.48	9.06	3994	3507	–	12547
1978	34.54	12.65	87.55	18.02	3610	4025	–	13806
1979	33.19	11.92	93.77	11.07	3771	4515	–	14300
1980	36.34	11.95	98.86	12.78	4414	5641	–	15236
"六五"时期								
1981	34.23	11.12	96.50	11.62	3336	5099	–	16290
1982	34.96	11.15	104.64	13.23	4262	5993	–	17657
1983	41.24	13.01	112.38	15.37	4816	7249	–	17963
1984	43.80	23.49	117.17	14.53	5533	7947	–	16522
1985	52.64	26.44	135.10	11.44	6686	9400	–	18082
"七五"时期								
1986	57.24	27.01	154.51	12.31	7472	7600	–	12346
1987	64.09	28.83	158.92	13.00	7007	5225	–	20137
1988	75.23	42.97	182.80	13.69	7280	6741	–	19374
1989	81.58	43.98	198.95	14.48	6806	7701	–	21744
1990	87.68	44.71	211.56	14.44	5121	6239	–	20155
"八五"时期								
1991	105.42	56.43	248.33	14.90	5330	7096	–	20119
1992	113.34	61.46	335.61	14.64	7443	8544	–	14896
1993	139.35	69.00	340.35	14.47	6724	10132	–	13205
1994	166.19	66.87	384.00	15.62	3297	9380	–	16062
1995	172.72	68.75	425.02	14.03	4109	5657	–	15046
"九五"时期								
1996	205.49	63.50	379.32	13.73	3855	7125	–	13710
1997	237.70	59.14	392.23	13.89	2526	5656	–	14213
1998	267.33	60.06	379.40	17.29	1508	3615	–	11286
1999	265.29	64.24	474.47	22.91	1955	3738	–	14782
2000	277.04	69.29	485.12	28.41	2908	3078	–	16493
"十五"时期								
2001	293.83	69.81	572.28	28.71	3528	7395	–	14107
2002	394.41	69.12	867.71	28.29	4522	12152	–	16027
2003	507.70	77.60	925.20	28.50	6751	19989	–	17040
2004	688.30	74.70	1343.90	40.30	8904	29648	–	16336
2005	1046.60	90.80	1595.70	28.90	7166	42214	–	14018
"十一五"时期								
2006	1131.26	100.14	1960.64	31.44	10057	59242	–	22852
2007	1214.90	130.37	733.98	40.31	9473	100133	–	27469
2008	1123.20	124.25	734.58	48.52	5110	109107	8.3	11786
2009	1051.67	128.76	761.72	57.77	2400	129900	9.7	7500
2010	959.33	131.45	729.79	49.09	2165	212047	9.9	8191
"十二五"时期								
2011	835.80	154.48	824.70	44.20	2024	170717	13.0	11461
2012	694.50	156.60	776.00	55.20	4237	141269	14.7	14908
2013	711.14	162.55	782.20	33.29	4297	165963	17.1	14574
2014	746.20	178.47	832.40	28.60	4902	139751	28.1	14070
2015	699.80	175.87	781.50	23.50	3807	96184	40.6	15539
"十三五"时期								
2016	805.70	177.20	719.80	32.50	4679	124200	46.8	15585

注：按经济普查规定汽车产量不含底盘。

12-4 规模以上工业主要经济指标(2016年)

Main Economic Indicators of Industrial Enterprises Above Designated Size(2016)

指　　标	企　业 单位数 (个)	亏　损 企业数 (个)	工业总产值 (现价) (亿元)	工业销售产值 (现价) (亿元)	全部从业人员 年平均人数 (万人)
总　计	1962	170	5486.56	5424.59	39.70
按登记注册类型分					
内资企业	1813	150	5055.12	4994.22	34.91
国有企业	16	6	157.83	157.47	1.02
中央企业	5	3	146.42	145.75	0.76
地方企业	11	3	11.41	11.73	0.25
集体企业	17	2	36.00	35.70	0.33
股份合作企业	2	0	1.44	1.43	0.02
有限责任公司	784	75	2977.54	2940.33	20.56
国有独资公司	23	7	644.64	634.30	4.71
其他有限责任公司	761	68	2332.89	2306.02	15.86
股份有限公司	87	5	472.85	465.16	3.19
私营企业	903	61	1403.75	1388.27	9.77
私营独资企业	54	2	99.58	99.29	0.51
私营合伙企业	1	0	0.21	0.21	0.00
私营有限责任公司	800	53	1148.51	1135.71	8.38
私营股份有限公司	48	6	155.45	153.07	0.87
其他企业	4	1	5.72	5.85	0.04
港、澳、台商投资企业	48	9	126.39	125.35	1.99
合资经营企业(港或澳、台资)	19	5	62.26	63.03	0.91
合作经营企业(港或澳、台资)	1	0	1.31	1.20	0.03
港澳台商独资经营企业	27	4	55.60	52.69	0.97
港澳台商投资股份有限公司	1	0	7.23	8.43	0.08
外商投资企业	102	11	305.05	305.02	2.80
中外合资经营企业	59	9	132.62	133.44	1.64
中外合作经营企业	3	0	15.41	18.88	0.16
外资企业	38	2	115.14	115.26	0.92
外商投资股份有限公司	2	0	41.88	37.44	0.07
按经济组织类型分					
独资企业	152	16	464.14	460.41	3.75
国有企业	16	6	157.83	157.47	1.02
集体企业	17	2	36.00	35.70	0.33

12-4续1

指　　标	企　业 单位数 （个）	亏　损 企业数 （个）	工业总产值 （现价） （亿元）	工业销售产值 （现价） （亿元）	全部从业人员 年平均人数 （万人）
私营独资企业	54	2	99.58	99.29	0.51
港澳台商独资经营企业	27	4	55.60	52.69	0.97
外资企业	38	2	115.14	115.26	0.92
合作、合伙企业	11	1	24.08	27.57	0.25
股份合作企业	2	0	1.44	1.43	0.02
私营合伙企业	1	0	0.21	0.21	0.00
合作经营企业(港或澳、台资)	1	0	1.31	1.20	0.03
中外合作经营企业	3	0	15.41	18.88	0.16
其他企业（内资）	4	1	5.72	5.85	0.04
股份有限公司	138	11	677.41	664.10	4.21
股份有限公司(内资)	87	5	472.85	465.16	3.19
私营股份有限公司	48	6	155.45	153.07	0.87
港澳台商投资股份有限公司	1	0	7.23	8.43	0.08
外商投资股份有限公司	2	0	41.88	37.44	0.07
有限责任公司	1662	142	4320.93	4272.51	31.50
国有独资公司	23	7	644.64	634.30	4.71
私营有限责任公司	800	53	1148.51	1135.71	8.38
合资经营企业(港或澳、台资)	19	5	62.26	63.03	0.91
中外合资经营企业	59	9	132.62	133.44	1.64
其他有限责任公司	761	68	2332.89	2306.02	15.86
按轻重工业分					
轻工业	531	40	1023.93	1022.78	10.09
重工业	1432	130	4462.63	4401.81	29.61
按企业规模分					
大型企业	46	6	2260.70	2235.96	15.40
中型企业	177	23	894.24	879.01	8.93
小型企业	1740	141	2331.62	2309.62	15.38
按工业行业分					
煤炭开采和洗选业	1	1	1.15	1.00	0.13
石油和天然气开采业	3	1	15.55	15.49	0.10
黑色金属矿采选业	2	2	2.65	2.65	0.05
非金属矿采选业	10	0	22.13	22.13	0.15
农副食品加工业	71	8	106.47	105.38	0.70
食品制造业	64	3	124.06	120.79	1.34

12-4续2

指　　标	企　业 单位数 （个）	亏　损 企业数 （个）	工业总产值 （现价） （亿元）	工业销售产值 （现价） （亿元）	全部从业人员 年平均人数 （万人）
酒、饮料和精制茶制造业	25	1	85.34	87.20	1.12
烟草制品业	0	0	0.00	0.00	0.00
纺织业	46	4	101.41	101.14	0.88
纺织服装、服饰业	28	1	36.03	35.83	0.78
皮革、毛皮、羽毛及其制品和制鞋业	8	1	11.41	11.23	0.18
木材加工和木、竹、藤、棕、草制品业	21	0	21.14	20.87	0.14
家具制造业	7	0	12.26	12.23	0.09
造纸和纸制品业	26	3	29.95	29.83	0.32
印刷和记录媒介复制业	46	6	48.59	49.73	0.64
文教、工美、体育和娱乐用品制造业	25	2	33.01	32.35	0.27
石油加工、炼焦和核燃料加工业	10	1	223.30	223.47	0.26
化学原料和化学制品制造业	133	12	428.84	424.19	2.34
医药制造业	64	0	222.15	229.05	1.94
化学纤维制造业	5	0	6.25	6.12	0.04
橡胶和塑料制品业	70	3	99.93	99.51	0.52
非金属矿物制品业	191	16	369.59	361.13	2.78
黑色金属冶炼和压延加工业	36	2	302.18	301.02	2.13
有色金属冶炼和压延加工业	16	2	16.38	16.16	0.11
金属制品业	221	15	473.59	469.70	3.10
通用设备制造业	281	28	513.10	511.00	4.53
专用设备制造业	169	13	209.65	204.02	2.03
汽车制造业	82	7	679.65	661.91	4.23
铁路、船舶、航空航天和其他运输设备制造业	31	2	109.97	110.66	1.07
电气机械和器材制造业	99	12	350.05	348.35	1.86
计算机、通信和其他电子设备制造业	54	3	506.76	485.96	3.19
仪器仪表制造业	62	6	61.00	62.46	0.75
其他制造业	1	0	0.37	0.37	0.00
废弃资源综合利用业	3	2	1.83	1.83	0.02
金属制品、机械和设备修理业	4	0	9.48	9.10	0.19
电力、热力生产和供应业	21	5	208.05	208.21	1.14
燃气生产和供应业	17	4	25.81	25.16	0.31
水的生产和供应业	10	4	17.46	17.40	0.26

12-5 规模以上国有及国有控股工业主要经济指标(2016年)

Main Economic Indicators of State-Owned and State-Controlled Industrial Enterprises Above Designated Size(2016)

指　　标	企　业 单位数 (个)	亏　损 企业数 (个)	工业总产值 (现价) (万元)	工业销售产值 (现价) (万元)	全部从业人员 年平均人数 (万人)
总　计	147	38	20207210	19927305	13.21
按登记注册类型分					
内资企业	133	32	19798967	19511752	12.66
国有企业	16	6	1578269	1574729	1.02
中央企业	5	3	1464192	1457473	0.76
地方企业	11	3	114077	117256	0.25
有限责任公司	103	23	15847650	15586079	10.80
国有独资公司	23	7	6446425	6343022	4.71
其他有限责任公司	80	16	9401224	9243057	6.09
股份有限公司	14	3	2373048	2350944	0.85
港、澳、台商投资企业	4	1	172200	177451	0.27
合资经营企业(港或澳、台资)	4	1	172200	177451	0.27
外商投资企业	10	5	236044	238102	0.28
中外合资经营企业	9	5	212022	214080	0.27
中外合作经营企业	1	0	24023	24023	0.01
按轻重工业分					
轻工业	36	10	734100	736467	1.48
重工业	111	28	19473111	19190838	11.73
按企业规模分					
大型企业	20	5	17135914	16806814	9.84
中型企业	44	13	1759909	1785038	2.33
小型企业	83	20	1311388	1335453	1.04
按工业行业分					
煤炭开采和洗选业	1	1	11535	9960	0.13
石油和天然气开采业	3	1	155482	154860	0.10
黑色金属矿采选业	1	1	22948	22948	0.05

12-5续

指　　标	企　业单位数（个）	亏　损企业数（个）	工业总产值（现价）（万元）	工业销售产值（现价）（万元）	全部从业人员年平均人数（万人）
非金属矿采选业	2	0	12380	12482	0.02
农副食品加工业	3	1	35272	35474	0.04
食品制造业	3	0	14054	14054	0.07
酒、饮料和精制茶制造业	3	0	133503	130843	0.14
纺织业	4	2	44715	46241	0.19
纺织服装、服饰业	2	0	13683	14626	0.10
印刷和记录媒介复制业	5	2	45457	49816	0.16
石油加工、炼焦和核燃料加工业	2	0	2120628	2120653	0.20
化学原料和化学制品制造业	11	3	526211	494599	0.67
医药制造业	3	0	47679	44193	0.09
非金属矿物制品业	6	2	93847	95354	0.12
黑色金属冶炼和压延加工业	4	1	2214622	2209405	1.52
金属制品业	11	3	240849	233023	0.27
通用设备制造业	15	4	574858	587727	1.21
专用设备制造业	6	2	99005	95729	0.21
汽车制造业	4	1	5405353	5259208	2.90
铁路、船舶、航空航天和其他运输设备制造业	8	1	780646	789646	0.71
电气机械和器材制造业	18	3	1090982	1136609	0.72
计算机、通信和其他电子设备制造业	7	3	4201944	4032877	2.09
仪器仪表制造业	3	0	75458	91013	0.09
废弃资源综合利用业	1	1	6954	6954	0.01
金属制品、机械和设备修理业	1	0	8795	8795	0.02
电力、热力生产和供应业	9	2	1934713	1934713	0.96
燃气生产和供应业	7	1	165179	165047	0.24
水的生产和供应业	4	3	130457	130457	0.21

12-6 规模以上私营工业企业主要经济指标(2016年)

Main Economic Indicators of Private Industrial Enterprises Above Designated Size(2016)

指标	企业单位数(个)	#亏损企业数(个)	工业总产值(现价)(万元)	工业销售产值(现价)(万元)	全部从业人员年平均人数(万人)
总计	903	61	14037524	13882749	9.77
按登记注册类型分组					
内资企业	903	61	14037524	13882749	9.77
私营企业	903	61	14037524	13882749	9.77
私营独资企业	54	2	995781	992886	0.51
私营合伙企业	1	0	2100	2100	0.00
私营有限责任公司	800	53	11485115	11357109	8.38
私营股份有限公司	48	6	1554529	1530654	0.87
按轻重工业分					
轻工业	235	13	3178018	3147021	2.78
重工业	668	48	10859506	10735728	6.98
按企业规模分					
大型企业	3	0	1001401	999289	0.80
中型企业	35	2	1999572	1986719	1.65
小型企业	865	59	11036552	10896741	7.31
按工业行业分					
黑色金属矿采选业	1	1	3593	3593	0.00
非金属矿采选业	4	0	187920	187920	0.11
农副食品加工业	40	3	638689	632976	0.34
食品制造业	21	2	277704	273606	0.30
酒、饮料和精制茶制造业	6	0	269738	266503	0.41
纺织业	21	1	281193	279840	0.17
纺织服装、服饰业	10	0	91344	89200	0.15
皮革、毛皮、羽毛及其制品和制鞋业	4	0	43519	41917	0.07
木材加工和木、竹、藤、棕、草制品业	12	0	126466	124594	0.08

12-6续

指　　标	企　业单位数（个）	亏　损企业数（个）	工业总产值（现价）（万元）	工业销售产值（现价）（万元）	全部从业人员年平均人数（万人）
家具制造业	6	0	91012	90836	0.07
造纸和纸制品业	17	2	191440	193226	0.19
印刷和记录媒介复制业	26	3	258287	254457	0.20
文教、工美、体育和娱乐用品制造业	12	1	133598	131145	0.15
石油加工、炼焦和核燃料加工业	6	1	102903	104833	0.06
化学原料和化学制品制造业	62	4	2052314	2044310	0.91
医药制造业	24	0	454602	451034	0.24
化学纤维制造业	1	0	2684	1865	0.01
橡胶和塑料制品业	33	0	547044	543856	0.25
非金属矿物制品业	94	11	1067690	1057241	0.96
黑色金属冶炼和压延加工业	17	1	190307	186063	0.12
有色金属冶炼和压延加工业	6	1	37845	37426	0.03
金属制品业	109	4	2076223	2063111	1.14
通用设备制造业	139	10	2091707	2068560	1.31
专用设备制造业	86	6	925252	903741	0.87
汽车制造业	36	2	494674	490411	0.35
铁路、船舶、航空航天和其他运输设备制造业	11	1	131411	130632	0.09
电气机械和器材制造业	37	4	718981	704248	0.37
计算机、通信和其他电子设备制造业	23	0	244840	225460	0.41
仪器仪表制造业	31	1	254585	251854	0.37
其他制造业	1	0	3660	3660	0.00
废弃资源综合利用业	1	0	6843	6843	0.00
电力、热力生产和供应业	1	0	17229	15792	0.01
燃气生产和供应业	3	2	12989	12972	0.01
水的生产和供应业	2	0	9241	9025	0.02

12-7 规模以上工

Capital Power of Industrial Enterprises

指　　标	流动资产合　计	应收账款	存货	固定资产合　计	固定资产原　价
总　计	3222.85	731.28	608.37	1227.11	1884.54
按登记注册类型分					
内资企业	2944.97	665.17	560.84	1071.80	1635.22
国有企业	39.73	16.59	11.33	42.14	53.57
中央企业	29.11	12.14	9.60	30.50	37.03
地方企业	10.62	4.46	1.74	11.64	16.54
集体企业	10.22	3.46	3.42	8.57	8.57
股份合作企业	0.34	0.07	0.08	0.23	0.33
有限责任公司	2295.73	461.12	400.07	679.14	1072.26
国有独资公司	1042.74	96.73	137.16	210.52	360.55
其他有限责任公司	1252.98	364.40	262.91	468.62	711.71
股份有限公司	202.64	62.18	48.45	98.64	171.94
私营企业	393.51	120.72	97.32	241.35	326.68
私营独资企业	8.03	2.25	2.18	8.10	9.79
私营合伙企业	0.07	0.03	0.02	0.00	0.04
私营有限责任公司	318.15	97.83	82.56	206.67	278.27
私营股份有限公司	67.26	20.61	12.55	26.58	38.58
其他企业	2.79	1.02	0.16	1.74	1.86
港、澳、台商投资企业	108.55	18.45	13.22	68.03	112.93
合资经营企业(港或澳、台资)	63.46	8.40	5.76	28.30	51.32
合作经营企业(港或澳、台资)	0.95	0.00	0.59	0.01	0.06
港澳台商独资经营企业	33.74	8.42	6.31	36.53	55.44
港澳台商投资股份有限公司	10.40	1.63	0.56	3.18	6.11
外商投资企业	169.33	47.66	34.31	87.28	136.40
中外合资经营企业	72.47	27.77	17.96	45.38	77.92
中外合作经营企业	13.68	2.20	1.60	3.70	5.26
外资企业	64.47	16.67	12.75	36.33	50.49
外商投资股份有限公司	18.71	1.02	1.99	1.87	2.73
独资企业	156.20	47.39	36.00	131.66	177.86
国有企业	39.73	16.59	11.33	42.14	53.57
集体企业	10.22	3.46	3.42	8.57	8.57
私营独资企业	8.03	2.25	2.18	8.10	9.79

业　资　产　实　力（2016年）

Above Designated Size(2016)

单位:亿元

流动负债合计	非流动负债合计	所有者权益合计		
			实收资本	国家资本
2384.18	517.33	2301.94	950.90	254.08
2204.53	479.17	2022.03	828.28	245.67
38.08	8.11	40.04	42.48	41.67
25.05	2.73	31.96	39.05	39.05
13.03	5.38	8.08	3.43	2.62
6.68	1.96	9.81	1.30	0.10
0.06	0.00	0.51	0.04	0.00
1751.07	417.48	1366.23	564.44	172.84
857.38	270.02	402.37	254.28	53.42
893.69	147.46	963.86	310.16	119.41
136.80	14.56	197.22	73.06	30.67
269.94	37.07	405.54	146.34	0.39
2.45	0.06	15.93	3.33	0.00
0.06	0.00	0.02	0.02	0.00
225.19	29.91	326.74	125.11	0.37
42.23	7.10	62.84	17.88	0.02
1.90	0.00	2.68	0.61	0.00
71.08	18.67	115.59	46.50	3.62
38.01	11.23	56.75	19.53	3.62
0.18	0.00	0.79	0.05	0.00
28.70	7.44	44.62	23.29	0.00
4.19	0.00	13.42	3.64	0.00
108.57	19.49	164.33	76.12	4.79
55.97	6.64	59.52	37.40	4.44
5.68	0.00	14.12	1.30	0.35
40.87	12.57	60.80	29.40	0.00
6.04	0.27	29.88	8.03	0.00
116.78	30.14	171.20	99.80	41.77
38.08	8.11	40.04	42.48	41.67
6.68	1.96	9.81	1.30	0.10
2.45	0.06	15.93	3.33	0.00

12-7续1

指　　标	流动资产合　计			固定资产合　计	固定资产原　价
		应收账款	存货		
港澳台商独资经营企业	33.74	8.42	6.31	36.53	55.44
外资企业	64.47	16.67	12.75	36.33	50.49
合作、合伙企业	17.83	3.32	2.46	5.69	7.55
股份合作企业	0.34	0.07	0.08	0.23	0.33
私营合伙企业	0.07	0.03	0.02	0.00	0.04
合作经营企业(港或澳、台资)	0.95	0.00	0.59	0.01	0.06
中外合作经营企业	13.68	2.20	1.60	3.70	5.26
其他企业(内资)	2.79	1.02	0.16	1.74	1.86
股份有限公司	299.02	85.44	63.56	130.27	219.36
股份有限公司(内资)	202.64	62.18	48.45	98.64	171.94
私营股份有限公司	67.26	20.61	12.55	26.58	38.58
港澳台商投资股份有限公司	10.40	1.63	0.56	3.18	6.11
外商投资股份有限公司	18.71	1.02	1.99	1.87	2.73
有限责任公司	2749.80	595.12	506.36	959.49	1479.77
国有独资公司	1042.74	96.73	137.16	210.52	360.55
私营有限责任公司	318.15	97.83	82.56	206.67	278.27
合资经营企业(港或澳、台资)	63.46	8.40	5.76	28.30	51.32
中外合资经营企业	72.47	27.77	17.96	45.38	77.92
其他有限责任公司	1252.98	364.40	262.91	468.62	711.71
按轻重工业分					
轻工业	480.00	96.69	91.53	257.49	366.29
重工业	2742.85	634.59	516.84	969.62	1518.25
按企业规模分					
大型企业	1888.26	297.89	291.28	558.51	870.62
中型企业	601.59	198.28	128.89	245.14	441.32
小型企业	733.00	235.12	188.21	423.46	572.60
按工业行业分					
煤炭开采和洗选业	0.63	0.09	0.19	0.00	10.33
石油和天然气开采业	33.55	32.52	0.05	5.10	31.59
黑色金属矿采选业	3.47	0.13	0.16	0.79	2.13
非金属矿采选业	3.02	0.99	0.47	1.46	7.16
农副食品加工业	19.18	5.25	7.40	16.95	20.78

单位：亿元

流动负债合计	非流动负债合计	所有者权益合计		
			实收资本	国家资本
28.70	7.44	44.62	23.29	0.00
40.87	12.57	60.80	29.40	0.00
7.89	0.00	18.13	2.02	0.35
0.06	0.00	0.51	0.04	0.00
0.06	0.00	0.02	0.02	0.00
0.18	0.00	0.79	0.05	0.00
5.68	0.00	14.12	1.30	0.35
1.90	0.00	2.68	0.61	0.00
189.26	21.92	303.37	102.61	30.69
136.80	14.56	197.22	73.06	30.67
42.23	7.10	62.84	17.88	0.02
4.19	0.00	13.42	3.64	0.00
6.04	0.27	29.88	8.03	0.00
2070.25	465.27	1809.24	746.47	181.27
857.38	270.02	402.37	254.28	53.42
225.19	29.91	326.74	125.11	0.37
38.01	11.23	56.75	19.53	3.62
55.97	6.64	59.52	37.40	4.44
893.69	147.46	963.86	310.16	119.41
316.29	55.82	498.99	143.21	19.28
2067.89	461.51	1802.96	807.69	234.80
1425.42	376.70	1120.28	441.85	159.00
431.55	52.10	488.03	207.76	62.87
527.21	88.53	693.64	301.28	32.21
9.90	0.11	−0.95	2.50	0.00
3.22	1.56	42.14	4.93	4.93
1.93	0.24	3.78	1.52	1.46
0.96	0.07	5.04	1.35	0.52
17.47	1.80	19.01	5.24	0.40

12–7续2

指　　标	流动资产合　计			固定资产合　计	固定资产原　价
		应收账款	存货		
食品制造业	43.72	9.63	8.47	32.87	47.24
酒、饮料和精制茶制造业	23.83	4.52	8.48	25.63	44.25
纺织业	23.03	3.74	8.05	19.72	26.79
纺织服装、服饰业	8.64	2.06	2.64	11.07	19.71
皮革、毛皮、羽毛及其制品和制鞋业	2.46	0.37	0.91	0.95	1.16
木材加工和木、竹、藤、棕、草制品业	3.78	1.12	1.86	4.52	4.93
家具制造业	0.92	0.31	0.33	1.23	1.40
造纸和纸制品业	7.60	1.95	2.55	5.26	5.63
印刷和记录媒介复制业	28.13	9.44	4.07	13.08	23.31
文教、工美、体育和娱乐用品制造业	4.60	1.48	1.47	5.83	5.82
石油加工、炼焦和核燃料加工业	14.08	4.29	6.87	42.05	82.54
化学原料和化学制品制造业	160.44	33.33	33.80	125.61	177.50
医药制造业	218.63	42.02	29.19	75.09	89.96
化学纤维制造业	3.44	0.58	1.67	1.04	1.94
橡胶和塑料制品业	15.98	5.71	3.21	10.74	14.09
非金属矿物制品业	181.41	64.82	26.15	69.93	154.60
黑色金属冶炼和压延加工业	214.04	38.42	28.86	37.20	73.12
有色金属冶炼和压延加工业	6.64	2.36	2.27	1.42	2.20
金属制品业	146.29	43.31	33.41	57.83	77.96
通用设备制造业	248.70	67.26	70.55	132.11	169.42
专用设备制造业	114.34	39.30	29.17	36.88	51.71
汽车制造业	935.22	92.41	120.40	134.81	243.57
铁路、船舶、航空航天和其他运输设备制造业	66.79	29.29	15.78	50.01	52.88
电气机械和器材制造业	264.75	88.72	69.43	66.43	92.27
计算机、通信和其他电子设备制造业	237.99	72.57	72.53	47.26	71.59
仪器仪表制造业	44.17	17.54	11.40	11.95	13.58
其他制造业	0.07	0.02	0.00	3.06	3.06
废弃资源综合利用业	1.05	0.32	0.23	0.24	0.81
金属制品、机械和设备修理业	3.69	1.60	0.99	3.36	5.82
电力、热力生产和供应业	56.26	7.60	3.96	127.50	183.86
燃气生产和供应业	41.52	2.41	0.61	19.41	26.27
水的生产和供应业	40.82	3.79	0.80	28.73	43.55

单位:亿元

流动负债合计	非流动负债合计	所有者权益合计		
			实收资本	国家资本
36.84	2.67	50.73	17.81	0.13
21.32	1.58	29.36	18.61	6.24
26.39	2.16	23.63	8.57	0.23
5.96	2.44	12.32	5.42	0.08
2.17	0.04	2.51	0.35	0.00
4.41	0.27	3.95	1.98	0.00
0.55	0.21	2.45	0.90	0.00
6.65	0.24	6.40	2.56	0.00
15.27	1.49	32.11	13.01	0.91
4.84	0.23	6.41	1.36	0.03
33.06	0.46	22.80	31.84	30.36
152.51	59.40	121.40	40.68	5.77
109.58	10.43	219.34	31.21	0.37
1.10	0.00	4.03	1.65	0.00
6.94	1.12	20.78	8.93	0.00
138.33	13.62	120.79	41.24	4.49
120.20	13.77	165.98	42.90	32.09
1.30	0.01	3.45	0.83	0.00
84.36	4.16	139.84	43.16	3.25
161.95	12.59	240.61	108.33	48.98
70.43	6.54	92.09	35.33	1.98
734.77	203.21	365.25	233.15	22.87
79.42	6.67	41.32	24.30	13.75
199.19	14.54	183.69	90.97	39.22
155.54	45.50	155.71	34.27	5.05
31.84	1.06	31.87	13.86	3.48
0.00	0.00	3.12	0.01	0.00
0.93	0.00	0.38	0.22	0.09
1.67	0.03	5.71	2.26	1.22
89.98	55.09	66.05	50.14	14.43
26.36	16.57	32.46	13.37	2.60
26.87	37.47	26.38	16.12	9.16

12-8 规模以上国有及

Capital Power of State-Owned and State-Controlled

指　　标	流动资产合　计	应收账款	存货	固定资产合　计	固定资产原　价
总　计	18045778	3285375	2955723	5597944	9035490
按登记注册类型分					
内资企业	17542949	3182045	2904343	5324573	8596813
国有企业	397329	165938	113344	421353	535693
中央企业	291110	121353	95986	304987	370342
地方企业	106219	44585	17358	116365	165351
有限责任公司	16700921	2866083	2614079	4423792	7127580
国有独资公司	10427434	967255	1371611	2105178	3605544
其他有限责任公司	6273487	1898828	1242469	2318615	3522035
股份有限公司	444699	150024	176920	479428	933540
港、澳、台商投资企业	292474	20215	5941	161544	241149
合资经营企业(港或澳、台资)	292474	20215	5941	161544	241149
外商投资企业	210355	83115	45439	111827	197529
中外合资经营企业	204854	82902	45418	111827	197529
中外合作经营企业	5501	213	21	0	0
按轻重工业分					
轻工业	766941	133598	130333	475413	796127
重工业	17278836	3151776	2825390	5122531	8239363
按企业规模分					
大型企业	15025495	2087007	2353939	4162832	6642060
中型企业	2013038	850816	400729	875409	1646926
小型企业	1007245	347552	201055	559702	746504
按工业行业分					
煤炭开采和洗选业	6254	897	1903	0	103335
石油和天然气开采业	335490	325155	519	50974	315862
黑色金属矿采选业	34079	856	1415	7640	20456

国有控股工业资产实力（2016年）

Industrial Enterprises Above Designated Size(2016)

单位:万元

流动负债合计	非流动负债合计	所有者权益合计		
			实收资本	国家资本
14710825	4045845	9567991	5071908	2429187
14308529	3916349	9131909	4848448	2368356
380765	81122	400390	424806	416706
250478	27290	319586	390475	390475
130287	53832	80804	34332	26232
13395191	3817863	8319707	4067462	1654703
8573783	2700209	4023683	2542795	534237
4821408	1117654	4296023	1524668	1120466
532573	17365	411813	356180	296947
216470	91181	262849	110970	30353
216470	91181	262849	110970	30353
185826	38314	173233	112491	30478
185826	38314	151075	112441	30478
0	0	22158	50	0
703919	336694	506929	314149	180755
14006905	3709151	9061061	4757759	2248433
12117222	3549023	7384214	3804431	1576339
1636666	311352	1483692	812699	568281
956936	185469	700085	454779	284567
98956	1076	-9470	25000	0
32218	15630	421361	49300	49300
19030	2412	37228	14580	14580

12-8续

指　　标	流动资产合　计			固定资产合　计	固定资产原　价
		应收账款	存货		
非金属矿采选业	6889	2642	850	4856	7987
农副食品加工业	30640	2574	14952	13099	16641
食品制造业	6887	641	887	2401	4949
酒、饮料和精制茶制造业	57593	11934	14694	36656	63541
纺织业	53459	4437	26813	14054	28921
纺织服装、服饰业	20278	151	1280	10287	13565
印刷和记录媒介复制业	65980	39037	7197	36524	72211
石油加工、炼焦和核燃料加工业	111070	37831	56019	387954	783055
化学原料和化学制品制造业	497691	44760	70821	498261	750190
医药制造业	40720	6669	9984	27067	33385
非金属矿物制品业	71470	28134	8481	30017	70050
黑色金属冶炼和压延加工业	1918691	345307	197429	245292	531799
金属制品业	222464	85626	82871	45096	86438
通用设备制造业	1004281	230040	205980	433739	597412
专用设备制造业	164817	48588	42653	29434	38570
汽车制造业	8875416	723972	1104800	1047132	1989607
铁路、船舶、航空航天和其他运输设备制造业	540844	251021	110016	410803	397214
电气机械和器材制造业	1276340	486105	357244	448393	497768
计算机、通信和其他电子设备制造业	1719744	462551	584875	324626	482979
仪器仪表制造业	88422	51597	16266	31572	39138
废弃资源综合利用业	5084	1047	2018	520	2834
金属制品、机械和设备修理业	6717	2604	2045	2616	4220
电力、热力生产和供应业	317135	52290	27069	1091219	1543277
燃气生产和供应业	298117	11853	4282	147221	202415
水的生产和供应业	269209	27058	2364	220493	337671

单位:万元

流动负债合计	非流动负债合计	所有者权益合计		
			实收资本	国家资本
4309	725	9043	6665	5000
38026	3593	5182	6996	3996
5008	66	4214	1600	1300
18800	4989	72470	56711	56372
60811	1579	28694	15518	2349
5049	263	25292	1700	800
28269	5810	78116	48890	9119
287776	196	211052	303594	303594
752083	426603	76491	73599	49507
66084	10066	41522	16169	0
54609	8046	46554	23499	1930
985223	124990	1472079	323279	319279
209304	16478	66499	50704	32370
703627	74485	732775	491894	480015
98936	2916	104942	48327	12768
6901342	1982910	3274330	2159556	228230
614597	62559	286426	184503	137470
1239683	111437	697867	445649	388815
1267530	387613	947432	120087	49542
81228	0	45531	29740	28618
2437	0	3176	1139	854
3081	0	6479	2000	1600
709761	433050	445271	367163	135375
207221	85506	276774	98635	24792
215827	282849	160661	105413	91613

12-9 规模以上工

Profit、Loss and Distribution of Industrial

指标	主营业务收入				管理费用	
		主营业务成本	主营业务税金及附加	销售费用		税金
总计	5714.29	4562.28	118.42	225.36	285.62	11.64
按登记注册类型分						
内资企业	5288.77	4232.49	115.49	201.75	259.06	9.87
国有企业	175.00	22.31	0.61	3.11	4.25	0.32
中央企业	162.59	13.60	0.51	1.01	2.52	0.26
地方企业	12.41	8.71	0.09	2.10	1.72	0.06
集体企业	41.72	35.29	0.83	1.16	1.91	0.05
股份合作企业	1.43	1.22	0.01	0.05	0.06	0.00
有限责任公司	3155.80	2650.39	25.01	135.74	172.91	6.19
国有独资公司	772.33	681.19	5.48	27.43	41.72	1.34
其他有限责任公司	2383.47	1969.20	19.53	108.31	131.19	4.84
股份有限公司	464.38	312.39	73.13	11.25	22.45	1.22
私营企业	1444.55	1205.74	15.74	50.39	57.34	2.09
私营独资企业	101.67	85.59	1.02	2.74	2.88	0.14
私营合伙企业	0.21	0.20	0.00	0.00	0.01	0.00
私营有限责任公司	1187.87	994.55	13.49	39.72	46.96	1.65
私营股份有限公司	154.80	125.41	1.23	7.93	7.50	0.30
其他企业	5.89	5.16	0.17	0.07	0.14	0.00
港、澳、台商投资企业	125.62	98.52	0.83	8.53	9.08	0.90
合资经营企业(港或澳、台资)	63.60	50.22	0.34	5.09	4.63	0.30
合作经营企业(港或澳、台资)	1.20	0.70	0.04	0.13	0.15	0.00
港澳台商独资经营企业	52.30	41.57	0.33	2.69	3.62	0.60
港澳台商投资股份有限公司	8.52	6.03	0.13	0.61	0.68	0.00
外商投资企业	299.90	231.27	2.09	15.08	17.49	0.87
中外合资经营企业	129.29	101.66	1.03	4.25	8.43	0.44
中外合作经营企业	18.86	11.89	0.18	2.73	0.45	0.02
外资企业	113.75	86.48	0.76	3.36	7.55	0.34
外商投资股份有限公司	38.01	31.25	0.12	4.73	1.05	0.06
独资企业	484.44	271.23	3.55	13.06	20.21	1.46
国有企业	175.00	22.31	0.61	3.11	4.25	0.32
集体企业	41.72	35.29	0.83	1.16	1.91	0.05
私营独资企业	101.67	85.59	1.02	2.74	2.88	0.14

业 损 益 及 分 配 （2016年）

Enterprises Above Designated Size(2016)

单位:亿元

利息支出	利润总额	应交所得税	亏损企业亏损总额	利税总额	应交增值税
52.92	421.11	55.26	19.47	729.75	190.22
50.60	372.78	47.68	18.28	662.92	174.74
0.90	54.07	0.05	2.84	62.27	8.02
0.48	53.99	0.05	2.26	61.49	7.42
0.42	0.09	0.00	0.58	0.78	0.60
0.24	2.37	0.35	0.19	4.94	1.75
0.01	0.12	0.02	0.00	0.15	0.02
41.99	162.57	27.26	13.82	277.65	89.78
16.16	21.35	4.30	8.91	42.83	15.97
25.83	141.22	22.95	4.91	234.82	73.81
2.58	46.33	7.93	0.33	143.53	24.06
4.85	107.03	12.00	1.09	173.68	50.90
0.11	9.15	0.71	0.00	13.96	3.79
0.00	0.00	0.00	0.00	0.01	0.00
3.78	85.51	9.40	1.04	140.76	41.75
0.95	12.36	1.88	0.04	18.95	5.36
0.04	0.30	0.07	0.01	0.69	0.22
0.71	12.65	2.26	0.52	18.51	5.00
0.12	5.88	1.39	0.16	8.33	2.11
0.00	0.18	0.03	0.00	0.31	0.09
0.59	4.40	0.66	0.37	7.00	2.27
0.00	2.19	0.19	0.00	2.86	0.53
1.61	35.68	5.33	0.66	48.32	10.48
0.98	8.94	1.43	0.47	14.98	4.96
0.01	3.92	0.61	0.00	5.10	1.00
0.62	16.32	3.30	0.20	20.82	3.72
0.01	6.49	-0.02	0.00	7.43	0.81
2.47	86.32	5.07	3.60	109.00	19.53
0.90	54.07	0.05	2.84	62.27	8.02
0.24	2.37	0.35	0.19	4.94	1.75
0.11	9.15	0.71	0.00	13.96	3.79

12-9续1

指 标	主营业务收入	主营业务成本	主营业务税金及附加	销售费用	管理费用	税 金
港澳台商独资经营企业	52.30	41.57	0.33	2.69	3.62	0.60
外资企业	113.75	86.48	0.76	3.36	7.55	0.34
合作、合伙企业	27.59	19.16	0.40	2.98	0.80	0.03
股份合作企业	1.43	1.22	0.01	0.05	0.06	0.00
私营合伙企业	0.21	0.20	0.00	0.00	0.01	0.00
合作经营企业(港或澳、台资)	1.20	0.70	0.04	0.13	0.15	0.00
中外合作经营企业	18.86	11.89	0.18	2.73	0.45	0.02
其他企业(内资)	5.89	5.16	0.17	0.07	0.14	0.00
股份有限公司	665.71	475.08	74.61	24.52	31.67	1.58
股份有限公司(内资)	464.38	312.39	73.13	11.25	22.45	1.22
私营股份有限公司	154.80	125.41	1.23	7.93	7.50	0.30
港澳台商投资股份有限公司	8.52	6.03	0.13	0.61	0.68	0.00
外商投资股份有限公司	38.01	31.25	0.12	4.73	1.05	0.06
有限责任公司	4536.56	3796.81	39.86	184.80	232.94	8.58
国有独资公司	772.33	681.19	5.48	27.43	41.72	1.34
私营有限责任公司	1187.87	994.55	13.49	39.72	46.96	1.65
合资经营企业(港或澳、台资)	63.60	50.22	0.34	5.09	4.63	0.30
中外合资经营企业	129.29	101.66	1.03	4.25	8.43	0.44
其他有限责任公司	2383.47	1969.20	19.53	108.31	131.19	4.84
按轻重工业分						
轻工业	1023.75	776.17	10.66	76.62	55.26	2.64
重工业	4690.54	3786.12	107.76	148.74	230.36	9.00
按企业规模分						
大型企业	2508.75	1890.11	83.66	117.30	137.94	4.25
中型企业	874.81	696.96	8.75	43.69	55.46	3.47
小型企业	2330.74	1975.21	26.01	64.37	92.23	3.92
按工业行业分						
煤炭开采和洗选业	1.87	1.77	0.06	0.03	0.37	0.00
石油和天然气开采业	14.90	12.30	0.57	0.03	1.06	0.07
黑色金属矿采选业	2.65	2.00	0.04	0.08	0.50	0.02
非金属矿采选业	25.99	20.53	0.64	0.74	1.20	0.05
农副食品加工业	107.88	94.31	0.47	3.46	3.28	0.08

单位:亿元

利息支出	利润总额	应交所得税	亏损企业亏损总额	利税总额	应交增值税
0.59	4.40	0.66	0.37	7.00	2.27
0.62	16.32	3.30	0.20	20.82	3.72
0.05	4.52	0.73	0.01	6.26	1.33
0.01	0.12	0.02	0.00	0.15	0.02
0.00	0.00	0.00	0.00	0.01	0.00
0.00	0.18	0.03	0.00	0.31	0.09
0.01	3.92	0.61	0.00	5.10	1.00
0.04	0.30	0.07	0.01	0.69	0.22
3.54	67.37	9.99	0.37	172.77	30.76
2.58	46.33	7.93	0.33	143.53	24.06
0.95	12.36	1.88	0.04	18.95	5.36
0.00	2.19	0.19	0.00	2.86	0.53
0.01	6.49	–0.02	0.00	7.43	0.81
46.86	262.90	39.48	15.49	441.73	138.61
16.16	21.35	4.30	8.91	42.83	15.97
3.78	85.51	9.40	1.04	140.76	41.75
0.12	5.88	1.39	0.16	8.33	2.11
0.98	8.94	1.43	0.47	14.98	4.96
25.83	141.22	22.95	4.91	234.82	73.81
4.67	112.45	15.89	1.58	163.24	40.08
48.24	308.66	39.37	17.89	566.51	150.15
34.59	190.20	26.07	8.48	353.32	79.82
9.82	67.37	12.71	5.20	110.29	33.93
8.51	163.55	16.49	5.79	266.14	76.48
0.47	–0.51	0.00	0.51	–0.41	0.04
0.03	0.90	0.65	0.39	2.80	1.34
0.06	–0.01	0.00	0.01	0.20	0.18
0.03	2.30	0.35	0.00	4.33	1.39
0.26	5.99	0.61	0.10	8.88	2.42

12-9续2

指　　标	主营业务收入	主营业务成本	主营业务税金及附加	销售费用	管理费用	税　金
食品制造业	119.45	91.64	0.92	6.27	6.34	0.46
酒、饮料和精制茶制造业	87.26	64.95	2.42	8.31	2.70	0.20
纺织业	98.10	89.42	0.50	1.24	2.36	0.14
纺织服装、服饰业	40.31	32.58	0.29	1.80	2.37	0.11
皮革、毛皮、羽毛及其制品和制鞋业	11.41	9.46	0.54	0.23	0.26	0.02
木材加工和木、竹、藤、棕、草制品业	22.82	18.89	0.27	0.60	0.48	0.02
家具制造业	12.46	10.40	0.06	0.26	0.56	0.00
造纸和纸制品业	30.32	26.00	0.18	0.93	1.25	0.14
印刷和记录媒介复制业	50.45	41.44	0.43	1.74	3.14	0.06
文教、工美、体育和娱乐用品制造业	33.18	27.86	0.43	1.04	1.38	0.01
石油加工、炼焦和核燃料加工业	223.61	130.25	70.72	0.36	5.03	0.36
化学原料和化学制品制造业	419.06	353.28	3.87	15.88	19.41	0.86
医药制造业	228.89	116.75	2.54	39.98	20.07	0.91
化学纤维制造业	6.42	4.90	0.08	0.15	0.52	0.01
橡胶和塑料制品业	101.85	86.55	1.38	2.65	2.89	0.06
非金属矿物制品业	367.35	308.27	3.50	11.41	13.62	1.27
黑色金属冶炼和压延加工业	412.93	385.16	1.29	6.54	12.04	0.66
有色金属冶炼和压延加工业	16.24	15.11	0.06	0.20	0.29	0.00
金属制品业	479.27	400.49	4.94	8.55	16.30	0.85
通用设备制造业	528.34	437.55	6.04	15.52	28.40	1.22
专用设备制造业	206.39	171.32	2.21	6.55	12.85	0.93
汽车制造业	799.33	704.27	6.34	25.57	35.57	0.96
铁路、船舶、航空航天和其他运输设备制造业	104.66	86.24	1.74	3.01	9.05	0.30
电气机械和器材制造业	320.87	274.49	1.72	14.60	15.94	0.78
计算机、通信和其他电子设备制造业	498.32	388.30	2.12	39.00	50.20	0.48
仪器仪表制造业	64.53	48.32	0.57	4.67	6.08	0.10
其他制造业	0.37	0.26	0.02	0.02	0.03	0.00
废弃资源综合利用业	1.89	1.65	0.01	0.03	0.21	0.00
金属制品、机械和设备修理业	9.44	6.73	0.14	0.15	1.60	0.10
电力、热力生产和供应业	223.03	63.46	1.12	0.69	4.29	0.19
燃气生产和供应业	25.63	20.71	0.07	2.05	2.09	0.05
水的生产和供应业	16.85	14.65	0.10	1.03	1.88	0.19

单位:亿元

利息支出	利润总额	应交所得税	亏损企业亏损总额	利税总额	应交增值税
0.32	15.10	2.70	0.04	20.65	4.63
0.31	8.96	1.87	0.09	15.96	4.59
1.25	3.27	0.50	0.05	8.04	4.26
0.08	3.23	0.55	0.04	4.81	1.28
0.03	0.81	0.15	0.09	1.47	0.12
0.08	2.22	0.10	0.00	2.96	0.46
0.00	1.08	0.06	0.00	1.80	0.66
0.07	1.89	0.30	0.03	2.97	0.91
0.11	4.86	0.67	0.24	7.32	2.01
0.14	2.32	0.24	0.02	3.76	1.00
0.43	17.21	4.46	0.03	104.43	16.49
5.74	23.37	3.60	4.23	37.01	9.71
1.22	49.68	7.46	0.00	64.88	12.65
0.01	0.84	0.13	0.00	0.98	0.06
0.41	7.83	1.27	0.04	13.24	4.03
2.50	22.91	3.19	0.54	39.08	12.62
6.99	5.24	0.55	0.02	14.50	7.97
0.03	0.53	0.04	0.01	0.73	0.14
2.74	45.39	4.87	0.65	70.51	20.17
2.64	39.46	6.76	4.86	66.08	20.52
0.94	13.41	1.33	0.98	22.31	6.70
13.38	30.80	4.03	0.83	53.66	16.35
1.26	4.23	0.55	0.36	9.16	3.20
2.49	18.24	1.18	0.80	27.20	7.22
5.49	18.03	2.93	0.46	32.58	12.42
0.22	5.37	0.64	0.30	9.01	3.07
0.00	0.03	0.01	0.00	0.07	0.01
0.01	–0.10	0.00	0.11	0.00	0.09
0.01	0.85	0.07	0.00	1.34	0.35
2.52	62.15	2.56	3.19	73.10	10.28
0.08	2.88	0.76	0.19	3.39	0.42
0.55	0.37	0.13	0.27	0.95	0.47

12-10 规模以上国有及国有

Profit、Loss and Distribution of State-Owned and State-Controlled

指标	主营业务收入	主营业务成本	主营业务税金及附加	销售费用	管理费用	税金
总计	22566569	17520769	841658	814043	1271219	39069
按登记注册类型分						
内资企业	22157635	17184153	839096	789455	1234972	37027
国有企业	1750006	223081	6063	31083	42453	3233
中央企业	1625936	135964	5131	10064	25227	2591
地方企业	124071	87117	933	21019	17227	642
有限责任公司	18026954	15553112	124418	734987	1122881	30608
国有独资公司	7723312	6811881	54769	274293	417235	13425
其他有限责任公司	10303642	8741231	69650	460694	705646	17183
股份有限公司	2380675	1407960	708614	23385	69638	3186
港、澳、台商投资企业	177451	141817	828	14084	17218	780
合资经营企业(港或澳、台资)	177451	141817	828	14084	17218	780
外商投资企业	231484	194799	1734	10504	19028	1262
中外合资经营企业	207462	173155	1252	10432	18899	1209
中外合作经营企业	24023	21644	482	72	129	53
按轻重工业分						
轻工业	717091	576715	16062	58602	73628	3677
重工业	21849479	16944054	825596	755441	1197591	35392
按企业规模分						
大型企业	19553315	15042693	797839	675293	1024752	23118
中型企业	1653486	1325124	24957	85340	147444	10141
小型企业	1359769	1152952	18862	53410	99023	5810
按工业行业分						
煤炭开采和洗选业	18660	17690	606	331	3656	0
石油和天然气开采业	149003	123032	5664	309	10614	692
黑色金属矿采选业	22712	16214	389	786	4955	237

控股工业损益及分配（2016年）

Industrial Enterprises Above Designated Size(2016)

单位:万元

利息支出	利润总额	应交所得税	亏损企业亏损总额	利税总额	应交增值税
359026	1214956	155046	147770	2749293	695722
355838	1187817	148074	143676	2709142	685277
9024	540739	536	28386	622714	80168
4806	539861	502	22587	614894	74159
4218	878	34	5799	7820	6009
337623	477164	104442	112991	1031982	429337
161559	213519	43025	89123	428323	159677
176064	263645	61417	23868	603659	269660
9191	169914	43096	2299	1054446	175771
385	22834	6022	325	27786	4121
385	22834	6022	325	27786	4121
2803	4305	950	3769	12364	6325
2750	2140	950	3769	8995	5603
53	2166	0	0	3369	721
10376	21209	3715	10794	63753	26364
348650	1193747	151331	136976	2685540	669358
310863	1105356	122234	83744	2487298	587793
33059	58618	19740	40725	150973	66873
15103	50982	13072	23301	111022	41056
4689	-5148	0	5148	-4144	398
282	8965	6491	3871	28016	13386
584	-120	0	120	2038	1769

12-10续

指　　标	主营业务收入				管理费用	
		主营业务成本	主营业务税金及附加	销售费用		税　金
非金属矿采选业	20189	15443	715	1539	1327	34
农副食品加工业	42280	36788	97	1490	2399	102
食品制造业	15113	11960	51	996	1532	10
酒、饮料和精制茶制造业	122857	90798	12277	2952	4399	214
纺织业	47997	42503	130	2156	4438	297
纺织服装、服饰业	14160	9342	155	67	2738	67
印刷和记录媒介复制业	50086	40730	607	658	7507	161
石油加工、炼焦和核燃料加工业	2129176	1212080	706812	1700	46203	3404
化学原料和化学制品制造业	562084	515617	2431	13675	40235	2157
医药制造业	50201	19533	666	24222	6959	176
非金属矿物制品业	95319	84948	587	3120	5458	407
黑色金属冶炼和压延加工业	3271902	3071008	8714	43008	94668	4690
金属制品业	260962	236289	1406	3798	16899	2255
通用设备制造业	621969	463270	5191	38635	94743	4953
专用设备制造业	106319	85365	542	5467	12837	1045
汽车制造业	6616554	5872288	46297	225259	291598	6666
铁路、船舶、航空航天和其他运输设备制造业	761088	633951	13627	23960	66090	1749
电气机械和器材制造业	965131	806110	5184	54286	72481	4717
计算机、通信和其他电子设备制造业	4158390	3271595	17218	333288	413084	1414
仪器仪表制造业	88009	64487	727	5573	8296	333
废弃资源综合利用业	6874	5716	11	162	582	0
金属制品、机械和设备修理业	8795	6015	86	101	1486	49
电力、热力生产和供应业	2084554	533560	10393	1848	28220	1583
燃气生产和供应业	163373	127479	559	15803	14562	332
水的生产和供应业	112814	106962	516	8856	13258	1324

单位:万元

利息支出	利润总额	应交所得税	亏损企业亏损总额	利税总额	应交增值税
44	414	115	0	2223	1094
466	1737	421	289	2653	820
0	1008	19	0	1391	332
428	11633	2030	0	32429	8519
289	–89	29	434	–320	–362
0	2157	11	0	3641	1329
275	2010	369	1899	5452	2836
3676	162542	42534	0	1032714	163346
37252	–28303	607	36826	–23774	1539
2145	5197	595	0	10268	4404
609	1098	996	2589	5524	3840
67685	26280	3918	97	99904	64910
4475	–1917	663	5659	3987	4498
7000	24094	10067	42078	64407	34501
2629	982	252	2671	5553	4029
124721	224256	31745	1968	390996	120443
11667	19317	1464	1489	57464	24512
18552	19797	2776	4990	51471	26335
49491	108813	20624	4644	228888	102856
410	9446	1486	0	15488	5307
110	–538	9	538	–37	489
45	1237	188	0	2030	707
18872	596190	20964	29794	699492	97428
45	26545	6673	17	29952	2848
2586	–2649	0	2649	1591	3613

12-11 分地区规模以上

Main Economic Indicators of Industrial

指　　标	全　市	历下区	市中区	槐荫区	天桥区
企业单位数(个)	1962	31	33	56	54
工业总产值(万元)	54865626	2863387	3633030	1627291	578614
资产与负债(万元)					
资产总计	55018790	1590971	8133253	2497105	1673007
流动资产合计	32228452	781604	5847703	1684169	749262
存货	6083725	230675	765289	340522	138832
应收账款	7312777	226718	745653	427276	135354
固定资产合计	12271090	666962	850328	536616	649582
流动负债合计	23841788	846380	4511746	1196480	858259
非流动负债合计	5173321	66647	1332471	143220	448071
所有者权益合计	23019444	677840	2285398	1125890	360482
实收资本	9508994	439470	1450426	380238	270655
国家资本	2540809	327186	313348	183041	128509
损益及分配(万元)					
主营业务收入	57142918	2892966	4293267	1662440	588143
主营业务成本	45622819	1844059	3757683	1333385	522724
主营业务税金及附加	1184173	710573	29714	11891	3717
管理费用	2856241	112098	215490	138929	72458
税金	116443	6039	5998	5827	4359
利润总额	4211147	197080	145934	139681	-43677
所得税费用	552636	47783	20483	11067	3429
亏损企业亏损总额	194683	126	3491	2308	61849
利税总额	7297482	1088857	263837	208027	-28108
本年应交增值税	1902241	181145	88178	56435	11852

工业主要经济指标（2016年）

Enterprises Above Designated Size by Region(2016)

历城区	长清区	章丘区	平阴县	济阳县	商河县	高新区
128	193	608	192	228	168	270
4740754	1812491	17808636	3772676	5024713	1836842	9858039
8949671	2838683	11150299	3200434	2909125	1206706	10869537
4907591	1638624	5914903	2006988	1124379	619451	6953777
701910	382118	1159707	444261	199260	157421	1563730
1153943	551307	1050085	467123	507173	139196	1908949
1294486	765139	3061655	821073	1322000	421599	1881650
3080413	1416451	4255722	1167509	752938	531559	5224332
387022	256652	1081395	148400	215910	74879	1018655
3547632	1076029	5109923	1820572	1870754	558802	4586124
972189	855938	2144891	435131	527245	205240	1827573
329873	458500	193785	19145	41000	17180	529244
5636139	1759862	18720453	3596759	4960683	1841943	9714291
4684437	1492646	16218059	2829516	3882054	1638166	7420092
30512	10382	235183	21978	51113	12803	61784
269399	137394	522321	166907	263275	58379	899591
12812	13746	24269	13342	9020	3839	17193
301918	13072	1269411	409716	534140	86665	594758
54171	8158	157749	66438	81440	11192	90728
10023	53604	21449	3088	7778	4552	26417
490206	65370	2221047	526245	760149	132239	937488
157087	41080	715269	94508	174818	32718	279476

12-12 规模以上大中型

Main Indicators of Large and

指　　标	企业单位数（个）	亏损企业数（个）	工业总产值（当年价格）（万元）	工业销售产值（当年价格）（万元）
总　计	223	29	31549390	31149707
按登记注册类型分				
内资企业	178	25	28866588	28496147
国有企业	7	4	1511065	1505516
中央企业	5	3	1464192	1457473
地方企业	2	1	46873	48043
集体企业	4	0	116837	116871
有限责任公司	97	18	20326393	20044563
国有独资公司	13	6	6249027	6129766
其他有限责任公司	84	12	14077367	13914797
股份有限公司	32	1	3911320	3843190
私营企业	38	2	3000973	2986008
私营独资企业	1	0	65876	65021
私营有限责任公司	32	2	1792460	1778460
私营股份有限公司	5	0	1142638	1142527
港、澳、台商投资企业	19	3	923865	911654
合资经营企业(港或澳、台资)	10	2	542785	546011
港澳台商独资经营企业	8	1	308828	281367
港澳台商投资股份有限公司	1	0	72253	84276
外商投资企业	26	1	1758937	1741906
中外合资经营企业	14	1	694161	688834
中外合作经营企业	2	0	130037	164728
外资企业	9	0	575926	573110
外商投资股份有限公司	1	0	358814	315235
按轻重工业分				
轻工业	70	7	4773717	4804952
重工业	153	22	26775673	26344755
按企业规模分				
大型企业	46	6	22606990	22359638
中型企业	177	23	8942400	8790069

工业企业经营情况（2016年）

Medium-Sized Enterprises(2016)

资产总计（万元）	负债合计（万元）	主营业务收入（万元）	利润总额（万元）	利税总额（万元）	从业人员平均人数（万人）
41176993	24601418	33835543	2575655	4636077	24.33
37632492	23124082	31192144	2226139	4164835	20.74
712051	361601	1673548	538603	616089	0.86
597354	277768	1625936	539861	614894	0.76
114697	83834	47612	-1258	1194	0.10
83741	51817	170805	6322	13753	0.17
31883527	20353771	22285130	1038290	1821023	14.64
14967036	11035115	7491350	206577	422816	4.61
16916490	9318656	14793779	831713	1398207	10.03
2995925	1352761	3832404	401058	1338452	2.62
1957250	1004131	3230258	241864	375519	2.45
6479	1662	65876	3848	4532	0.04
1171548	636295	2041990	145857	235295	1.93
779223	366175	1122392	92159	135691	0.49
1667347	715733	928385	97091	139385	1.65
989115	454074	550698	54725	76269	0.81
502023	219699	292485	20456	34549	0.76
176209	41960	85201	21910	28568	0.08
1877154	761603	1715014	252426	331857	1.93
830568	465001	696926	51867	85424	1.15
175854	56777	164568	37045	47611	0.16
531224	188634	534542	99432	125977	0.58
339508	51191	318978	64082	72845	0.05
6053734	2501060	4777003	748188	1045937	5.95
35123259	22100358	29058540	1827467	3590139	18.37
31195903	19500655	25087472	1901969	3533158	15.40
9981090	5100763	8748071	673686	1102919	8.93

12-12续

指　　标	企业单位数（个）	亏损企业数（个）	工业总产值（当年价格）（万元）	工业销售产值（当年价格）（万元）
按工业行业分				
煤炭开采和洗选业	1	1	11535	9960
石油和天然气开采业	1	0	50070	50070
黑色金属矿采选业	1	1	22948	22948
非金属矿采选业	1	0	149171	149171
农副食品加工业	4	0	158946	156355
食品制造业	11	0	698688	675704
酒、饮料和精制茶制造业	10	1	660704	681250
纺织业	6	0	501284	500985
纺织服装、服饰业	6	0	163006	163977
皮革、毛皮、羽毛及其制品和制鞋业	3	1	42994	42301
家具制造业	1	0	3292	3165
造纸和纸制品业	3	0	116728	115654
印刷和记录媒介复制业	4	1	113817	124817
石油加工、炼焦和核燃料加工业	1	0	2087254	2087726
化学原料和化学制品制造业	13	3	1888406	1851045
医药制造业	9	0	1471709	1540497
非金属矿物制品业	22	2	1645218	1577113
黑色金属冶炼和压延加工业	7	1	2740812	2732945
有色金属冶炼和压延加工业	1	0	22092	21584
金属制品业	15	1	1160503	1151552
通用设备制造业	23	6	1832638	1866169
专用设备制造业	15	2	481661	454741
汽车制造业	11	2	5751007	5583459
铁路、船舶、航空航天和其他运输设备制造业	7	1	674203	682174
电气机械和器材制造业	16	2	2043579	2035071
计算机、通信和其他电子设备制造业	14	0	4748429	4560067
仪器仪表制造业	5	1	101168	100232
金属制品、机械和设备修理业	1	0	43685	41108
电力、热力生产和供应业	7	2	1929229	1933388
燃气生产和供应业	2	0	124068	123937
水的生产和供应业	2	1	110545	110545

资产总计（万元）	负债合计（万元）	主营业务收入（万元）	利润总额（万元）	利税总额（万元）	从业人员平均人数（万人）
90562	100032	18660	-5148	-4144	0.13
398907	30912	50070	2135	9108	0.06
58670	21441	22712	-120	2038	0.05
28632	9729	174066	16463	31696	0.07
67419	23013	160515	10423	17545	0.24
573499	231798	674078	108191	141357	0.86
450633	212552	680708	69820	129109	0.99
261026	156431	463017	7207	47225	0.50
143700	52057	195122	20802	29411	0.51
20311	10163	43944	4448	5509	0.12
4906	626	3143	381	469	0.03
43547	19582	118520	9764	15256	0.14
258560	75226	126684	25981	35830	0.24
439529	278436	2093575	158872	1027827	0.18
2276578	1654254	1870588	76866	128233	1.32
2884905	935761	1532904	420070	530565	1.39
1752163	1031961	1580346	104661	165687	1.47
4832338	2765221	3837352	31807	109670	1.91
43376	17347	20159	1488	1646	0.05
1140399	452767	1174797	187808	244803	1.17
2379071	1111546	1958276	140921	245908	2.19
677199	378234	479856	26121	44008	0.75
12530809	9126925	6938466	241401	424771	3.46
980737	682072	661322	15714	37200	0.87
2876998	1526948	1839337	111090	165792	1.08
3210255	1887719	4674554	154116	289976	2.83
156192	94999	100791	8240	16442	0.18
54651	12124	41108	3681	6419	0.16
1484591	1028546	2084039	601586	709659	1.00
493712	258841	123937	21192	23523	0.19
563119	414156	92902	-325	3543	0.17

12-13 规模以上大中型工业企业一览表(2016年)

Summary of Large and Medium-Sized Enterprises(2016)

企业名称	登记注册类型	企业规模	所属行业
中国重型汽车集团有限公司	国有独资公司	大型	汽车整车制造
浪潮集团有限公司	其他有限责任公司	大型	计算机整机制造
济钢集团有限公司	其他有限责任公司	大型	钢压延加工
中国石油化工股份有限公司济南分公司	股份有限公司	大型	原油加工及石油制品制造
国网山东省电力公司济南供电公司	国有	大型	电力供应
齐鲁制药有限公司	其他有限责任公司	大型	化学药品制剂制造
山东山水水泥集团有限公司	港澳台商独资	大型	水泥制造
华能济南黄台发电有限公司	其他有限责任公司	大型	火力发电
山东佳宝集团有限公司	其他有限责任公司	大型	乳制品制造
山东小鸭集团有限责任公司	国有独资公司	大型	制冷、空调设备制造
山东宏济堂制药集团有限公司	股份有限公司	大型	中成药生产
济南锅炉集团有限公司	其他有限责任公司	大型	锅炉及辅助设备制造
济南沃德汽车零部件有限公司	中外合资经营	大型	汽车零部件及配件制造
中国石油集团济柴动力总厂	国有	大型	内燃机及配件制造
济南热电有限公司	国有独资公司	大型	热力生产和供应
济南水务集团有限公司	国有独资公司	大型	自来水生产和供应
山东晋煤明水化工集团有限公司	其他有限责任公司	大型	氮肥制造
山东晋煤日月化工有限公司	其他有限责任公司	大型	氮肥制造
济南圣泉集团股份有限公司	私营有限股份公司	大型	初级形态塑料及合成树脂制造
卧龙电气章丘海尔电机有限公司	与港澳台商合资经营	大型	微电机及其他电机制造
山东福胶集团有限公司	其他有限责任公司	大型	中成药生产
齐鲁宏业纺织集团有限公司	其他有限责任公司	大型	棉纺纱加工
济南二机床集团有限公司	国有独资公司	大型	金属成形机床制造
济南重工股份有限公司	股份有限公司	大型	矿山机械制造
山东齐鲁电机制造有限公司	国有独资公司	大型	发电机及发电机组制造
济南轻骑摩托车有限公司	国有独资公司	大型	摩托车整车制造
济南轻骑铃木摩托车有限公司	中外合资经营	大型	摩托车整车制造
玫德集团有限公司	股份有限公司	大型	建筑装饰及水暖管道零件制造
济南轨道交通装备有限责任公司	其他有限责任公司	大型	铁路机车车辆及动车组制造
济南金麒麟刹车系统有限公司	股份有限公司	大型	铁路机车车辆配件制造
山东太古飞机工程有限公司	中外合资经营	大型	航空航天器修理
山东中创软件工程股份有限公司	股份有限公司	大型	其他电子设备制造
积成电子股份有限公司	股份有限公司	大型	其他计算机制造
济南庚辰铸造材料有限公司	其他有限责任公司	大型	炼铁
山东大汉建设机械有限公司	其他有限责任公司	大型	起重机制造
济南裕兴化工有限责任公司	国有独资公司	大型	专项化学用品制造
山东旺旺食品有限公司	外资企业	大型	乳制品制造
山东闽源钢铁有限公司	其他有限责任公司	大型	钢压延加工
费斯托气动有限公司	外资企业	大型	液压和气压动力机械及元件制造
中粮可口可乐饮料(济南)有限公司	中外合作经营	大型	果菜汁及果菜汁饮料制造
济南达利食品有限公司	私营有限责任公司	大型	含乳饮料和植物蛋白饮料制造
山东济华燃气有限公司	与港澳台商合资经营	大型	燃气生产和供应业
济南伊利乳业有限责任公司	其他有限责任公司	大型	乳制品制造
安莉芳(山东)服装有限公司	港澳台商独资	大型	针织或钩针编织服装制造
山东同欣电子有限公司	私营有限责任公司	大型	电子元件及组件制造

12-13续1

企 业 名 称	登记注册类型	企业规模	所 属 行 业
山东银鹭食品有限公司	中外合资经营	大型	含乳饮料和植物蛋白饮料制造
济南艾尔维制衣有限公司	私营有限责任公司	中型	羽毛（绒）制品加工
济南隆泰纺织科技有限公司	私营有限责任公司	中型	棉纺纱加工
济南第一机床有限公司	其他有限责任公司	中型	金属切削机床制造
济南汇智电力科技有限公司	其他有限责任公司	中型	其他电力生产
济南中海炭素有限公司	其他有限责任公司	中型	石墨及碳素制品制造
济南迈克管道科技股份有限公司	股份有限公司	中型	钢压延加工
山东宏济堂制药集团济南阿胶制品有限公司	其他有限责任公司	中型	保健食品制造
济南桃李面包有限公司	私营有限责任公司	中型	糕点、面包制造
山东新华印务有限责任公司	其他有限责任公司	中型	书、报刊印刷
山东重骑摩托车(集团)厂	国有	中型	摩托车整车制造
山东天鹅棉业机械股份有限公司	股份有限公司	中型	棉花加工机械制造
山东电力设备有限公司	其他有限责任公司	中型	变压器、整流器和电感器制造
山东桑乐太阳能有限公司	其他有限责任公司	中型	燃气、太阳能及类似能源家用器具制造
山东省兴业发展有限公司	国有独资公司	中型	机织服装制造
济南镇海机械厂	国有	中型	液压和气压动力机械及元件制造
济南市冶金科学研究所有限责任公司	其他有限责任公司	中型	有色金属合金制造
济南济钢铁合金厂	集体	中型	铁合金冶炼
中国人民解放军六四五五厂	国有	中型	改装汽车制造
济南金钟电子衡器股份有限公司	股份有限公司	中型	衡器制造
中国人民解放军第七四二三工厂（液压泵）	国有	中型	液压和气压动力机械及元件制造
济南元首针织股份有限公司	股份有限公司	中型	针织或钩针编织物织造
济南瑞通铁路电务有限责任公司	其他有限责任公司	中型	电线、电缆制造
济南镁碳砖厂有限公司	股份有限公司	中型	耐火陶瓷制品及其他耐火材料制造
济南沃德机械制造有限公司	股份有限公司	中型	汽车零部件及配件制造
济南野风酥食品有限公司	私营有限责任公司	中型	饼干及其他焙烤食品制造
山东银鹰炊事机械有限公司	其他有限责任公司	中型	食品、酒、饮料及茶生产专用设备制造
章丘市铜铝铸造厂	集体	中型	汽车零部件及配件制造
山东省章丘鼓风机股份有限公司	股份有限公司	中型	风机、风扇制造
济南利民制药有限责任公司	其他有限责任公司	中型	化学药品制剂制造
章丘市金属颜料有限公司	其他有限责任公司	中型	锻件及粉末冶金制品制造
山东明威起重设备有限公司	其他有限责任公司	中型	起重机制造
章丘华明水泥有限公司	其他有限责任公司	中型	水泥制造
济南市长清计算机应用公司	集体	中型	供应用仪表及其他通用仪器制造
济南冶金化工设备有限公司	股份有限公司	中型	其他专用设备制造
山东宏达科技集团有限公司	其他有限责任公司	中型	环境保护专用设备制造
山东平阴丰源炭素有限责任公司	其他有限责任公司	中型	石墨及碳素制品制造
济南市平阴县玛钢厂	集体	中型	建筑装饰及水暖管道零件制造
济南市琦泉热电有限责任公司	其他有限责任公司	中型	火力发电
济南黄河特钢有限责任公司	其他有限责任公司	中型	钢压延加工
平阴鲁西装备科技有限公司	股份有限公司	中型	金属压力容器制造
济南乐喜施肥料有限公司	私营有限责任公司	中型	复混肥料制造
山东明仁福瑞达制药股份有限公司	股份有限公司	中型	中成药生产
济南天辰机器集团有限公司	私营有限责任公司	中型	其他专用设备制造
济南瑞泉电子有限公司	私营有限责任公司	中型	其他仪器仪表制造业
济南晶恒电子有限责任公司	其他有限责任公司	中型	半导体分立器件制造

12-13续2

企业名称	登记注册类型	企业规模	所属行业
山东绿霸化工股份有限公司	股份有限公司	中型	化学试剂和助剂制造
济南德佳机器控股有限公司	私营有限责任公司	中型	玻璃、陶瓷和搪瓷制品生产专用设备制造
山推建友机械股份有限公司	股份有限公司	中型	建筑材料生产专用机械制造
西电济南变压器股份有限公司	股份有限公司	中型	变压器、整流器和电感器制造
山东电工电气日立高压开关有限公司	中外合资经营	中型	配电开关控制设备制造
济南迈克阀门科技有限公司	其他有限责任公司	中型	阀门和旋塞制造
山东输变电设备有限公司	其他有限责任公司	中型	变压器、整流器和电感器制造
山东新升实业发展有限责任公司	其他有限责任公司	中型	其他非金属矿物制品制造
济南铸造锻压机械研究所有限公司	国有独资公司	中型	其他金属加工机械制造
济南帅潮实业有限公司	私营有限责任公司	中型	弹簧制造
山东上好佳食品工业有限公司	港澳台商独资	中型	饼干及其他焙烤食品制造
济南大阳食品有限公司	私营有限责任公司	中型	禽类屠宰
济南吉优箱包有限公司	外资企业	中型	皮箱、包（袋）制造
中电装备山东电子有限公司	其他有限责任公司	中型	电工仪器仪表制造
济南统一企业有限公司	港澳台商独资	中型	茶饮料及其他饮料制造
临工集团济南重机有限公司	其他有限责任公司	中型	矿山机械制造
济南普利思矿泉水有限公司	股份有限公司	中型	瓶（罐）装饮用水制造
中集车辆（山东）有限公司	中外合资经营	中型	改装汽车制造
星铂联雅思达颜料（济南）有限公司	外资企业	中型	涂料制造
济南西门子变压器有限公司	中外合资经营	中型	变压器、整流器和电感器制造
东港股份有限公司	港澳台商投资股份有限公司	中型	包装装潢及其他印刷
济南台有玻璃制品有限公司	私营有限责任公司	中型	日用玻璃制品制造
济南弘正科技有限公司	港澳台商独资	中型	摩托车零部件及配件制造
山东圣泉化工股份有限公司	其他有限责任公司	中型	初级形态塑料及合成树脂制造
济阳县济北石化有限责任公司	其他有限责任公司	中型	石油开采
山东鲁信天一印务有限公司	港澳台商独资	中型	包装装潢及其他印刷
济南华鲁食品有限公司	股份有限公司	中型	食品及饲料添加剂制造
山东胜邦绿野化学有限公司	其他有限责任公司	中型	化学农药制造
山东博士伦福瑞达制药有限公司	与港澳台商合资经营	中型	化学药品制剂制造
山东福贞金属包装有限公司	外资企业	中型	金属包装容器制造
福士汽车零部件（济南）有限公司	外资企业	中型	汽车零部件及配件制造
山东民基电力装备工程有限公司	私营有限责任公司	中型	变压器、整流器和电感器制造
济南联德重工机械有限公司	其他有限责任公司	中型	锻件及粉末冶金制品制造
济南汇丰炭素有限公司	其他有限责任公司	中型	石墨及碳素制品制造
章丘市顺营冶金辅料有限公司	私营有限责任公司	中型	石灰石、石膏开采
济南华阳炭素有限公司	其他有限责任公司	中型	石墨及碳素制品制造
济南万瑞炭素有限公司	其他有限责任公司	中型	石墨及碳素制品制造
山东力诺太阳能电力股份有限公司	股份有限公司	中型	技术玻璃制品制造
山东百利通亚陶科技有限公司	港澳台商独资	中型	电子元件及组件制造
济南娃哈哈恒枫饮料有限公司	中外合资经营	中型	含乳饮料和植物蛋白饮料制造
山东亿同新纸业有限公司	其他有限责任公司	中型	手工纸制造
济南二机床铸造有限公司	国有独资公司	中型	黑色金属铸造
山东省鲁棉集团天元纺织有限公司	其他有限责任公司	中型	棉纺纱加工
济南邦德数控设备有限公司	私营有限责任公司	中型	其他金属加工机械制造
山东宝雅新能源汽车股份有限公司	股份有限公司	中型	汽车整车制造

12-13续3

企 业 名 称	登记注册类型	企业规模	所 属 行 业
济南泰鸿汽车零部件有限公司	其他有限责任公司	中型	汽车零部件及配件制造
济南科盛电子有限公司	其他有限责任公司	中型	信息化学品制造
济南趵突泉酿酒有限责任公司	其他有限责任公司	中型	白酒制造
济南腾龙排气管有限公司	其他有限责任公司	中型	风机、风扇制造
华电章丘发电有限公司	其他有限责任公司	中型	火力发电
山东福瑞达生物工程有限公司	其他有限责任公司	中型	化妆品制造
山东科芯电子有限公司	其他有限责任公司	中型	通信系统设备制造
华熙福瑞达生物医药有限公司	中外合作经营	中型	生物药品制造
山东星科智能科技股份有限公司	股份有限公司	中型	其他电子设备制造
山东华凌电缆有限公司	私营有限责任公司	中型	电线、电缆制造
济南第二汽车配件有限公司	其他有限责任公司	中型	汽车零部件及配件制造
济南银鹰食品机械有限公司	中外合资经营	中型	食品、酒、饮料及茶生产专用设备制造
济南中维世纪科技有限公司	私营有限责任公司	中型	集成电路制造
中闻集团山东印务有限公司	其他有限责任公司	中型	书、报刊印刷
济南钢城矿业有限公司	其他有限责任公司	中型	铁矿采选
济南泉华包装制品有限公司	与港澳台商合资经营	中型	纸和纸板容器制造
山东通发实业有限公司	私营有限责任公司	中型	建筑工程用机械制造
山东鲁能智能技术有限公司	其他有限责任公司	中型	配电开关控制设备制造
济南龙山炭素有限公司	私营有限责任公司	中型	石墨及碳素制品制造
济南宝世达实业发展有限公司	其他有限责任公司	中型	电线、电缆制造
山东山大华天科技集团股份有限公司	股份有限公司	中型	配电开关控制设备制造
章丘重型锻造有限公司	私营有限责任公司	中型	锻件及粉末冶金制品制造
章丘市鲁洪化工有限公司	私营有限股份公司	中型	化学试剂和助剂制造
山东山大电力技术有限公司	其他有限责任公司	中型	其他专用仪器制造
山东力诺瑞特新能源有限公司	中外合资经营	中型	光学玻璃制造
山东宏业纺织股份有限公司	股份有限公司	中型	棉纺纱加工
山东百脉泉酒业有限公司	其他有限责任公司	中型	白酒制造
济南东岳起重通信设备有限公司	私营有限责任公司	中型	起重机制造
济南恒升工程机械有限公司	私营有限责任公司	中型	起重机制造
山东同力达智能机械有限公司	其他有限责任公司	中型	其他金属工具制造
济南信和家具有限公司	私营有限责任公司	中型	木质家具制造
济南中燃科技发展有限公司	其他有限责任公司	中型	其他金属加工机械制造
济阳元首针织有限责任公司	其他有限责任公司	中型	针织或钩针编织服装制造
济南澳海炭素有限公司	其他有限责任公司	中型	石墨及碳素制品制造
山东力诺特种玻璃股份有限公司	其他有限责任公司	中型	玻璃仪器制造
山东中孚信息产业股份有限公司	私营有限股份公司	中型	电子元件及组件制造
山东华森混凝土有限公司	私营有限责任公司	中型	水泥制品制造
山东大旺食品有限公司	外资企业	中型	饼干及其他焙烤食品制造
山东法因数控机械股份有限公司	其他有限责任公司	中型	金属切削机床制造
九阳股份有限公司	外商投资股份有限公司	中型	家用厨房电器具制造
济南百事可乐饮料有限公司	与港澳台商合资经营	中型	碳酸饮料制造
济南万方炭素有限责任公司	其他有限责任公司	中型	石墨及碳素制品制造
山东奥太电气有限公司	其他有限责任公司	中型	金属切割及焊接设备制造
济南莱钢钢结构有限公司	其他有限责任公司	中型	金属结构制造
山东力诺光伏高科技有限公司	私营有限责任公司	中型	光学玻璃制造

12-13续4

企业名称	登记注册类型	企业规模	所属行业
济南巨鑫机车车辆配件有限公司	私营有限责任公司	中型	锻件及粉末冶金制品制造
山东大鲁阁织染工业有限公司	港澳台商独资	中型	棉纺纱加工
平阴建昌机械制造厂	私营独资	中型	建筑材料生产专用机械制造
济南港华燃气有限公司	与港澳台商合资经营	中型	燃气生产和供应业
山东嘉元食用菌科技有限公司	私营有限责任公司	中型	蔬菜加工
济南喜哥马服装有限公司	与港澳台商合资经营	中型	羽毛(绒)制品加工
济南巨能铁塔制造有限公司	私营有限责任公司	中型	金属结构制造
山东鲍德翼板有限公司	国有独资公司	中型	锻件及粉末冶金制品制造
山东明龙建筑机械有限公司	其他有限责任公司	中型	起重机制造
山东神戎电子股份有限公司	股份有限公司	中型	光电子器件及其他电子器件制造
平阴山水水泥有限公司	与港澳台商合资经营	中型	水泥制造
山东爱普电气设备有限公司	其他有限责任公司	中型	其他输配电及控制设备制造
山东汉方制药有限公司	私营有限责任公司	中型	化学药品制剂制造
山东和美华集团有限公司	其他有限责任公司	中型	饲料加工
济南圣泉倍进陶瓷过滤器有限公司	中外合资经营	中型	特种陶瓷制品制造
山东国舜环保设备有限公司	股份有限公司	中型	环境保护专用设备制造
神思电子技术股份有限公司	股份有限公司	中型	其他计算机制造
山东科源制药股份有限公司	股份有限公司	中型	化学药品原料药制造
济南思迈迩制衣有限公司	私营有限责任公司	中型	机织服装制造
山东新阳能源有限公司	国有独资公司	中型	烟煤和无烟煤开采洗选
山东鲁润热能科技有限公司	其他有限责任公司	中型	环境保护专用设备制造
济南圣泉铸造材料有限公司	私营有限股份公司	中型	初级形态塑料及合成树脂制造
济南界龙科技有限公司	外资企业	中型	电子元件及组件制造
山东冠世针织有限公司	外资企业	中型	针织或钩针编织服装制造
山东北辰机电设备股份有限公司	私营有限股份公司	中型	金属压力容器制造
济南宇飞食品有限公司	其他有限责任公司	中型	禽类屠宰
山东伊莱特重工有限公司	中外合资经营	中型	锻件及粉末冶金制品制造
济南吉利汽车有限公司	其他有限责任公司	中型	汽车整车制造
济南时代试金试验机有限公司	其他有限责任公司	中型	电工仪器仪表制造
山东天玉墙体材料有限公司	其他有限责任公司	中型	粘土砖瓦及建筑砌块制造
青岛啤酒(济南)有限公司	其他有限责任公司	中型	啤酒制造
济南泓泉制水有限公司	与港澳台商合资经营	中型	自来水生产和供应
济南海川投资集团有限公司	其他有限责任公司	中型	石墨及碳素制品制造
济南佳明正远服装有限公司	与港澳台商合资经营	中型	机织服装制造
山东金德利集团快餐连锁配送有限责任公司	其他有限责任公司	中型	米、面制品制造
济南轻骑标致摩托车有限公司	中外合资经营	中型	摩托车整车制造
济南宜和食品有限公司	中外合资经营	中型	酱油、食醋及类似制品制造
山东博科生物产业有限公司	其他有限责任公司	中型	医疗实验室及医用消毒设备和器具制造
济南金百利包装用品有限公司	私营有限责任公司	中型	纸和纸板容器制造
济南新峨嵋实业有限公司	其他有限责任公司	中型	锻件及粉末冶金制品制造
山东华光光电子股份有限公司	股份有限公司	中型	光电子器件及其他电子器件制造
章丘市热力公司	国有	中型	热力生产和供应

12-14 主要工业产品生产量（2016年）

Output of Major Industrial Products(2016)

主要工业产品名称	单位	生产量	主要工业产品名称	单位	生产量
铁矿石原矿	万吨	79.3	梭织服装	万件	2692.7
石灰石	万吨	121.5	羽绒服装	万件	10.1
高岭土（瓷土）	万吨	13.3	衬衫	万件	142.8
小麦粉	万吨	14	针织服装	万件	5436.9
饲料	万吨	50	人造板	万立方米	5.9
配合饲料	万吨	19.8	纤维板	万立方米	5.9
混合饲料	万吨	13.2	人造板表面装饰板	万平方米	20.1
精制食用植物油	万吨	0.4	复合木地板	万平方米	22.8
鲜、冷藏肉	万吨	8.4	家具	万件	52.4
冷冻蔬菜	吨	20863	木质家具	万件	27.5
焙烤松脆食品	万吨	0.3	金属家具	万件	23
糖果	万吨	7.1	机制纸及纸板（外购原纸加工除外）	万吨	0.4
速冻食品	万吨	0.7	纸制品	万吨	13
速冻米面食品	万吨	0.3	瓦楞纸箱	万吨	5.1
乳制品	万吨	38.9	单色印刷品	万令	247.7
液体乳	万吨	38.9	多色印刷品	万对开色令	867.2
固体及半固体乳制品	吨	560	精甲醇	万吨	36.4
乳粉	吨	560	合成氨（无水氨）	万吨	63.7
罐头	吨	6.7	农用氮、磷、钾化学肥料（折纯）	万吨	32.5
酱油	万吨	8.6	氮肥（折含氮100%）	万吨	24.5
营养、保健食品	吨	30.93	尿素（折含氮100%）	万吨	24.5
冷冻饮品	万吨	0.4	化学农药原药（折有效成分100%）	万吨	2.3
食品添加剂	万吨	1.3	杀虫剂（杀螨剂）原药	万吨	0.2
饮料酒	万千升	32.9	杀菌剂原药	吨	12.66
白酒（折65度，商品量）	万千升	2.6	除草剂原药	万吨	2
啤酒	万千升	27.2	涂料	万吨	6.1
软饮料	万吨	124.4	初级形态塑料	万吨	50.8
碳酸型饮料（汽水）	万吨	44.8	聚丙烯树脂	万吨	12.3
包装饮用水	万吨	41.4	合成橡胶	万吨	0.7
果汁和蔬菜汁类饮料	万吨	11.7	化学试剂	吨	550.9
精制茶	吨	29.7	单晶硅	万千克	8.1
纱	万吨	16.5	多晶硅	万千克	174.9
棉纱	万吨	11.4	合成洗涤剂	万吨	3.4
棉混纺纱	万吨	4.5	化学药品原药	万吨	1
化学纤维纱	万吨	0.6	中成药	万吨	0.4
布	亿米	1.6	兽用药品	吨	97.19
棉布	亿米	1	化学纤维	万吨	3.3
棉混纺布	亿米	0.4	合成纤维	万吨	3.3
化学纤维短纤布	亿米	0.2	锦纶纤维	万吨	0.3
无纺布（无纺织物）	万吨	3.3	涤纶纤维	万吨	3.1
服装	万件	8129.6	橡胶轮胎外胎	万条	107.3

12-14续1

主要工业产品名称	单位	生产量	主要工业产品名称	单位	生产量
乘用车橡胶轮胎外胎	万条	107.3	热轧薄宽钢带	万吨	7.6
塑料制品	万吨	13.7	冷轧薄宽钢带	万吨	47.5
塑料薄膜	万吨	1.2	镀层板(带)	万吨	9.3
农用薄膜	万吨	0.5	焊接钢管	万吨	12.8
泡沫塑料	万吨	5.1	用外购国产钢材再加工生产钢材	万吨	29.6
硅酸盐水泥熟料	万吨	406.7	用外购钢材再加工生产钢材	万吨	29.6
窑外分解窑水泥熟料	万吨	406.7	铁合金	万吨	1.9
水泥	万吨	719.8	铝合金	万吨	0.2
强度等级42.5水泥(含R型)	万吨	23.5	铜材	万吨	0.4
商品混凝土	万立方米	1150.1	铝材	万吨	5.2
水泥混凝土压力管	千米	63	钢结构	万吨	6
预应力混凝土桩	万米	62.1	金属切削工具	万件	42.1
砖	亿块	3.7	不锈钢日用制品	吨	1632
天然花岗石建筑板材	万平方米	1.1	锻件	万吨	124.5
隔热、隔音人造矿物材料及其制品	万吨	0.6	粉末冶金零件	吨	1446.72
钢化玻璃	万平方米	31.5	电站锅炉	万蒸发量吨	0.9
夹层玻璃	万平方米	37.7	工业锅炉	蒸发量吨	2317
中空玻璃	万平方米	34.6	发动机	万千瓦	2640.4
日用玻璃制品	万吨	10.6	汽车用发动机	万千瓦	2583.9
玻璃包装容器	万吨	1.2	电站用汽轮机	万千瓦	39
耐火材料制品	万吨	52.6	金属切削机床	台	4679
石墨及炭素制品	万吨	254.3	数控金属切削机床	台	1773
生铁	万吨	765.5	金属成形机床	台	1625
粗钢	万吨	805.7	数控金属成形机床(数控锻压设备)	台	205
铸铁件	万吨	38.9	铸造机械	万台	5.4
铸钢件	万吨	20.3	机床数控装置	万套	1.2
钢材	万吨	825.9	起重机	万吨	141.7
大型型钢	万吨	9.5	泵	万台	1.5
中小型型钢	万吨	25.5	真空泵	万台	0.7
原油加工量	万吨	502.29	气体压缩机	万台	1.4
汽油	万吨	162.60	非制冷设备用压缩机	万台	1.4
柴油	万吨	174.39	阀门	万吨	1
燃料油	万吨	0.10	液压元件	万件	24
石脑油	万吨	7.09	气动元件	万件	161.3
液化石油气	万吨	31.32	滚动轴承	亿套	0.1
石油焦	万吨	28.92	齿轮	万吨	6.5
棒材	万吨	167.9	工业电炉	台	54
钢筋	万吨	2.8	风机	万台	4.4
特厚板	万吨	22.3	鼓风机	万台	3.8
厚钢板	万吨	153.2	工商用制冷、空调设备	万台(套)	0.9
中板	万吨	199.7	衡器(秤)	万台	0.4
中厚宽钢带	万吨	167.9	包装专用设备	台	330

12-14续2

主要工业产品名称	单位	生产量	主要工业产品名称	单位	生产量
金属密封件	万件	1.1	电力变压器,额定容量≥8000kVA,电压≥500kV	万千伏安	5298.1
金属紧固件	万吨	2.6	互感器	台	588
弹簧	万吨	2.1	高压开关板	面	195
矿山专用设备	万吨	2.4	低压开关板	万面	0.2
建筑工程用机械	台	389	安全、自动化监控设备	台(套)	623
挖掘、铲土运输机械	台	389	通信及电子网络用电缆	万对千米	26.3
水泥专用设备	吨	7565	电力电缆	万千米	12
混凝土机械	台	6260	绝缘制品	吨	134.7
金属冶炼设备	吨	25894.6	家用洗衣机	万台	29.9
炼油、化工生产专用设备	万吨	0.5	太阳能热水器	万平方米	120.6
模具	万套	0.2	电光源	万只	75.9
食品制造机械	台	522	灯具及照明装置	万套(台个)	5.6
农产品初加工机械	万台	4.5	电子计算机整机	万台	72.3
印刷专用设备	吨	1000	微型计算机设备	万台	23.7
电子工业专用设备	万台	2.9	服务器	万台	48.6
棉花加工机械	台	526	显示器	万台	1
医疗仪器设备及器械	台	1343	半导体分立器件	亿只	26.4
环境污染防治专用设备	台(套)	625	集成电路	万块	451.78
大气污染防治设备	台(套)	119	光电子器件	万只	2.52
水质污染防治设备	台(套)	116	电子元件	亿只	35.3
固体废弃物处理设备	台(套)	390	印制电路板	万平方米	67.6
汽车	万辆	12.4	工业自动调节仪表与控制系统	万台(套)	4.2
基本型乘用车(轿车)	辆	706	电工仪器仪表	万台	14.2
轿车(2.0升＜排量≤2.5升)	辆	706	分析仪器及装置	万台(套)	0.6
载货汽车	万辆	12	试验机	万台	0.6
新能源汽车	辆	6576	汽车仪器仪表	万台	29.6
改装汽车	辆	5489	钟	万只	141
铁路货车	辆	1801	自来水生产量	亿立方米	5.0
摩托车整车	万辆	31.8	石油沥青	万吨	14.04
发电机组(发电设备)	万千瓦	729.4	焦炭	万吨	275.86
汽轮发电机组	万千瓦	729.4	发电量	亿千瓦时	177.20
电动机	万千瓦	241.1	其中:火力发电量	亿千瓦时	173.53
直流电动机	万千瓦	0.6	垃圾发电量	亿千瓦时	2.71
交流电动机	万千瓦	240.5	风力发电量	亿千瓦时	3.67
变压器	万千伏安	11354.4	煤气生产量	亿立方米	26.18

12-15 工业企业能源购进、消费及库存（2016年）

Purchases、Consumption and Invetory of Main Energy Source in Industrial Enterprises(2016)

能源名称	计量单位	年初库存量	本年购进量	本年消费			年末库存量
				合计	工业生产消费	非工业生产消费	
能源合计	吨标准煤			27955857.00	27859989.00	95868.00	
原煤	吨	540094.35	8428166.60	8939852.17	8931495.02	8357.15	434454.96
洗精煤	吨	58153.00	4190638.00	4022622.00	4022622.00	0.00	226169.00
其他洗煤	吨	135818.75	2556488.19	2578122.30	2577788.30	334.00	114184.64
煤制品	吨	56187.55	751591.98	740263.77	740252.67	11.10	67515.76
焦炭	吨	45137.74	653151.78	3413927.34	3413781.34	146.00	43093.99
天然气	万立方米	0.00	51031.16	49644.91	49247.81	397.10	0.00
液化天然气	吨	16.68	990.61	997.13	991.73	5.40	10.15
原油	吨	73049.34	5010800.00	5022883.00	5022883.00	0.00	59609.00
汽油	吨	128.94	13368.86	13778.11	6855.08	6923.03	127.62
煤油	吨	38.77	1137.08	1098.23	1098.23	0.00	77.42
柴油	吨	1055.61	34297.79	34606.86	19805.52	14801.34	1372.31
燃料油	吨	4.00	2120.52	3090.41	3057.81	32.60	0.00
液化石油气	吨	0.00	86.86	86.86	83.86	3.00	1.71
炼厂干气	吨	0.00	0.00	221071.00	221071.00	0.00	0.00
其他石油制品	吨	6894.34	58640.75	458261.21	458249.81	11.40	6221.34
热力	百万千焦	0.00	5639640.14	8294071.66	8039866.39	254205.27	0.00
电力	万千瓦时	0.00	1191430.40	1593534.54	1557913.98	35620.56	0.00
其他燃料	吨标准煤	4.00	15146.15	15950.25	15950.25	0.00	3.00

注:按照经济普查要求,免填能源合计中,年初库存、购进量、年末库存。

12-16 工业分行业主要能源消费量(2016年)

Consumption of Main Energy Source in Industrial Enterprises by Sector(2016)

指　　标	原煤(吨)	汽油(吨)	煤油(吨)	柴油(吨)	燃料油(吨)	热　力(百万千焦)	电　力(万千瓦时)
总　计	8939852	13778	1098	34607	3090	8294072	1593535
采矿业	432419	50	0	1085	0	13745	10366
煤炭开采和洗选业	431809	0	0	48	0	13745	1410
石油和天然气开采业	0	50	0	24	0	0	4710
黑色金属矿采选业	610	0	0	0	0	0	1447
非金属矿采选业	0	0	0	1013	0	0	2799
制造业	3595303	13143	1098	31664	3090	8280326	1315920
农副食品加工业	2902	401	0	233	0	0	7790
食品制造业	2470	426	0	710	82	520101	15596
酒、饮料和精制茶制造业	16835	70	0	489	0	140309	18729
纺织业	10322	135	0	64	0	120108	32143
纺织服装、服饰业	341	129	0	7	0	63408	5044
皮革、毛皮、羽毛(绒)及其制品业	2014	41	0	0	0	0	668
木材加工及木、竹、藤、棕、草制品业	0	200	0	42	0	0	5386
家具制造业	0	11	0	13	0	0	698
造纸及纸制品业	0	91	0	9	0	0	6172
印刷业和记录媒介的复制	1484	120	0	134	0	35869	8204
文教体育用品制造业	14	354	0	51	0	0	1676
石油加工、炼焦及核燃料加工业	1945	518	0	126	987	1094905	47245
化学原料及化学制品制造业	1472865	612	959	1062	0	1670308	195002
医药制造业	79065	1490	0	539	0	4062286	61326
化学纤维制造业	50	12	0	12	0	0	1965
橡胶和塑料制品业	1001	108	0	123	0	0	10219
非金属矿物制品业	732772	970	0	13776	2022	0	124376
黑色金属冶炼及压延加工业	1197389	372	0	5855	0	137227	471791
有色金属冶炼及压延加工业	1179	76	0	116	0	0	4029
金属制品业	23460	443	2	1436	0	0	96865
通用设备制造业	15901	2423	76	1911	0	4395	52137
专用设备制造业	169	868	0	385	0	0	20553
汽车制造业	20683	375	23	3238	0	342904	68045
铁路、船舶、航空航天和其他运输设备制造业	4647	310	6	243	0	44608	14122
电气机械及器材制造业	6147	968	32	91	0	35323	25595
计算机、通信和其他电子设备制造业	0	989	0	43	0	8575	14180
仪器仪表制造业	389	594	0	662	0	0	5243
其他制造业	0	0	0	0	0	0	128
金属制品、机械和设备修理业	1259	31	0	294	0	0	959
电力、热力、燃气及水生产和供应业	4912130	585	0	1858	0	1	267248
电力、热力生产和供应业	4912130	84	0	1695	0	1	247731
燃气生产和供应业	0	283	0	102	0	0	1467
水的生产和供应业	0	219	0	61	0	0	18050

主要统计指标解释

Explanatory Notes on Main Statistical Indicators

按照国家统计方法制度规定，1998年独立核算工业统计范围由原乡及乡以上调整为全部国有及年销售收入500万元以上非国有工业企业，2011年规模以上工业企业统计范围调整为年主营业务收入2000万元以上。同时，统计分类中的原经济组织类型分组相应地调整为按企业登记注册类型分组。

工业 指从事自然资源的开采，对采掘品和农产品进行加工和再加工的物质生产部门。具体包括：(1)对自然资源的开采，如采矿、晒盐、森林采伐等(但不包括禽兽捕猎和水产捕捞)；(2)对农副产品的加工、再加工，如粮油加工、食品加工、轧花、缫丝、纺织、制革等；(3)对采掘品的加工、再加工，如炼铁、炼钢、化工生产、石油加工、机器制造、木材加工等，以及电力、自来水、煤气的生产和供应等；(4)对工业品的修理、翻新，如机器设备的修理、交通运输工具(包括小卧车)的修理等。

1984年以前农村的村及村以下办工业归属农业，1984年以后划归工业。

工业统计调查单位 工业统计调查单位分为两类：独立核算法人工业企业和工业活动单位。

(1)独立核算法人工业企业是指从事工业生产经营活动的单位。独立核算法人工业企业应同时具备以下条件：①依法成立，有自己的名称、组织机构和场所，能够承担民事责任；②独立拥有和使用资产，承担负债，有权与其他单位签订合同；③独立核算盈亏，并能够编制资产负债表。

(2)工业活动单位是指在一个场所从事一种或主要从事一种工业生产活动的经济单位。它包括独立核算工业企业按主营业务活动(即工业生产活动)划分的主营业务活动单位和非工业企业所属的工业生产活动单位(即原非独立核算工业生产单位)。工业活动单位，一般应同时具备以下三个条件：①具有一个场所，从事一种或主要从事一种工业活动；②单独组织工业生产、经营或业务活动；③单独核算收入和支出。

企业登记注册类型 是指具有法人资格的各类企业在工商行政管理机关登记注册的类型。本年鉴中，国有经济、集体经济、股份制经济、国有控股等概念与过去含义有所区别。

(一)国有企业：是指企业全部资产归国有家所有，并按《中华人民共和国企业法人登记管理条例》规定登记注册的非公司制的经济组织。不包括有限责任公司中的国有独资公司。

(二)集体企业：是指企业资产归集体所有，并按《中华人民共和国企业法人登记管理条例》规定登记注册的经济组织。

(三)股份合作企业：是指以合作制为基础，由企业职工共同出资入股，吸收一定比例的社会资产投资组建，实行自主经营，自负盈亏，共同劳动，民主管理，按劳分配下按股分红相结合的一种集体经济组织。

(四)联营企业：是指两个及两个以上相同或不同所有制性质的企业法人或事业单位法人，按自愿、平等、互利的原则，共同投资组成的经济组织。联营企业包括：

1.国有联营企业：指国有企业与国有企业间的联营；

2.集体联营企业：指集体企业与集体企业间的联营；

3.国有与集体联营企业：指国有企业与集体企业间的联营；

4.其他联营企业：指国有企业与私人企业间的联营，集体企业与私人企业间的联营，国有、集体与私人企业间的联营。

(五)有限责任公司：是指根据《中华人民共和国公司登记管理条例》规定登记注册，由两个以上，五十个以下的股东共同出资，每个股东以其所认缴的出资额对公司承担有限责任，公司以其全部资产对其债务承担责任的经济组织。有限责任公司包括国有独资公司以及其他有限责任公司。

1.国有独资公司：是指国家授权的投资机构或者国家授权的部门单独投资设立的有限责任公司。

2.其他有限责任公司：是指国有独资公司以外的其他有限责任公司。

(六)股份有限公司：是指根据《中华人民共和国公司登记管理条例》规定登记注册，其全部注册资本由等额股份构成并通过发行股票筹集资本，股东以其认购的股份对公司承担有限责任，公司以其全部资产对其债务承担责任的经济组织。

(七)私营企业：是指由自然人投资设立或由自然人控股，以雇佣劳动为基础的营利性经济组织。包括按照《公司法》、《合伙企业法》、《私营企业暂行条例》规定登记注册的私营有限责任公司、私营股份有限公司、私营合伙企业和私营独资企业。

1.私营独资企业：是指按《私营企业暂行条例》的规定，由一名自然人投资经营，以雇佣劳动为基础，投资者对企业债务承担无限责任的企业。

2.私营合伙企业：是指按《合伙企业法》或《私营企业暂行条例》的规定，由两个以上自然人按照协议共同投资、共同经营、共负盈亏，以雇佣劳动为基础，对债务承担无限责任的企业。

3.私营有限责任公司：是指按《公司法》、《私营企业暂行条例》的规定，由两个以上自然人投资或由单个自然人控股的有限责任公司。

4.私营股份有限公司：是指按《公司法》的规定，由五个以上自然人投资，或由单个自然人控投的股份有限公司。

(八)其他企业：是指上述第(一)至第(七)之处的其他内资经济组织。

(九)合资经营企业(港或澳、台资)：是指港澳台地区投资者也内地的企业依照《中华人民共和国中外台资经营企业法》及有关法律的规定，按合同规定的比例投资设立、分享利润和分担风险的企业。

（十）合作经营企业（港和澳、台资）：是指港澳台地区投资者与内地企业依照《中华人民共和国中外合作经营企业法》及有关法律的规定，依照合作合同的约定进行投资或提供条件设立、分配利润和分担风险的企业。

（十一）港、澳、台商独资经营企业：是指依照《中华人民共和国外资企业法》及有关法律的规定，在内地由港澳台地区投资者全额投资设立的企业。

（十二）港、澳、台投资股份有限公司：是指根据国家有关规定，经外经贸部依法批准设立，其中港、澳、台商的股本占公司注册资本的比例达25%以上（含25%）的股份有限公司。凡其中港、澳、台商的股本占公司注册资本的比例小于25%的，属于内资企业中的股份有限公司。

（十三）中外合资经营企业，是指外国企业或外国人与中国内地企业依照《中华人民共和国外合资经营企业法》及有关法律的规定，按合同规定的比例投资设立、分享利润和分担风险的企业。

（十四）中外合作经营企业：是指外国企业或外国人与中国内地企业依照《中华人民共和国中外合作经营企业法》及有关法律的规定，依照合作合同的约定进行投资或提供条件设立、分配利润和分担风险的企业。

（十五）外资企业：是指依照《中华人民共和国外资企业法》及有关法律的规定，在中国内地由外国投资者全额投资设立的企业。

（十六）外商投资股份有限公司：是指根据国家有关规定，经外经贸部依法批准设立，其中外资的股本占公司注册资本的比例达25%以上（含25%）的股份有限公司。凡其中外资股本占公司注册资本的比例小于25%的，属于内部企业中的股份有限公司。

轻工业 指主要提供生活消费品和制作手工工具的工业。按其所使用的原料不同，可分为两大类：(1)以农产品为原料的轻工业，是指直接或间接以农产品为基本原料的轻工业。主要包括食品制造、饮料制造、烟草加工、纺织、缝纫、皮革和毛皮制作、造纸以及印刷等工业；(2)以非农产品为原料的轻工业，是指以工业品为原料的轻工业。主要包括文教体育用品、化学药品制造、合成纤维制造、日用化学制品、日用玻璃制品、日用金属制品、手工工具制造、医疗器械制造、文化和办公用机械制造等工业。

重工业 是指为国民经济各部门提供物质技术基础的主要生产资料的工业。按其生产性质和产品用途，可以分为下列三类：(1)采掘（伐）工业，是指对自然资源的开采，包括石油开采、煤炭开采、金属矿开采、非金属矿开采和木材采伐等工业；(2)原材料工业，指向国民经济各部门提供基本材料、动力和燃料的工业。包括金属冶炼及加工、炼焦及焦炭、化学、化工原料、水泥、人造板以及电力、石油和煤炭加工等工业；(3)加工工业，是指对工业原材料进行再加工制造的工业。包括装备国民经济各部门的机械设备制造工业、金属结构、水泥制品等工业，以及为农业提供的生产资料如化肥、农药等工业。

根据上述划分原则，修理业中以重工业产品为修理作业对象的划为重工业，反之划为轻工业。

工业总产值 是以货币表现的工业企业在一定时期内生产的已出售或可供出售工业产品总量，它反映一定时间内工业生产的总规模和总水平。它包括：在本企业内不再进行加工，经检验、包装入库（规定不需包装的产品除外）的成品价值，对外加工费收入，自制半成品、在产品期末初差额价值。工业总产值采用"工厂法"计算，即以工业企业作为一个整体，按企业工业生产活动的最终成果来计算，企业内部不允许重复计算，不能把企业内部各个车间（分厂）生产的成果相加。但在企业之间、行业之间、地区之间存在着重复计算。

轻重工业总产值的划分也是按"工厂法"计算的，即一个工业企业在正常情况下生产的主要产品的性质属于轻工业，则该企业的全部总产值作为轻工业总产值。如生产的主要产品的性质属于重工业，则该企业的全部总产值作为重工业总产值。

工业增加值 是指工业行业在报告期内以货币表现的工业生产活动的最终成果。

实收资本 指企业实际收到的投资人投入的资本。按投资主体可分为国家资本、集体资本、法人资本、个人资本、港澳台资本和外商资本等。

资产合计 指企业拥有或控制的能以货币计量的经济资源。包括各种财产、债权和其他权利。资产按其流动性划分为流动资产、长期投资、固定资产、无形及递延资产和其他资产。

（1）流动资产指企业可以在一年内或者超过一年的一个生产周期内变现或耗用的资产合计。包括现金及各种存款、短期投资、应收及预付款项、存货等。

（2）固定资产指企业固定资产净值、固定资产清理、在建工程、待处理固定资产损失所占用的资金合计。

（3）无形资产指企业长期使用而没有实物形态的资产。包括专利权、非专利技术、商标权、著作权、土地使用权、商誉等。

负债合计 指企业承担的能以货币计量，将以资产或劳务偿付的债务。负债一般按偿还期长短分为流动负债和长期负债、递延税项等。

（1）流动负债指企业在一年内或者超过一年的一个营业周期内需要偿还的债务合计，其中包括短期借款、应付及预收款项、应付工资、应交税金和应交利润等。

（2）长期负债指企业在一年以上或者超过一年的一个营业周期以上需要偿还的债务合计，其中包括长期借款、应付债务、长期应付款项等。

所有者权益 指企业投资人对企业净资产的所有权。企业净资产等于企业全部资产减去全部负债后的余额，其中包括投资者对企业的最初投入，以及资本公积金、盈余公积金和未分配利润，对股份制企业即为股东权益。

固定资产原价 指企业在建造、购置、安装、改建、扩建、技术改造某项固定资产时所支出的全部货币总额。它一般包括买价、包装费、运杂费和安装费等。

固定资产净值　是指固定资产原价减去历年已提折旧额后的净额。

产品销售收入　指企业销售产品和提供劳务等主要经营业务取得的业务总额。

产品销售成本　指企业销售产品和提供劳务等主要经营业务的实际成本。

产品销售税金及附加　指企业销售产品和提供工业性劳务等主要经营业务应负担的城市维护建设税、消费税、资源税和教育费附加。

产品销售利润　指企业销售产品和提供工业性劳务等主要经营业务收入扣除其成本、费用、税金后的利润。

利润总额　指企业实现的利润。

应交增值税　指企业在报告期内应交纳的增值税额。

总资产贡献率　反映企业全部资产的获利能力，是企业经营业绩和管理水平的集中体现，是评价和考核企业盈利能力的核心指标。计算公式为：

总资产贡献率(%)＝(利润总额＋税金总额＋利息支出)/平均资产总额×100%

资产负债率　该指标既反映企业经营风险的大小，也反映企业利用债权人提供的资金从事经营活动的能力。计算公式为：

资产负债率(%)＝负债总额/资产总额×100%

工业成本费用利润率　指在一定时期内实现的利润与成本费用之比，是反映工业生产成本及费用投入的经济效益指标，同时也是反映降低成本的经济效益的指标。计算公式为：

工业成本费用利润率(%)＝利润总额/成本费用总额×100%

工业增加值率　指在一定时期内工业增加值占同期工业总产值的比重，反映降低中间消耗的经济效益。计算公式为：

工业增加值率(%)＝工业增加值(现价)/工业总产值(现价)×100%

流动资产周转次数　指在一定时期内流动资产完成的周转次数，反映流动资产的周转速度。计算公式为：

流动资金周转次数＝产品销售收入/全部流动资产平均余额

产品销售率　指报告期工业销售产值与同期全部工业总产值之比，是反映工业产品已实现销售的程度，分析工业产销衔接情况，研究工业产品满足社会需求程度的指标。计算公式为：

产品销售率(%)=工业销售产值/工业总产值(现价)×100%

全员劳动生产率　指根据产品的价值量指标计算的平均每一个从业人员在单位时间内的产品生产量。是考核企业经济活动的重要指标，是企业生产技术水平、经营管理水平、职工技术熟练程度和劳动积极性的综合表现。目前我国的全员劳动生产率是将工业企业的工业增加值除以同一时期全部从业人员的平均人数来计算的。计算公式为：

全员劳动生产率＝工业增加值/全部从业人员平均人数

利润总额=营业利润＋投资收益＋补贴收入＋营业外收入－营业外支出＋以前年度损益调整

利税总额　指企业产品销售税金及附加、利润总额和应交增值税之和。

资本金　指企业在工商行政管理部门登记的注册资金合计。企业资本金按投资主体可分为国家资本金、法人资本金、个人资本金和外商资本金等。资本金合计包括企业各种投资主体注册的全部资本金。

总资产　指企业拥有或控制的全部资产。包括流动资产、长期投资、固定资产、无形及递延资产、其他资产等，即为企业资产负债表的资产总计项。

13

建筑业

CONSTRUCTION

13-1 建筑业主要指标

Main Indicators of Construction Enterprises

指　　标	单位	2011年	2012年	2013年	2014年	2015年	2016年
汇总单位数	个	488	492	486	454	463	460
建筑业增加值	万元	1791905	2126738	2986331	3014387	2826306	2633587
建筑业总产值	万元	11291079	12094163	13867631	15422095	16638332	18647972
按隶属关系分							
中央属	万元	5258069	5597652	6026998	6781707	7693792	9079591
省属	万元	1217025	1283292	1497316	1549456	1664077	1853736
市属	万元	1935696	2169003	2723246	2978560	3222554	3676145
县及县以下	万元	1130731	1432745	1525039	1654785	1608569	1711315
其他	万元	1749558	1611471	2095032	2457587	2449340	2327185
按工程性质分							
建筑工程	万元	10000822	10688363	12174551	13708876	14422832	16291789
安装工程	万元	928959	966527	1190377	1392597	1744180	1998465
其他产值	万元	361298	439273	502703	320622	471320	357718
竣工产值	万元	4742897	5172005	6457841	6398538	7613104	7415119
房屋施工面积	万平方米	5805	6556	7696	9183	10189	10293
#本年新开工	万平方米	2692	2570	3008	3420	2991	3222
房屋竣工面积	万平方米	1185	1638	2012	1772	2039	2298
#住宅	万平方米	693	1081	1281	1157	1178	1379
所有者权益	万元	2287009	2516989	3214727	3516583	4015082	4433678
利润总额	万元	344352	433249	499818	516686	568473	573258
工资总额	万元	942251	1155489	1711089	1917170	1638141	1812042

注: 建筑业增加值2006年起采用以企业营业利润为主的收入法计算。

13-2 建筑业增加值构成(2016年)

Value Added of Construction by Structure(2016)

单位:万元

指　　标 (总承包与专业承包)	建筑业增加值	本年提取固定资产折旧	营业税金及附加	管理费中的税金	营业利润	应付职工薪酬(本年贷方累计发生额)
总　计	2805982	138254	272585	15368	567442	1812332
其中:国有及国有控股企业	1747352	113113	148705	5797	389895	1089841
一、按登记注册类型分组						
内资企业	2787222	136676	267299	15099	562159	1805989
国有企业	316949	16341	28165	2250	42710	227483
集体企业	44976	816	4978	215	8349	30618
股份合作企业	-1351	185	1225	54	-4848	2033
联营企业	324	3	172	5	26	119
其他联营企业	324	3	172	5	26	119
有限责任公司	2077866	106147	188403	9114	419975	1354226
国有独资公司	443286	17908	67779	1016	69138	287445
其他有限责任公司	1634580	88240	120625	8098	350836	1066781
股份有限公司	97250	6608	10360	209	45396	34677
私营企业	251209	6576	33996	3252	50551	156834
私营独资企业						
私营有限责任公司	238045	5594	32346	3116	47012	149977
私营股份有限公司	13164	982	1650	136	3539	6858
其他企业						
港、澳、台商投资企业	18458	1570	5263	259	5410	5955
与港澳台商合资经营	18458	1570	5263	259	5410	5955
港、澳、台商独资						
外商投资企业	303	8	23	10	-126	387
中外合资经营企业	303	8	23	10	-126	387
外资企业						
二、按国民经济行业分组						
房屋建筑业	1537490	35938	150141	6292	260218	1084901
土木工程建筑业	1010499	88207	91216	5831	241978	583268
建筑安装业	134032	9532	14924	849	29430	79296
建筑装饰和其他建筑业	123961	4577	16304	2397	35816	64867
三、按隶属关系分组						
中央	1037569	93381	99436	2662	206740	635351
省(自治区、直辖市)	283977	16990	19458	1575	84124	161830
地区(州、盟、省辖市)及以下、其他	1484436	27884	153691	11132	276579	1015151
四、按企业资质等级分组						
施工总承包	2519710	124368	242026	11463	493657	1648197
特级	943342	51170	68085	1630	275893	546565
一级	1207464	67818	130698	6176	160859	841913
二级	206742	2699	22493	2114	31017	148419
三级以下	162162	2681	20751	1543	25888	111300
专业承包	286272	13886	30559	3906	73786	164136
一级	137506	2848	11637	1098	40446	81478
二级	90241	4108	14080	1583	22282	48187
三级以下	58525	6930	4841	1224	11058	34471

13－3 建筑企业

Assets of Construction

指　　标 （总承包与专业承包）	流动资产合计	#存货	固定资产合计	固定资产原价
总计	20448386	3934615	1253372	1933377
其中：国有及国有控股企业	15713764	2895303	883280	1440955
一、按登记注册类型分组				
内资企业	20130701	3895200	1232994	1904107
国有企业	2526104	585616	194956	329735
集体企业	103780	20959	29374	20098
股份合作企业	105160	68215	6579	4381
联营企业	2813	1122	2	43
其他联营企业	2813	1122	2	43
有限责任公司	13868806	2868322	782738	1266923
国有独资公司	4059289	658114	256850	298148
其他有限责任公司	9809517	2210208	525888	968775
股份有限公司	2257686	15895	100304	134600
私营企业	1266352	335071	119042	148328
私营有限责任公司	1166139	316008	106421	129752
私营股份有限公司	100214	19062	12621	18576
港、澳、台商投资企业	313763	38654	20330	29008
与港澳台商合资经营	313763	38654	20330	29008
外商投资企业	3922	762	49	263
中外合资经营企业	3922	762	49	263
外资企业				
二、按国民经济行业分组				
房屋建筑业	6307003	1342309	339682	442809
土木工程建筑业	12799011	2342976	799702	1325614
建筑安装业	580074	96924	69297	99735
建筑装饰和其他建筑业	762298	152406	44691	65220
三、按隶属关系分组				
中央	10266984	1689178	578303	1059618
省（自治区、直辖市）	2185717	702628	112549	223226
地区（州、盟、省辖市）及以下、其他				
四、按企业资质等级分组				
施工总承包	18942392	3606804	1144647	1757172
特级	8866410	1248193	374623	551143
一级	8238669	1879900	596506	996891
二级	1405765	425212	97890	138351
三级以下	431548	53499	75628	70787
专业承包	1505993	327811	108725	176205
一级	677663	147139	34691	56564
二级	521086	135857	46815	69586
三级以下	307244	44814	27220	50055

资 产 实 力（2016年）

Enterprises（2016）

单位:万元

流动负债合计	非流动负债合计	负债合计	所有者权益合计	
				#国家资本
18087309	1130828	19326379	4435029	1332315
14360927	986630	15349031	2702908	1266884
17796237	1109109	19013587	4268639	1325218
2111279	260347	2372782	413328	197159
87963	1779	91596	66765	2200
116270		124570	-8911	65
1759		2865	1105	
1759		2865	1105	
12606806	613671	13247751	2785782	854895
3812815	114533	3927352	891052	480753
8793991	499137	9320400	1894730	374142
2130490	214296	2348735	364364	268900
741670	19017	825288	646205	2000
670127	18334	753062	601827	2000
71543	683	72226	44378	
288983	21720	310703	164508	6848
288983	21720	310703	164508	6848
2089		2089	1882	249
2089		2089	1882	249
5376179	199685	5621834	1451700	256628
11932013	852540	12788529	2301230	1023895
408484	5085	419027	315671	17310
370632	73518	496988	366429	34482
9735020	541087	10276116	1364620	730586
1764197	305412	2071259	452116	123139
6588091		6979004	2618294	
17102225	1054687	18207432	3799315	1301058
8307073	557225	8874298	1695331	711619
7388815	471349	7862624	1394932	531452
1130787	14383	1171024	445478	27046
275550	11730	299486	263574	30942
985084	76142	1118946	635714	31257
501479	68961	570971	178884	12165
265788	2277	323776	291372	15739
217817	4904	224199	165458	3354

13-4 建筑业施工产值构成(2016年)

Output Value of Construction by Structure(2016)

单位:万元

指　标 (总承包与专业承包)	合　计	建筑工程	安装工程	其他产值	竣工产值
总　计	18647972	16291789	1998465	357718	7415119
其中:国有及国有控股企业	13525233	12160793	1224986	139455	4651237
一、按登记注册类型分组					
内资企业	18387210	16036140	1993352	357718	7390223
国有企业	2135620	1392226	731915	11479	1251299
集体企业	182301	170253	12048	0	94067
股份合作企业	38474	37924	550	0	5050
联营企业	9695	9610	0	85	9695
其他联营企业	9695	9610	0	85	9695
有限责任公司	13397477	12231199	943138	223140	4847031
国有独资公司	4215359	4016225	199133	0	1486371
其他有限责任公司	9182119	8214974	744005	223140	3360660
股份有限公司	1273525	1185610	60279	27636	435659
私营企业	1350118	1009317	245423	95379	747421
私营有限责任公司	1273129	967515	210671	94943	685498
私营股份有限公司	76989	41802	34752	435	61924
港、澳、台商投资企业	258597	255649	2948	0	24729
与港澳台商合资经营	258597	255649	2948	0	24729
外商投资企业	2165	0	2165	0	168
中外合资经营企业	2165	0	2165	0	168
二、按国民经济行业分组					
房屋建筑业	8115632	7606560	320401	188672	4724327
土木工程建筑业	9150591	7997752	1112132	40707	2137097
建筑安装业	644272	126483	492549	25239	299386
建筑装饰和其他建筑业	737477	560994	73383	103099	254310
三、按隶属关系分组					
中央	9079591	7892589	1052189	134813	3368816
省(自治区、直辖市)	1853736	1707795	75255	70686	256050
地区(州、盟、省辖市)及以下、其他	7714645	0	0	0	0
四、按企业资质等级分组					
施工总承包	17168827	15532111	1506603	130113	6743020
特级	6434506	6380837	31581	22088	2004797
一级	9121185	7828274	1251929	40982	3939968
二级	1072319	853766	156495	62059	514990
三级及以下	540817	469234	66598	4985	283264
专业承包	1479145	759677	491863	227605	672100
一级	738843	281879	276508	180456	308737
二级	492278	317026	135783	39469	215404
三级及以下	248023	160772	79571	7680	147958

13-5 建筑企业损益及分配(2016年)

Output Value of Construction by Structure(2016)

单位:万元

指标（总承包与专业承包）	营业收入	利税总额	营业利润	利润总额	应付职工薪酬（本年贷方累计发生额）
总计	19707485	861175	567442	573222	1812332
其中:国有及国有控股企业	14384444	552644	389895	398141	1089841
一、按登记注册类型分组					
内资企业	19401554	849785	562159	567387	1805989
国有企业	2247637	74755	42710	44339	227483
集体企业	168071	13456	8349	8263	30618
股份合作企业	43438	-3567	-4848	-4846	2033
联营企业	9695	203	26	26	119
其他联营企业	9695	203	26	26	119
有限责任公司	13124971	621454	419975	423936	1354226
国有独资公司	3975481	142058	69138	73263	287445
其他有限责任公司	9149490	479396	350836	350673	1066781
股份有限公司	2281768	56003	45396	45434	34677
私营企业	1525973	87483	50551	50235	156834
私营有限责任公司	1428840	82097	47012	46635	149977
私营股份有限公司	97134	5386	3539	3600	6858
港、澳、台商投资企业	303186	11391	5410	5869	5955
与港澳台商合资经营	303186	11391	5410	5869	5955
外商投资企业	2746	-1	-126	-35	387
中外合资经营企业	2746	-1	-126	-35	387
外资企业					
二、按国民经济行业分组					
房屋建筑业	7927688	420907	260218	264474	1084901
土木工程建筑业	10323159	341842	241978	244795	583268
建筑安装业	660845	45462	29430	29689	79296
建筑装饰和其他建筑业	795793	52965	35816	34264	64867
三、按隶属关系分组					
中央	10669587	316161	206740	214063	635351
省(自治区、直辖市)	1807860	105671	84124	84638	161830
地区(州、盟、省辖市)及以下、其他	7230038	439343	276579	274521	1015151
四、按企业资质等级分组					
施工总承包	18064292	753593	493657	500105	1648197
特级	7375026	347461	275893	277747	546565
一级	8972772	304853	160859	167979	841913
二级	1151995	52672	31017	28065	148419
三级以下	564498	48607	25888	26314	111300
专业承包	1643193	107582	73786	73117	164136
一级	777902	52197	40446	39462	81478
二级	557313	37807	22282	22143	48187
三级以下	307978	17578	11058	11513	34471

13－6 施工工程个数及施工面积(2016年)

Number of Projects and Floor Space Under Construction(2016)

指 标 (总承包与专业承包)	房屋建筑 施工面积 (万平方米)	#本年 新开工面积 (万平方米)	房屋建筑 竣工面积 (万平方米)	#住宅房屋 (万平方米)	竣工房屋价值 (万元)
总 计	10293	3222	2298	1379	4525100
其中:国有及国有控股企业	6666	1884	1261	607	2641589
一、按登记注册类型分组					
内资企业	10293	3222	2298	1379	4525100
国有企业	456	167	157	92	249206
集体企业	120	64	62	29	65831
股份合作企业	8	6	4	4	4500
联营企业					
其他联营企业					
有限责任公司	8991	2670	1812	1058	3736929
国有独资公司	3335	946	514	217	1092858
其他有限责任公司	5656	1724	1298	841	2644071
股份有限公司	72	56	54	38	65424
私营企业	646	258	209	157	403210
私营有限责任公司	619	240	192	151	374729
私营股份有限公司	27	18	17	6	28482
港、澳、台商投资企业					
与港澳台商合资经营					
外商投资企业					
中外合资经营企业					
二、按国民经济行业分组					
房屋建筑业	10105	3145	2239	1372	4387229
土木工程建筑业	172	69	48	6	123829
建筑安装业	15	8	10	0	12846
建筑装饰和其他建筑业	1	0	1	1	1197
三、按隶属关系分组					
中央	4827	1274	780	278	1861254
省(自治区、直辖市)	229	56	42	36	93600
地区(州、盟、省辖市)及以下、其他	5237	0	0	0	0
四、按企业资质等级分组				0	0
施工总承包	10224	3189	2272	1372	4507389
特级	3245	943	641	309	1410854
一级	6014	1783	1265	796	2534720
二级	545	262	196	165	360347
三级及以下	420	201	169	102	201467
专业承包	69	33	26	7	17712
一级	43	13	0	0	0
二级	13	9	11	0	9721
三级及以下	13	10	15	7	7991

13-7 济南市建筑业特级、一级资质企业一览表(2016年)

Summary of Construction Enterprises with Grade Ⅰ Qualification(2016)

企业名称	隶属关系	经济类型	所属行业
山东省建设建工(集团)有限责任公司	地(区、市、州、盟)	其他有限责任公司	房屋建筑业
山东省公路建设(集团)有限公司	其他	与港澳台商合资经营	公路工程建筑
山东省路桥集团有限公司	省(自治区、直辖市)	其他有限责任公司	架线及设备工程建筑
中铁十四局集团有限公司	中央	股份有限公司	铁路工程建筑
中铁十局集团有限公司	中央	其他有限责任公司	铁路工程建筑
济南城建集团有限公司	地(区、市、州、盟)	国有独资公司	铁路工程建筑
山东高速齐鲁建设集团公司	省(自治区、直辖市)	国有	房屋建筑业
山东天宝建设集团有限公司	其他	私营有限责任公司	房屋建筑业
中建八局第一建设有限公司	中央	国有独资公司	房屋建筑业
山东省城建工程集团公司	省(自治区、直辖市)	股份合作	房屋建筑业
山东三箭建设工程管理有限公司	地(区、市、州、盟)	国有独资公司	房屋建筑业
中建八局第二建设有限公司	中央	其他有限责任公司	房屋建筑业
济南二建集团工程有限公司	地(区、市、州、盟)	其他有限责任公司	房屋建筑业
普利置业有限公司	省(自治区、直辖市)	其他有限责任公司	房屋建筑业
济南四建(集团)有限责任公司	地(区、市、州、盟)	其他有限责任公司	房屋建筑业
中铁十局集团建筑工程有限公司	中央	其他有限责任公司	房屋建筑业
山东三箭建设工程股份有限公司	地(区、市、州、盟)	国有独资公司	房屋建筑业
山东中恒建设集团有限公司	其他	私营有限责任公司	房屋建筑业
济南建工总承包集团有限公司	地(区、市、州、盟)	其他有限责任公司	房屋建筑业
济南一建集团总公司	地(区、市、州、盟)	国有	房屋建筑业
山东港基建设集团有限公司	县(区、市、旗)	其他有限责任公司	房屋建筑业
山东长箭建设集团有限公司	县(区、市、旗)	其他有限责任公司	房屋建筑业
山东长泰建设集团有限公司	县(区、市、旗)	其他有限责任公司	房屋建筑业
山东平安建设集团有限公司	县(区、市、旗)	其他有限责任公司	房屋建筑业
济南长兴建设集团有限公司	地(区、市、州、盟)	其他有限责任公司	房屋建筑业
济南铸诚建筑工程集团有限公司	县(区、市、旗)	其他有限责任公司	房屋建筑业
山东科信达建筑安装有限公司	县(区、市、旗)	其他有限责任公司	房屋建筑业
山东省建设集团有限公司	其他	私营有限责任公司	房屋建筑业
章丘市第二建筑安装(集团)有限责任公司	县(区、市、旗)	其他有限责任公司	房屋建筑业
中铁十四局集团第四工程有限公司	中央	国有独资公司	铁路工程建筑
山东琴通路桥集团有限公司	地(区、市、州、盟)	其他有限责任公司	公路工程建筑
济南金曰公路工程有限公司	地(区、市、州、盟)	其他有限责任公司	公路工程建筑
济南通达公路工程有限公司	县(区、市、旗)	其他有限责任公司	公路工程建筑
山东鲁桥建设有限公司	其他	其他有限责任公司	公路工程建筑
山东省齐鲁装饰设计院	省(自治区、直辖市)	其他联营	建筑装饰业
山东万得福装饰工程有限公司	其他	其他有限责任公司	建筑装饰业
济南舜联建设集团有限公司	其他	私营有限责任公司	房屋建筑业
山东黄河工程集团有限公司	中央	国有独资公司	港口及航运设施工程建筑
山东水利工程总公司	省(自治区、直辖市)	国有	河湖治理及防洪设施工程建筑
山东省水利工程局	省(自治区、直辖市)	国有	河湖治理及防洪设施工程建筑

13-7续

企业名称	隶属关系	经济类型	所属行业
济南市黄河工程局	中央	国有	管道工程建筑
山东送变电工程公司	中央	国有	架线及设备工程建筑
山东电力建设第一工程公司	中央	国有	架线及设备工程建筑
中国电建集团核电工程公司	中央	国有	架线及设备工程建筑
山东电建建设集团有限公司	其他	其他有限责任公司	架线及设备工程建筑
济钢集团山东建设工程有限公司	省（自治区、直辖市）	国有独资公司	电气安装
中铁十四局集团隧道工程有限公司	中央	其他有限责任公司	铁路工程建筑
济南汇通联合市政工程有限责任公司	中央	其他有限责任公司	市政道路工程建筑
中铁十局集团济南铁路工程有限公司	中央	国有	公路工程建筑
济南黄河路桥建设集团有限公司	地（区、市、州、盟）	国有	市政道路工程建筑
山东省工业设备安装有限公司	省（自治区、直辖市）	国有	其他建筑安装业
中铁十四局集团电气化工程有限公司	中央	其他有限责任公司	架线及设备工程建筑
中铁十局集团电务工程有限公司	中央	其他有限责任公司	铁路工程建筑
山东国舜建设集团有限公司	县（区、市、旗）	其他有限责任公司	管道和设备安装
山东正元建设工程有限责任公司	中央	其他有限责任公司	房屋建筑业
中铁济南工程技术有限公司	中央	其他有限责任公司	铁路工程建筑
山东省机械施工有限公司	地（区、市、州、盟）	其他有限责任公司	其他工程准备活动
山东省城乡建设勘察设计研究院	省（自治区、直辖市）	国有	其他工程准备活动
山东省装饰集团总公司	省（自治区、直辖市）	国有	建筑装饰业
山东省鸿鑫工程有限公司	其他	私营有限责任公司	建筑装饰业
山东剑桥装饰工程有限公司	省（自治区、直辖市）	其他有限责任公司	建筑装饰业
山东省永隆装饰工程有限公司	其他	私营有限责任公司	建筑装饰业
济南宏铁建筑装饰工程有限公司	中央	其他有限责任公司	建筑装饰业
山东福缘来装饰有限公司	其他	私营有限责任公司	建筑装饰业
山东福思特建筑装饰有限公司	其他	私营有限责任公司	建筑装饰业
沃尔德项目管理有限公司	其他	其他有限责任公司	建筑装饰业
山东盛顺装饰有限公司	其他	私营有限责任公司	建筑装饰业
济南金鼎电力安装有限公司	县（区、市、旗）	其他有限责任公司	电气安装
山东德泰装饰有限公司	其他	私营有限责任公司	建筑装饰业
山东省鲁美建材装饰有限公司	其他	私营有限责任公司	建筑装饰业
山东津单幕墙有限公司	其他	私营有限责任公司	建筑装饰业
济南凯诚消防自控设备有限公司	其他	其他有限责任公司	电气安装
山东宏雁电子系统工程有限公司	其他	私营有限责任公司	电气安装
山东华森建筑消防项目管理有限公司	其他	私营有限责任公司	电气安装
济南消防工程有限公司	地（区、市、州、盟）	其他有限责任公司	电气安装
山东华尔泰建筑工程有限公司	其他	其他有限责任公司	电气安装
山东嘉林建设工程有限公司	其他	私营有限责任公司	房屋建筑业
济南建设设备安装有限责任公司	地（区、市、州、盟）	其他有限责任公司	管道和设备安装
山东优士科技发展有限公司	其他	私营有限责任公司	电气安装
山东省邮电工程有限公司	其他	其他有限责任公司	架线及设备工程建筑
山东海威装饰工程有限公司	其他	私营有限责任公司	建筑装饰业
中直建筑装饰股份有限公司	其他	私营股份有限公司	建筑装饰业

主要统计指标解释

Explanatory Notes on Main Statistical Indicators

建筑业统计单位 指从事房屋、构筑物建造和设备安装活动的法人企业。建筑业法人企业应同时具备的条件是:①依法成立,有自己的名称、组织机构和场所,能够承担民事责任;②独立拥有和使用资产,承担负债,有权与其他单位签订合同;③独立核算盈亏,能够编制资产负债表。

建筑业总产值(即自行完成施工产值) 是以货币表现的建筑安装企业在一定时期内生产的建筑业产品的总和。建筑业总产值包括:

(1)建筑工程产值:指列入建筑工程预算内的各种工程价值。

(2)设备安装工程产值:指设备安装工程价值,不包括被安装设备本身价值。

(3)房屋、构筑物修理产值:指房屋、构筑物修理所完成的价值,但不包括被修理房屋、构筑物本身的价值和生产设备的修理价值。

(4)非标准设备制造产值:指加工制造没有定型的、非标准的生产设备的加工费和原材料价值,以及附属加工厂为本企业承建工程制作的非标准设备的价值。

建筑业增加值 指建筑业企业在报告期内以货币表现的建筑业生产经营活动的最终成果。目前建筑业增加值采用分配法(收入法)计算,即从收入的角度出发,根据生产要素在生产过程中应得的收入份额计算。具体计算公式为:

建筑业增加值=本年提取的固定资产折旧+应付工资+应付福利费+管理费用中的劳动待业保险金、税金+工程结算税金及附加+工程结算利润

房屋建筑施工面积 指在报告期内施工的全部房屋建筑面积,包括本期新开工的房屋面积、上期施工跨入本期继续施工的房屋面积、上期停缓建在本期恢复施工的房屋面积、本期竣工的房屋面积及本期施工后又停缓建的房屋面积。

房屋建筑竣工面积 指在报告期内房屋建筑按照设计要求全部完工,达到了住人和使用条件,经验收鉴定合格,正式移交使用单位的房屋建筑面积。

自有机械设备年末总台数 指归本企业所有,属于本企业固定资产的生产性机械设备年末总台数。包括施工机械、生产设备、运输设备以及其他设备。

自有机械设备年末总功率 指本企业自有施工机械、生产设备、运输设备以及其他设备等列为在册固定资产的生产性机械设备年末总功率,按设定能力或查定能力计算。包括机械本身的动力和为该机械服务的单独动力设备,如电动机等。计算单位用千瓦,动力换算可按1 马力=0.735 千瓦折合成千瓦数。电焊机、变压器、锅炉不计算动力。

营业收入 指企业经营主要业务和其他业务所确认的收入总额。营业收入合计包括“主营业务收入”和“其他业务收入”。根据会计“利润表”中“营业收入”项目的本期总额数填报。

营业利润 指企业从事生产经营活动所取得的利润。执行2006 年《企业会计准则》的企业,营业利润为营业收入减去营业成本、营业税金及附加、销售费用、管理费用、财务费用、资产减值损失,再加上公允价值变动收益和损益收益。未执行2006 年《企业会计准则》的企业,营业利润为主营业务收入减去主营业务成本、主营业务税金及附加,加上其他业务利润后,再减支销售费用、管理费用、财务费用后的金额。

企业总收入 指与企业生产经营直接有关的各项收入,包括工程结算收入和其他业务收入。计算公式为:

企业总收入=工程结算收入+其他业务收入

运输与邮电

TRANSPORTATION POST AND TELECOMMUNICATION SERVICES

14-1 邮电业务量

Postal and Telecommunications Services

指　　标	单位	2010年	2011年	2012年	2013年	2014年	2015年	2016年
国内分类业务量								
固定电话数	万户	213.30	186.80	193.28	180.05	176.90	165.30	155.90
年末市内电话	万户	177.4	152.1	161.1	150.3	150.2	141.0	135.89
年末农村电话	万户	35.90	34.70	32.18	29.73	26.73	24.30	19.07
年末住宅电话	万户	137.50	117.39	120.26	103.57	102.61	86.40	71.79
年末移动电话用户	万户	857.60	931.10	978.0	1243.57	1177.87	1090.40	1087.71
4G电话用户数	万户					74.3	306.60	442.10
宽带网及互联网拨号注册电话	户	1173000	1327000	1736200	1758710	2027279	2316600	2618800
每百人互联网用户数	户/百人	19.42	21.90	28.5	28.68	32.61	37.02	41.38
邮电局所	处	211	211	203	215	216	204	204
国际及港澳台分类业务量								
函　件	万件	6.18	5.00	8.49	42.70	115.40	19.49	16.10
包　件	万件	1.36	1.48	1.48	1.26	0.92	0.84	1.24

注：自2013年起，我市国际及港澳函件中的小包业务量增长幅度较大，带动了函件业务量的增长。

14-2 交通运输业基本情况

Basic Conditions of Transportation

指　　标	2010年	2011年	2012年	2013年	2014年	2015年	2016年
铁路客运量(万人)	3327.4	3340.0	3824.0	8483.5	9507.8	10681.1	11923.7
铁路客运周转量(亿人公里)	307.9	311.9	344.0	549.9	617.3	662.5	703.8
铁路货运量(万吨)	9913.2	10053.4	10103.6	19045.9	16792.3	15793.8	16749.1
铁路货运周转量(亿吨公里)	1131.9	1118.3	1090.3	1393.5	1238.1	1088.0	1153.0
公路客运量(万人)	12758.0	11165.0	13084.0	3670.0	3729.0	3663.0	3212.0
公路旅客周转量(亿人公里)	138.5	144.1	140.3	50.7	51.6	54.2	52.2
公路货运量(万吨)	13029.0	14574.0	15922.0	19050.0	19359.0	20419.0	21212.0
公路货物周转量(亿吨公里)	231.5	253.6	275.4	371.3	392.0	393.8	419.0
民航客运量(万人)	379.2	433.0	426.0	452.8	488.1	533.1	645.1
民航客运周转量(亿人公里)	115.9	142.9	158.1	176.2	195.3	227.7	272.9
民航货运量(万吨)	3.4	3.8	3.9	3.8	3.9	4.2	5.1
公路通车里程(公里)							
公路通车里程	11611	11940	12297	12697	12846	13104	12730.2
#高速公路	347	347	347	355	419	419	462.2
有铺装、简易铺装路面	11191	11669	11997	12422	12602	12906	12603.9
未铺装路面	421	271	300	274	245	198	126.3
民用航空							
执行航线(条)	140	99	68	150	103	152	125
通航城市(个)	45	50	56	59	53	55	64
起飞架次(架次)	69961	77856	78465	80746	83551	86158	100152
民用车辆(辆)							
民用汽车	807378	928553	1059056	1213611	1382459	1541045	1742313
私人汽车	671567	786802	910043	1051529	1217636	1378270	1573761
载客汽车	627849	755966	897092	1052540	1224763	1400588	1592737
#大型	10928	11624	10949	11205	11966	11194	12206
载货汽车	117994	126250	126393	136874	134929	123801	134741
#重型	22572	25614	22926	24860	26303	24653	27303
其它汽车	61535	46337	35571	24197	22767	16656	14835
摩托车	421347	380518	329476	197767	174618	126540	73568
挂车	6382	7233	7085	7299	7398	7497	8191

注：1.公路通车里程自2006年起调整统计口径，增加了村道公路统计。
2.修订：民用航空通航城市2015年为55个。
3.因省交通厅公路局统计口径变化，自2012年起，公路通车里程按路面类型分为有铺装路面、简易铺装路面和未铺装路面。
4.铁路系统统计数据来自济南铁路局。
5.自2014年起，交通部门执行新的公路运输量统计方案，调查范围较老口径有所缩小，2014年及2013年数据均为新口径下交通部反馈数据。

14－3　规模以上交通运输仓储邮政业企业财务指标(2016年)

Main Financial Indicators of Transport,Storage and Postal Services above Designated Size(2016)

指　　标	单　位	交通运输、仓储和邮政业
单位数	个	238
年初存货	万元	206087
流动资产合计	万元	3123365
其中:应收账款	万元	178796
其中:存货	万元	277289
固定资产原价	万元	5496220
本年折旧	万元	304251
资产总计	万元	9874346
负债合计	万元	5158699
所有者权益合计	万元	4715688
营业收入	万元	3374953
其中:主营业务收入	万元	3290987
营业成本	万元	2773088
其中:主营业务成本	万元	2720192
营业税金及附加	万元	24613
其中:主营业务税金及附加	万元	24266
销售费用	万元	122761
管理费用	万元	181229
其中:税金	万元	5187
财务费用	万元	80534
其中:利息收入	万元	61675
其中:利息支出	万元	116903
投资收益	万元	103322
营业利润	万元	329806
营业外收入	万元	122255
其中:补贴收入	万元	92994
营业外支出	万元	3844
利润总额	万元	447017
应交所得税	万元	110115
应付职工薪酬(本年贷方累计发生额)	万元	474455
应交增值税	万元	63087
从事服务业活动的从业人员平均人数	万元	59103

14-4 分地区公路交通(2016年)

Road Transportation by Region(2016)

指　　标	济南市	市　区	平阴县	济阳县	商河县
公路通车里程(公里)	12730	6869	1086	2295	2480
#高速公路	462	319	36	75	33
有铺装、简易铺装路面	12604	6745	1086	2293	2480
未铺装路面	126	124	0	2	0
公路客运量(万人)	3212	2997	72	97	46
旅客周转量(万人公里)	521691	494414	6355	13395	7528
公路货运量(万吨)	21212	19126	1371	216	500
货运周转量(万吨公里)	4190062	3701857	281491	55981	150733

注:交通部门执行新的公路运输量统计方案,统计口径有所调整。

主要统计指标解释

Explanatory Notes on Main Statistical Indicators

公路里程　指在一定时期内实际达到《公路工程技术标准JTJ01-88》规定的等级公路,并经公路主管部门正式验收交付使用的公路里程数。包括大中城市的郊区公路以及通过小城镇街道部分的公路里程和桥梁、渡口的长度,不包括大中城市的街道、厂矿、林区生产用道和农业生产用道的里程。两条或多条公路共同经由同一路段,只计算一次,不得重复计算里程长度。它是反映公路建设发展规模的重要指标,也是计算运输网密度等指标的基础资料。

民用航空航线里程　指民航运输定期班机飞行的航线长度的总和。航线长度按机场之间的距离计算,通常有两种计算方法:一是将每条航线长度相加称为重复计算航线里程;一是将两线或两条以上航线经过同一区段里程,只计算一次航线长度称为不重复计算航线里程。一般常用的是后者,它能确切反映民航运输网的规模,是表明民航事业为国民经济服务和方便人民生活程度的主要指标。

货(客)运量　指在一定时期内,各种运输工具实际运送的货物(旅客)数量。它是反映运输业为国民经济和人民生活服务的数量指标,也是制定和检查运输生产计划、研究运输发展规模和速度的重要指标。货运按吨计算,客运按人计算。货物不论运输距离长短、货物类别,均按实际重量统计。旅客不论行程远近或票价多少,均按一人一次客运量统计;半价票、小孩票也按一人统计。

货物(旅客)周转量　指在一定时期内,由各种运输工具运送的货物(旅客)数量与其相应运输距离的乘积之总和。它是反映运输业生产总成果的重要指标,也是编制和检查运输生产计划,计算运输效率、劳动生产率以及核算运输单位成本的主要基础资料。计算货物周转量通常按发出站与到达站之间的最短距离,也就是计费距离计算。计算公式为:

货物(旅客)周转量＝货物(旅客)运输量×运输距离

移动电话用户　指在移动电话营业部门登记,通过移动电话交换机进入移动电话网、占有移动电话号码的电话用户。用户数量以实际办理登记手续进入邮电部门移动电话网的户数进行计算,一部或一台移动电话统计为一户。

电话用户　指接入国家公众固定电话网,并按固定电话业务进行经营管理的电话用户。1997年以前,电话用户分为市内电话用户和农村电话用户。市内电话用户是指接入县城及县以上城市电话网上的电话用户;农村电话用户是指接入县邮电局农话台及县以下农村电话交换点,以县城为中心(除市话用户外)联通县、乡(镇)、行政村、村民小组的用户。从1997年起,电话用户数分组调整为以用户所在区域划分为"城市电话用户"和"乡村电话用户",与过去的按市内电话和农村电话划分方法不同。而电话用户数、电话机部数统计方法不变。

15

国内贸易

DOMESTIC TRADE

15-1 各时期分行业社会消费品零售

Total Retail Sales of Consumer Goods by Section in Each Period

单位:万元

年 份	社会消费品零售总额						
	总 计	批发零售业	住宿业	餐饮业	制造业	其 他	农民对非农业居民
1949	11426	7312		556	3514	–	44
1952	22248	16985		1223	3592	–	448
1957	34568	29279		1935	2381	3	970
1962	41436	35784		1655	2946	266	785
1965	40795	36470		1829	1856	287	353
1970	42993	39397		1537	1468	321	270
1975	60105	53239		2565	2914	1217	170
1978	81335	70661		2907	5120	2222	425
1979	96036	80703		4000	9060	823	1450
1980	119775	95121		4392	16489	1299	2474
"六五时期"							
1981	135236	103303		5388	21353	2157	3035
1982	152094	116241		8165	21398	2778	3512
1983	167948	127884		9225	23569	2953	4317
1984	200301	150233		11342	29563	4506	4657
1985	243080	181867		14823	32342	5535	8513
"七五时期"							
1986	294102	219730		17880	35565	5456	15471
1987	331504	240192		20305	45386	8963	16658
1988	425984	300090		30808	60463	12300	22323
1989	484392	343978		28634	71653	9729	30398
1990	528221	382047		25599	71505	10886	38184
"八五时期"							
1991	597989	424836		27443	78452	14186	53072
1992	732882	535080		37096	77951	21108	61647
1993	1013726	723914		56059	80101	28475	125177
1994	1454386	1037687		86141	99621	27914	203023
1995	1880151	1345321		133501	115105	42533	243691
"九五时期"							
1996	2256851	1570947		176100	141201	22261	346342
1997	2618976	1744014		216727	177219	50392	430624
1998	2911018	1893486		255616	207595	76994	477327
1999	3175983	2043078		305333	225132	83892	518548
2000	3547062	2287545		377550	233128	102535	546304
"十五时期"							
2001	3975320	2574216		485494	237545	118179	559886
2002	4464927	2935804		613178	231947	143702	540296
2003	5371750	4373831		741565	–	256354	–
2004	6984935	5691288	57973	940191	–	295483	–
2005	8078776	6575543	66490	1084425	–	352318	–
"十一五时期"							
2006	9393436	7571831	78098	1324135	–	419372	–
2007	11031462	8791908	86322	1648409	–	504823	–
2008	13566824	10684195	96391	2142271	–	643968	–
2009	15956509	12710608	105378	2438279	–	702244	–
2010	18024610	14022650	150810	3081114	–	770036	–
"十二五时期"							
2011	21142868	16338362	175067	3717616	–	911823	–
2012	24202475	18740304	187466	4308195	–	966510	–
2013	27433506	22006709	177160	4154845	–	1094792	–
2014	30876494	26004226	196307	4675960	–	–	–
2015	34103088	28754816	210316	5137956	–	–	–
"十三五时期"							
2016	37647762	31752379	230502	5664881	–	–	–

15-2 限额以上批发零售贸易法人企业商品销售情况(2016年)

Total Purchase Sales and Inventory by Sector Above Designated Size(2016)

单位:万元

指标	商品销售总额		
	合计	批发	零售
总计	39553491.0	26601630.6	12951860.4
一、批发业	28469065.5	25909984.2	2559081.3
农、林、牧产品批发	217330.7	213766.0	3564.7
谷物、豆及薯类批发	72780.6	72780.6	0.0
种子批发	34137.1	33846.3	290.8
饲料批发	48827.2	48827.2	0.0
棉、麻批发	19739.7	19739.7	0.0
林业产品批发	5821.3	4143.3	1678.0
牲畜批发	12945.4	12945.4	0.0
其他农牧产品批发	23079.4	21483.5	1595.9
食品、饮料及烟草制品批发	2664441.5	2588557.4	75884.1
米、面制品及食用油批发	1431429.2	1404948.3	26480.9
糕点、糖果及糖批发	25363.3	25363.3	0.0
果品、蔬菜批发	267408.4	239725.8	27682.6
肉、禽、蛋、奶及水产品批发	60303.8	58573.6	1730.2
盐及调味品批发	38393.7	38393.7	0.0
营养和保健品批发	2993.6	2993.6	0.0
酒、饮料及茶叶批发	53455.3	43079.3	10376.0
烟草制品批发	721008.8	721008.8	0.0
其他食品批发	64085.4	54471.0	9614.4
纺织、服装及家庭用品批发	1647088.6	1456171.2	190917.4
纺织品、针织品及原料批发	51938.5	51255.6	682.9
服装批发	137912.1	119990.1	17922.0
鞋帽批发	39673.5	36841.5	2832.0
化妆品及卫生用品批发	42812.2	39623.5	3188.7
厨房、卫生间用具及日用杂货批发	17356.8	13217.2	4139.6
灯具、装饰物品批发	12003.3	11701.3	302.0
家用电器批发	1340753.2	1178903.0	161850.2
其他家庭用品批发	4639.0	4639.0	0.0
文化、体育用品及器材批发	1032679.5	754720.3	277959.2
文具用品批发	251827.7	231893.6	19934.1
体育用品及器材批发	2690.3	2690.3	0.0
图书批发	615220.9	357689.8	257531.1

15-2续1

指　　标	商品销售总额		
	合　计	批　发	零　售
音像制品及电子出版物批发	143.7	143.7	0.0
首饰、工艺品及收藏品批发	152706.4	152706.4	0.0
其他文化用品批发	10090.5	9596.5	494.0
医药及医疗器材批发	5169383.9	4773994.3	395389.6
西药批发	2467483.9	2313059.6	154424.3
中药批发	1840040.2	1617812.4	222227.8
医疗用品及器材批发	861859.8	843122.3	18737.5
矿产品、建材及化工产品批发	12635755.8	11251253.5	1384502.3
煤炭及制品批发	6376180.1	6350069.6	26110.5
石油及制品批发	2837351.8	1523164.8	1314187.0
非金属矿及制品批发	16255.8	16255.8	0.0
金属及金属矿批发	2271869.1	2247223.5	24645.6
建材批发	318778.6	316210.6	2568.0
化肥批发	40510.9	40110.9	400.0
农药批发	244242.8	242831.0	1411.8
其他化工产品批发	530566.7	515387.3	15179.4
机械设备、五金产品及电子产品批发	4295654.8	4108389.3	187265.5
农业机械批发	37979.5	37979.5	0.0
汽车批发	953769.9	927474.5	26295.4
汽车零配件批发	258368.5	233818.6	24549.9
摩托车及零配件批发	20471.4	19175.4	1296.0
五金产品批发	68764.5	50652.4	18112.1
电气设备批发	564884.6	563262.1	1622.5
计算机、软件及辅助设备批发	1183852.5	1121990.1	61862.4
通讯及广播电视设备批发	271168.1	249812.2	21355.9
其他机械设备及电子产品批发	936395.8	904224.5	32171.3
贸易经纪与代理	199179.1	170021.4	29157.7
贸易代理	199179.1	170021.4	29157.7
其他批发业	607551.6	593110.8	14440.8
再生物资回收与批发	33357.1	33357.1	0.0
其他未列明批发业	574194.5	559753.7	14440.8
内资企业	26664249.8	24112883.6	2551366.2
国有企业	316705.1	314376.5	2328.6

15-2续2

指　　标	商品销售总额		
	合　计	批　发	零　售
集体企业	51021.4	36984.1	14037.3
有限责任公司	18057913.6	16634423.0	1423490.6
国有独资公司	4807701.3	4685488.1	122213.2
其他有限责任公司	13250212.3	11948934.9	1301277.4
股份有限公司	1179344.1	458654.8	720689.3
私营企业	7055042.2	6664221.8	390820.4
私营独资企业	19025.6	19025.6	0.0
私营有限责任公司	6937162.0	6546714.0	390448.0
私营股份有限公司	98854.6	98482.2	372.4
其他企业	4223.4	4223.4	0.0
港、澳、台商投资企业	1715677.9	1707962.8	7715.1
与港澳台商合资经营企业	38575.1	30860.0	7715.1
港澳台商独资企业	1677102.8	1677102.8	0.0
外商投资企业	89137.8	89137.8	0.0
中外合资经营企业	49944.2	49944.2	0.0
中外合作经营企业	5524.6	5524.6	0.0
外资企业	33669.0	33669.0	0.0
二、零售业	11084425.5	691646.4	10392779.1
综合零售	2893658.9	31119.2	2862539.7
百货零售	2434808.0	24658.5	2410149.5
超级市场零售	391431.9	6440.1	384991.8
其他综合零售	67419.0	20.6	67398.4
食品、饮料及烟草制品专门零售	410196.8	78863.1	331333.7
粮油零售	33460.6	1137.6	32323.0
糕点、面包零售	11771.9	0.0	11771.9
果品、蔬菜零售	78925.6	11368.7	67556.9
肉、禽、蛋、奶及水产品零售	106095.8	9263.4	96832.4
营养和保健品零售	15020.4	3012.3	12008.1
酒、饮料及茶叶零售	109054.9	42837.3	66217.6
烟草制品零售	17935.4	0.0	17935.4
其他食品零售	37932.2	11243.8	26688.4
纺织、服装及日用品专门零售	418953.4	81354.1	337599.3
纺织品及针织品零售	3308.6	9.5	3299.1

15-2续3

指标	商品销售总额		
	合计	批发	零售
服装零售	110069.4	11004.6	99064.8
鞋帽零售	3461.2	356.2	3105.0
化妆品及卫生用品零售	47637.6	3224.5	44413.1
钟表、眼镜零售	18642.9	306.0	18336.9
厨房用具及日用杂品零售	3058.5	732.9	2325.6
其他日用品零售	232775.2	65720.4	167054.8
文化、体育用品及器材专门零售	128952.3	10748.2	118204.1
文具用品零售	8557.0	4475.9	4081.1
体育用品及器材零售	1721.5	0.0	1721.5
图书、报刊零售	26165.5	2902.1	23263.4
音像制品及电子出版物零售	12434.6	0.0	12434.6
珠宝首饰零售	53033.5	3370.2	49663.3
工艺美术品及收藏品零售	5806.0	0.0	5806.0
乐器零售	2459.1	0.0	2459.1
照相器材零售	16611.2	0.0	16611.2
其他文化用品零售	2163.9	0.0	2163.9
医药及医疗器材专门零售	454349.2	177910.3	276438.9
药品零售	416552.3	167270.5	249281.8
医疗用品及器材零售	37796.9	10639.8	27157.1
汽车、摩托车、燃料及零配件专门零售	4642074.4	124462.0	4517612.4
汽车零售	3782853.6	95308.5	3687545.1
汽车零配件零售	109191.1	4125.2	105065.9
摩托车及零配件零售	12193.6	0.0	12193.6
机动车燃料零售	737836.1	25028.3	712807.8
家用电器及电子产品专门零售	922083.1	92957.0	829126.1
家用视听设备零售	385845.7	884.2	384961.5
日用家电设备零售	63840.5	14139.7	49700.8
计算机、软件及辅助设备零售	259126.9	66543.4	192583.5
通信设备零售	195547.3	7428.5	188118.8
其他电子产品零售	17722.7	3961.2	13761.5
五金、家具及室内装饰材料专门零售	418513.8	8515.6	409998.2
五金零售	28998.8	5067.7	23931.1

15-2续4

指　　标	商品销售总额		
	合　计	批　发	零　售
灯具零售	2690.3	2110.3	580.0
家具零售	365598.7	200.3	365398.4
涂料零售	897.4	0.0	897.4
木质装饰材料零售	2862.3	1137.3	1725.0
陶瓷、石材装饰材料零售	12632.4	0.0	12632.4
其他室内装饰材料零售	4833.9	0.0	4833.9
货摊、无店铺及其他零售业	795643.6	85716.9	709926.7
互联网零售	683026.3	48056.2	634970.1
邮购及电视、电话零售	74274.7	35031.5	39243.2
生活用燃料零售	27856.9	2.1	27854.8
其他未列明零售业	10485.7	2627.1	7858.6
内资企业	10155596.9	622894.5	9532702.4
国有企业	176069.4	25140.9	150928.5
集体企业	78394.7	1322.3	77072.4
股份合作企业	2664.6	0.0	2664.6
有限责任公司	3564432.5	228778.8	3335653.7
国有独资公司	68393.9	1898.9	66495.0
其他有限责任公司	3496038.6	226879.9	3269158.7
股份有限公司	2565470.2	12316.6	2553153.6
私营企业	3712143.2	349492.0	3362651.2
私营独资企业	35377.5	527.7	34849.8
私营有限责任公司	3593573.4	347827.0	3245746.4
私营股份有限公司	83192.3	1137.3	82055.0
其他企业	56422.3	5843.9	50578.4
港、澳、台商投资企业	338025.9	6440.1	331585.8
与港澳台商合资经营企业	74432.1	0.0	74432.1
港澳台商独资企业	263593.8	6440.1	257153.7
外商投资企业	590802.7	62311.8	528490.9
中外合资经营企业	93976.9	0.0	93976.9
中外合作经营企业	86457.0	0.0	86457.0
外资企业	45673.5	0.0	45673.5
外商投资股份有限公司	364695.3	62311.8	302383.5

15-3 限额以上批发零

Capital Power of Wholesales and Retail Sales Trade

指　　标	法人企业数（个）	流动资产合　计	存　货	固定资产原　价	累计折旧	本年折旧
总 计	1636	15550812.0	2912080.5	2918652.8	1075040.7	164263.3
一、批发业	816	10512197.2	2054882.3	1791484.2	676973.8	107230.3
农、林、牧产品批发	31	90502.6	40170.9	32623.6	8406.1	945.0
谷物、豆及薯类批发	6	42406.1	28345.6	14821.5	3441.2	371.4
种子批发	6	19872.8	5800.4	11139.9	3063.7	391.2
饲料批发	4	7338.2	1496.2	150.6	39.6	15.8
棉、麻批发	3	5849.0	1715.2	156.4	132.1	21.2
林业产品批发	2	3442.9	301.7	151.9	20.7	10.3
牲畜批发	3	2434.1	110.0	120.2	64.4	18.0
其他农牧产品批发	7	9159.5	2401.8	6083.1	1644.4	117.1
食品、饮料及烟草制品批发	54	909842.9	337169.0	199423.9	56764.9	16110.3
米、面制品及食用油批发	11	601988.1	279293.6	48053.8	17939.7	1782.7
糕点、糖果及糖批发	1	3949.0	1683.3	73.8	39.6	6.3
果品、蔬菜批发	17	11925.8	1018.1	6154.3	2827.2	390.8
肉、禽、蛋、奶及水产品批发	6	22633.1	11940.9	57278.1	7945.8	5526.0
盐及调味品批发	3	17467.8	578.3	5012.5	2420.9	184.5
营养和保健品批发	1	2665.5	825.3	62.6	15.7	1.6
酒、饮料及茶叶批发	9	38380.1	14501.2	3005.0	1027.7	36.1
烟草制品批发	1	189627.9	26149.2	54313.7	18386.1	2540.3
其他食品批发	5	21205.6	1179.1	25470.1	6162.2	5642.0
纺织、服装及家庭用品批发	63	943764.2	291915.4	52853.0	11073.8	3175.7
纺织品、针织品及原料批发	5	5082.7	1229.7	525.7	247.6	148.8
服装批发	13	61523.9	19031.2	1547.9	1112.3	170.0
鞋帽批发	8	17536.6	8265.5	542.8	317.8	104.2
化妆品及卫生用品批发	8	26288.9	13715.7	721.7	352.0	36.6
厨房、卫生间用具及日用杂货批发	2	10713.7	2804.1	223.2	149.4	15.5
灯具、装饰物品批发	4	2581.7	494.5	118.0	106.7	2.3
家用电器批发	22	819901.7	246359.2	48721.0	8676.0	2686.3
其他家庭用品批发	1	135.0	15.5	452.7	112.0	12.0
文化、体育用品及器材批发	26	723110.0	247501.1	217003.9	83620.8	9267.7
文具用品批发	13	71029.6	11821.4	18294.8	8290.2	772.2
体育用品及器材批发	1	822.7	0.9	36.6	18.4	3.0
图书批发	4	633354.9	228861.6	198482.7	75214.6	8484.7
音像制品及电子出版物批发	1	910.4	51.5	19.8	14.8	0.0
首饰、工艺品及收藏品批发	3	15775.9	6088.2	97.0	23.1	5.9
其他文化用品批发	4	1216.5	677.5	73.0	59.7	1.9
医药及医疗器材批发	101	2307039.9	408195.7	148424.6	42116.9	8205.0
西药批发	46	1114646.0	235949.6	106071.9	23776.6	3564.0
中药批发	27	818531.9	118526.3	20721.6	8229.0	2009.2
医疗用品及器材批发	28	373862.0	53719.8	21631.1	10111.3	2631.8
矿产品、建材及化工产品批发	322	3288247.5	438395.4	1054932.0	444043.0	63570.6

售贸易企业资产实力（2016年）

Above Designated Size(2016)

单位:万元

资产总计	负债合计	所有者权益合计					
			实收资本	国家资本	集体资本	法人资本	个人资本
20820026.1	16053698.9	4865990.2	3292808.7	1041115.1	28386.4	1097957.3	758827.4
13897687.5	10467081.9	3423682.7	2275767.0	964647.2	10849.8	499023.6	500450.9
125488.6	73079.6	52562.0	26167.0	8132.7	200.0	3344.5	14489.8
59385.2	37864.2	21521.0	2607.7	1767.2	0.0	492.5	348.0
32432.0	11813.8	20618.2	16121.6	5099.0	200.0	296.0	10526.6
7450.7	4781.2	2669.5	2600.0	0.0	0.0	1520.0	1080.0
5886.1	4456.1	1583.0	1700.0	0.0	0.0	700.0	1000.0
3594.1	2566.5	1027.6	130.0	0.0	0.0	100.0	30.0
2489.9	2227.3	262.6	138.5	0.0	0.0	40.0	98.5
14250.6	9370.5	4880.1	2869.2	1266.5	0.0	196.0	1406.7
1175177.5	773230.0	401947.5	130593.5	5432.8	1731.7	31556.0	6567.1
664221.7	594263.1	69958.6	9723.4	3141.5	0.0	4516.0	1760.0
4228.9	3377.0	851.9	2000.0	0.0	0.0	1700.0	300.0
17393.9	9878.8	7515.1	4014.1	0.0	1187.1	805.0	2022.0
128387.5	42544.1	85843.4	86080.0	0.0	0.0	350.0	730.0
23314.1	11149.5	12164.6	1968.5	1968.5	0.0	0.0	0.0
2713.4	2189.4	524.0	300.0	0.0	0.0	300.0	0.0
46500.3	44631.5	1868.8	4607.6	322.8	544.6	2737.2	1003.0
247397.9	47351.3	200046.6	1000.0	0.0	0.0	1000.0	0.0
41019.8	17845.3	23174.5	20899.9	0.0	0.0	20147.8	752.1
1105473.6	1050663.4	54810.2	47606.8	500.0	274.2	18780.9	28051.6
5398.5	3774.7	1623.8	952.3	0.0	0.0	100.0	852.3
62519.9	69047.0	-6527.1	2343.0	0.0	0.0	501.0	1842.0
18315.2	20072.0	-1756.8	629.1	0.0	0.0	2.9	626.2
26670.8	19164.3	7506.5	3280.2	0.0	0.0	1437.9	1842.3
10787.5	10503.0	284.5	400.0	0.0	0.0	300.0	100.0
2593.0	703.1	1889.9	1558.0	0.0	0.0	200.0	1358.0
978713.0	927223.6	51489.4	38144.2	500.0	274.2	15939.1	21430.8
475.7	175.7	300.0	300.0	0.0	0.0	300.0	0.0
976054.8	657355.5	318699.3	38060.0	4500.0	60.0	13745.7	19754.3
81360.8	70992.0	10368.8	14294.0	0.0	60.0	10650.0	3584.0
840.9	340.4	500.5	508.0	0.0	0.0	0.0	508.0
875704.7	575140.7	300564.0	17305.0	4500.0	0.0	2409.7	10395.3
915.5	907.7	7.8	50.0	0.0	0.0	0.0	50.0
16003.1	9121.2	6881.9	5500.0	0.0	0.0	500.0	5000.0
1229.8	853.5	376.3	403.0	0.0	0.0	186.0	217.0
2667491.5	2321773.1	345718.4	217361.2	19380.4	5041.2	143474.5	49165.1
1389634.4	1227796.4	161838.0	121197.5	7491.2	794.7	84604.8	28306.8
867943.8	746807.1	121136.7	58296.7	11889.2	4246.5	27540.5	14620.5
409913.3	347169.6	62743.7	37867.0	0.0	0.0	31329.2	6237.8
5221316.6	3595944.9	1618295.8	1337430.5	916716.4	3245.0	141304.7	248187.4

15-3续1

指　　　标	法人企业数（个）	流动资产合　计	存　货	固定资产原　价	累计折旧	本年折旧
煤炭及制品批发	56	586363.9	48407.9	31815.3	9930.7	1911.2
石油及制品批发	31	1120196.4	230094.7	962228.7	404363.3	58253.9
非金属矿及制品批发	1	2366.9	1883.3	47.7	43.2	5.7
金属及金属矿批发	144	745630.1	98229.2	25717.4	14788.8	1494.9
建材批发	19	259629.4	27969.3	9885.3	1773.8	450.9
化肥批发	9	162564.4	6996.1	13614.8	7240.4	275.1
农药批发	11	135432.9	7985.2	3597.5	1753.1	547.1
其他化工产品批发	51	276063.5	16829.7	8025.3	4149.7	631.8
机械设备、五金产品及电子产品批发	190	1933213.2	235576.8	54257.4	22817.7	3163.6
农业机械批发	9	8930.0	4452.3	1194.1	709.4	16.6
汽车批发	17	470734.2	102628.4	2867.0	1519.2	116.8
汽车零配件批发	28	123017.2	17067.4	3026.8	1471.5	441.1
摩托车及零配件批发	6	5670.7	2239.3	1622.6	370.8	62.9
五金产品批发	11	32409.1	2902.5	4599.0	2135.2	213.8
电气设备批发	15	655447.2	4305.8	7434.5	2614.9	684.4
计算机、软件及辅助设备批发	27	130425.8	11617.6	3305.7	1907.5	180.1
通讯及广播电视设备批发	21	125124.7	17160.6	8182.9	2301.5	413.1
其他机械设备及电子产品批发	56	381454.3	73202.9	22024.8	9787.7	1034.8
贸易经纪与代理	4	45464.7	7763.2	19179.7	2534.6	2413.8
贸易代理	3	45146.2	7763.2	19179.7	2534.6	2413.8
其他贸易经纪与代理	1	318.5	0.0	0.0	0.0	0.0
其他批发业	25	271012.2	48194.8	12786.1	5596.0	378.6
再生物资回收与批发	7	993.9	339.9	3958.8	242.4	24.4
其他未列明批发业	18	270018.3	47854.9	8827.3	5353.6	354.2
内资企业	803	9453886.4	1736543.1	1722790.9	664819.2	101034.3
国有企业	12	96393.8	45841.0	29911.9	9118.6	651.4
集体企业	6	6400.0	4376.8	16336.9	7498.5	531.1
有限责任公司	261	5340059.6	904480.8	597857.0	219330.7	38107.3
国有独资公司	15	978195.2	152499.7	98008.8	41008.1	4414.2
其他有限责任公司	246	4361864.4	751981.1	499848.2	178322.6	33693.1
股份有限公司	14	1004214.2	186254.3	870774.2	359240.0	48003.7
私营企业	508	3005848.1	595408.6	207695.0	69603.9	13728.9
私营独资企业	3	1077.9	788.0	344.2	123.4	79.1
私营有限责任公司	494	2916229.1	574847.7	189828.8	63619.9	12714.6
私营股份有限公司	11	88541.1	19772.9	17522.0	5860.6	935.2
其他企业	2	970.7	181.6	215.9	27.5	11.9
港、澳、台商投资企业	8	970102.9	305925.6	65369.0	9883.3	5977.6
合资经营企业(港或澳、台资)	1	6484.6	21.7	38.4	25.7	7.4
港、澳、台商独资经营企业	7	963618.3	305903.9	65330.6	9857.6	5970.2
外商投资企业	5	88207.9	12413.6	3324.3	2271.3	218.4
中外合资经营企业	1	70159.9	10811.3	3166.2	2184.7	187.5

资产总计	负债合计	所有者权益合计	实收资本	国家资本	集体资本	法人资本	个人资本
815050.4	633199.3	181851.1	133685.9	47627.8	0.0	52510.0	33548.1
2471818.7	1492892.8	971850.0	807846.9	764206.4	0.0	14418.0	16278.0
2371.4	1369.2	1002.2	1000.0	0.0	0.0	0.0	1000.0
857119.5	588376.7	268742.8	305770.2	102476.2	1700.0	54157.6	146808.6
268713.2	234822.5	33890.7	26532.8	0.0	500.0	5883.2	5791.6
231143.0	213728.9	17414.1	6366.0	2400.0	0.0	511.0	3455.0
167404.3	125791.6	41612.7	14065.0	6.0	45.0	7705.0	6262.3
407696.1	305763.9	101932.2	42163.7	0.0	1000.0	6119.9	35043.8
2232298.1	1740450.4	491847.7	401225.3	9934.9	185.0	87598.3	116294.6
11420.0	7847.2	3572.8	2554.0	3.0	185.0	116.0	2250.0
478770.3	378023.5	100746.8	65038.1	4459.1	0.0	1310.0	3769.0
268626.1	107373.2	161252.9	149363.6	1100.0	0.0	4019.9	18531.2
8498.9	5012.1	3486.8	3208.0	0.0	0.0	1757.0	1451.0
41878.3	30273.9	11604.4	9949.0	0.0	0.0	6142.0	3807.0
668898.5	634960.1	33938.4	25268.0	0.0	0.0	7488.5	17779.5
166403.5	104926.9	61476.6	50816.1	3658.0	0.0	34611.0	12547.1
145123.2	106722.5	38400.7	33891.0	0.0	0.0	9053.7	24837.3
442679.3	365311.0	77368.3	61137.5	714.8	0.0	23100.2	31322.5
71244.5	64187.2	7057.3	1800.0	0.0	0.0	1300.0	500.0
70926.0	64187.2	6738.8	1500.0	0.0	0.0	1300.0	200.0
318.5	0.0	318.5	300.0	0.0	0.0	0.0	300.0
323142.3	190397.8	132744.5	75522.7	50.0	112.7	57919.0	17441.0
8242.4	2830.4	5412.0	2590.0	0.0	0.0	50.0	2540.0
314899.9	187567.4	127332.5	72932.7	50.0	112.7	57869.0	14901.0
12561248.4	9515594.6	3038730.9	1962504.6	950542.7	10849.8	486256.5	500450.9
136889.2	91728.2	45161.0	8146.7	6090.0	0.0	2056.7	0.0
15252.1	14709.0	543.1	964.1	0.0	912.7	51.4	0.0
6534408.3	5060762.0	1473799.3	656262.1	201477.9	6960.6	323366.0	110099.6
1159291.2	747206.7	412084.5	115846.5	17236.5	0.0	98610.0	0.0
5375117.1	4313555.3	1061714.8	540415.6	184241.4	6960.6	224756.0	110099.6
2247498.2	1342328.1	898094.2	770764.3	742769.6	185.0	11653.0	16156.7
3626041.4	3005526.9	620514.5	525924.2	205.2	2791.5	149129.4	373751.4
1299.1	763.1	536.0	210.0	0.0	0.0	0.0	210.0
3506568.7	2934322.6	572246.1	504004.2	205.2	2791.5	144474.0	356486.8
118173.6	70441.2	47732.4	21710.0	0.0	0.0	4655.4	17054.6
1159.2	540.4	618.8	443.2	0.0	0.0	0.0	443.2
1232458.3	899493.0	332965.3	273418.5	0.0	0.0	0.0	0.0
6497.3	6227.5	269.8	0.1	0.0	0.0	0.0	0.0
1225961.0	893265.5	332695.5	273418.4	0.0	0.0	0.0	0.0
103980.8	51994.3	51986.5	39843.9	14104.5	0.0	12767.1	0.0
78108.5	44080.4	34028.1	25192.8	12848.3	0.0	0.0	0.0

15-3续2

指标	法人企业数（个）	流动资产合计	存货	固定资产原价	累计折旧	本年折旧
中外合作经营企业	1	3415.5	1283.4	91.4	60.5	12.9
外资企业	3	14632.5	318.9	66.7	26.1	18.0
二、零售业	820	5038614.8	857198.2	1127168.6	398066.9	57033.0
综合零售	63	2388356.6	123946.8	508870.9	195038.5	17908.0
百货零售	44	2247833.9	98640.1	428391.4	158890.7	12767.8
超级市场零售	15	134780.5	20823.2	78994.0	35187.5	5027.5
其他综合零售	4	5742.2	4483.5	1485.5	960.3	112.7
食品、饮料及烟草制品专门零售	149	135534.1	41983.1	116819.9	27932.9	4677.6
粮油零售	19	9311.0	918.7	9765.3	2882.2	448.3
糕点、面包零售	2	1292.3	3.2	775.4	538.8	38.4
果品、蔬菜零售	46	10364.7	1846.8	18196.3	3410.4	500.1
肉、禽、蛋、奶及水产品零售	28	40335.0	20078.1	57522.8	15919.9	1314.9
营养和保健品零售	16	4657.3	2252.8	10691.4	634.5	86.1
酒、饮料及茶叶零售	17	49376.1	7491.1	17054.2	3831.3	2079.2
烟草制品零售	3	11588.0	7024.4	145.9	92.5	38.5
其他食品零售	18	8609.7	2368.0	2668.6	623.3	172.1
纺织、服装及日用品专门零售	69	112391.1	42622.1	48659.1	5347.7	2435.8
纺织品及针织品零售	3	1956.2	1141.0	8.8	0.2	0.1
服装零售	38	58351.5	23193.1	44826.4	3654.5	1891.6
鞋帽零售	3	5728.0	4300.3	299.3	98.4	81.0
化妆品及卫生用品零售	12	15204.6	8408.1	1252.8	701.4	136.4
钟表、眼镜零售	4	16603.1	3624.4	875.5	518.4	187.9
厨房用具及日用杂品零售	3	1960.5	249.4	3.6	0.9	0.0
其他日用品零售	6	12587.2	1705.8	1392.7	373.9	138.8
文化、体育用品及器材专门零售	41	78697.7	37612.6	12769.4	3350.2	553.0
文具用品零售	5	2268.4	620.5	911.6	434.7	59.0
体育用品及器材零售	1	67.9	45.9	23.6	9.3	5.6
图书、报刊零售	8	16194.5	3918.2	1423.9	492.3	56.0
音像制品及电子出版物零售	1	6895.2	2285.0	166.1	38.5	25.7
珠宝首饰零售	13	35997.6	21883.5	5652.2	1873.9	320.4
工艺美术品及收藏品零售	5	6065.8	3609.2	4076.7	97.3	54.7
乐器零售	3	1297.2	1047.8	22.8	17.6	1.4
照相器材零售	4	6311.5	4034.9	393.7	296.5	30.2
其他文化用品零售	1	3599.6	167.6	98.8	90.1	0.0
医药及医疗器材专门零售	50	220962.8	58695.1	26613.7	9376.8	1918.3
药品零售	33	189533.8	55642.5	25003.4	8373.0	1711.1
医疗用品及器材零售	17	31429.0	3052.6	1610.3	1003.8	207.2
汽车、摩托车、燃料及零配件专门零售	269	1599505.2	458615.0	287332.9	115531.8	22857.0
汽车零售	188	1461367.3	426377.7	215608.6	81303.1	17008.4
汽车零配件零售	21	30035.4	5144.7	3584.5	1145.7	350.6
摩托车及零配件零售	5	4833.0	1378.7	202.5	44.0	1.9

资产总计	负债合计	所有者权益合计	实收资本				
				国家资本	集体资本	法人资本	个人资本
3447.9	377.1	3070.8	1884.0	1256.2	0.0	0.0	0.0
22424.4	7536.8	14887.6	12767.1	0.0	0.0	12767.1	0.0
6922338.6	5586617.0	1442307.5	1017041.7	76467.9	17536.6	598933.7	258376.5
3171460.2	2692413.0	479047.2	207846.3	10199.0	5309.2	142162.2	26783.6
2965951.5	2483569.8	482381.7	161515.3	8199.0	5309.2	124916.6	23090.5
199018.7	199769.8	−751.1	44658.0	2000.0	0.0	16765.6	2500.1
6490.0	9073.4	−2583.4	1673.0	0.0	0.0	480.0	1193.0
346583.4	238476.2	108107.2	66502.7	9017.8	3451.4	37128.9	14964.0
20536.9	5297.5	15239.4	9054.4	4553.3	0.0	1832.0	2669.1
1550.7	531.9	1018.8	218.8	0.0	0.0	50.0	168.8
29926.0	11600.7	18325.3	11598.6	134.5	3184.9	4043.2	4236.0
98682.2	77871.5	20810.7	14273.6	50.0	211.5	10387.1	3625.0
15204.6	11276.2	3928.4	3293.9	0.0	55.0	710.6	2528.3
156489.1	113240.7	43248.4	22292.6	3000.0	0.0	16151.0	1201.0
12079.6	9892.8	2186.8	1285.0	1180.0	0.0	85.0	20.0
12114.3	8764.9	3349.4	4485.8	100.0	0.0	3870.0	515.8
176345.2	151080.2	25265.0	29136.7	0.0	3050.0	19557.4	6529.3
1977.0	1742.4	234.6	93.0	0.0	0.0	93.0	0.0
114796.2	98315.9	16480.3	15634.3	0.0	3050.0	8955.3	3629.0
5928.9	5985.9	−57.0	426.0	0.0	0.0	0.0	426.0
19289.9	14960.4	4329.5	4049.6	0.0	0.0	2825.3	1224.3
17226.9	17801.5	−574.6	1160.3	0.0	0.0	1110.3	50.0
2030.2	1452.8	577.4	565.0	0.0	0.0	465.0	100.0
15096.1	10821.3	4274.8	7208.5	0.0	0.0	6108.5	1100.0
94431.2	51788.1	42643.1	29376.2	3740.0	490.0	10279.3	14866.9
2964.0	1976.7	987.3	1028.1	0.0	0.0	210.0	818.1
91.5	22.5	69.0	69.0	0.0	0.0	0.0	69.0
17387.4	7054.9	10332.5	6599.0	3230.0	0.0	1039.0	2330.0
10996.6	5166.7	5829.9	3260.0	0.0	0.0	679.3	2580.7
41108.4	23936.0	17172.4	14458.1	0.0	0.0	8300.0	6158.1
10562.5	3914.2	6648.3	2240.0	510.0	490.0	0.0	1240.0
1303.8	1183.7	120.1	121.0	0.0	0.0	0.0	121.0
6408.7	5266.8	1141.9	1101.0	0.0	0.0	51.0	1050.0
3608.3	3266.6	341.7	500.0	0.0	0.0	0.0	500.0
274762.4	203415.5	71346.9	33021.9	619.3	520.0	14988.6	16894.0
240902.1	177962.0	62940.1	29782.9	598.3	520.0	13161.6	15503.0
33860.3	25453.5	8406.8	3239.0	21.0	0.0	1827.0	1391.0
2176298.7	1787027.3	389271.4	500768.4	49519.8	4716.0	300151.1	113336.8
1918925.1	1670607.5	248317.6	421259.6	33658.0	3538.0	273725.1	97376.1
37444.1	24819.0	12625.1	4771.7	0.0	300.0	2514.7	1957.0
4991.5	2836.1	2155.4	1792.0	0.0	0.0	0.0	1792.0

15-3续3

指　　　标	法人企业数（个）	流动资产合　计	存　货	固定资产原　价	累计折旧	本年折旧
机动车燃料零售	55	103269.5	25713.9	67937.3	33039.0	5496.1
家用电器及电子产品专门零售	103	264899.2	49068.5	11023.9	4417.4	1085.4
家用视听设备零售	22	155622.7	15223.3	2890.4	1397.6	149.4
日用家电设备零售	30	33467.2	11169.3	1896.4	931.9	372.5
计算机、软件及辅助设备零售	30	35136.4	11649.2	4066.5	1137.3	229.4
通信设备零售	15	36510.0	10245.7	1841.7	741.8	283.0
其他电子产品零售	6	4162.9	781.0	328.9	208.8	51.1
五金、家具及室内装饰材料专门零售	44	101603.2	7257.0	93965.3	30375.9	3342.5
五金零售	18	14913.2	3728.2	6759.5	990.2	234.4
灯具零售	2	1387.8	17.6	151.5	75.6	11.0
家具零售	15	79726.1	2087.7	86394.4	29115.9	3057.5
涂料零售	1	78.3	6.7	55.3	0.4	0.1
木质装饰材料零售	2	359.3	236.5	76.8	41.0	2.4
陶瓷、石材装饰材料零售	4	4444.3	1037.1	290.6	117.1	25.7
其他室内装饰材料零售	2	694.2	143.2	237.2	35.7	11.4
货摊、无店铺及其他零售业	32	136664.9	37398.0	21113.5	6695.7	2255.4
互联网零售	14	92402.7	26003.0	8734.8	1971.8	1067.8
邮购及电视、电话零售	3	33079.3	8173.0	3681.8	2315.8	488.3
生活用燃料零售	10	7355.5	1747.1	7759.0	2090.4	638.8
其他未列明零售业	5	3827.4	1474.9	937.9	317.7	60.5
内资企业	805	4822688.5	810422.9	1015053.3	355755.7	48296.1
国有企业	8	11024.9	2389.7	7855.0	3840.2	188.1
集体企业	19	14253.3	2138.5	49732.2	4920.6	1972.1
股份合作企业	2	738.4	56.6	338.5	167.6	26.4
有限责任公司	276	1297978.3	311268.3	366518.8	132971.1	20646.2
国有独资公司	5	50549.1	6099.5	19054.4	13243.5	1269.5
其他有限责任公司	271	1247429.2	305168.8	347464.4	119727.6	19376.7
股份有限公司	26	2530852.9	211020.8	403112.3	152422.9	12810.8
私营企业	429	959772.8	282884.3	176620.0	60491.8	12390.5
私营独资企业	22	2713.0	1234.5	2256.7	548.8	83.7
私营有限责任公司	394	939601.0	274480.2	171299.5	58690.8	12071.9
私营股份有限公司	13	17458.8	7169.6	3063.8	1252.2	234.9
其他企业	45	8067.9	664.7	10876.5	941.5	262.0
港、澳、台商投资企业	7	68959.7	19361.6	55942.0	12169.5	4260.0
合资经营企业(港或澳、台资)	1	12737.3	5530.2	9049.2	3836.0	831.9
港、澳、台商独资经营企业	6	56222.4	13831.4	46892.8	8333.5	3428.1
外商投资企业	8	146966.6	27413.7	56173.3	30141.7	4476.9
中外合资经营企业	2	16657.3	9015.7	8803.2	4834.3	735.5
中外合作经营企业	1	76452.7	0.0	20659.5	13453.1	504.3
外资企业	3	7172.0	1339.6	8888.3	5676.3	1477.5
外商投资股份有限公司	2	46684.6	17058.4	17822.3	6178.0	1759.6

资产总计	负债合计	所有者权益合计	实收资本				
				国家资本	集体资本	法人资本	个人资本
214938.0	88764.7	126173.3	72945.1	15861.8	878.0	23911.3	12211.7
288855.7	201454.2	193987.4	48803.0	0.0	0.0	25257.7	23545.3
161077.1	121494.7	146168.3	10210.7	0.0	0.0	3176.2	7034.5
39365.5	29050.1	10315.4	9542.5	0.0	0.0	4634.5	4908.0
43845.4	12082.2	31763.2	21527.8	0.0	0.0	14997.0	6530.8
39484.7	35840.1	3644.6	5471.0	0.0	0.0	1690.0	3781.0
5083.0	2987.1	2095.9	2051.0	0.0	0.0	760.0	1291.0
202139.8	163237.5	38902.3	33435.6	0.0	0.0	19870.0	13565.6
28925.8	21131.1	7794.7	10878.5	0.0	0.0	1082.0	9796.5
1463.7	1200.3	263.4	160.0	0.0	0.0	0.0	160.0
165693.9	137547.7	28146.2	21170.0	0.0	0.0	17838.0	3332.0
133.2	13.6	119.6	67.1	0.0	0.0	0.0	67.1
395.2	818.2	–423.0	130.0	0.0	0.0	130.0	0.0
4632.3	2446.6	2185.7	910.0	0.0	0.0	810.0	100.0
895.7	80.0	815.7	120.0	0.0	0.0	10.0	110.0
191462.0	97725.0	93737.0	68150.9	3372.0	0.0	29538.5	27891.0
134841.1	68433.4	66407.7	47704.7	1020.0	0.0	22866.5	18916.8
35829.4	17008.5	18820.9	10511.0	0.0	0.0	5811.0	4700.0
16326.8	7286.5	9040.3	8734.2	2352.0	0.0	0.0	3934.2
4464.7	4996.6	–531.9	1201.0	0.0	0.0	861.0	340.0
6530106.9	5346086.2	1290606.6	926087.5	76467.9	17536.6	581907.1	247645.6
16315.7	8483.9	7831.8	4808.0	4808.0	0.0	0.0	0.0
60304.7	43493.0	16811.7	11700.6	0.0	11445.6	255.0	0.0
909.4	672.8	236.6	206.9	0.0	156.2	0.0	50.7
1801672.4	1317672.9	483999.5	310522.5	69877.4	5218.4	145124.9	87853.8
57855.2	5160.3	52694.9	15748.0	15548.0	0.0	200.0	0.0
1743817.2	1312512.6	431304.6	294774.5	54329.4	5218.4	144924.9	87853.8
3300142.5	2828007.1	472135.4	164942.5	1375.7	300.0	111927.6	51256.9
1331272.7	1142889.9	294968.7	424967.2	272.3	20.0	322377.3	102297.6
4662.1	2661.5	2000.6	1323.9	0.0	0.0	635.8	688.1
1299707.9	1123434.6	282859.2	417593.3	192.3	20.0	320622.2	96758.8
26902.7	16793.8	10108.9	6050.0	80.0	0.0	1119.3	4850.7
19489.5	4866.6	14622.9	8939.8	134.5	396.4	2222.3	6186.6
121006.8	84347.3	36659.5	19848.2	0.0	0.0	3152.6	0.1
18254.3	13883.2	4371.1	3831.0	0.0	0.0	2868.6	0.0
102752.5	70464.1	32288.4	16017.2	0.0	0.0	284.0	0.1
271224.9	156183.5	115041.4	71106.0	0.0	0.0	13874.0	10730.8
31626.8	15236.4	16390.4	6952.4	0.0	0.0	6622.4	0.0
83787.1	58811.9	24975.2	16387.9	0.0	0.0	1618.1	0.0
16330.5	12909.3	3421.2	7000.0	0.0	0.0	500.0	0.0
139480.5	69225.9	70254.6	40765.7	0.0	0.0	5133.5	10730.8

15－4 限额以上批发零售

Profit Loss and Distribution of Wholesales and

指标名称	法人企业数（个）	主营业务收入	主营业务成本	主营业务税金及附加
总计	1636	38955774.6	35978607.2	158330.5
一、批发业	816	28675795.0	26770211.8	125445.4
农、林、牧产品批发	31	215529.0	198425.2	104.2
谷物、豆及薯类批发	6	72513.9	70071.0	10.2
种子批发	6	35202.0	31450.4	29.4
饲料批发	4	47328.4	45770.2	14.4
棉、麻批发	3	19723.0	17763.7	4.6
林业产品批发	2	5283.3	4316.2	16.1
牲畜批发	3	12207.9	9902.5	21.7
其他农牧产品批发	7	23270.5	19151.2	7.8
食品、饮料及烟草制品批发	54	2313303.2	2017271.5	89673.7
米、面制品及食用油批发	11	1272953.5	1217600.2	600.2
糕点、糖果及糖批发	1	25363.4	24367.4	31.8
果品、蔬菜批发	17	188205.1	159676.2	3084.4
肉、禽、蛋、奶及水产品批发	6	58514.0	48668.8	18.8
盐及调味品批发	3	32619.5	24475.9	118.3
营养和保健品批发	1	2558.7	2073.6	7.4
酒、饮料及茶叶批发	9	58343.2	53411.7	155.0
烟草制品批发	1	616246.8	435763.6	84851.8
其他食品批发	5	58499.0	51234.1	806.0
纺织、服装及家庭用品批发	63	1504734.3	1411772.0	1245.7
纺织品、针织品及原料批发	5	55900.1	53957.6	9.5
服装批发	13	127509.5	117980.7	189.2
鞋帽批发	8	34209.0	31018.3	42.5
化妆品及卫生用品批发	8	37718.7	32549.6	102.1
厨房、卫生间用具及日用杂货批发	2	14834.9	12839.6	18.0
灯具、装饰物品批发	4	10263.8	9798.0	9.4
家用电器批发	22	1219798.5	1150253.5	735.8
其他家庭用品批发	1	4499.8	3374.7	139.2
文化、体育用品及器材批发	26	1508421.2	1293616.9	1332.4
文具用品批发	13	220890.0	211023.7	240.5
体育用品及器材批发	1	2299.4	2190.1	3.1
图书批发	4	995005.6	793580.2	1050.5
音像制品及电子出版物批发	1	1436.7	1395.1	1.6
首饰、工艺品及收藏品批发	3	279682.4	276664.7	29.4
其他文化用品批发	4	9107.1	8763.1	7.3
医药及医疗器材批发	101	4555193.3	4190624.3	10526.7
西药批发	46	2188882.0	2041799.8	3961.9
中药批发	27	1585118.7	1466044.6	3486.4
医疗用品及器材批发	28	781192.6	682779.9	3078.4
矿产品、建材及化工产品批发	322	14578574.7	13886445.9	17627.0
煤炭及制品批发	56	3646007.8	3597078.9	3031.3
石油及制品批发	31	7744723.4	7209174.7	10629.1

贸易企业损益及分配 (2016年)

Retail Sales Trade Above Designated Size (2016)

单位:万元

销售费用	管理费用	财务费用	营业利润	利润总额	应交所得税	应付职工薪酬(本年贷方累计发生额)	应交增值税
1519630.4	774029.4	150243.4	545707.9	563131.0	119069.6	819635.8	390006.0
859255.9	491548.9	77302.5	400967.8	414180.4	81531.8	476280.1	255286.1
5663.0	7294.0	1418.1	3892.3	6870.1	145.8	4046.6	265.8
493.0	1898.3	972.6	-1280.4	991.7	23.1	907.0	5.8
2062.7	2726.6	96.7	-365.2	1005.1	37.4	1207.3	57.4
795.3	408.1	48.4	264.1	272.4	45.4	308.5	105.8
89.3	208.8	69.5	2433.5	1685.0	27.7	149.3	14.5
38.0	525.7	20.7	369.6	449.6	0.0	64.3	6.8
535.2	277.4	0.0	1471.1	1471.1	9.6	120.7	75.5
1649.5	1249.1	210.2	999.6	995.2	2.6	1289.5	0.0
47854.6	83108.5	1157.1	100357.4	98131.8	23225.3	59393.2	27765.7
19046.7	41809.2	1582.9	17250.4	25351.2	6621.1	13568.9	1956.2
500.1	144.1	183.6	-731.4	-723.9	0.0	240.0	245.2
3170.0	2716.4	218.8	19339.3	14979.7	667.4	2732.5	998.6
3234.4	1369.4	299.2	3426.1	-2930.9	0.6	2765.6	60.8
4613.9	2455.4	-86.0	1466.4	1614.9	404.9	2475.7	643.9
306.1	126.6	16.6	28.4	34.2	11.4	95.3	51.0
4812.4	2094.0	211.2	-2116.0	-2103.4	26.1	1643.0	1132.6
11364.7	30133.8	-1244.9	58277.2	58570.7	14642.7	29354.5	21417.0
806.3	2259.6	-24.3	3417.0	3339.3	851.1	6517.7	1260.4
52284.6	18185.9	10390.6	8670.7	9354.5	2343.7	26336.2	7866.0
1521.7	243.3	31.1	136.9	160.9	40.3	419.3	66.6
4648.3	4528.0	1161.1	-8006.7	-8027.3	107.4	4088.5	1410.7
2443.8	1043.4	371.1	-182.6	-190.6	22.0	1627.9	327.2
2027.5	3292.4	156.4	884.5	1147.0	176.4	2236.9	387.0
1806.2	202.1	-62.3	33.3	34.1	15.0	298.1	143.4
312.1	80.7	14.0	49.6	49.6	7.4	221.6	73.6
39518.8	8700.5	8719.2	14871.5	15296.6	1938.7	17346.2	5448.8
6.2	95.5	0.0	884.2	884.2	36.5	97.7	8.7
71885.8	84883.0	-1641.2	63453.1	62517.1	1043.6	84470.7	2822.5
4715.6	2088.8	1129.7	1706.8	-1287.3	138.6	6031.0	1196.8
112.3	0.0	0.1	-6.2	-6.2	2.5	37.4	1.8
65094.0	82499.9	-2771.9	60437.5	62483.2	549.4	77599.7	1352.6
2.6	38.1	-0.2	-0.5	-0.5	0.0	28.7	0.0
1724.3	182.1	0.2	1308.5	1317.5	350.5	566.2	211.2
237.0	74.1	0.9	7.0	10.4	2.6	207.7	60.1
170226.0	96932.5	28501.4	57646.8	76255.8	15797.5	66358.9	67164.9
58014.4	52777.1	17060.4	3236.2	21608.0	5748.2	30571.6	21783.5
50870.7	23453.3	7404.7	44940.7	44910.1	8107.6	20181.9	22595.2
61340.9	20702.1	4036.3	9469.9	9737.7	1941.7	15605.4	22786.2
376224.3	149229.1	27274.4	133948.4	126129.9	29963.8	186547.4	111718.6
24765.3	10872.0	7984.5	9799.4	12930.5	1528.0	9133.6	4453.4
304033.1	100011.0	4646.2	112916.1	101208.6	24949.7	154304.2	83217.6

15-4续1

指标名称	法人企业数（个）	主营业务收入	主营业务成本	主营业务税金及附加
非金属矿及制品批发	1	13893.8	13760.1	2.1
金属及金属矿批发	144	2105174.0	2045771.7	2353.3
建材批发	19	311286.0	299496.1	353.6
化肥批发	9	40099.4	35545.1	534.6
农药批发	11	240334.9	217239.0	172.2
其他化工产品批发	51	477055.4	468380.3	550.8
机械设备、五金产品及电子产品批发	190	3270297.6	3098040.4	3019.5
农业机械批发	9	37598.0	33586.1	11.9
汽车批发	17	927958.1	872231.6	781.4
汽车零配件批发	28	243498.1	231761.7	123.3
摩托车及零配件批发	6	18830.9	17063.4	33.9
五金产品批发	11	62430.7	56884.2	100.4
电气设备批发	15	560178.8	550516.0	421.7
计算机、软件及辅助设备批发	27	346947.5	335476.6	187.5
通讯及广播电视设备批发	21	248015.1	229371.4	142.0
其他机械设备及电子产品批发	56	824840.4	771149.4	1217.4
贸易经纪与代理	4	164884.5	133729.0	702.0
贸易代理	3	164884.5	133729.0	702.0
其他贸易经纪与代理	1	0.0	0.0	0.0
其他批发业	25	564857.2	540286.6	1214.2
再生物资回收与批发	7	30265.7	26589.4	652.3
其他未列明批发业	18	534591.5	513697.2	561.9
内资企业	803	26996825.7	25209782.7	124395.3
国有企业	12	303793.5	298409.2	145.5
集体企业	6	45998.5	37748.8	552.8
有限责任公司	261	13760907.7	12916249.4	102444.6
国有独资公司	15	4454631.5	4227142.1	86301.3
其他有限责任公司	246	9306276.2	8689107.3	16143.3
股份有限公司	14	6274086.8	5776057.5	9497.4
私营企业	508	6607815.8	6177620.9	11750.5
私营独资企业	3	17372.4	16111.6	78.3
私营有限责任公司	494	6481201.2	6069918.2	11565.1
私营股份有限公司	11	109242.2	91591.1	107.1
其他企业	2	4223.4	3696.9	4.5
港、澳、台商投资企业	8	1591283.4	1478723.3	885.5
合资经营企业(港或澳、台资)	1	32970.2	31712.4	26.1
港、澳、台商独资经营企业	7	1558313.2	1447010.9	859.4
外商投资企业	5	87685.9	81705.8	164.6
中外合资经营企业	1	48492.3	49682.0	21.6
中外合作经营企业	1	5524.6	4180.3	32.4
外资企业	3	33669.0	27843.5	110.6

销售费用	管理费用	财务费用	营业利润	利润总额	应交所得税	应付职工薪酬（本年贷方累计发生额）	应交增值税
0.0	86.3	34.3	11.0	11.1	2.8	31.8	14.2
24485.7	21566.2	5891.7	4977.2	7072.0	1226.6	9661.9	13027.7
5765.9	2824.0	1387.4	1065.8	1118.3	569.7	1628.2	6921.4
808.9	−37.5	4406.2	−1753.2	−2019.5	248.1	632.1	786.6
8182.2	8203.6	991.8	5577.3	5963.9	1055.7	8348.1	1149.9
8183.2	5703.5	1932.3	1354.8	−155.0	383.2	2807.5	2147.8
106089.1	41713.3	10716.8	17289.1	16283.0	4620.2	41582.2	14249.9
963.8	419.0	74.9	2542.3	293.3	144.7	532.7	434.2
44574.0	5331.7	3172.9	1716.9	2151.1	722.8	9757.3	566.7
7950.4	5340.3	479.5	1037.4	1245.1	487.6	3424.5	555.5
609.5	714.1	81.4	288.6	288.6	50.4	495.7	57.8
2119.0	2496.9	610.2	331.8	248.0	33.0	1399.3	670.9
3080.0	5427.8	−229.4	1442.5	1477.7	1153.5	2830.8	1325.2
3256.7	6703.0	812.6	1412.1	1319.4	392.3	5363.8	1485.2
6847.4	5550.7	2956.6	2284.2	2764.0	341.6	3424.9	719.9
36688.3	9729.8	2758.1	6233.3	6495.8	1294.3	14353.2	8434.5
20327.8	2971.4	−36.3	7199.7	10088.8	2823.8	3390.0	21506.1
20319.4	2957.7	−36.3	7220.5	10110.7	2823.8	3382.2	21506.1
8.4	13.7	0.0	−20.8	−21.9	0.0	7.8	0.0
8700.7	7231.2	−478.4	8510.3	8549.4	1568.1	4154.9	1926.6
225.9	355.4	132.3	2295.4	2295.4	229.4	349.6	181.9
8474.8	6875.8	−610.7	6214.9	6254.0	1338.7	3805.3	1744.7
802922.4	445533.2	74286.7	386138.7	405016.5	77200.4	454008.6	252663.9
4154.6	5976.7	1757.9	−5705.7	−2189.6	336.3	5171.8	696.3
2694.7	1703.9	818.1	2480.2	2425.8	347.8	5283.8	604.5
325423.7	212617.7	39878.3	233692.5	240768.4	40536.9	219470.0	120873.0
40242.6	46794.8	6970.5	78655.7	84416.1	16953.9	42558.0	30990.7
285181.1	165822.9	32907.8	155036.8	156352.3	23583.0	176912.0	89882.3
276965.8	94901.4	4112.1	98604.1	87678.0	24071.5	144786.2	78899.6
193681.5	130279.5	27718.0	56604.0	75871.3	11907.9	79190.0	51590.5
142.5	168.3	107.1	764.6	764.6	0.2	96.7	61.5
186704.4	124725.5	26461.7	51924.5	72603.5	11457.0	73677.3	50840.6
6834.6	5385.7	1149.2	3914.9	2503.2	450.7	5416.0	688.4
2.1	54.0	2.3	463.6	462.6	0.0	106.8	0.0
49967.3	43458.1	3179.8	26130.3	20583.2	6222.3	20327.6	1471.9
1465.6	49.0	14.5	143.6	144.8	0.0	1073.9	24.2
48501.7	43409.1	3165.3	25986.7	20438.4	6222.3	19253.7	1447.7
6366.2	2557.6	−164.0	−11301.2	−11419.3	−1890.9	1943.9	1150.3
1831.2	1062.6	74.1	−12513.5	−12654.2	−2154.0	930.1	50.0
131.6	455.8	−29.4	731.3	728.0	184.1	256.6	250.3
4403.4	1039.2	−208.7	481.0	506.9	79.0	757.2	850.0

15-4续2

指 标 名 称	法人企业数（个）	主营业务收入	主营业务成本	主营业务税金及附加
二、零售业	820	10279979.6	9208395.4	32885.1
综合零售	63	2518117.4	2238492.2	10004.8
百货零售	44	2090507.5	1877451.1	8455.0
超级市场零售	15	363947.2	301711.3	1332.8
其他综合零售	4	63662.7	59329.8	217.0
食品、饮料及烟草制品专门零售	149	376042.7	317181.8	2384.3
粮油零售	19	32424.3	25283.5	219.8
糕点、面包零售	2	10447.3	9326.7	35.7
果品、蔬菜零售	46	78323.5	65613.4	874.8
肉、禽、蛋、奶及水产品零售	28	92714.4	75625.2	781.1
营养和保健品零售	16	14661.3	11926.9	78.3
酒、饮料及茶叶零售	17	94230.4	83787.2	236.5
烟草制品零售	3	15377.8	13875.1	9.4
其他食品零售	18	37863.7	31743.8	148.7
纺织、服装及日用品专门零售	69	395693.5	342011.7	1381.0
纺织品及针织品零售	3	4834.5	3856.5	23.8
服装零售	38	109769.5	81914.6	932.5
鞋帽零售	3	3362.5	2466.2	5.6
化妆品及卫生用品零售	12	40922.0	35629.8	89.7
钟表、眼镜零售	4	16009.6	13045.1	54.3
厨房用具及日用杂品零售	3	2443.7	2165.6	7.1
其他日用品零售	6	218351.7	202933.9	268.0
文化、体育用品及器材专门零售	41	120278.0	98879.6	1762.5
文具用品零售	5	8000.8	7413.0	10.2
体育用品及器材零售	1	1751.7	1498.8	60.9
图书、报刊零售	8	25359.3	23172.2	1.5
音像制品及电子出版物零售	1	12434.6	3614.4	1.9
珠宝首饰零售	13	45998.2	38723.0	1578.6
工艺美术品及收藏品零售	5	6201.1	5162.0	77.0
乐器零售	3	2175.7	1910.2	2.3
照相器材零售	4	16129.0	15569.4	7.6
其他文化用品零售	1	2227.6	1816.6	22.5
医药及医疗器材专门零售	50	408437.0	332034.0	1395.7
药品零售	33	371462.3	299568.3	1270.0
医疗用品及器材零售	17	36974.7	32465.7	125.7
汽车、摩托车、燃料及零配件专门零售	269	4893986.4	4541207.2	10042.0
汽车零售	188	4073469.5	3827687.5	5611.3
汽车零配件零售	21	101170.9	96792.9	183.9
摩托车及零配件零售	5	12510.4	11886.3	60.1
机动车燃料零售	55	706835.6	604840.5	4186.7
家用电器及电子产品专门零售	103	897290.0	817775.8	1678.1
家用视听设备零售	22	390509.8	353423.9	832.9

销售费用	管理费用	财务费用	营业利润	利润总额	应交所得税	应付职工薪酬（本年贷方累计发生额）	应交增值税
660374.5	282480.5	72940.9	144740.1	148950.6	37537.8	343355.7	134719.9
213528.3	79179.4	28428.1	30659.8	31856.0	9644.4	94261.8	33795.4
143348.2	67905.4	25149.9	32564.5	34444.4	7714.7	71841.7	27087.8
66096.9	10654.2	2985.1	−1192.9	−1781.3	1914.2	20382.2	6192.1
4083.2	619.8	293.1	−711.8	−807.1	15.5	2037.9	515.5
35953.1	17983.0	4704.9	13432.1	13592.5	4135.4	21731.3	12089.1
4755.0	725.6	25.5	1558.1	1578.6	261.4	3249.2	309.7
409.5	245.2	7.7	422.5	429.1	57.1	633.5	190.1
2288.7	2546.9	1706.1	5263.6	4530.5	215.1	3698.8	860.9
16699.0	7481.5	745.2	6978.8	8290.3	2319.5	7431.3	8142.7
946.0	891.2	113.2	623.6	426.3	73.8	1025.9	120.9
7527.6	3319.2	1987.4	−2629.7	−2477.1	1011.4	3473.0	2102.3
587.6	304.1	17.6	517.3	515.0	144.3	166.6	64.3
2739.7	2469.3	102.2	697.9	299.8	52.8	2053.0	298.2
30574.7	11184.5	821.7	9881.8	10590.3	1758.9	15230.8	5615.3
899.7	51.2	10.5	−12.6	−12.5	0.4	278.8	63.2
17617.1	4357.3	408.3	4704.4	4747.6	129.4	9201.1	2521.6
667.2	326.3	35.9	−138.7	−138.7	0.8	335.2	2.3
2882.1	2463.0	57.8	−197.8	410.2	87.1	2030.2	542.0
2084.4	418.2	295.8	111.8	173.9	131.5	1180.8	317.6
60.4	161.5	3.0	46.1	46.1	1.3	99.9	8.1
6363.8	3407.0	10.4	5368.6	5363.7	1408.4	2104.8	2160.5
11018.2	4454.4	383.3	3702.0	2713.8	913.3	6674.8	1376.4
146.8	342.2	−19.9	108.5	109.0	45.3	258.1	74.2
66.0	32.5	23.9	68.4	78.4	1.3	54.5	3.2
1298.2	613.0	−86.3	347.7	724.6	190.4	845.8	3.7
4352.2	1407.7	42.5	2877.5	1490.8	450.9	1427.9	0.3
4506.2	895.0	341.5	47.3	78.8	134.0	3413.2	1069.9
381.1	293.5	0.5	287.0	293.7	86.1	245.5	38.1
85.3	135.2	1.9	40.8	13.7	1.4	82.4	10.4
118.0	375.2	4.2	27.6	27.9	3.9	188.7	8.1
64.4	360.1	75.0	−102.8	−103.1	0.0	158.7	168.5
51208.0	13972.3	822.5	10594.4	10861.3	3061.4	31220.0	4949.5
49798.3	12006.9	623.3	9864.7	10197.4	2867.4	30281.9	4177.8
1409.7	1965.4	199.2	729.7	663.9	194.0	938.1	771.7
171783.3	110342.0	32801.7	43665.0	48339.5	13048.8	113744.8	47406.3
122006.1	83576.0	31374.1	18627.3	22455.6	7893.2	91542.4	30217.2
2205.8	2336.4	25.0	−327.4	−52.8	249.2	2646.8	435.1
276.2	141.7	50.5	126.4	144.4	33.0	235.3	485.2
47295.2	24287.9	1352.1	25238.7	25792.3	4873.4	19320.3	16268.8
45641.1	16061.8	1607.1	21164.8	21881.0	1515.3	20272.7	6482.8
28431.4	6406.8	775.9	4780.2	5362.2	597.9	8050.9	3538.0

指 标 名 称	法人企业数（个）	主营业务收入	主营业务成本	主营业务税金及附加
日用家电设备零售	30	60396.4	55128.3	119.8
计算机、软件及辅助设备零售	30	243197.8	221526.8	404.5
通信设备零售	15	184363.2	170585.3	298.2
其他电子产品零售	6	18822.8	17111.5	22.7
五金、家具及室内装饰材料专门零售	44	151822.1	108773.6	2332.9
五金零售	18	25927.3	22902.8	102.1
灯具零售	2	2673.8	2459.8	8.5
家具零售	15	103068.2	65998.8	2114.0
涂料零售	1	763.1	675.0	1.4
木质装饰材料零售	2	2986.6	2633.2	12.7
陶瓷、石材装饰材料零售	4	10990.8	9378.4	69.9
其他室内装饰材料零售	2	5412.3	4725.6	24.3
货摊、无店铺及其他零售业	32	518312.5	412039.5	1903.8
互联网零售	14	420461.9	334089.5	1415.6
邮购及电视、电话零售	3	60554.0	47231.7	273.6
生活用燃料零售	10	27980.6	22489.6	198.9
其他未列明零售业	5	9316.0	8228.7	15.7
内资企业	805	9460261.1	8548360.3	29727.4
国有企业	8	151763.4	139085.4	322.4
集体企业	19	71385.8	64686.7	689.2
股份合作企业	2	2415.6	1881.2	13.0
有限责任公司	276	3024167.8	2681164.7	10168.8
国有独资公司	5	52534.3	44688.3	548.8
其他有限责任公司	271	2971633.5	2636476.4	9620.0
股份有限公司	26	2965368.4	2715631.6	8515.1
私营企业	429	3189926.7	2899030.3	9380.9
私营独资企业	22	32637.2	23949.0	2141.0
私营有限责任公司	394	3082714.0	2816972.8	6934.2
私营股份有限公司	13	74575.5	58108.5	305.7
其他企业	45	55233.4	46880.4	638.0
港、澳、台商投资企业	7	299560.3	267238.7	767.9
合资经营企业(港或澳、台资)	1	64049.1	58850.7	100.3
港、澳、台商独资经营企业	6	235511.2	208388.0	667.6
外商投资企业	8	520158.2	392796.4	2389.8
中外合资经营企业	2	95416.4	74921.1	387.3
中外合作经营企业	1	75456.3	61141.5	387.7
外资企业	3	42235.7	35157.1	192.7
外商投资股份有限公司	2	307049.8	221576.7	1422.1

销售费用	管理费用	财务费用	营业利润	利润总额	应交所得税	应付职工薪酬（本年贷方累计发生额）	应交增值税
2307.7	1793.9	249.5	1087.8	883.0	132.2	2651.2	233.2
4519.4	3683.2	312.3	14418.5	14610.7	394.8	4457.1	1020.4
9606.5	3547.7	260.8	199.1	346.9	377.5	4569.1	1535.2
776.1	630.2	8.6	679.2	678.2	12.9	544.4	156.0
13377.7	11004.3	3250.1	11699.7	6462.7	1960.5	8684.9	2654.1
405.4	1164.9	200.2	1151.8	1153.3	86.4	1268.7	463.9
132.4	35.0	0.1	38.0	41.6	3.7	91.8	66.1
11375.0	9412.0	2939.4	9812.4	4570.9	1699.7	6782.6	1455.4
41.1	31.9	0.0	13.7	13.7	1.1	38.1	15.1
312.3	6.9	5.1	50.7	50.7	29.7	116.4	84.7
1058.6	284.7	105.3	92.5	91.9	26.6	307.9	166.5
52.9	68.9	0.0	540.6	540.6	113.3	79.4	402.4
87290.1	18298.8	121.5	–59.5	2653.5	1499.8	31534.6	20351.0
68984.6	12911.5	–174.6	3604.9	5518.3	903.1	27054.1	18284.7
14782.1	3420.6	–0.6	–4255.1	–3380.5	494.7	3080.5	1687.1
2665.6	1728.6	259.4	652.3	574.9	92.8	1084.6	253.4
857.8	238.1	37.3	–61.6	–59.2	9.2	315.4	125.8
536360.6	260148.8	69867.4	120878.1	125173.1	33952.1	307359.7	103241.0
1225.0	9564.9	30.3	2955.1	3227.0	784.5	5140.6	2135.2
2357.3	1982.1	180.0	1578.3	1533.9	153.4	2069.5	893.6
383.2	90.4	2.1	45.7	42.3	13.7	108.6	76.8
221742.3	98463.3	19246.7	35497.9	41280.2	12722.2	128974.4	41199.0
4579.4	3880.3	–148.9	–1029.1	–911.9	–66.1	3335.4	1267.6
217162.9	94583.0	19395.6	36527.0	42192.1	12788.3	125639.0	39931.4
152225.5	74682.2	32206.2	34557.7	36040.3	11445.1	84958.8	31645.6
156904.0	73243.4	17854.7	42512.6	39408.3	8493.0	82925.2	26975.8
1365.3	1276.8	110.8	3998.2	3519.9	154.5	763.0	403.8
146622.9	68016.3	17512.0	35451.7	32905.7	7682.5	77514.3	25627.1
8915.8	3950.3	231.9	3062.7	2982.7	656.0	4647.9	944.9
1523.3	2122.5	347.4	3730.8	3641.1	340.2	3182.6	315.0
24473.7	4247.6	951.5	9135.3	9101.1	1410.6	5454.5	5137.5
2944.6	703.2	852.7	1481.1	1438.0	35.9	1244.3	724.7
21529.1	3544.4	98.8	7654.2	7663.1	1374.7	4210.2	4412.8
99540.2	18084.1	2122.0	14726.7	14676.4	2175.1	30541.5	26341.4
16467.9	8022.4	–18.5	1723.4	1637.3	409.3	9345.9	2703.7
10017.1	189.7	1242.9	5338.8	4662.8	1089.2	2398.1	1157.9
7504.6	258.4	334.2	–153.4	–190.7	204.7	1340.4	660.0
65550.6	9613.6	563.4	7817.9	8567.0	471.9	17457.1	21819.8

15－5 限额以上餐饮业

Main Economic Indicators of Enterprises in

指标名称	法人企业（个）	资产合计	负债合计	所有者权益合计	实收资本
总计	218	420498.3	383272.8	37225.5	88510.9
正餐服务	197	378859.1	342509.4	36349.7	78858.0
快餐服务	17	38076.2	39382.5	-1306.3	8133.3
其他餐饮业	4	3563.0	1380.9	2182.1	1519.6
小吃服务	1	382.7	193.7	189.0	360.2
餐饮配送服务	3	3180.3	1187.2	1993.1	1159.4
内资企业	217	407140.3	354621.8	52518.5	86027.5
国有企业	17	86369.6	69426.3	16943.3	17046.5
集体企业	2	1321.9	714.3	607.6	1864.8
股份合作企业	1	1130.2	277.8	852.4	876.8
有限责任公司	73	185322.4	149956.1	35366.3	37483.7
国有独资公司	1	22555.8	12993.0	9562.8	9962.4
其他有限责任公司	72	162766.6	136963.1	25803.5	27521.3
股份有限公司	7	3572.3	7249.8	-3677.5	1012.0
私营企业	111	116938.0	113767.4	3170.6	27035.7
私营独资企业	10	2928.0	3725.3	-797.3	351.8
私营有限责任公司	98	113625.4	108942.6	4682.8	26343.9
私营股份有限公司	3	384.6	1099.5	-714.9	340.0
其他企业	6	12485.9	13230.1	-744.2	708.0
港、澳、台商投资企业	1	13358.0	28651.0	-15293.0	2483.4
港澳台商独资企业	1	13358.0	28651.0	-15293.0	2483.4

主要经济指标 (2016年)

Cataring Trades Above Designated Size (2016)

单位:万元

主营业务收入	主营业务成本	销售费用	管理费用	财务费用	营业利润	利润总额	应付职工薪酬（本年贷方累计发生额）
324103.9	174327.6	108739.8	41701.0	7064.7	-12578.1	-7473.9	65197.1
262342.6	139424.1	86216.9	38084.5	6005.1	-11640.2	-8138.0	56062.2
56698.4	31762.0	21531.8	2789.3	1059.9	-1124.1	502.4	8380.8
5062.9	3141.5	991.1	827.2	-0.3	186.2	161.7	754.1
1019.4	605.3	130.2	208.7	0.0	72.0	72.0	257.0
4043.5	2536.2	860.9	618.5	-0.3	114.2	89.7	497.1
302298.5	167319.8	95168.2	40735.7	6010.0	-11394.0	-6161.7	61631.0
34156.5	10904.2	15002.6	9139.3	99.8	-1953.3	-59.5	11321.9
1217.1	599.7	65.3	681.1	100.0	-265.4	-268.4	539.7
1081.2	389.8	313.1	371.3	-0.5	0.0	-13.5	314.8
148023.3	93705.8	40126.0	16626.4	3121.1	-4792.4	-2798.3	20823.7
43981.7	40644.7	4888.1	416.9	319.3	-1508.4	237.2	188.3
104041.6	53061.1	35237.9	16209.5	2801.8	-3284.0	-3035.5	20635.4
2433.1	1146.4	1615.1	134.9	12.4	-561.4	-560.8	906.4
110743.8	58611.4	35583.0	13578.8	2621.8	-3640.5	-2273.4	26084.3
5670.4	3236.6	1833.0	601.1	52.1	-349.3	-47.7	1656.2
103558.9	54720.4	32995.5	12849.0	2565.0	-3210.4	-2142.0	23976.2
1514.5	654.4	754.5	128.7	4.7	-80.8	-83.7	451.9
4643.5	1962.5	2463.1	203.9	55.4	-181.0	-187.8	1640.2
21805.4	7007.8	13571.6	965.3	1054.7	-1184.1	-1312.2	3566.1
21805.4	7007.8	13571.6	965.3	1054.7	-1184.1	-1312.2	3566.1

15-6 限额以上住宿业

Main Economic Indicators of Enterprises in

指标名称	法人企业数（个）	资产合计	负债合计	所有者权益合计	实收资本
总计	91	855194.0	715624.1	139569.9	100652.6
旅游饭店	51	727823.7	554196.6	173627.1	87651.3
一般旅馆	37	125205.2	160534.1	-35328.9	12444.9
其他住宿业	3	2165.1	893.4	1271.7	556.4
内资企业	87	836124.6	690858.0	145266.6	93864.2
国有企业	18	197394.8	73317.9	124076.9	44051.3
集体企业	2	6740.2	1593.3	5146.9	3206.0
股份合作企业	2	13032.9	11091.5	1941.4	1416.3
有限责任公司	34	529331.3	525789.3	3542.0	33439.9
国有独资公司	3	33128.8	12118.9	21009.9	717.0
其他有限责任公司	31	496202.5	513670.4	-17467.9	32722.9
股份有限公司	3	214.6	283.0	-68.4	151.0
私营企业	28	89410.8	78783.0	10627.8	11599.7
私营有限责任公司	28	89410.8	78783.0	10627.8	11599.7
港、澳、台商投资企业	3	18273.3	24024.4	-5751.1	6738.4
与港澳台商合资经营企业	2	18052.6	22285.7	-4233.1	6472.8
港澳台商独资企业	1	220.7	1738.7	-1518.0	265.6
外商投资企业	1	796.1	741.7	54.4	50.0
中外合资经营企业	1	796.1	741.7	54.4	50.0

主要经济指标（2016年）

Quartering Trades Above Designated Size(2016)

单位:万元

主营业务收入	主营业务成本	销售费用	管理费用	财务费用	营业利润	利润总额	应付职工薪酬（本年贷方累计发生额）
272238.9	68897.4	132273.4	69584.0	6073.0	-9064.0	-7385.3	74925.7
195496.8	52028.4	80349.7	56469.5	5486.5	-1466.6	-528.1	57596.9
73862.7	15898.4	50739.1	12694.3	583.6	-7832.8	-7063.5	16688.7
2879.4	970.6	1184.6	420.2	2.9	235.4	206.3	640.1
264648.0	67396.7	129674.5	66372.9	6050.7	-9170.5	-7605.3	72597.8
73062.7	22836.7	31006.3	23694.4	-684.7	-3931.1	-2605.1	24420.4
2890.4	777.1	1116.0	902.1	12.6	18.4	18.9	785.5
5063.1	2265.0	1018.1	1692.3	21.1	-66.5	-59.5	1026.5
151180.2	25940.3	85877.6	35372.4	6371.8	-5295.7	-5124.4	40614.8
9984.2	3131.8	2345.3	5208.5	342.3	-878.2	-959.3	4459.2
141196.0	22808.5	83532.3	30163.9	6029.5	-4417.5	-4165.1	36155.6
774.3	358.7	305.5	114.0	3.3	-24.2	-24.2	112.0
31677.3	15218.9	10351.0	4597.7	326.6	128.6	189.0	5638.6
31677.3	15218.9	10351.0	4597.7	326.6	128.6	189.0	5638.6
7322.9	1335.3	2563.9	3156.8	22.2	102.1	215.6	2250.6
6288.1	708.6	2563.9	2591.9	18.3	283.4	215.6	2006.4
1034.8	626.7	0.0	564.9	3.9	-181.3	0.0	244.2
268.0	165.4	35.0	54.3	0.1	4.4	4.4	77.3
268.0	165.4	35.0	54.3	0.1	4.4	4.4	77.3

15-7 限额以上住宿业和餐

Main Economic Indicators of Enterprises in Quartering

指标	法人企业数（个）	从业人员期末人数（人）	营业额（万元）	
				客房收入
总计	309	32841	549101.2	181342.9
一、住宿业	91	14478	267866.1	131934.5
旅游饭店	51	10220	190957.5	79040.1
一般旅馆	37	4119	74024.1	50491.4
其他住宿业	3	139	2884.5	2403.0
内资企业	87	13998	260222.9	128213.6
国有企业	18	4429	72980.1	25205.8
集体企业	2	171	2832.7	1816.0
股份合作企业	2	253	5063.1	2051.2
有限责任公司	34	7691	147070.9	83485.4
国有独资公司	3	776	11459.8	3885.3
其他有限责任公司	31	6915	135611.1	79600.1
股份有限公司	3	60	785.6	661.9
私营企业	28	1394	31490.5	14993.3
私营有限责任公司	28	1394	31490.5	14993.3
港、澳、台商投资企业	3	451	7375.2	3550.7
与港澳台商合资经营企业	2	353	6288.1	2842.9
港澳台商独资企业	1	98	1087.1	707.8
外商投资企业	1	29	268.0	170.2
中外合资经营企业	1	29	268.0	170.2
二、餐饮业	218	18363	281235.1	49408.4
正餐服务	197	14715	217621.6	49319.7
快餐服务	17	3418	58398.7	88.7
其他餐饮业	4	230	5214.8	0.0
小吃服务	1	71	1019.4	0.0
餐饮配送服务	3	159	4195.4	0.0
内资企业	217	17601	259117.7	49408.4
国有企业	17	2578	31835.4	14845.0
集体企业	2	163	1257.5	464.8
股份合作企业	1	91	1122.6	507.7
有限责任公司	73	6562	106238.4	13757.1
国有独资公司	1	59	1985.0	485.0
其他有限责任公司	72	6503	104253.4	13272.1
股份有限公司	7	274	2690.1	500.8
私营企业	111	7493	111331.5	18778.2
私营独资企业	10	487	6034.5	629.5
私营有限责任公司	98	6859	103721.0	17916.8
私营股份有限公司	3	147	1576.0	231.9
其他企业	6	440	4642.2	554.8
港、澳、台商投资企业	1	762	22117.4	0.0
港澳台商独资企业	1	762	22117.4	0.0

饮　业　法　人　企　业　经　营　情　况 (2016年)

Trades and Cataring Trades Above Designated Size(2016)

			客房数（间）	床位数（个）	餐位数（位）	年末餐饮营业面积（平方米）
餐费收入	商品销售收入	其他收入				
308768.9	7969.4	51020.0	32921	52782	124607	592653
89379.4	4467.9	42084.3	23881	36821	33218	134510
81450.3	3059.2	27407.9	9078	14862	23869	110571
7450.0	1407.6	14675.1	14332	21259	8951	22739
479.1	1.1	1.3	471	700	398	1200
87621.2	4462.7	39925.4	23240	35827	31318	128410
28145.6	1554.5	18074.2	3184	5556	9231	41925
972.1	0.0	44.6	198	368	916	3650
2862.2	149.7	0.0	297	575	760	4200
47325.2	2080.4	14179.9	16159	24232	16610	67412
6256.4	71.3	1246.8	530	855	1736	5400
41068.8	2009.1	12933.1	15629	23377	14874	62012
97.8	25.9	0.0	234	405	66	820
8218.3	652.2	7626.7	3168	4691	3735	10403
8218.3	652.2	7626.7	3168	4691	3735	10403
1660.4	5.2	2158.9	605	924	1580	5600
1281.1	5.2	2158.9	470	700	1200	3600
379.3	0.0	0.0	135	224	380	2000
97.8	0.0	0.0	36	70	320	500
97.8	0.0	0.0	36	70	320	500
219389.5	3501.5	8935.7	9040	15961	91389	458143
157235.6	3005.2	8061.1	9031	15951	70687	382779
57532.7	0.0	777.3	9	10	19817	65463
4621.2	496.3	97.3	0	0	885	9901
911.6	107.8	0.0	0	0	320	1500
3709.6	388.5	97.3	0	0	565	8401
197272.1	3501.5	8935.7	9040	15961	86962	443898
14867.6	778.7	1344.1	2169	4080	8556	48311
790.2	2.5	0.0	235	467	650	2490
592.3	22.6	0.0	76	140	380	1000
85297.1	958.9	6225.3	2607	4601	39495	164734
1432.0	45.0	23.0	210	370	620	1527
83865.1	913.9	6202.3	2397	4231	38875	163207
2134.5	32.6	22.2	331	460	2181	12600
89567.3	1706.2	1279.8	3516	6015	33695	204763
5373.7	31.0	0.3	129	235	2377	8476
82849.5	1675.2	1279.5	3304	5670	30490	190138
1344.1	0.0	0.0	83	110	828	6149
4023.1	0.0	64.3	106	198	2005	10000
22117.4	0.0	0.0	0	0	4427	14245
22117.4	0.0	0.0	0	0	4427	14245

15－8 商品交易市场分类情况(2016年)

Free Markets in Urban and Rural Areas(2016)

单位:个

指　　标	合计	城　市	农　村
商品交易市场个数总计（个）	434	264	170
消费品市场	360	211	149
消费品综合市场	33	11	22
农副产品市场	212	91	121
农副产品综合市场	161	65	96
农副产品专业市场	51	26	25
工业消费品市场	111	106	5
工业消费品综合市场	84	81	3
工业消费品专业市场	27	25	2
其　他	4	3	1
生产资料市场	74	53	21
生产资料综合市场	10	3	7
工业生产资料市场	42	34	8
农业生产资料市场	10	4	6
农业生产资料综合市场	6	2	4
农业生产资料专业市场	4	2	2
其　他	12	12	

15-9 销售过亿元的商品交易市场一览表(2016年)

Summary of Consumer Goods Markets with Annual Transaction Value Above 100 Million Rmb Yuan(2016)

序号	市场名称	市场类别	年末营业面积（平方米）	市场总摊位数（个）	年成交额（万元）
1	济南海鲜大市场	水产品市场	30000	900	429000
2	济南西市场小商品批发市场	工业消费品综合市场	26000	620	11130
3	济南博茗茶叶市场	茶叶市场	88000	680	181600
4	山东匡山汽车大世界	汽车市场	130000	69	529349
5	山东匡山钢材市场	金属材料市场	13000	68	22000
6	山东匡山农产品综合交易市场	蔬菜市场	21000	800	160014
7	山东老屯汽车配件城	机动车零配件市场	35000	500	28000
8	山东老屯茶城	茶叶市场	8000	120	11300
9	槐荫区红旗钢材市场	金属材料市场	35000	112	63040
10	山东齐鲁鞋城	鞋帽市场	19176	600	122480
11	济南众鑫鞋城	鞋帽市场	38765	400	91370
12	济南市堤口路果品批发市场	干鲜果品市场	110000	2200	87245
13	济南中恒商场	工业消费品综合市场	68000	2240	34764
14	山东泉胜物流大市场	其他专业市场	205000	650	23020
15	济南红星美凯龙世博家居生活广场	家具市场	97741	533	91926
16	山东灯具批发市场	灯具市场	68000	227	10562
17	济南黄台家居广场	家具市场	15000	151	20000
18	山东东亚金星家居	家具市场	69000	425	52666
19	济南泺口服装批发市场	服装市场	190000	2924	193920
20	山东济南重汽配件城	机动车零配件市场	61938	435	397000
21	山东建材市场	建材市场	40000	420	96000
22	七里堡蔬菜综合批发市场	农产品综合市场	165000	2000	337000
23	山东济南维尔康肉类水产综合批发市场	水产品市场	16000	700	340000
24	济南永君钢材市场	金属材料市场	37000	82	12000
25	平阴黄河市场	其他农产品市场	3000	639	34550
26	济阳县曲堤镇黄瓜批发市场	蔬菜市场	31000	786	287865
27	商河县小商品批发城	工业消费品综合市场	19000	300	17831
28	商河县富东农贸综合市场	农产品综合市场	15000	280	31800
29	商河县白桥大蒜市场	蔬菜市场	19000	310	28360
30	章丘市秀水建筑装饰材料市场	装饰材料市场	64500	340	32980
31	章丘市绣惠钢铁设备交易中心	金属材料市场	88000	455	91045
32	章丘市刁镇蔬菜批发市场	蔬菜市场	40500	600	126940

主要统计指标解释

Explanatory Notes on Main Statistical Indicators

社会消费品零售总额　指企业(单位、个体户)通过交易直接售给个人、社会集团非生产、非经营用的实物商品金额,以及提供餐饮服务所取得的收入金额。个人包括城乡居民和入境人员,社会集团包括机关、社会团体、部队、学校、企事业单位、居委会或村委会等。

限额以上单位标准批发业主营业务收入2000万及以上,零售业主营业务收入500万及以上,住宿和餐饮业主营业务收入200万及以上。

商品销售额　指对本单位以外的单位和个人出售的商品金额(包括售给本单位消费用的商品,含增值税),在批发和零售业中,本指标反映在国内市场上销售商品以及出口商品的总价。

商品销售包括:(1)售给城乡居民和社会集团消费用的商品;(2)售给农业、工业、建筑业、服务业等国民经济各行业用于生产、经营用的商品,包括售予批发和零售业作为转卖或加工后转卖的商品;(3)对国(境)外直接出口的商品。

商品销售不包括:(1)未通过买卖行为付出的商品,如随机构变动移交给其他企业单位的商品、借出的商品、归还受其他单位委托代保管的商品、付出的加工原料和赠送给其他单位的样品等;(2)经本单位介绍,由买卖双方直接结算,本单位只收取手续费的业务;(3)购货退回的商品;(4)商品损耗和损失;(5)出售本单位自用的废旧物资。

批发额　指售给国民经济各行业用于生产、经营用的商品金额。

商品批发包括:(1)售给农业、工业、建筑业等行业用于生产的各种机器设备、工具、原料、材料、燃料、建筑材料,售给农民的农业生产资料,售给交通运输、仓储和邮政业用于业务活动的设备、车辆和燃料等;(2)售给信息传输、软件和信息技术服务,科学研究和技术服务业,水利、环境和公共设施管理业等行业用于生产经营、勘察设计、科研试验等业务经营使用的商品,售给批发和零售业、住宿和餐饮业使用的各种设备、工具、原材料、燃料、仓储运输用的商品;(3)售给居民服务、修理和其他服务业各种营业用品,如售给理发业的理发工具、毛巾等,日用品修理业的设备、工具、材料、零配件等,售给民政部门救灾用的商品等;(4)售给批发和零售业作为转卖用的商品;售给餐饮业用于烹饪、调制加工后出售的商品和转卖的商品;售给服务业转卖的商品;(5)出口的商品。

零售额　指售给城乡居民用于生活消费和社会集团用于公共消费的商品金额。

商品零售包括:(1)售给城乡居民的各种生活消费品,售给入境旅游的外国人、华侨、港澳台同胞的各类商品;(2)售给行政事业单位、社会团体、军队和武警等机构的商品,以及以零售方式售给各类企业的商品。具体包括:用于非生产和社会交往的办公用品,如通讯设备、计算器具和设备、电讯网络设备、文印设备、音像视听器材和设备、纸张、本册、文具及装订文印材料、家具、日用电器、针纺织品、清洁卫生用品、文体用品、奖品、纪念品、礼品等;供内部人员乘坐的交通工具和燃料;用于办公设施修缮的各类配件、材料、工具等;用于取暖和防暑降温的设备、燃料、材料及食品等;专用于教学的用品和设备;非营利医疗机构的中、西药品、中药材和医疗设备器材;非专用的劳动保护用品;不对外营业的内部食堂用的餐具、炊具、设备、清洁卫生工具和食品、燃料等;军队、武警用于其人员生活的衣着品和个人用品;其他各类非生产性设备和用品。

商品零售不包括:(1)售给城乡居民已确知是用于生产、经营的商品;(2)售给各类农业生产者的生产资料类商品,如农机、农药化肥、农膜、种子饲料等商品;(3)售给企业单位生产用具及生产上专用的劳动保护用品。

住宿餐饮业营业额　指住宿和餐饮业单位在经营活动中因提供服务或销售商品等取得的全部收入,包括:客房收入、餐费收入、商品销售额(含增值税)和其他收入。不包括法人企业附营的其他行业产业活动单位的餐费收入、商品销售收入等各项收入。

16

对外贸易与国际旅游

FOREIGN ECONOMY TRADE AND INTERNATIONAL TOURISM

16-1 海关进出口商品总值

Total Value of Imports and Exports by Category of Commodities

单位:万美元

指　　标	2015年 进出口总额	出　口	进　口	2016年 进出口总额	出　口	进　口
总　值	911424	599661	311763	1086259	734030	352229
按贸易方式分						
一般贸易	774303	501298	273005	943578	641482	302096
援助物资	582	582	0	402	402	–
捐赠物资	54	2	52	–	–	–
补偿贸易	–	–	–	–	–	–
来料加工装配贸易	4978	3101	1877	3415	1930	1485
进料加工贸易	58787	46575	12212	58231	42897	15334
对外承包工程出口货物	35225	35225	0	34349	34349	–
投资设备	45	0	45	32	0	32
出料加工贸易	–	–	–	–	–	–
海关特殊监管区域进口设备	71	0	71	7	–	7
海关特殊监管区域物流货物	6318	713	5605	7124	1172	5952
易货贸易	–	–	–	–	–	–
保税监管场所进出境货物	23041	10384	12657	30731	11619	19112
来料加工装配进口设备	–	–	–	–	–	–
租赁贸易	7597	1682	5915	7183	–	7183
其他贸易	423	99	324	1207	179	1028
按运输方式分						
水路运输	666828	502325	164503	811360	631594	179766
铁路运输	4595	4091	504	7526	6108	1418
公路运输	131096	47827	83269	136262	40540	95722
航空运输	101093	41824	59269	128238	55757	72481
邮件运输	63	11	52	57	17	40
其他运输	7749	3583	4166	2816	14	2802
按企业性质分						
国有企业	256112	88732	167380	245557	71783	173774
集体企业	22015	20939	1076	20582	18923	1659
外商投资企业	235292	175359	59933	230606	159111	71495
中外合资	5997	59301	30171	97260	59875	37385
中外合作	89472	5867	130	2898	2700	198
外商独资	139823	110191	29632	130448	96536	33912
其　他	398005	314631	83374	358908	484213	105301

16-2 主要国别(地区)海关进出口商品总值

Total Value of Imports and Exports of Main Countries or Territories by Categoty of Commodities

单位:万美元

国别(地区)	2015年 进出口总值			2016年 进出口总值		
		出口	进口		出口	进口
总　值	911424	599661	311763	1086259	734030	352229
亚　洲	414125	276823	137302	513791	365109	148682
香　港	9231	9147	84	13229	13128	101
印　度	27532	24305	3227	56972	54409	2563
印度尼西亚	26331	19982	6349	22127	15640	6487
日　本	49456	38680	10776	51800	39189	12611
马来西亚	69028	12784	56244	77940	18049	59891
巴基斯坦	7409	7366	43	13588	13583	5
菲律宾	22172	19864	2308	33761	30585	3176
卡塔尔	599	353	246	1225	1039	186
沙特阿拉伯	11912	8550	3362	10419	7148	3271
新加坡	7536	3923	3613	9841	5554	4287
韩　国	23522	16653	6869	38091	30007	8084
泰　国	27323	8752	18571	39267	19088	20179
土耳其	6077	5888	189	9300	9204	96
阿拉伯联合酋长国	14570	11224	3346	19592	15363	4229
越　南	36235	35051	1184	30085	29143	942
台湾省	18790	10559	8231	21686	13680	8006
非　洲	109917	105050	4867	94897	85945	8952
埃　及	4233	4162	71	3936	3929	7
南　非	5928	4477	1451	6563	5541	1022
尼日利亚	18032	17810	222	5157	5056	101
欧　洲	153945	93303	60642	195337	119823	75514
比利时	7885	6341	1544	5433	4233	1200
英　国	10955	8820	2135	15912	12008	3904
德意志联邦共和国	42765	15126	27639	48948	17824	31124
法　国	8850	5373	3477	12066	5565	6501
意大利	16485	11449	5036	16798	11827	4971
荷　兰	9628	7854	1774	9917	7096	2821
西班牙	6231	5305	926	7366	6463	903
芬　兰	1235	888	347	1270	1069	201
瑞　典	3957	1262	2695	9654	1432	8222
瑞　士	6630	1288	5342	7327	760	6567
俄罗斯	11806	11269	537	23003	22346	657
拉丁美洲	78872	49913	28959	85497	58310	27187
阿根廷	3731	3617	114	4319	3836	483
巴　西	26109	8294	17815	29164	13026	16138
智　利	9344	3516	5828	11919	6349	5570
墨西哥	7859	7665	194	9452	9100	352
北美洲	110790	62909	47881	141126	88372	52754
加拿大	20026	11309	8717	21889	16305	5584
美　国	90763	51599	39164	119233	72063	47170
大洋洲	43761	11664	32097	55590	16471	39119
澳大利亚	35226	8000	27226	48353	11766	36587
新西兰	6318	1452	4866	4467	1947	2520

16-3 海关进出口商品分类金额

Value of Imports and Exports by Category of Commodities

单位:万美元

商品类别	2015年		2016年	
	出口	进口	出口	进口
总　额	599661	311763	734030	352229
活动物;动物产品	320	4603	595	2317
活动物	0	0	0	0
肉及食用杂碎	0	0	0	163
鱼、甲壳动物、软体动物及其他水生无脊椎动物	55	309	145	359
乳品;蛋品;天然蜂蜜;其他食用动物产品	34	4291	58	1791
其他动物产品	231	3	392	4
植物产品	3914	4403	6323	4490
活树及其他活植物;鳞茎、根及类似品;插花及装饰用簇叶	6	2	0	7
食用蔬菜、根及块茎	1499	77	3425	84
食用水果及坚果;柑桔属水果或甜瓜的果皮	1722	614	2166	819
咖啡、茶、马黛茶及调味香料	466	145	462	158
谷　物	0	197	3	2
制粉工业产品;麦芽;淀粉、菊粉;面筋	0	109	3	1
含油子仁及果实;杂项子仁及果实;工业用或药用植物;稻草、秸秆及饲料	161	3067	136	3406
虫胶;树胶、树脂及其他植物液、汁	48	4	128	6
编结用植物材料;其他植物产品	12	188	0	7
动、植物油、脂及其分解产品;精制的食用油脂;动、植物蜡	92	8783	56	4178
动、植物油、脂及其分解产品;精制的食用油脂;动、植物蜡	92	8783	56	4178
食品;饮料、酒及醋;烟草、烟草及烟草用品的制品	1099	2088	2023	3102
肉、鱼、甲壳动物、软体动物及其他水生无脊椎动物的制品	0	1	4	15
糖及糖食	25	8	42	17
可可及可可制品	0	2	3	10
谷物、粮食粉、淀粉或乳的制品;糕饼点心	60	223	113	723
蔬菜、水果、坚果或植物其他部分的制品	776	104	733	99
杂项食品	44	38	831	231
饮料、酒及醋	4	1181	5	1563
食品工业的残渣及废料;配制的动物饲料	190	531	290	445
烟草、烟草及烟草代用品的制品			1	0
矿产品	432	61113	97	66731
盐;硫磺;泥土及石料;石膏料、石灰及水泥	419	347	72	263
矿砂、矿渣及矿灰	3	55358	1	56239
矿物燃料、矿物油及其蒸馏产品;沥青物质;矿物蜡	10	5408	23	10229

16-3续1

商品类别	2015年		2016年	
	出口	进口	出口	进口
化学工业及其相关工业的产品	63702	5413	69879	6529
无机化学品;贵金属、稀土金属、放射性元素及其同位素的有机及无机化合物	3202	173	2566	832
有机化学品	26577	844	28757	537
药　品	16153	198	15583	822
肥　料	1106	0	1217	0
鞣料浸膏及染料浸膏;鞣酸及其衍生物;染料、颜料及其他着色料;油漆及清漆;油灰及其他胶粘剂;墨水、油墨	5201	487	8234	526
精油及香膏;芳香料制品及化妆盥洗品	47	629	192	1160
肥皂、有机表面活性剂、洗涤剂、润滑剂、人造蜡、调制蜡、光洁剂、蜡烛及类似品、塑料用膏、“牙科用蜡”及牙科用熟石膏制剂	1494	332	2097	369
蛋白类物质;改性淀粉;胶;酶	714	51	688	58
炸药;烟火制品;火柴;引火合金;易燃材料制品	0	0	0	1
照相及电影用品	58	1	84	4
杂项化学产品	9150	2698	10461	2220
塑料及其制品;橡胶及其制品	16989	18373	24324	19642
塑料及其制品	14726	17518	20350	18735
橡胶及其制品	2263	855	3974	907
生皮、皮革、毛皮及其制品;鞍具及挽具;旅行用品、手提包及类似容器、动物肠线(蚕胶丝除外)制品	2082	188	5001	259
生皮(毛皮除外)及皮革	6	70	31	215
皮革制品;鞍具及挽具;旅行用品、手提包及类似容器;动物肠线(蚕胶丝除外)制品	1873	115	4148	42
毛皮、人造毛皮及其制品	203	3	822	2
木及木制品;木炭;软木及软木制品;稻草、秸秆、针茅或其他编结材料制品;蓝筐及柳条编结品	3532	293	15948	910
木及木制品;木炭	1836	293	13731	910
软木及软木制品	7	0	15	0
稻草、秸秆、针茅或其他编结材料制品;蓝筐及柳条编结品	1689	0	2202	0
木浆及其他纤维状纤维素浆;回收(废碎)纸或纸板;纸、纸板及其制品	2028	18882	3234	20018
木浆及其他纤维状纤维素浆;回收(废碎)纸或纸板	0	17956	0	19194
纸及纸板;纸浆、纸或纸板制品	1973	907	3106	740

16-3续2

商品类别	2015年		2016年	
	出口	进口	出口	进口
书籍、报纸、印刷图画及其他印刷品；手稿、打字稿及设计图纸	55	19	128	84
纺织原料及纺织制品	39778	4714	97765	3603
蚕　丝	81	0	20	0
羊毛、动物细毛或粗毛；马毛纱线及其机织物	43	29	336	29
棉　花	1684	3358	3695	2195
其他植物纺织纤维；纸纱线及其机织物	152	38	259	36
化学纤维长丝	414	151	2580	219
化学纤维短纤	5016	316	4505	213
絮胎、毡呢及无纺织物；特种纱线；线、绳、索、缆及其制品	2037	271	3921	379
地毯及纺织材料的其他铺地制品	442	16	1898	17
特种机织物；簇绒织物；花边；装饰毯；装饰带；刺绣品	198	37	688	117
浸渍、涂布、包覆或层压的纺织物；工业用纺织制品	340	54	1024	20
针织物或钩编织物	324	112	845	125
针织或钩编的服装及衣着附件	10226	89	18320	32
非针织或非钩编的服装及衣着附件	8041	19	19926	27
其他纺织制成品；成套物品；旧衣着及旧纺织品；碎织物	10780	224	39748	194
鞋、帽、伞、杖、鞭及其零件；已加工的羽毛及其制品；人造花；人发制品	1792	19	5995	4
鞋靴、护腿和类似品及其零件	496	19	1485	2
帽类及其零件	349	0	1351	0
雨伞、阳伞、手杖、鞭子、马鞭及其零件	42	0	42	0
已加工羽毛、羽绒及其制品；人造花；人发制品	905	0	3117	2
石料、石膏、水泥、石棉、云母及类似材料的制品；陶瓷产品；玻璃及其制品	18688	639	23059	1107
石料、石膏、水泥、石棉、云母及类似材料的制品	5481	183	5765	178
陶瓷产品	3701	7	4887	350
玻璃及其制品	9506	449	12407	579
天然或养殖珍珠、宝石或半宝石、贵金属、包贵金属及其制品；仿手饰；硬币	1186	821	422	268
天然或养殖珍珠、宝石或半宝石、贵金属、包贵金属及其制品；仿手饰；硬币	1186	821	422	268
贱金属及其制品	106717	5909	112150	7656
钢　铁	29708	318	22682	427
钢铁制品	69470	1834	76706	2844
铜及其制品	2101	2232	2031	2738

16-3续3

商品类别	2015年		2016年	
	出口	进口	出口	进口
镍及其制品	26	75	22	157
铝及其制品	3399	871	8075	813
铅及其制品	0	0	2	2
锌及其制品	10	15	15	22
锡及其制品	0	0	0	0
其他贱金属、金属陶瓷及其制品	42	135	45	139
贱金属工具、器具、利口器、餐匙、餐叉及其零件	1151	183	1489	250
贱金属杂项制品	810	246	1083	263
机器、机械器具、电气设备及其零件；录音机及放声机、电视图像、声音的录制和重放设备及其零件、附件	166692	134036	194651	162146
核反应堆、锅炉、机器、机械器具及其零件	102187	67813	127460	77807
电机、电气设备及其零件；录音机及放声机、电视图像、声音的录制和重放设备及其零件、附件	64505	66223	67191	84339
车辆、航空器、船舶及有关运输设备	152750	16573	135155	2016
铁道及电车道机车、车辆及其零件；铁道及电车道轨道固定装置及其零件、附件；各种机械（包括电动机械）交通信号设备	4438	675	6543	592
车辆及其零件、附件，但铁道及电车道车辆除外	146207	1812	126044	5093
航空器、航空器及其零件	2045	14007	2264	14292
船舶及浮动结构体	60	79	305	183
光学、照相、电影、计量、检验、医疗或外科用仪器及设备、精密仪器及设备；钟表；乐器；上述物品的零件、附件	8667	24391	11130	26499
光学、照相、计量、检验、医疗或外科用仪器及设备、精密仪器及设备；上述物品的零件、附件	8179	24229	10367	26430
钟表及其零件	87	38	25	66
乐器及其零件、附件	401	124	738	3
武器、弹药及其零件、附件	0	0	0	0
武器、弹药及其零件、附件	0	0	0	0
杂项制品	8426	465	21721	976
家具；寝具、褥垫、弹簧床垫、软坐垫及类似的填充制品；未列名灯具及照明装置；发光标志、发光铭牌及类似品；活动房屋	5604	266	15899	914
玩具、游戏品、运动用品及其零件、附件	1546	136	3840	6
杂项制品	1276	63	1982	56
艺术品、收藏品及古物	73	57	1	1401
特殊交易品及未分类商品	701	0	4506	233

16-4 按企业性质分海关进出口商品总值(2016年)

Import and Export Value of Commodities by Ownership(2016)

单位:万美元

指　　标	合　计	国有企业	外商投资企业				集体企业	其　他
			小计	中外合作	中外合资	外商独资		
进口商品总额	352229	173774	71495	198	37385	33912	1659	105301
一般贸易	302096	167734	44230	198	15203	28829	1659	88473
来料加工装配贸易	1485	0	1031	0	863	168	0	454
进料加工贸易	15334	5464	6005	0	1325	4680	0	3865
租赁贸易	7183	0	7183	0	7183	0	0	0
海关特殊监管区域进口设备	7	4	1	0	0	1	0	2
海关特殊监管区域物流货物	5952	507	137	0	0	137	0	5308
投资设备	32	0	32	0	0	32	0	0
保税监管场所进出境货物	19112	58	12194	0	12194	0	0	6860
国际无偿援助和捐赠物资	0	0	0	0	0	0	0	0
其他贸易	1028	7	682	0	617	65	0	339
出口商品总值	734030	71783	159111	2700	59875	96536	18923	484213
一般贸易	641482	30565	130985	2687	41249	87049	18445	461487
国际无偿援助和捐赠物资	402	331	0	0	0	0	71	0
来料加工装配贸易	1930	0	1212	0	844	368	0	718
进料加工贸易	42897	12585	15103	13	6052	9038	0	15209
对外承包工程出口货物	34349	27993	14	0	14	0	403	5939
保税监管场所进出境货物	11619	0	11615	0	11615	0	0	4
海关特殊监管区域物流货物	1172	289	43	0	8	35	0	840
其他贸易	179	20	139	0	93	46	4	16

16-5 历年海关进出口总额

Total Imports and Exports by Category(Customs Statistics)

单位:万美元

年　份	进出口总额	进口总额	出口总额
1993	27446	21371	6075
1994	41746	23579	18167
1995	66587	29812	36775
1996	91347	48193	43154
1997	104230	52862	51368
1998	79943	45096	34847
1999	96125	60199	35926
2000	143935	86827	57108
2001	150143	90746	59397
2002	149264	79755	69509
2003	201554	117980	83545
2004	304678	167373	137305
2005	376213	198370	177843
2006	438930	194981	243949
2007	621804	278277	343527
2008	802699	342979	459720
2009	565704	260998	304706
2010	743776	338888	404888
2011	1041422	436966	604456
2012	913286	341844	571442
2013	957442	409126	548316
2014	1048867	442950	605917
2015	911424	311763	599661
2016	1086259	352229	734030

16-6 利 用 外 资 情 况

Utilization of Foreign Capital

指　　标	2011年	2012年	2013年	2014年	2015年	2016年
利用外资合同数(个)	86	84	86	78	104	104
外商直接投资	86	84	86	78	104	104
合同外资金额(万美元)	141440	162081	165341	187974	303100	179479
外商直接投资	141440	162081	165341	187974	303100	179479
实际使用外资(万美元)	110002	122016	132054	143497	157851	171625
外商直接投资	110002	122016	132054	143497	157851	171625

16-7 对 外 经 济 技 术 合 作

Technological Cooperation with Foreign Countries or Territories

指　　标	单位	2011年	2012年	2013年	2014年	2015年	2016年
对外承包和劳务合作合同金额	万美元	385394	458996	190515	519758	530383	539589
对外承包	万美元	385394	458996	190515	519758	530383	539589
对外承包和劳务合作营业额	万美元	216052	240406	197113	215461	308737	350099
对外承包	万美元	216052	240406	197113	215461	308737	350099
外派劳务人数	人	9908	6187	8339	6833	6886	6976
境外投资企业数	个	44	42	48	48	50	55
中方协议投资额	万美元	24538	53412	54231	60174	70052	70175

16-8 出口1000万美元以上企业一览表（2016年）

Summary of Enterprises with Annual Exports Value Above 10 Million Dollar(2016)

单 位 名 称	单 位 名 称
山东一达通企业服务有限公司	卧龙电气章丘海尔电机有限公司
中国重汽集团进出口有限公司	济南华辰实业有限责任公司
济南玫德铸造有限公司	源和电站股份有限公司
山东电力基本建设总公司	济南邦德数控设备有限公司
山东太古飞机工程有限公司	九阳股份有限公司
齐鲁天和惠世制药有限公司	济南派克线缆有限公司
济钢集团国际贸易有限责任公司	山东临沃重机有限公司
济南澳海炭素有限公司	济南宏创博展汽车销售有限公司
齐鲁安替制药有限公司	山东大汉建设机械股份有限公司
济南秦工国际贸易有限公司	山东中天重工有限公司
山东浪潮进出口有限公司	济南莱福瑞制冷配件有限公司
济南裕兴化工有限责任公司	济南西门子变压器有限公司
山东绿霸化工股份有限公司	山东威明汽车产品有限公司
济南金麒麟刹车系统有限公司	山东中印机电设备有限公司
济南万方炭素进出口有限公司	山东商龙经贸有限公司
山东齐发药业有限公司	山东圣泉新材料股份有限公司
山东集鑫汽车销售有限公司	济南九鼎中泰国际贸易有限公司
山东鲁电国际贸易有限公司	济南邦和工贸有限公司
济南轨道交通装备有限责任公司	济南博意达商贸有限公司
浪潮集团有限公司	山东力诺特种玻璃股份有限公司
中能华辰集团有限公司	中铁十局集团有限公司
山东电力设备有限公司	山东希诺金属材料有限公司
山东冠世时装加工有限公司	济南诚信通铝业有限公司
济南圣泉集团股份有限公司	济南创凯科技有限公司
浪潮软件集团有限公司	济南艾伯特商贸有限公司
济南轻骑标致摩托车有限公司	海湾电子（山东）有限公司
济南轻骑对外贸易有限责任公司	济南平川商贸有限公司
济南二机床集团有限公司	济南世纪天邦汽车进出口贸易有限
济南博顺物资有限公司	济南迈克管道科技股份有限公司
山东华民钢球股份有限公司	济南实达紧固件有限公司
中国山东对外经济技术合作集团有	福士汽车零部件（济南）有限公司
山东润科国际贸易有限公司	山东百利通亚陶科技有限公司
山东力诺光伏高科技有限公司	济南尼克焊接技术有限公司
济南鲁东耐火材料有限公司	济南思迈迩制衣有限公司
山东省冶金设计院股份有限公司	章丘市瑞烨机械有限公司
济南华尔重型汽车销售有限公司	山东科兴生物制品有限公司
费斯托气动有限公司	山东三维商贸有限公司
齐鲁制药有限公司	济南星辉数控机械科技有限公司
山东冠世针织有限公司	斯凯孚（济南）轴承与精密技术产
华熙福瑞达生物医药有限公司	山东凯莱(国际)贸易有限公司
济南弘正科技有限公司	山东省永信非织造材料有限公司
山东立达进出口公司	济南鸿天国际贸易有限公司
山东伊莱特重工有限公司	齐鲁宏业纺织集团有限公司
济南台有玻璃制品有限公司	济南沃德汽车零部件有限公司
山东中农联合生物科技股份有限公	章丘美华进出口贸易有限公司
济南亚国经贸有限公司	济南嘉亚经贸发展有限公司
济南锅炉集团有限公司	济南豪瑞通专用汽车有限公司

16-9 旅游住宿单位接待入境游客

Foreign Tourists Received by Tourist Hotels

指　　标	2011年	2012年	2013年	2014年	2015年	2016
入境游客人数(人次)	289953	315949	307244	314536	332942	351526
外国人	193963	205606	194003	194567	205477	216899
#日 本	32498	30438	24457	22336	22154	21972
菲律宾	2461	2351	2231	2237	2215	2357
新加坡	12323	13729	13525	13840	14837	15586
韩　国	31921	33734	32026	33839	34238	36137
加拿大	4986	5272	5283	5361	5697	5558
英　国	8284	9120	8978	9164	9693	10286
德　国	12393	13477	13245	13722	14688	15608
法　国	5404	6040	5873	6207	6694	7041
意大利	3282	3383	3752	3825	4086	4330
瑞　士	837	895	895	931	986	1051
澳大利亚	7529	8441	8250	8411	8934	9456
新西兰	1445	1445	1448	1519	1625	1825
美　国	17860	19763	19243	19844	21396	23187
港澳台同胞	95990	110343	113241	119969	127465	134627
#台湾同胞	39750	48898	54031	57586	61726	65050
入境游客人天数(人天)	678516	741043	725144	739926	786451	829300
外国人	446616	481859	453894	443823	460937	483753
港澳和台湾同胞	231900	589184	271250	296061	325514	345547
#台湾同胞	92831	113127	124750	138269	172776	178839
国际旅游（外汇）收入(亿美元)	1.42	1.60	1.51	1.71	1.84	1.96
#商品性收入	0.34	0.51	0.32	0.58	0.53	0.51
附:平均每天来济入境旅游人数(人次)	794	866	842	862	912	963
星级宾馆客房出租率(%)	68.0	64.8	61.0	62.6	61.0	64.5

16-10　济南与国外结成友好城市一览表(2016年末)

Foreign Friendly Cities of Jinan(End of 2016)

日　本	城　市	缔结日期
日本	和歌山市(和歌山县首府)	1983.01.14
英国	考文垂市(英国汽车工业故乡,制造业中心之一)	1983.10.03
日本	山口市(山口县首府)	1985.09.20
美国	萨克拉门托市(加利福尼亚州首府)	1985.05.29
加拿大	里贾纳市(萨斯喀彻温省省会)	1987.08.10
巴布亚新几内亚	莫尔斯比港(巴布亚新几内亚首都)	1988.09.28
韩国	水原市(京畿道首府)	1993.10.27
俄罗斯	下诺夫哥罗德市(下诺夫哥罗德州首府)	1994.09.25
芬兰	万达市(欧洲机场城市、芬兰第四大城市)	2001.08.27
法国	雷恩市(布列塔尼大区首府)	2002.07.17
澳大利亚	郡德勒普市(西澳洲新兴教育科技中心)	2004.09.04
德国	奥格斯堡市(施瓦本地区首府)	2004.10.10
乌克兰	哈尔科夫市(哈尔科夫州首府)	2007.05.23
以色列	卡法萨巴市(沙龙地区中心城市)	2009.05.11
白俄罗斯	维捷布斯克市(维捷布斯克州首府)	2009.09.20
佛得角	普拉亚市(佛得角首都)	2009.09.22
巴西	波多韦柳市(朗多尼亚州首府)	2011.10.13
土耳其	马尔马里斯市(地中海沿岸港口城市和旅游胜地)	2011.10.21
印度尼西亚	徐图利祖市(东爪哇省泗水市机场城市、新兴经济城市)	2012.09.21
保加利亚	卡赞勒格市(保加利亚玫瑰精油生产中心)	2013.08.29
墨西哥	萨博潘市(哈利斯科州经济首府)	2014.05.20
意大利	奇维塔韦基亚市(欧洲第三大客运港)	2015.08.28

16-11　济南与各友好城市交流

Basic Statistics of Transmission Between Foreign Friendly Cities and Jinan

指　　标	2011年	2012年	2013年	2014年	2015年	2016年
出访交流考察						
批　数	357	374	257	430	583	480
人　次	1184	1250	866	994	1444	1907
接待来访团组						
批　数	259	280	140	128	123	204
人　次	2782	2680	1786	1296	1107	1352

主要统计指标解释

Explanatory Notes on Main Statistical Indicators

海关进出口总额 指实际进出我国国境的货物总金额。包括对外贸易实际进出口货物，来料加工装配进出口货物，国家间、联合国及国际组织无偿援助物资和赠送品，华侨、港澳台同胞和外籍华人捐赠品，租赁期满归承租人所有的租赁货物，进料加工进出口货物，边境地方贸易及边境地区小额贸易进出口货物(边民互市贸易除外)，中外合资企业、中外合作经营企业、外商独资经营企业进出口货物和公用物品，到、离岸价格在规定限额以上的进出口货样和广告品(无商业价值、无使用价值和免费提供出口的除外)，从保税仓库提取在中国境内销售的进口货物，以及其他进出口货物。进出口总额用以观察一个国家在对外贸易方面的总规模。我国规定出口货物按离岸价格统计，进口货物按到岸价格统计。

利用外资 指我国各级政府、部门、企业和其他经济组织通过对外借款、吸收外商直接投资以及用其他方式筹措的境外现汇、设备、技术等。

对外借款 是我国利用外资的重要部分。指通过对外正式签订借款协议，从境外筹措的资金，包括外国政府贷款、国际金融组织贷款、外国银行商业贷款、出口信贷以及对外发行债券等。1996 年及以前还包括对外发行股票。

外商直接投资 指外国企业和经济组织或个人(包括华侨、港澳台胞以及我国在境外注册的企业)按我国有关政策、法规，用现汇、实物、技术等在我国境内开办外商独资企业、与我国境内的企业或经济组织共同举办中外合资经营企业、合作经营企业或合作开发资源的投资(包括外商投资收益的再投资)。即“外方投资者的投资股本”和总投资与注册资本差额部分的“外方股东对企业的直接贷款”。

外商其他投资 指除对外借款和外商直接投资以外的各种利用外资的形式。包括企业在境内外股票市场公开发行的以外币计价的股票(目前主要是在香港证券市场发行的H股和在境内证券市场发行的B股)发行价总额，国际租赁进口设备的应付款，补偿贸易中外商提供的进口设备、技术、物料的价款，加工装配贸易中外商提供的进口设备、物料的价款，外商投资企业差额借款。

对外承包工程 指各对外承包公司以招标议标承包方式承揽的下列业务：(1)承包国外工程建设项目，(2)承包我国对外经援项目，(3)承包我国驻外机构的工程建设项目，(4)承包我国境内利用外资进行建设的工程项目，(5)与外国承包公司合营或联合承包工程项目时我国公司分包部分，(6)对外承包兼营的房屋开发业务。对外承包工程的营业额是以货币表现的本期内完成的对外承包工程的工作量，包括以前年度签订的合同和本年度新签订的合同在报告期内完成的工作量。

对外劳务合作 指以收取工资的形式向业主或承包商提供技术和劳动服务的活动。我国对外承包公司在境外开办的合营企业，中国公司同时又提供劳务的，其劳务部分也纳入劳务合作统计。劳务合作营业额按报告期内向雇主提交的结算数(包括工资、加班费和奖金等)统计。

对外设计咨询 指以服务成果向业主收费的技术服务项目。包括承担地形地貌测绘，地质资源勘探与普查，建设区域规划，提供设计文件、图纸、生产工艺技术资料和工程技术经济咨询，工程项目的可行性考察、研究和评估，进行技术指导和培训人员等；也包括承担国(境)内利用外资进行建设的工程项目的上述规定的设计咨询项目的收取外币部分。

入境游客 指报告期内来中国(大陆)观光、度假、探亲访友、就医疗养、购物、参加会议或从事经济、文化、体育、宗教活动的外国人、港澳台同胞等游客(即入境旅游人数)。统计时，入境游客按每入境1次统计1人次。

外国人 指属外国国籍的人，加入外国国籍的中国血统华人也计入外国人。

港澳台同胞 指居住在中国香港特别行政区、澳门特别行政区和台湾省的中国同胞。

国际旅游(外汇)收入 入境游客在中国(大陆)境内旅行、游览过程中用于交通、参观游览、住宿、餐饮、购物、娱乐等全部花费。

17

科 技

SCIENCE AND TECHNOLOGY

17－1 科技综合情况

Basic Statistics on Science and Technology

指　　标	单位	2011年	2012年	2013年	2014年	2015年	2016年
R&D活动单位	个	401	446	573	660	803	890
R&D活动全时人员	人年	37048	37824	41643	46796	51297	52395
R&D活动经费内部支出	万元	955341	989528	1111522	1205441.6	1330543.8	1567365
#基础研究	万元	53609	72717	77918	81092.8	106229	128504.7
#应用研究	万元	126146	135575	127176	142847.5	136507.2	151841.2
#试验发展	万元	775586	781236	906428	981501.4	1087807.6	1287019.1
#日常性支出	万元	852242	859567	967345	1068380.6	1161517.8	1376837.7
人员劳务费	万元	266312	277486	320273	376372.8	470989.9	522676.7
#资产性支出	万元	103101	129961	144177	137061	169026	190527.3
仪器设备	万元	96654	123932	135607	126101.9	160989.5	185967.8
R&D活动经费外部支出	万元	40140	38990	46679	57993	42612	62140.8
科技成果情况							
专利申请数	件	6301	8699	10221	12196	14178	15490
#发明专利申请数	件	2678	3903	4755	6234	8454	9138
拥有发明专利数	件	5624	4973	6087	7712	10007	13808
科技项目（课题）情况							
项目（课题）数	项	11174	15899	17683	18811	21177	22570
项目参加人员折合全时当年	人年	35518	36702	39557	43828.2	46715	44188

17－2 科技投入情况(2016年)

Basic Statistics on Scientific and Technological Funds(2016)

指　标	单位	合计	科研机构	高等院校	规模以上工业企业	其他
有R&D活动单位数	个	890	74	53	660	103
R&D人员	人	79479	2744	14997	42431	19307
#研究人员	人	42458	4641	13050	18212	6555
博士生	人	6696	1058	5032	478	128
硕士生	人	13995	2120	5530	5148	1197
其他	人	58788	3300	4435	36805	14248
R&D人员折合全时人员	人年	48413	5245	7025	28376	7767
基础研究	人年	6521	1779	3481	37	1224
应用研究	人年	6319	1547	3138	371	1262
试验发展	人年	35573	1919	405	27968	5281
R&D经费内部支出	万元	1567365	136374	135017	1024301	271673
基础研究	万元	128505	35147	66866	1501	24991
应用研究	万元	151841	46002	51333	22387	32119
试验发展	万元	1287019	55225	16819	1000412	214563
日常性支出	万元	1376838	111782	121127	907732	236197
#人员劳务费	万元	522677	66752	18160	337412	100353
资产性支出	万元	190527	24592	13890	116569	35476
#仪器和设备	万元	185968	23088	12812	115478	34591

17-3 规模以上工业企业科技活动情况(2016年)

Main Indicators of Industrial Enterprises Above Designated Size(2016)

单位:个

指　　标	企业数	#有R&D活动的单位数	企业办科技机构数
总计	1968	660	347
按登记注册类型分			
国有企业	18	10	13
集体企业	17	5	6
股份合作企业	2		
有限责任公司	784	253	168
国有独资公司	23	15	15
其他有限责任公司	761	238	153
股份有限公司	88	54	43
私营独资企业	54		
私营合伙企业	1	1	
私营有限责任公司	801	260	79
私营股份有限公司	48	20	17
其他企业	4		
合资经营企业(港或澳、台资)	19	5	1
合作经营企业(港或澳、台资)	1	1	
港、澳、台商独资经营企业	27	5	2
港、澳、台商投资股份有限公司	1	1	1
中外合资经营企业	60	28	12
中外合作经营企业	3	1	
外资企业	38	15	5
外商投资股份有限公司	2	1	
按工业行业大类分			
煤炭开采和洗选业	1	1	
石油和天然气开采业	3		
黑色金属矿采选业	2		
非金属矿采选业	10	1	
农副食品加工业	71	23	16
食品制造业	64	25	10
酒、饮料和精制茶制造业	25	5	4

17-3续

指　　标	企业数	#有R&D活动的单位数	企业办科技机构数
烟草制品业	1	1	1
纺织业	46	11	4
纺织服装、服饰业	28	2	
皮革、毛皮、羽毛及其制品和制鞋业	8	1	1
木材加工和木、竹、藤、棕、草制品业	21	1	
家具制造业	7		
造纸和纸制品业	26	3	1
印刷和记录媒介复制业	46	13	6
文教、工美、体育和娱乐用品制造业	25	7	
石油加工、炼焦和核燃料加工业	10	5	3
化学原料和化学制品制造业	133	56	40
医药制造业	64	41	27
化学纤维制造业	5	3	
橡胶和塑料制品业	70	11	3
非金属矿物制品业	191	43	13
黑色金属冶炼和压延加工业	36	7	10
有色金属冶炼和压延加工业	16	2	1
金属制品业	221	39	20
通用设备制造业	281	106	56
专用设备制造业	170	82	28
汽车制造业	82	22	11
铁路、船舶、航空航天和其他运输设备制造业	31	10	7
电气机械和器材制造业	99	52	26
计算机、通信和其他电子设备制造业	54	42	39
仪器仪表制造业	62	35	15
其他制造业	1		
废弃资源综合利用业	3		
金属制品、机械和设备修理业	4	2	2
电力、热力生产和供应业	24	6	1
燃气生产和供应业	17		
水的生产和供应业	10	2	2

17-4 规模以上工业企业技术改造及引进吸收(2016年)

Innovation and Resorb of Industrial Enterprises Above Designated Size(2016)

单位:万元

指　　标	技术改造经费支出	引进国外技术经费支出	引进技术的消化吸收经费支出	购买国内技术经费支出
总计	373738	10576	1378	24871
按登记注册类型分				
国有企业	39779	1588	15	49
集体企业				
股份合作企业				
有限责任公司	275839	5501	997	24125
国有独资公司	55577	317	5	1
其他有限责任公司	220262	5184	992	24123
股份有限公司	25400	737	238	412
私营独资企业	59			
私营合伙企业				
私营有限责任公司	3507	220	104	267
私营股份有限公司	15127			
其他企业				
合资经营企业(港或澳、台资)				
合作经营企业(港或澳、台资)				
港、澳、台商独资经营企业	11900			
港、澳、台商投资股份有限公司	600			
中外合资经营企业	980	2500		19
中外合作经营企业				
外资企业	548	30	25	
外商投资股份有限公司				
按工业行业大类分				
煤炭开采和洗选业				
石油和天然气开采业				
黑色金属矿采选业				
非金属矿采选业	32			
农副食品加工业	88			14
食品制造业	448			
酒、饮料和精制茶制造业				

17-4续

指　　标	技术改造经费支出	引进国外技术经费支出	引进技术的消化吸收经费支出	购买国内技术经费支出
烟草制品业	37959			
纺织业	3012			
纺织服装、服饰业				
皮革、毛皮、羽毛及其制品和制鞋业	72		36	
木材加工和木、竹、藤、棕、草制品业				
家具制造业				
造纸和纸制品业	63	120	4	
印刷和记录媒介复制业	600			
文教、工美、体育和娱乐用品制造业				
石油加工、炼焦和核燃料加工业	21868	119	166	200
化学原料和化学制品制造业	21974	172	172	63
医药制造业	59424	4823	15	22826
化学纤维制造业				
橡胶和塑料制品业	59			
非金属矿物制品业	14136	208		
黑色金属冶炼和压延加工业	14324			
有色金属冶炼和压延加工业	300			
金属制品业	249			
通用设备制造业	9030	1913		65
专用设备制造业	1743			52
汽车制造业	43385	30	25	18
铁路、船舶、航空航天和其他运输设备制造业	539	2763	456	425
电气机械和器材制造业	8224	427	505	1049
计算机、通信和其他电子设备制造业	132791			160
仪器仪表制造业	533			
其他制造业				
废弃资源综合利用业				
金属制品、机械和设备修理业	587			
电力、热力生产和供应业	1750			
燃气生产和供应业				
水的生产和供应业	548			

17-5 规模以上工业企业技术资源(2016年)

Technical Resources of Industrial Enterprises Above Desitnated Size(2016)

指标	R&D经费内部支出合计(万元)	新产品产值(万元)	研究与试验发展活动(R&D)人员(人)	R&D人员折合全时当量(人年)
总计	1024301	14465772	42431	28376
按登记注册类型分				
国有企业	38150	1094629	1198	1072
集体企业	1851	40	184	115
股份合作企业				
有限责任公司	681818	10729208	27717	18353
国有独资公司	185345	3757524	6255	4800
其他有限责任公司	496473	6971684	21462	13553
股份有限公司	85893	969971	4266	2785
私营独资企业				
私营合伙企业	5		3	
私营有限责任公司	125963	618419	5095	3043
私营股份有限公司	29798	372119	1175	817
其他企业				
合资经营企业(港或澳、台资)	3667	39617	204	158
合作经营企业(港或澳、台资)	1515		40	12
港、澳、台商独资经营企业	4488	58277	204	168
港、澳、台商投资股份有限公司	3194	55144	211	200
中外合资经营企业	31215	186323	1586	1252
中外合作经营企业	1848	19740	79	75
外资企业	8566	127397	447	305
外商投资股份有限公司	6332	194889	22	20
按工业行业大类分				
煤炭开采和洗选业	437		3	1
石油和天然气开采业				
黑色金属矿采选业				
非金属矿采选业	177	1053	33	16
农副食品加工业	14067	58272	459	149
食品制造业	10087	39389	541	314
酒、饮料和精制茶制造业	3225	30930	159	88

17-5续

指　　标	R&D经费内部支出合计（万元）	新产品产值（万元）	研究与试验发展活动（R&D）人员（人）	R&D人员折合全时当量（人年）
烟草制品业	12384	918328	113	107
纺织业	7539	74688	830	550
纺织服装、服饰业	41	21	18	5
皮革、毛皮、羽毛及其制品和制鞋业	688	3974	77	73
木材加工和木、竹、藤、棕、草制品业	425	154	15	14
家具制造业				
造纸和纸制品业	1970	37631	33	22
印刷和记录媒介复制业	8231	92069	457	367
文教、工美、体育和娱乐用品制造业	1776	13195	104	51
石油加工、炼焦和核燃料加工业	5088	36907	238	74
化学原料和化学制品制造业	74523	677944	2044	1483
医药制造业	97239	1280415	2929	2316
化学纤维制造业	2088	18199	25	11
橡胶和塑料制品业	3210	7452	98	64
非金属矿物制品业	38228	574444	1597	663
黑色金属冶炼和压延加工业	22493	171941	999	463
有色金属冶炼和压延加工业	1106	13000	119	113
金属制品业	43461	495569	1646	828
通用设备制造业	89191	517379	5343	3502
专用设备制造业	39433	295874	2207	1499
汽车制造业	159305	3673253	4826	3870
铁路、船舶、航空航天和其他运输设备制造业	24861	247211	617	516
电气机械和器材制造业	82129	903931	2170	1574
计算机、通信和其他电子设备制造业	248474	4088492	12300	7970
仪器仪表制造业	16738	119569	1221	723
其他制造业				7
废弃资源综合利用业				
金属制品、机械和设备修理业	4148	37235	442	396
电力、热力生产和供应业	10267	37255	709	520
燃气生产和供应业				
水的生产和供应业	1272		59	34

17-6 规模以上工业企业科技活动项目（2016年）

Technology Projict Activities of Industrial Enterprises Above Designated Size(2016)

指　　标	R&D活动项目经费内部支出（万元）	新产品开发项目数（项）	新产品开发经费支出（万元）
总计	943946	4074	1021095
按登记注册类型分			
国有企业	29626	112	31009
集体企业	1468	10	1217
股份合作企业			
有限责任公司	645579	1993	706823
国有独资公司	183587	453	185326
其他有限责任公司	461992	1540	521498
股份有限公司	78421	629	72544
私营独资企业			
私营合伙企业	5		
私营有限责任公司	103542	814	121536
私营股份有限公司	27950	143	26109
其他企业			
合资经营企业(港或澳、台资)	3665	33	4658
合作经营企业(港或澳、台资)	1500	6	1515
港、澳、台商独资经营企业	4198	30	4748
港、澳、台商投资股份有限公司	3188	12	3194
中外合资经营企业	28618	165	28673
中外合作经营企业	1848	16	1848
外资企业	8008	109	9639
外商投资股份有限公司	6330	2	7582
按工业行业大类分			
煤炭开采和洗选业	437		
石油和天然气开采业			
黑色金属矿采选业			
非金属矿采选业	168	5	177
农副食品加工业	13558	56	14343
食品制造业	8496	72	8094
酒、饮料和精制茶制造业	2283	13	2082

17-6 续

指　　　　标	R&D活动项目经费内部支出（万元）	新产品开发项目数（项）	新产品开发经费支出（万元）
烟草制品业	6929	42	17584
纺织业	7038	38	4647
纺织服装、服饰业	41	4	590
皮革、毛皮、羽毛及其制品和制鞋业	451	4	480
木材加工和木、竹、藤、棕、草制品业	395	1	425
家具制造业			
造纸和纸制品业	1299	4	3688
印刷和记录媒介复制业	7575	30	6307
文教、工美、体育和娱乐用品制造业	1289	11	1167
石油加工、炼焦和核燃料加工业	4057	8	4091
化学原料和化学制品制造业	67320	271	61164
医药制造业	95253	444	82028
化学纤维制造业	1732	15	2952
橡胶和塑料制品业	2854	15	2462
非金属矿物制品业	33913	113	22406
黑色金属冶炼和压延加工业	19772	40	22338
有色金属冶炼和压延加工业	850	7	1106
金属制品业	39264	122	24759
通用设备制造业	76760	532	75461
专用设备制造业	35561	403	34653
汽车制造业	156580	360	159860
铁路、船舶、航空航天和其他运输设备制造业	23183	118	22827
电气机械和器材制造业	68131	330	80508
计算机、通信和其他电子设备制造业	238787	661	336323
仪器仪表制造业	15457	291	21470
其他制造业			
废弃资源综合利用业			
金属制品、机械和设备修理业	4148	44	4127
电力、热力生产和供应业	9351	8	1059
燃气生产和供应业			
水的生产和供应业	1018	12	1920

17-7 规模以上工业

R&D Funds of Industrial

指标	R&D经费内部支出			
	合计	按活动类型分组		
		基础研究	应用研究支出	试验发展支出
总计	1024301	1501	22387	1000412
按登记注册类型分				
国有企业	38150	1320	1704	35125
集体企业	1851		139	1711
股份合作企业				
有限责任公司	681818	168	17956	663694
国有独资公司	185345	168	243	184934
其他有限责任公司	496473		17713	478760
股份有限公司	85893		497	85396
私营独资企业				
私营合伙企业	5			5
私营有限责任公司	125963	13	453	125497
私营股份有限公司	29798			29798
其他企业				
合资经营企业(港或澳、台资)	3667			3667
合作经营企业(港或澳、台资)	1515			1515
港、澳、台商独资经营企业	4488			4488
港、澳、台商投资股份有限公司	3194			3194
中外合资经营企业	31215		246	30969
中外合作经营企业	1848			1848
外资企业	8566		1392	7174
外商投资股份有限公司	6332			6332
按工业行业大类分				
煤炭开采和洗选业	437			437
石油和天然气开采业				
黑色金属矿采选业				
非金属矿采选业	177			177
农副食品加工业	14067			14067
食品制造业	10087		1686	8401
酒、饮料和精制茶制造业	3225		342	2883

企业R&D经费情况（2016年）

Enterprises Above Designated Size(2016)

按支出用途分组		按资金来源分组				R&D经费外部支出
经常费支出	资产性支出	政府资金	企业资金	国外资金	其他资金	
907732	116569	33267	959799	1269	29966	39878
33880	4270	5113	32521		516	6203
1434	417	95	1756			
604546	77271	18790	639855	386	22787	26542
172284	13061	2751	182538		56	17573
432263	64210	16038	457317	386	22732	8970
78643	7250	1852	83386	531	125	2339
5			5			
105660	20303	5748	114125		6091	3705
28014	1784	942	28826		30	279
3599	68		3667			
1311	204		1515			
4451	37		4488			
1992	1201		3194			106
28115	3099	394	30418	351	52	437
1848			1848			
7901	665		8199	1	366	267
6332		334	5998			
437			437			
161	16		177			8
12641	1426	137	13729		201	250
8251	1836	247	9785		55	158
2484	741	36	3189			245

17-7续

指　　标	R&D经费内部支出			
	合 计	按活动类型分组		
		基础研究	应用研究支出	试验发展支出
烟草制品业	12384			12384
纺织业	7539			7539
纺织服装、服饰业	41			41
皮革、毛皮、羽毛及其制品和制鞋业	688			688
木材加工和木、竹、藤、棕、草制品业	425			425
家具制造业				
造纸和纸制品业	1970			1970
印刷和记录媒介复制业	8231			8231
文教、工美、体育和娱乐用品制造业	1776			1776
石油加工、炼焦和核燃料加工业	5088			5088
化学原料和化学制品制造业	74523		1092	73431
医药制造业	97239	1320	1807	94112
化学纤维制造业	2088			2088
橡胶和塑料制品业	3210			3210
非金属矿物制品业	38228		2725	35503
黑色金属冶炼和压延加工业	22493			22493
有色金属冶炼和压延加工业	1106			1106
金属制品业	43461		359	43102
通用设备制造业	89191		8250	80941
专用设备制造业	39433	13	889	38532
汽车制造业	159305		155	159150
铁路、船舶、航空航天和其他运输设备制造业	24861		1005	23856
电气机械和器材制造业	82129	168	741	81219
计算机、通信和其他电子设备制造业	248474		3331	245143
仪器仪表制造业	16738		5	16733
其他制造业				
废弃资源综合利用业				
金属制品、机械和设备修理业	4148			4148
电力、热力生产和供应业	10267			10267
燃气生产和供应业				
水的生产和供应业	1272			1272

按支出用途分组		按资金来源分组				R&D经费外部支出
经常费支出	资产性支出	政府资金	企业资金	国外资金	其他资金	
12337	47		12384			1018
6922	617	40	7499			61
38	3	10	31			
673	15		688			24
341	84	15	410			
1246	724		1970			
5498	2733	23	8207		1	343
1335	441	2	1736		39	5
4631	457	938	4150			131
68639	5884	1122	73017		384	604
85005	12234	7204	89967	68		5328
2067	21		2088			
2503	708	20	3190			
33604	4624	646	36555	463	565	467
15051	7442		22493			69
791	315		1106			
39814	3648	632	42613		216	106
76681	12510	4400	83479	1	1310	2321
35134	4300	1953	37337		144	448
145776	13530	395	158853		57	17979
23520	1341	100	24394	351	16	1573
74430	7699	1667	75684		4778	2515
219405	29069	12714	213205	386	22170	3253
15790	949	795	15913		30	980
3199	949		4148			93
8265	2002	171	10096			1818
1064	208		1272			83

17-8 规模以上工业企业办科技机构情况(2016年)

Science and Technology Institutions of Industrial Enterprises Above Designated Size (2016)

指　　标	机构数（个）	机构人员（人）			机构经费支出（万元）	仪器和设备原价（万元）
		合计	博士毕业	硕士毕业		
总计	347	31022	478	5148	648680	843476
按登记注册类型分						
国有企业	13	1226	88	398	24255	36825
集体企业	6	95		11	671	1394
股份合作企业						
有限责任公司	168	23112	261	3763	527339	685211
国有独资公司	15	2879	17	564	75267	64649
其他有限责任公司	153	20233	244	3199	452073	620562
股份有限公司	43	2283	76	510	33690	56037
私营独资企业						
私营合伙企业						
私营有限责任公司	79	1835	29	244	23666	21846
私营股份有限公司	17	868	15	119	23221	18500
其他企业						
合资经营企业(港或澳、台资)	1	168		23	6	631
合作经营企业(港或澳、台资)						
港、澳、台商独资经营企业	2	79			1265	1324
港、澳、台商投资股份有限公司	1	272		7	2272	7109
中外合资经营企业	12	876	3	33	10070	11349
中外合作经营企业						
外资企业	5	208	6	40	2225	3251
外商投资股份有限公司						
按工业行业大类分						
煤炭开采和洗选业						
石油和天然气开采业						
黑色金属矿采选业						
非金属矿采选业						
农副食品加工业	16	315	16	109	8122	4195
食品制造业	10	337	14	37	2575	20108
酒、饮料和精制茶制造业	4	128	4	9	1964	2191

17-8续

指 标	机构数（个）	机构人员（人）			机构经费支出（万元）	仪器和设备原价（万元）
		合计	博士毕业	硕士毕业		
烟草制品业	1	153	8	28	17342	14085
纺织业	4	27		3	411	508
纺织服装、服饰业						
皮革、毛皮、羽毛及其制品和制鞋业	1	77	3	13	687	678
木材加工和木、竹、藤、棕、草制品业						
家具制造业						
造纸和纸制品业	1	168		23	6	631
印刷和记录媒介复制业	6	344	1	7	2432	9704
文教、工美、体育和娱乐用品制造业						
石油加工、炼焦和核燃料加工业	3	28	1	12	484	1155
化学原料和化学制品制造业	40	1431	38	230	42570	37497
医药制造业	27	2313	73	751	66116	81758
化学纤维制造业						
橡胶和塑料制品业	3	39		12	226	622
非金属矿物制品业	13	839	11	49	14623	19796
黑色金属冶炼和压延加工业	10	1101	10	40	2220	5059
有色金属冶炼和压延加工业	1	71		5	803	1500
金属制品业	20	478	6	34	11285	14805
通用设备制造业	56	3044	20	422	44699	40244
专用设备制造业	28	976	21	107	9517	14814
汽车制造业	11	1822	18	325	52357	45130
铁路、船舶、航空航天和其他运输设备制造业	7	588	5	138	13779	14047
电气机械和器材制造业	26	1554	35	339	35012	70639
计算机、通信和其他电子设备制造业	39	13586	123	2164	307588	431914
仪器仪表制造业	15	727	9	86	8292	7228
其他制造业						
废弃资源综合利用业						
金属制品、机械和设备修理业	2	425		15	3193	3738
电力、热力生产和供应业	1	431	62	187	2346	1274
燃气生产和供应业						
水的生产和供应业	2	20		3	32	156

17-9 规模以上工业企业自主知识产权及相关情况(2016年)

Independent Intellectual Property Rights of Industrial Enterprises Above Designated Size(2016)

指　　标	专利申请数(件)	#发明专利(件)	有效发明专利数(件)	发表科技论文(篇)	拥有注册商标数(件)	境外注册(件)	形成国家或行业标准数(项)
总计	8521	5057	6773	1331	6281	892	374
按登记注册类型分							
国有企业	570	333	609	417	1397	230	34
集体企业	18	8	21	6	1		3
股份合作企业							
有限责任公司	5795	3973	3074	565	2728	510	219
国有独资公司	490	125	450	65	503	23	64
其他有限责任公司	5305	3848	2624	500	2225	487	155
股份有限公司	487	224	768	121	863	108	29
私营独资企业							
私营合伙企业							
私营有限责任公司	789	305	1272	167	662	26	42
私营股份有限公司	156	74	438	19	199	12	32
其他企业							
合资经营企业(港或澳、台资)	38	7	28	1	294		
合作经营企业(港或澳、台资)							
港、澳、台商独资经营企业	23	11	6	2	5		
港、澳、台商投资股份有限公司	3	2	8		16	2	1
中外合资经营企业	135	57	313	24	91	1	14
中外合作经营企业	11	11	14				
外资企业	48	10	65	9	25	3	
外商投资股份有限公司	448	42	157				
按工业行业大类分							
煤炭开采和洗选业							
石油和天然气开采业							
黑色金属矿采选业							
非金属矿采选业	2	1	5		4		1
农副食品加工业	31	21	85	2	72	1	
食品制造业	32	12	110	6	88	1	1
酒、饮料和精制茶制造业	3	1	5	1	47		2

17-9续

指　　标	专利申请数（件）	#发明专利（件）	有效发明专利数（件）	发表科技论文（篇）	拥有注册商标数（件）	境外注册（件）	形成国家或行业标准数（项）
烟草制品业	105	48	132	147	904	194	3
纺织业	96	54	17	46	26	15	6
纺织服装、服饰业					1		
皮革、毛皮、羽毛及其制品和制鞋业			3		7		1
木材加工和木、竹、藤、棕、草制品业							
家具制造业							
造纸和纸制品业	14	8	4				
印刷和记录媒介复制业	18	5	28	2	17	2	1
文教、工美、体育和娱乐用品制造业	23	8	40		2		
石油加工、炼焦和核燃料加工业	16	2	23	4	12		4
化学原料和化学制品制造业	215	140	815	72	1290	24	66
医药制造业	246	178	609	160	1394	72	36
化学纤维制造业	6	6			1		
橡胶和塑料制品业	8	4	15	2	15		
非金属矿物制品业	133	44	431	33	98	3	5
黑色金属冶炼和压延加工业	22	9	231	210	167	13	1
有色金属冶炼和压延加工业	3	1	1		1		
金属制品业	135	52	225	12	184	71	19
通用设备制造业	472	153	759	99	342	62	63
专用设备制造业	429	152	563	93	145	21	77
汽车制造业	438	102	327	25	530	17	10
铁路、船舶、航空航天和其他运输设备制造业	125	45	198	20	19		2
电气机械和器材制造业	925	285	630	110	41	2	14
计算机、通信和其他电子设备制造业	4428	3431	1001	14	783	393	7
仪器仪表制造业	190	47	219	68	90	1	18
其他制造业							
废弃资源综合利用业							
金属制品、机械和设备修理业	40	19	21	12	1		12
电力、热力生产和供应业	357	228	274	184			25
燃气生产和供应业							
水的生产和供应业	9	1	2	9			

主要统计指标解释

Explanatory Notes on Main Statistical Indicators

科技活动 是指在自然科学、农业科学、医药科学、工程与技术科学、人文与社会科学领域(简称科学技术领域)中,与科技知识的产生、发展、传播和应用密切相关的有组织的活动。在企(事)业中只有列入单位工作计划的科技活动才予以统计,而独立发明人等在企(事)业外或计划外进行的科技活动不在统计范围之内。科研活动可分为研究与试验发展(简称R&D,包括基础研究、应用研究和试验发展)、研究与试验发展(R&D)成果应用及相关的科技服务三类活动。

基础研究 是指为了获得关于现象和可观察事实的基本原理的新知识(揭示客观事物的本质、运动规律,获得新发现、新学说)而进行的实验性或理论性研究。基础研究属于科学研究范畴。从研究目的看,基础研究不以任何专门或特定的应用或使用为目的,它只是通过试验分析或理论性研究对事物的特性、结构和各种关系进行分析,加深对客观事物的认识,解释现象的本质,揭示物质运动的规律或提出和验证各种设想、理论和定律。从研究结果看,基础研究的结果具有一般的或普遍的正确性,通常表现为一般的原则、理论和规律,其成果以科学论文和科学著作为主要形式。

应用研究 是指为获得新知识而进行的创造性研究,主要针对某一特定的目的或目标。应用研究也属于科学研究范畴。从研究目的看,应用研究是探索基础研究成果的可能用途,或是为达到预定的目标探索应采取的新方法(原理性)或新途径,为解决实际问题提供科学依据。从研究结果看,应用研究的成果一般只影响科学技术的某些领域和有限范围,并具有专门的性质,针对具体的领域、问题或情况,其成果形式以科学论文、专著、原理性模型或发明专利等为主。

试验发展 是指利用从基础研究、应用研究和实际经验所获得的现有知识,为产生新的产品、材料和装置,建立新的工艺、系统和服务,以及对已产生和建立的上述各项做实质性的改进而进行的系统性工作。在社会科学领域,试验发展是指通过把基础研究、应用研究获得的知识转变成可以实施的计划(包括为检验和评估实施示范项目)的过程。

科技活动人员合计 指企业内部直接参加科技项目以及项目的管理人员和直接服务的人员。不包括全年累计从事科技活动时间不足制度工作时间10%的人员。

科技活动人员合计中全时人员 指企业科技活动人员中在报告期实际从事科技活动的时间占制度工作时间90%及以上的人员。在企业科技活动管理部门(科研管理处、部、科等)专职从事科技管理工作的人员、企业办科技机构中专职从事科技活动以及管理和直接服务人员,以及上述人员以外在报告期主要从事科技项目活动的人员可视作全时人员。

企业内部用于科技活动的经费支出 指在报告期企业内部用于全部科技活动的直接支出,以及用于科技活动的管理费、服务费以及外协加工费等支出。不包括生产性活动支出、归还贷款支出以及与外单位合作或委托外单位进行科技活动而转拨给对方的经费支出,也不包括来自政府部门的科技活动资金和当年形成用于科技活动的固定资产,以及购买专利等无形资产支出。

企业内部用于科技活动的经费支出中人员人工费(包括各种补贴) 指企业在报告期支付给科技活动人员的工资薪金,包括基本工资、奖金、津贴、补贴、各种保险、年终加薪、加班工资以及与科技活动人员任职或者受雇有关的其他支出。

当年形成用于科技活动的固定资产中的仪器和设备:指企业在报告期形成的用于科技活动的固定资产中的仪器和设备原价,其中设备包括用于科技活动的各类机器和设备、试验测量仪器、运输工具、工装工具等。

全部科技项目数 指企业在报告期当年立项并开展研究工作、以前年份立项仍继续进行的科技项目数,包括当年完成和年内研究工作已告失败的科技项目,但不包括委托外单位进行的科技项目数。

全部科技项目经费内部支出 指企业内部在报告期进行科技项目研究和试制等的实际支出。包括劳务费、原材料费、设备购置费、其他日常支出、外协加工费等,不包括委托或与外单位合作进行项目研究而拨付给对方使用的经费,企业科技活动管理部门的费用,用于科技活动目的的基建支出,以及为科技活动提供间接服务人员的费用等。

专利申请数 指企业在报告期内向国内外知识产权行政部门提出专利申请并被受理的件数。

专利申请数中发明专利 指企业在报告期内向国内外知识产权行政部门提出发明专利申请并被受理的件数。

新产品产值 指报告期企业生产的新产品的产值。新产品是指采用新技术原理、新设计构思研制、生产的全新产品,或在结构、材质、工艺等某一方面比原有产品有明显改进,从而显著提高了产品性能或扩大了使用功能的产品。新产品产值、新产品销售收入既包括经政府有关部门认定并在有效期内的新产品,也包括企业自行研制开发,未经政府有关部门认定,从投产之日起一年之内的新产品。

拥有注册商标 指企业在报告期末拥有的注册商标件数。包括在境内和境外注册的商标件数,一件商标在境内外同时注册时只统计一件。

技术改造经费支出 指企业在报告期进行技术改造而发生的费用支出。技术改造指企业在坚持科技进步的前提下,将科技成果应用于生产的各个领域(产品、设备、工艺等),用先进工艺、设备代替落后工艺、设备,实现以内涵为主的扩大再生产,从而提高产品质量、促进产品更新换代、节约能源、降低消耗,全面提高综合经济效益。

18

教育与文化

EDUCATION AND CULTURE

18-1 教育事业

Basic Statistics

指　　标	1952年	1957年	1962年	1965年	1970年	1975年	1980年
学校数(所)	2679	3106	3731	4318	5359	5412	5066
#高等教育	5	4	12	8	2	4	11
中等教育	37	67	112	410	1204	922	759
#中等职业学校	16	16	15	15	17	21	30
职业高中	–	–	4	227	151	112	6
普通中学	21	51	93	159	1024	783	710
小　学	2636	3034	3606	3899	4152	4485	4295
专任教师(人)	8555	13452	19606	26760	32508	42432	49608
#高等教育	671	1325	2598	2451	922	2468	3744
中等教育	1108	2569	3418	5321	9607	15274	19062
#中等职业学校	311	787	765	685	914	985	1338
职业高中	–	–	24	975	118	640	50
普通中学	797	1782	2629	3502	8445	13571	17294
小　学	6773	9550	13571	18971	21954	24654	26775
在校学生（万人）	26.87	31.95	49.82	68.27	80.20	90.28	83.56
高等教育	0.43	0.82	1.65	1.40	0.30	0.61	1.58
中等教育	2.73	5.14	5.80	10.43	18.97	25.43	20.24
中等职业学校	0.69	0.93	0.51	0.65	0.12	0.58	0.31
职业高中	–	–	0.07	2.08	1.04	0.92	0.04
普通中学	2.04	4.21	5.22	7.50	17.81	23.86	19.63
小　学	23.70	25.98	42.35	56.42	60.91	64.22	61.47
各类学校毕业生数(万人)	4.38	8.58	10.60	10.45	12.09	22.66	18.07
高等教育	0.14	0.11	0.31	0.43	–	0.20	0.03
中等教育	0.60	1.14	1.72	1.90	1.02	11.83	8.41
中等职业学校	0.13	0.14	0.32	0.03	–	0.20	0.46
普通中学	0.46	1.00	1.40	1.80	0.38	11.58	7.89
每一教师负担学生数(人)	31.41	23.75	25.41	23.27	24.67	21.28	16.84
#高等教育	6.41	6.19	6.35	5.71	3.25	2.47	4.22
中等教育	24.64	20.01	16.97	19.60	19.75	16.65	10.62
中等职业学校	22.33	11.84	6.64	9.51	1.36	5.95	2.29
普通中学	25.63	23.64	19.84	21.41	21.09	17.58	11.35
小　学	34.99	27.20	31.21	29.74	27.74	26.05	22.96
平均每万人口在校学生(人)	843	922	1418	1829	1968	2062	1822
#大学生	14	24	47	38	7	14	34
中专生	22	27	14	17	3	13	7
中学生	64	122	150	256	463	566	429
小学生	743	750	1206	1513	1494	1466	1339

注：成人教育在校生不含网络教育。

基 本 情 况

on Education

1985年	1990年	1995年	2000年	2005年	2010年	2013年	2014年	2015年	2016年
4511	3924	3360	1725	1251	1025	982	958	946	948
16	16	16	16	59	66	69	71	72	71
593	529	440	423	348	302	299	287	280	284
40	39	41	40	91	73	67	51	41	37
44	48	57	55	27	23	22	20	18	18
491	417	312	297	247	209	204	209	214	224
3899	3368	2890	1273	832	645	602	588	582	582
46806	55978	58779	62869	77334	83106	85828	87926	88487	102860
4614	7245	7500	8269	24341	29526	31143	30778	31693	44569
17530	21618	23946	26817	27435	28370	29081	30868	30589	30913
2367	2890	2941	2916	4738	4511	3516	4430	4068	3987
1032	1747	1845	1948	1818	1801	1760	1828	1909	1929
13572	16065	17621	20585	21915	21943	22742	23443	23643	24318
24579	26922	27417	27417	25201	24801	25209	25870	25795	26976
78.38	79.48	91.69	95.79	129.28	144.6	156.12	153.73	153.71	157.95
3.02	3.73	5.66	9.30	48.71	64.25	72.72	70.04	71.40	72.63
25.34	28.08	36.64	44.99	42.50	41.76	43.77	43.07	40.77	41.89
1.92	2.51	4.79	5.75	9.88	8.10	7.53	7.57	5.93	5.79
1.63	2.32	2.84	3.80	3.17	2.90	2.95	2.39	2.26	2.18
21.49	22.45	27.15	33.82	30.91	30.18	30.81	30.8	30.16	29.84
49.98	47.57	49.23	41.40	37.88	38.40	39.42	40.51	41.44	43.23
17.31	17.12	20.88	23.65	33.58	38.10	38.48	39.88	39.83	43.25
0.45	1.03	1.68	1.55	13.49	17.57	16.90	19.43	19.48	23.37
7.36	8.24	10.39	10.80	14.03	13.55	14.96	14.12	14.22	13.52
0.52	0.62	1.16	1.84	3.29	3.13	3.00	2.76	2.75	1.89
6.39	6.66	7.78	8.16	10.40	9.20	10.30	10.12	10.23	10.28
16.75	14.20	15.60	15.24	16.72	17.40	18.17	17.48	17.37	15.36
6.55	5.15	7.54	11.25	20.01	21.76	23.35	22.76	22.53	16.30
14.46	12.99	15.30	16.78	15.49	14.72	15.05	13.95	13.33	13.55
8.12	8.69	16.30	18.84	20.86	17.96	21.41	17.09	14.58	14.52
15.83	13.98	15.41	16.43	14.1	13.75	13.55	13.14	12.76	12.27
20.33	17.67	18.20	15.10	15.03	15.48	15.64	15.66	16.07	16.03
1605	1518	1691	1702	2177	2395	2551	2490	2465	2510
62	71	104	165	820	1064	1190	1134	1145	1154
39	48	88	102	195	192	212	199	170	192
473	473	553	601	521	500	504	499	484	474
1024	908	908	736	638	636	645	656	664	687

18-2 普通高等院校一览表(2016年)

Basic Statistics on Institutions of Higher Education(2016)

单位:人

指　　标	普通本专科在校学生数	普通本专科毕业生数	普通本专科招生数	教职工人　数	#专任教师		
					合　计	#正高级	#副高级
总　计	550964	143274	165547	44514	43259	4059	9381
综合性大学							
山东大学	40776	9887	9899	7506	6826	1192	1503
济南大学	34091	8193	8832	2773	2706	355	730
山东青年政治学院	13165	3280	4329	764	759	59	151
山东女子学院	11397	3586	2966	749	749	27	146
理工院校							
山东建筑大学	24759	5711	6651	2036	1930	212	591
齐鲁工业大学	28332	6422	7380	1722	1722	191	520
山东交通学院	22796	5443	7265	1428	1321	98	388
山东电力高等专科学校	1601	457	553	296	296	32	32
医药院校							
山东中医药大学	17737	4469	4560	1424	1424	137	288
济南护理职业学院	5392	1386	1929	325	325	3	62
师范院校							
山东师范大学	31147	7113	8185	2416	2354	358	555
齐鲁师范学院	13692	3522	3958	772	765	76	142
济南幼儿师范专科学校	3707	1259	871	425	425	0	78
财经院校							
山东财经大学	30996	7650	8641	2403	2372	303	686
山东财经大学燕山学院	6712	1871	2018	418	418	48	152
政法院校							
山东警察学院	4700	1166	1499	590	588	29	132
山东司法警官职业学院	5853	1888	2167	217	217	3	25
山东政法学院	13156	3457	3944	850	850	54	178

18-2续

指　　标	普通本专科在校学生数	普通本专科毕业生数	普通本专科招生数	教职工人　数	#专任教师		
					合　计	#正高级	#副高级
体育院校							
山东体育学院	7746	1635	2075	696	696	46	166
艺术院校							
山东艺术学院	10248	2406	3016	938	938	78	198
山东工艺美术学院	7110	1854	1826	715	715	63	121
职业技术学院							
山东协和学院	18260	4862	5721	1170	1160	107	196
山东商业职业技术学院	14618	4291	4928	1076	1029	35	247
山东劳动职业技术学院	11459	3282	3817	807	742	24	114
山东职业学院	14851	5819	5343	878	878	32	179
山东力明科技职业学院	14609	5250	3290	1010	1010	25	155
山东圣翰财贸职业学院	9535	2750	2760	775	775	15	98
山东艺术设计职业学院	1637	0	644	155	155	10	19
山东英才学院	17156	5398	5863	1422	1393	73	258
山东杏林科技职业学院	262	0	0	194	194	4	31
山东旅游职业学院	7034	2074	2534	458	452	11	79
济南工程职业技术学院	11136	3299	3929	548	548	11	110
山东电子职业技术学校	9213	2350	3077	523	523	9	104
济南职业学院	12426	3680	4423	714	714	16	127
山东现代职业学院	11267	3078	5031	891	891	92	137
山东凯文科技职业学院	8929	2171	2980	629	629	40	64
山东城市建设职业学校	11446	3221	4327	654	623	9	117
山东管理学院	11387	2627	3541	728	728	41	138
齐鲁理工学院	11963	2717	4160	1127	1127	95	149
山东农业工程学院	12084	2613	4006	763	763	42	130
山东特殊教育职业学院	493	0	306	122	122	1	21
山东传媒职业学院	6086	1137	2303	407	407	3	64

18－3　中等专业学校一览表(2016年)

Basic Statistics on Specialized Secondary Schools(2016)

单位:人

指　　标	在校学生数	毕业生数	招生数	教职工人数	#专任教师		
					合计	#副高级	#中级
总　计	15139	4306	4230	972	708	195	355
工科学校							
济南信息工程学校	2743	525	990	208	147	40	83
山东省特殊教育职业学院	690	193	193				
济南电子机械工程学校	2530	761	743	197	159	48	77
医药学校							
济南护理职业学院	1227	873	194				
师范学校							
济南幼儿师范高等专科学校	1761	0	453				
财经学校							
山东省济南商贸学校	3663	1357	882	273	185	58	95
体育学校							
济南市体育运动学校	778	171	316				
艺术学校							
山东省文化艺术学校	652	109	145	119	70	5	26
济南艺术学校	798	163	196	175	147	44	74
山东省艺术设计职业学院	297	154	118				

注:山东省环境保护学校已撤销并入山东城市建设职业学院

18－4　分县(市)区儿童学前教育基本情况(2016年)

Student Enrollment in Pre-school Education(2016)

指　　标	幼儿园数(所)	在园人数(人)	入园人数(人)	教职工数(人)	#专任教师(人)
全　市	1461	209583	72753	25961	14711
历下区	92	24444	7642	3637	1876
市中区	138	25142	8200	3677	2016
槐荫区	113	22017	6786	3056	1590
天桥区	99	22107	8142	3131	1511
历城区	198	30876	10326	3970	2336
长清区	149	13120	6027	1273	887
章丘区	54	7993	1882	1367	743
高新区	74	9365	4214	892	564
平阴县	125	13345	3920	1073	584
济阳县	209	19581	9667	1612	1110
商河县	210	21593	5947	2273	1494

18－5 图书及出版事业

Basic Statistics on Books and Publishing

指　　标	单　位	2011年	2012年	2013年	2014年	2015年	2016年
公共图书馆							
机构数	个	12	12	12	12	12	12
从业人员	人	426	421	454	447	431	447
总藏量	千册(件)	9890	10764	10932	11395	11950	12845
建筑面积	千平方米	70	70	114	114	138	138
#书　库	千平方米	25	25	26	26	29	31
阅览室	千平方米	22	22	35	35	37	38
阅览室席位数	千个	4.6	4.5	5.6	5.6	6.3	7.8
书刊外借人次	万人次	123.0	136.4	154.1	171.5	178.3	159.6
书刊外借册数	万册次	230.2	251.0	278.8	322.0	337.0	370.5
出版事业							
出版单位							
图　书	个	15	15	15	15	15	15
报　纸	个	52	49	50	50	52	52
杂　志	个	149	151	150	150	150	150
出版种类							
图　书	种	8305	8490	10219	10913	10234	11246
报　纸	种	54	49	50	50	52	52
杂　志	种	155	157	158	158	159	159
出版数量							
图　书	万册,万份	31087	28693	30777	31972	43860	42155
报　纸	万册,万份	157553	155994	156173	140741	136480	110268
杂　志	万册,万份	8284	8158	9400	9255	8572	7972
报纸出版总印张数							
总　计	万印张	660146	732009	716077	642625	570102	420024
综合报	万印张	595239	691797	644015	503953	521497	374323
专业报	万印张	64907	40212	72063	138673	48605	45701
省级报	万印张	558451	603236	574319	518802	478512	334431
综合报	万印张	493544	563023	506624	384498	433399	303043
专业报	万印张	64907	36936	67695	134305	45113	31388
市级报	万印张	101695	132050	141758	123823	91590	85593
综合报	万印张	101695	128774	137390	119455	88098	82509
专业报	万印张	0	3276	4368	4368	3492	3084

18-6 文化事业机构和人员

Number of Institutions and Persons in Culture

指　　标	2011年	2012年	2013年	2014年	2015年	2016年
机构数(个)						
电影业	15	22	25	30	38	44
艺术业	28	25	28	27	27	27
文物业	22	32	37	40	42	48
图书馆业	12	12	12	12	12	12
群众文化业	152	153	153	153	152	155
艺术教育业	1	1	1	1	1	1
文艺科研业	2	2	1	1	1	1
非文化产业	3	3				
从业人员数(人)						
电影业	458	561	631	637	705	913
艺术业	1841	1703	1693	1608	1569	1557
文物业	799	957	1057	1083	1119	1173
图书馆业	426	421	454	447	431	447
群众文化业	679	697	693	908	699	710
艺术教育业	107	111	114	112	123	164
文艺科研业	63	65	57	46	49	51
非文化产业	45	34				

主要统计指标解释

Explanatory Notes on Main Statistical Indicators

普通高等学校 指按照国家规定的设置标准和审批程序批准举办，通过国家统一招生考试，招收高中毕业生为主要培养对象，实施高等教育的全日制大学、独立设置的学院和高等专科学校、短期职业大学。

小学学龄儿童入学率 指调查范围内已入小学学习的学龄儿童占校内外学龄儿童总数（包括弱智儿童，不包括盲聋哑儿童）的比重。计算公式为：

小学学龄儿童入学率＝已入学的小学学龄儿童数／校内外小学学龄儿童总数×100%

文化事业机构 指从事专业文化工作和为专业文化工作服务的独立建制的单位。不包括这些单位另外举办独立核算的其他机构和各部门的业余文化组织。

电影放映单位 指具有放映机器设备、固定或不固定的放映场所与专职或兼职的放映技术人员，经有关部门登记批准，经常为一定的观众对象放映电影的机构。包括经批准对外开放进行营业，并与电影发行放映管理机构分帐的专用放映单位和军委系统租片单位。

体育卫生

SPORTS AND PUBLIC HEALTH

19－1 体育事业

Statistics of Sports Instituons

指　　标	单 位	2010年	2011年	2012年	2013年	2014年	2015年	2016年
体育部门职工人数	人	696	660	632	650	671	656	724
#业余体育学校	人	247	234	148	156	166	219	221
总计中:教练员	人	210	208	216	235	241	232	151
等级裁判员	人							
一级裁判员	人							
二级裁判员	人	206	175	292	216	184	246	122
三级裁判员	人	1178	263					
二级运动员发展人数	人	351	372	351	397	376	359	401
少年儿童业余体校在校学生	人			692	647	898	973	1036
业余体校	所	12	12	3	3	3	3	5
运动员获奖牌数	枚	713	633	507	617	594.5	585	1110
#世界级　金　牌	枚	15	18	10	20	6	5	12
银　牌	枚	6	8	3	7	4	3	4
铜　牌	枚	3	5	2	1	6	0	4
#洲际　金　牌	枚	17	0	2	4	5	5	7
银　牌	枚	3	0	7	3	1	1	4
铜　牌	枚	8	0	0	2	0	2	4
#全国　金　牌	枚	37	19	42	72	75	48	43
银　牌	枚	20	19	32	31	32	23	29
铜　牌	枚	19	30	32	34	43	29	16
#全省　金　牌	枚	347	172	132	177	201.5	215	402
银　牌	枚	112	190	145	141.5	93.5	119	292
铜　牌	枚	126	172	100	124.5	127.5	135	293
体育设施								
体育场	个	12	12	12	12	12	12	12
体育馆	个	9	9	9	9	9	9	9
游泳馆	个	5	5	5	5	5	5	5
室内外游泳池	个	2	2	2	2	2	2	2
有固定看台的灯光球场	个	2	2	2	2	2	2	2

注:等级裁判员为当年新评定的人数。

19-2 各时期卫生事业情况

Statistics of Health Institutions in Major Years

年份	卫生机构(个)		卫生工作人员(人)		卫生机构床位(张)	
	小计	#医院及卫生院	小计	#卫生技术人员	小计	#医院及卫生院
1952	208	22	6277	4778	3160	1906
1957	708	45	10740	7991	5972	3401
1962	1191	98	13705	9648	7917	5662
1965	1144	114	18885	14881	9035	6438
1970	682	130	13273	10341	7878	6462
1975	934	137	20021	14956	9066	8050
1978	1017	148	24949	19198	11496	9856
1979	1078	152	26385	20110	11902	10781
1980	1091	151	27843	21295	12301	11052
"六五"时期						
1981	1188	152	29597	22559	12428	11436
1982	1159	151	30636	22814	12379	11383
1983	1177	156	31924	23948	12966	11674
1984	1160	157	32967	24502	13728	12960
1985	1175	165	34232	26185	14356	13791
"七五"时期						
1986	1184	167	35803	27360	14757	14165
1987	1137	166	37129	28159	15457	14721
1988	1103	171	38384	29167	16165	15580
1989	1137	180	39926	29878	16698	16176
1990	1300	178	41444	31130	18214	17216
"八五"时期						
1991	1233	177	40957	30815	18439	17538
1992	1331	180	41996	31541	18818	18178
1993	1285	193	43274	32871	20243	19320
1994	1228	213	43630	33007	20001	19064
1995	1185	216	43648	32848	20747	19534
"九五"时期						
1996	1674	214	45765	35219	20428	19716
1997	1567	220	44664	34188	21422	20706
1998	1574	227	45110	34596	21965	21130
1999	1570	226	45121	34000	21735	21086
2000	1414	231	45166	35669	21698	20830
"十五"时期						
2001	1414	231	45296	35790	21906	21033
2002	1708	243	39386	31945	21576	21042
2003	1868	246	41925	33803	22674	22262
2004	1917	243	41625	33998	24044	22588
2005	2138	246	41499	34129	24695	23524
"十一五"时期						
2006	2285	240	43023	35124	27695	26101
2007	2265	243	42513	34579	26055	25328
2008	5092	286	44416	36143	28939	27555
2009	5163	281	46311	37648	30920	28749
2010	5086	277	54711	39366	31947	29844
"十二五"时期						
2011	5159	262	58590	42116	34920	31545
2012	5239	243	60426	44331	38834	35194
2013	5368	255	76955	57700	45465	41287
2014	5784	265	84515	63604	48280	44058
2015	5947	269	89117	71778	49311	45195
"十三五"时期						
2016	6188	270	92060	76447	52191	47524

备注：2015年起，"卫生技术人员"的口径发生变化，原取自直报系统，现由卫计委医政处提供。

19-3 卫生事业机构及床位

Number of Health Institutions and Beds

指　　标	2011年	2012年	2013年	2014年	2015年	2016年
各类卫生机构数(个)	5159	5239	5368	5784	5947	6188
医院	200	186	197	207	213	217
社区卫生服务中心(站)	253	259	270	268	275	286
卫生院	62	57	58	58	56	53
门诊部	43	41	68	66	72	89
急救中心(站)	1	2	2	2	2	2
采血供应机构	4	4	4	4	4	4
妇幼保健院(所、站)	12	12	12	12	12	12
专科疾病防治院(所、站)	8	8	10	10	10	10
疾病预防控制中心(防疫站)	12	12	12	12	12	12
医学科学研究机构	0	0	0	2	2	2
其他卫生机构	6	6	11	15	17	18
各类卫生机构病床数(张)	34920	38834	45465	48280	49311	52191
医院	27984	32000	38001	40874	42204	44526
社区卫生服务中心(站)	2625	2465	2774	2857	2792	2946
卫生院	3561	3194	3286	3184	2991	2998
门诊部	89	219	175	133	127	112
妇幼保健院(所、站)	563	758	782	777	834	1243
专科疾病防治院(所、站)	98	198	447	455	360	366
千人拥有量						
平均每千人拥有病床(张)	5.77	6.40	7.41	6.83	6.91	7.22
每千人拥有卫生技术人员(人)	6.96	7.28	9.41	9.00	10.06	10.57
每千人拥有医生(人)	3.03	3.20	3.71	3.50	4.60	4.75
每千人拥有护士(人)	2.54	2.65	3.94	3.89	5.32	5.82

注：2011年以前“医院”包含卫生院。

19－4 分地区卫生事业机构及床位(2016年)

Number of Health Institutions and Beds by Region(2016)

指　　标	全　市	市　区	平阴县	济阳县	商河县
各类卫生机构数(个)	6188	4791	285	684	428
医院	217	200	4	10	3
疗养院	0	0	0	0	0
社区卫生服务中心(站)	286	258	12	9	7
卫生院	53	28	6	8	11
门诊部	89	77	2	7	3
诊所、卫生所、医务室	1991	1813	86	26	66
急救中心(站)	2	2	0	0	0
采血供应机构	4	4	0	0	0
妇幼保健院(所、站)	12	9	1	1	1
专科疾病防治院(所、站)	10	8	1	1	0
疾病预防控制中心(防疫站)	12	9	1	1	1
卫生监督所	11	9	1	0	1
医学科学研究机构	2	2	0	0	0
其他卫生构	18	18	0	0	0
各类卫生机构病床数(张)	52191	47068	1775	1747	1601
医院	44526	40795	1215	1415	1101
疗养院	0	0	0	0	0
社区卫生服务中心(站)	2946	2797	59	50	40
卫生院	2998	1799	475	264	460
门诊部	112	112	0	0	0
妇幼保健院(所、站)	1243	1219	6	18	0
专科疾病防治院(所、站)	366	346	20	0	0
千人拥有量					
平均每千人拥有病床(张)	7.22	8.16	5.14	3.22	2.76
每千人拥有卫生技术人员(人)	10.57	12.07	6.84	3.97	4.00
每千人拥有医生(人)	4.75	5.45	2.55	1.95	1.76
每千人拥有护士(人)	5.82	6.71	3.88	1.87	1.71

19－5 医院、卫生院工作情况

Basic Statistics on Hospitals and Health Institutions in Rural Areas

指　　标	单　位	2011年	2012年	2013年	2014年	2015年	2016年
医院							
单位数	个	200	167	197	207	213	217
诊疗人次数	万人次	1809	2097	2293	2594	2716	2865
#门诊人次数	万人次	1652	1907	2077	2352	2446	2570
急诊人次数	万人次	81	97	107	126	150	165
健康检查人数	万人次	94	97	108	132	131	154
入院人数	万人	65.8	80.1	94.5	106.3	112.5	127.9
出院人数	万人	65.9	80.2	91.8	106.1	112.1	127.3
平均开放病床数	张	26090	29890	34550	37218	39632	41402
病床使用率	%	84.18	86.33	83.93	84.14	82.37	86.12
病床周转次数	次	25.30	26.80	26.50	28.52	28.30	30.70
出院者平均住院日	日	12.30	11.70	11.40	10.74	10.60	10.10
卫生院							
单位数	个	62	76	58	58	56	53
诊疗人次数	万人次	261.0	256.0	269.0	280.5	211.7	233.4
#门诊人次数	万人次	240.0	238.0	255.0	271.4	205.7	224.6
急诊人次数	万人次	4.7	8.3	5.1	4.6	3.0	3.4
健康检查人数	万人次	36.6	34.5	34.0	30.3	23.9	23.0
入院人数	万人	7.1	8.9	8.4	6.4	4.7	6.6
出院人数	万人	7.1	8.9	8.4	6.4	4.7	6.5
平均开放病床数	张	3309	3086	3136	3062	2930	2907
使用率	%	43.48	52.36	55.02	46.60	38.62	54.54
病床周转次数	次	21.40	28.80	26.70	20.87	15.90	22.40
出院者平均住院日	日	6.40	6.10	7.60	8.33	8.20	8.40

注：2011年以前“医院”包含卫生院。

19－6 分地区卫生技术人员分类情况(2016年)

Medical Technical Personnel by Region(2016)

单位:人

指　　标	全　市	市　区	平阴县	济阳县	商河县
各类卫生机构工作人员合计	92060	82534	3114	3153	3259
#卫生技术人员小计	76447	69612	2360	2156	2320
医　生	34386	31428	881	1059	1018
注册护士	42061	38716	1340	1013	993

19－7 医疗机构收入与支出(2016年)

Revenue and Expenditure in Health Insititutions(2016)

单位:万元

机构分类	总收入				总支出			总支出中：人员支出
	合计	财政补助收入	上级补助收入	业务收入/事业收入	合计	财政专项支出	业务支出/事业支出	
合计	3657756.2	407395.9	12571.7	3134317.6	3656840.0	215258.2	2846101.6	1052572.9
医院	3163903.2	235957.0	0.0	2867593.6	3103830.5	118714.1	2517827.0	840244.2
社区卫生服务中心(站)	102008.3	27615.3	3667.9	69011.7	101199.8	1128.9	95992.8	36163.1
卫生院	64998.7	30427.0	653.4	32529.0	66480.4	1522.2	63375.5	32036.9
门诊部	17712.8	0.0	0.0	13544.8	15063.8	0.0	0.0	5567.0
诊所.卫生所.医务室	28088.7	0.0	0.0	24835.2	23242.8	0.0	0.0	12754.6
急救中心(站)	2059.6	1771.9	54.0	81.5	2210.2	45.6	1967.1	1075.0
妇幼保健院(所、站)	96890.2	14530.1	0.0	80850.5	89724.9	8191.5	69490.1	31607.3
专科疾病防治院(所、站)	4685.9	1808.9	0.0	2738.9	4693.9	248.7	2929.6	2974.0

主要统计指标解释

Explanatory Notes on Main Statistical Indicators

等级裁判员人数 指经考核正式批准授予等级裁判员称号的人数。裁判员等级分为国际裁判、国家级裁判、一级裁判、二级裁判、三级裁判。

体育场 指有400 米跑道(中心含足球场),有固定道牙,跑道6 条以上,并有固定看台的室外田径场地。体育场按看台容纳观众人数分为:甲级 25000 人以上,乙级15000-25000 人,丙级5000-15000 人,丁级5000 人以下。

体育馆 指有固定看台,可供篮球、排球、羽毛球、乒乓球、体操等项目训练比赛活动用的室内运动场地。体育馆按看台容纳观众人数分为:甲级6000 人以上,乙级4000-6000人,丙级2000-4000 人,丁级2000 人以下。

医院 指设有固定床位,能收容病人住院并能为病人提供医疗、护理服务的医疗机构,包括县及县以上医院、农村乡卫生院和其他医院三部分。医院按所属性质不同分为卫生部门、工业及其他部门和集体经济单位三类。县及县以上医院按业务性质不同分为综合医院和专科医院。

卫生技术人员 指卫生事业机构支付工资的全部职工中现任职务为卫生技术工作的专业人员,包括中医师、西医师、中西医结合高级医师、护师、中药师、西药师、检验师、其他技师、中医士、西医士、护士、助产士、中药剂士、西药剂士、检验士、其他技士、其他中医、护理员、中药剂员、西药剂员、检验员和其他初级卫生技术人员。

医生 指经卫生部门审查合格,从事医疗工作的专业人员。分为中医医生和西医医生。包括卫生技术人员中的中医师、西医师、中西医结合高级医师、中医士、西医士和其他中医。

卫生机构 指从卫生行政部门取得《医疗机构执业许可证》,或从民政和工商行政、机构编制管理部门取得法人单位登记证书,为社会提供医疗保健、疾病控制、卫生监督或从事医学科研和教育等工作的单位。包括医院、疗养院、社区卫生服务中心(站)、乡镇(街道)卫生院、门诊部、诊所(卫生所、医务室)、村卫生室、急救中心(站)、采供血机构、妇幼保健院(所、站)、专科疾病防治院(所、站)、疾病预防控制中心(防疫站)、卫生监督机所(中心)、医学科研机构、医学在职培训机构、健康教育所(站)等其他卫生机构。

医疗机构 指从卫生行政部门取得《医疗机构执业许可证》的机构,包括医院、疗养院、社区卫生服务中心(站)、乡镇(街道)卫生院、门诊部、诊所(卫生所、医务室)、村卫生室、妇幼保健院(所、站)、专科疾病防治院(所、站)、急救中心(站)和临床检验中心。

事业收入 事业单位开展专业业务活动及辅助活动所取得的收入。包括单位收到的从财政专户核拨的预算外资金和部分经财政部门核准不上缴财政专户管理的预算外资金。

20

民政、司法和其它

SOCIAL WELFARE CIVIL ADMINISTRATION AND OTHERS

20－1 社会治安主要指标

Main Indicators of Social Offense

指　　标	单　位	2011年	2012年	2013年	2014年	2015年	2016年
刑事案件							
当年全部立案数	起	53770	50680	47721	45118	35047	21142
破获当年刑事案件数	起	29560	25306	27252	26939	20806	7610
治安案件							
受理数	件	177322	139252	113246	91877	86217	71868
查处数	件	168373	136769	110288	87656	81754	68439
城市交通事故							
交通事故	起	762	1453	1801	2948	2946	2944
伤亡人数	人	838	1713	2249	3708	3885	3573
#死亡人数	人	259	272	286	440	439	403
损失折款	万元	247	632	443	737	840	875.2
火灾事故							
火灾起数	起	571	246	2751	2848	2609	1825
伤亡人数	人	1	2	12	7	12	15
#死亡人数	人	1	2	9	6	12	13
损失折款	万元	773	395	1471	1104	1571	1903

注:“破获当年刑事案件数”2015年以前为当年全部破案数口径。

20-2 分地区社会治安主要指标(2016年)

Main Indicators of Social Offense by Region(2016)

指　　标	单　位	全　市	市　区	平阴县	济阳县	商河县
刑事案件						
当年全部立案数	起	21142	19392	611	589	550
破获当年刑事案件数	起	7610	6887	308	164	251
治安案件						
受理数	起	71868	63549	2323	3072	2924
查处数	起	68439	60201	2301	3072	2865
城市交通事故						
交通事故	起	2944	2808	57	36	43
伤亡人数	人	3573	3364	100	56	53
#死亡人数	人	403	347	28	17	11
损失折款	万元	875	840	23	7	6
火灾事故						
火灾起数	起	1825	1731	36	30	28
伤亡人数	人	15	13	1	1	0
#死亡人数	人	13	11	1	1	0
损失折款	万元	1903	1826	36	14	27

20-3 分地区社会

Basic Statistics on Social Security and

指　　标	单　位	济南市(汇总)	济南市（市本级）	历下区	市中区	槐荫区
优抚情况						
享受定期抚恤金人数	人	907		41	81	32
#城镇享受人数	人	357		41	81	30
享受定期补助人数	人	35148		276	1090	574
#在乡复员军人	人	2319		35	125	46
参战退役人员	人	4741		68	204	139
社会救济情况						
城镇居民最低生活保障人数	人	19742		2383	3282	2576
农村居民最低生活保障人数	人	80147		0	2311	781
民政经费						
退役安置费	万元	96164.2	68232.2	4640.8	8742.1	4252.1
城市居民最低生活保障费	万元	11572.9		1634.8	1928.5	1526.9
农村最低生活保障费	万元	24937.5		0.0	840.5	280.9
其它社会救助费	万元	6614.0		4362.2	785.8	203.8
社会福利费	万元	35898.1	10906.4	1523.1	2229.4	3253.3
自然灾害生活救助费	万元	654.2		0.0	0.0	0.0
医疗救助费	万元	7244.8		553.2	239.9	355.4
社会保障及扶贫						
建立社会保障服务网络的乡镇数	个	39				
城市市区居民最低生活保障金标准	元			580.0	580.0	580.0

保障和救济（2016年）

Receiving Relief Flinds by Region(2016)

天桥区	历城区	长清区	章丘区	高新区	平阴县	济阳县	商河县
41	131	122	151	27	67	77	137
28	25	13	19	0	18	1	101
1406	3996	5411	7469	1042	2946	4911	6027
111	554	202	456	125	127	378	160
277	538	846	934	168	324	634	609
5580	909	899	2317	29	345	319	1103
2060	6863	12011	21364	1042	5861	11151	16703
3046.5	1817.0	1065.5	1691.7	198.5	772.5	829.6	875.7
3353.3	566.0	410.2	1283.1	16.5	188.8	209.3	455.5
747.9	2839.0	3082.6	7752.5	230.2	2022.4	3403.0	3738.5
0.0	318.0	264.0	0.0	159.9	223.4	0.0	296.9
2765.8	2094.2	3267.9	4481.3	349.5	2347.8	1613.6	1065.8
0.0	140.0	85.0	56.2	39.0	92.0	172	70.0
902.6	1060.0	817.3	846.5	135.0	541.7	641.2	1152.0
	2	3	9		6	8	11
580.0	580.0	525.0	560.0	580.0	530.0	525.0	525.0

20-4 律师、公证、司法基本情况(2016年)

Basic Statistics on Law、Notarizations and Mendiation(2016)

指 标	单 位	全 市	市 区	平阴县	济阳县	商河县
律师工作						
律师事务所	个	339	330	4	3	2
执业律师	人	5229	5169	21	23	16
#专职律师	人	4815	4775	21	23	16
担任常年法律顾问	家	5066	4947	54	33	32
民事诉讼代理	件	35084	34030	675	103	276
刑事诉讼辩护及代理	件	5520	5414	63	29	14
行政诉讼代理	件	1957	1954	1	1	1
非诉讼法律事务	件	7405	7403	0	1	1
公证工作						
公证处	个	11	8	1	1	1
公证处人员	人	229	210	10	6	3
#公证员	人	95	85	3	4	3
办理公证总数	件	99102	96653	1612	560	277
#国内民事公证	件	38443	37037	692	520	194
国内经济公证	件	50559	49516	920	40	83
涉外公证	件	10100	10100	0	0	0
办理经济公证涉及金额	亿元	407.16	402.89	4.26	0.01	0.00
基层司法行政工作						
人民调解委员会	个	5405	3130	371	887	1017
人民调解员	人	18929	11199	1417	3088	3225
调解纠纷总数	件	31331	18022	1722	5200	6387
#调解成功	件	31083	17831	1699	5166	6387
法律服务所	个	125	107	9	6	3
基层法律工作者	人	682	593	41	31	17
担任法律顾问	家	1010	733	98	153	26
民事诉讼代理	件	9700	7234	1012	999	455
非诉代理	件	5731	4381	513	774	63
挽回经济损失	万元	20882	16875	2140	1707	160
法律援助工作						
法律援助机构	个	11	8	1	1	1
执业人员	人	15	13	0	2	0
办理法律援助案件	件	8886	7190	616	475	605

20-5 社会保障和救济

Basic Statistics on Social Security and Receiving Relief Flinds

指　　标	单　位	2011年	2012年	2013年	2014年	2015年	2016年
优抚情况							
享受定期补助人数	人	38982	38793	35077	35298	35012	35148
#在乡复员军人	人	11020	8254	4512	3708	2725	2319
参战退役人员	人	5091	4962	4765	4524	4454	4741
社会救济情况							
城镇居民最低生活保障人数	人	55868	40070	32947	24925	22303	19742
农村居民最低生活保障人数	人	82562	75978	76223	80535	81215	80147
社会保障及扶贫							
建立社会保障服务网络的乡镇数	个	55	55	53	53	48	39
城市市区居民最低生活保障金标准	元/月	400	480	480	550	550	580

主要统计指标解释

Explanatory Notes on Main Statistical Indicators

社会福利事业单位收养人数　包括民政部门管理和城镇、农村集体举办的社会福利事业单位中收养的老人、少年儿童、缺乏生活自理能力的残疾人员和精神病人。

社会福利企业单位　指以安置城镇有一定劳动能力的盲、聋、哑和肢体残疾人员就业为目的，享受国家减免税待遇的国有或集体企业。包括福利工厂、福利商业和服务业、假肢厂和安置农场等单位。

律师　指受聘参加法律顾问处工作，担任法律顾问、刑（民）事代理人、刑事辩护人，办理非诉讼事件、解答法律询问，代写法律事务文书等主要从事律师业务的专职法律工作者和兼职律师。

公证人员　指在国家公证机关依法办理公证事务的司法人员，包括公证员、助理公证员和在公证处工作的其他人员。

调解人员　指在人民调解委员会担负调解民间一般民事纠纷和轻微违法行为引起纠纷的工作人员，包括调解委员会的委员和调解小组的调解员。

立案　指检察机关对犯罪线索进行初步调查后，认为存在职务犯罪事实并需要追究刑事责任时，依法决定作为刑事案件进行侦查的诉讼活动，是追究犯罪的开始。

附 录

APPENDIX

山 东 省 十 七 城 市

Main Statistical Indicators

城市名称	地区生产总值（亿元）	第一产业（亿元）	第二产业（亿元）	第三产业（亿元）	固定资产投资额（亿元）	#房地产开发投资额（亿元）	一般公共预算收入（亿元）	一般公共预算支出（亿元）	金融机构本外币存款余额（亿元）	#住户存款（亿元）	金融机构本外币贷款余额（亿元）
全　省	67008.2	4929.1	30410.0	31669.0	52364.5	6323.4	5860.2	8749.6	85683.5	41754.9	65243.5
济南市	6536.1	317.3	2368.9	3849.9	3974.3	1163.9	641.2	741.0	15537.4	4344.8	13096.1
青岛市	10011.3	371.0	4160.7	5479.6	7454.7	1369.1	1100.0	1352.8	14673.8	5460.2	12955.3
淄博市	4412.0	150.7	2315.5	1945.8	3099.8	221.8	345.4	418.4	4204.4	2498.8	2871.7
枣庄市	2142.6	162.1	1097.9	882.7	1788.5	158.9	147.4	246.9	1672.7	1104.5	1100.3
东营市	3479.6	121.9	2163.1	1194.6	2472.5	208.8	221.9	268.2	3986.7	1478.6	3507.5
烟台市	6925.7	467.5	3461.7	2996.5	5297.2	551.0	577.1	679.3	7580.1	4026.8	4736.7
潍坊市	5522.7	475.3	2559.8	2487.6	5112.5	443.3	521.5	637.0	7094.8	4025.1	4906.0
济宁市	4301.8	480.5	1949.7	1871.7	3279.0	363.9	391.5	556.0	4612.1	2803.9	2879.3
泰安市	3316.8	280.9	1485.5	1550.4	2899.6	181.1	206.7	330.6	3075.7	1958.6	1938.6
威海市	3212.2	229.3	1463.4	1519.5	2879.4	215.1	260.5	338.6	3112.8	1691.6	1902.4
日照市	1802.5	147.0	851.9	803.6	1597.8	158.5	128.7	205.0	2080.6	1114.3	2274.2
莱芜市	702.8	55.1	352.4	295.3	635.7	47.2	53.0	86.6	914.0	541.8	672.2
临沂市	4026.8	359.0	1736.3	1931.6	3603.3	374.5	293.9	574.3	5333.7	3322.6	3960.6
德州市	2933.0	296.2	1403.2	1233.6	2537.8	220.4	183.5	332.1	2868.6	1943.3	1659.8
聊城市	2859.2	338.1	1414.7	1106.4	2357.6	248.5	187.5	354.9	3032.5	1936.0	2130.4
滨州市	2470.1	232.2	1142.8	1095.1	2156.6	114.7	220.0	316.1	2697.9	1287.4	2394.3
菏泽市	2560.2	280.6	1312.6	967.1	1218.2	282.6	185.0	429.6	3024.7	2216.6	1805.1
济南位次	3	7	4	2	4	2	2	2	1	2	1

主 要 经 济 指 标（2016年）

Indicators of 17 Cities in Shandong(2016)

规模以上工业主营业务收入（亿元）	规模以上工业利税总额（亿元）	规模以上工业利润总额（亿元）	社会消费品零售总额（亿元）	出口总额（亿元）	实际使用外资（亿元）	城镇居民人均可支配收入（元）	城镇居民人均生活消费支出（元）	农村居民人均可支配收入（元）	农村居民人均生活消费支出（元）	居民消费价格指数（%）
150034.9	13312.9	8643.1	30645.8	9052.2	1110.7	34012	21495	13954	9519	102.1
5722.6	727.6	368.6	3764.8	408.0	112.3	43052	28537	15346	9396	102.7
16288.1	1705.9	951.7	4104.9	2821.9	460.6	43598	28285	17969	12006	102.5
11901.3	1320.8	803.7	2155.0	347.4	42.2	36436	23697	15674	11225	102.3
3842.1	280.8	174.8	892.3	81.2	6.9	27708	15932	13018	8573	101.7
13236.0	957.5	599.6	789.7	301.7	14.9	41580	24879	14999	11348	101.7
16301.9	1499.3	1169.6	2976.1	1643.6	136.0	38744	25737	16721	11651	101.8
13425.7	1129.3	743.1	2514.9	822.0	70.8	33609	20976	16098	10027	102.4
5515.7	601.2	367.3	2071.9	224.3	34.0	29987	18202	13615	8812	102.2
5885.4	543.4	368.5	1462.8	108.8	34.1	30299	17900	14428	9297	102.0
6970.7	570.2	390.8	1456.7	786.1	79.9	39363	25639	17573	10780	101.8
2752.6	131.0	84.8	660.1	279.0	38.5	28340	17957	13379	7264	101.9
1919.6	75.0	45.4	347.8	64.8	10.3	32364	18523	14852	10413	101.8
10633.2	785.6	526.2	2488.0	401.9	14.9	30859	14468	11646	7364	101.7
10628.9	827.4	586.0	1395.0	150.0	8.1	22760	14131	12248	9887	101.8
8888.8	832.4	597.2	1173.1	197.8	4.4	23277	13516	11387	8255	102.2
8375.5	424.7	285.2	889.7	249.4	25.5	30583	20728	13736	9574	101.9
7785.7	900.2	580.1	1503.0	164.2	17.1	22122	13767	10705	8342	101.9
13	10	11	2	5	3	2	1	6	10	1

附录二

十 五 副 省 级 城 市

Main Statistical Indicators

城市名称	地区生产总值（亿元）	第一产业（亿元）	第二产业（亿元）	第三产业（亿元）	固定资产投资额（亿元）	#房地产开发投资额（亿元）	一般公共预算收入（亿元）	一般公共预算支出（亿元）	金融机构人民币存款余额（亿元）	#住户存款（亿元）
济南	6536.1	317.3	2368.9	3849.9	3974.3	1163.9	641.2	741.0	15032.8	4279.9
沈阳	5460.0	266.4	2135.6	3058.0	1631.6	709.7	620.9	829.4	14242.8	6145.5
大连	6730.3	462.8	2793.7	3473.9	1436.4	535.2	611.9	870.3	14179.5	5277.7
长春	5928.5	323.5	2926.2	2678.8	4659.0	596.6	415.5	770.6	11034.5	4218.1
哈尔滨	6101.6	691.2	1896.7	3513.8	5040.1	512.1	376.2	876.9	9804.0	4671.9
南京	10503.0	252.5	4117.2	6133.3	5533.6	1845.6	1142.6	1173.8	27633.6	6532.8
杭州	11050.5	304.8	3977.4	6768.3	5842.4	2606.4	1402.4	1404.3	32514.6	8313.1
宁波	8541.1	304.6	4239.6	3996.9	4961.4	1270.3	1114.5	1289.3	16196.0	5689.4
厦门	3784.3	23.5	1558.6	2202.2	2159.8	765.8	647.9	761.2	9188.5	2032.9
青岛	10011.3	371.0	4160.7	5479.6	7454.7	1369.1	1100.0	1352.8	14007.0	5326.0
武汉	11912.6	390.6	5227.1	6294.9	7093.2	2517.4	1322.1	1523.1	21792.8	–
广州	19610.9	240.0	5925.9	13445.0	5703.6	2540.9	1393.9	1943.7	45937.3	16216.7
深圳	19492.6	6.3	7700.4	11785.9	4078.2	1756.5	3136.4	4178.0	59562.3	10391.1
成都	12170.2	474.9	5232.0	6463.3	8370.5	2638.9	1175.4	1597.2	31433.7	10807.6
西安	6257.2	232.0	2197.8	3827.4	5191.4	1955.8	641.1	942.5	19074.0	7035.8
济南位次	10	7	11	9	12	10	10	15	9	13

注：为便于排序，厦门、青岛、西安进出口总额、出口总额数据根据人民币口径和2016年年均汇率推算而来，济南实际到帐外资

主 要 经 济 指 标 （2016年）

of 15 Vice-provincial Cities(2016)

金融机构人民币贷款余额(亿元)	规模以上工业利润总额（亿元）	社会消费品零售总额（亿元）	进出口总额（海关）（亿美元）	#出口总额（亿美元）	实际使用外资（亿美元）	城镇居民人均可支配收入（元）	城镇居民人均生活消费支出（元）	农村居民人均可支配收入（元）	居民消费价格指数（%）
11370.2	368.6	3764.8	108.6	73.4	16.9	43052	28537	15346	102.7
12569.6	270.8	3985.9	113.3	42.5	8.2	39135	27655	14445	101.7
11004.8	273.0	3410.1	514.7	244.1	30	38050	27119	15664	101.9
9921.8	705.3	2650.3	141.6	19.1	12.9	31069	24096	12576	101.4
9048.7	133.9	3744.2	39.7	16.8	32.1	33190	24340	14439	101.8
21681.3	941.8	5088.2	502.1	295.9	34.8	49997	29772	21156	102.7
25464.8	927.9	5176.2	679.9	502.6	72.1	52185	35686	27908	102.6
15806.8	993.8	3667.6	948.7	660.9	45.1	51560	31584	28572	102.1
7745.0	416.9	1283.5	766.5	465.8	22.2	46254	30867	16300	101.7
11892.0	951.7	4104.9	655.0	424.8	70	43598	28285	17969	102.5
19386.3	672.8	5610.6	237.8	137.2	85.2	39737	26535	19152	102.4
28885.5	1184.6	8706.5	1297.1	786.1	57	50941	38398	21449	102.7
35165.5	1734.3	5512.8	3984.4	2375.5	67.3	48695	36481	–	102.4
25009.2	742.3	5647.4	395.9	395.9	86.2	35902	23514	18605	102.2
15282.7	248.9	3730.7	275.3	142.5	45.1	35630	23799	15191	100.9
11	11	9	14	12	13	8	8	10	1

金额根据人民币口径数据和2016年年均汇率推算而来。

二 十 六 省 会 城 市

Main Statistical Indicators

城市名称	地区生产总值（亿元）	第一产业（亿元）	第二产业（亿元）	第三产业（亿元）	固定资产投资额（亿元）	#房地产开发投资额（亿元）	一般公共预算收入（亿元）	一般公共预算支出（亿元）	金融机构本外币存款余额（亿元）	金融机构本外币贷款余额（亿元）
济南	6536.1	317.3	2368.9	3849.9	3974.3	1163.9	641.2	741.0	15537.4	13096.1
石家庄	5857.8	480.9	2638.0	2738.9	5916.0	2663.9	410.7	739.7	11229.1	7236.7
太原	2955.6	38.2	1068.0	1849.3	2027.7	681.9	282.7	424.1	11497.5	12016.8
呼和浩特	3173.6	113.5	884.4	2175.7	1849.2	520.5	269.7	420.9	6211.3	7133.5
沈阳	5460.0	266.4	2135.6	3058.0	1631.6	709.7	620.9	829.4	14446.3	12798.2
长春	5928.5	323.5	2926.2	2678.8	4659.0	596.6	415.5	770.6	11122.2	9966.1
哈尔滨	6101.6	691.2	1896.7	3513.8	5040.1	512.1	376.2	876.9	9961.7	9387.0
南京	10503.0	252.5	4117.2	6133.3	5533.6	1845.6	1142.6	1173.8	28355.9	22268.9
杭州	11050.5	304.8	3977.4	6768.3	5842.4	2606.4	1402.4	1404.3	33386.0	26169.0
合肥	6274.3	270.2	3189.2	2814.8	6501.2	1352.6	614.9	859.9	13479.7	12064.2
福州	6197.8	492.7	2598.3	3106.8	5184.4	1679.4	598.9	831.2	12432.3	12538.2
南昌	4355.0	181.8	2307.2	1866.0	4540.3	674.6	402.2	587.7	9627.6	8707.2
郑州	7994.2	156.4	3780.7	4057.1	6998.6	2778.9	1011.2	1321.6	19830.7	15994.8
武汉	11912.6	390.6	5227.1	6294.9	7093.2	2517.4	1322.1	1523.1	22196.2	20754.9
长沙	9323.7	371.0	4513.2	4439.5	6693.3	1260.6	743.7	1026.3	15488.8	15477.5
广州	19610.9	240.0	5925.9	13445.0	5703.6	2540.9	1393.9	1943.7	47530.2	29669.8
南宁	3703.4	400.7	1427.2	1875.6	3824.7	854.0	312.8	587.1	–	–
海口	1257.7	67.7	233.6	956.4	1271.7	551.1	115.5	206.2	4989.3	5268.5
成都	12170.2	474.9	5232.0	6463.3	8370.5	2638.9	1175.4	1597.2	32578.0	25673.4
贵阳	3157.7	137.1	1218.8	1801.8	3380.7	927.3	366.3	525.6	9978.8	9256.4
昆明	4300.4	200.5	1660.5	2439.5	3920.1	1530.5	530.0	689.1	12834.7	13954.8
西安	6257.2	232.0	2197.8	3827.4	5191.4	1955.8	641.1	942.5	19488.4	15542.4
兰州	2264.2	60.4	790.1	1413.8	1991.0	391.2	215.5	422.6	8707.8	8663.0
西宁	1248.2	39.2	595.6	613.4	1399.3	316.5	75.2	287.8	3771.4	4769.7
银川	1617.3	58.6	825.5	733.2	1723.3	474.9	173.1	329.5	3359.0	4103.4
乌鲁木齐	2459.0	28.1	704.1	1726.8	1607.8	362.5	369.7	417.6	7477.9	5314.4
济南位次	8	9	12	8	15	13	8	14	8	10

注：为便于排序，长沙、福州、南宁、西安、西宁、银川进出口总额、出口总额数据根据人民币口径和2016年年均汇率推算而来，

主 要 经 济 指 标 （2016年）

of 26 Provincial Capitals（2016）

规模以上工业利润总额（亿元）	社会消费品零售总额（亿元）	进出口总额（海关）（亿美元）	#出口总额（亿美元）	实际使用外资（亿美元）	城镇居民人均可支配收入（元）	农村居民人均可支配收入（元）	居民消费价格指数（%）
368.6	3764.8	108.6	73.4	16.9	43052	15346	102.7
808.2	2975.2	116.1	70.2	12.2	30459	12345	101.6
3.3	1666.2	133.1	83.3	4.6	29632	14591	101.2
102.0	1481.5	13.1	6.8	–	40220	14517	101.4
270.8	3985.9	113.3	42.5	8.2	39135	14445	101.7
737.7	2650.3	141.6	19.1	12.9	31069	12576	101.4
133.9	3744.2	39.7	16.8	32.1	33190	14439	101.8
941.8	5088.2	502.1	295.9	34.8	49997	21156	102.7
927.9	5176.2	679.9	502.6	72.1	52185	27908	102.6
517.0	2445.7	186.9	126.4	28.1	34852	17059	102.6
434.0	3763.1	313.5	211.8	18.1	37833	16347	102.3
359.2	1868.0	94.1	57.8	28.9	34619	14952	102.1
1066.7	3665.8	550.3	317.0	40.3	33214	18426	102.3
672.8	5610.6	237.8	137.2	85.2	39737	19152	102.4
593.5	4117.4	112.4	75.6	48.1	43294	25448	101.9
1184.6	8706.5	1297.1	786.1	57.0	50941	21449	102.7
211.2	1980.4	62.7	31.8	7.7	30728	11398	101.4
35.3	653.9	39.2	7.9	0.4	30775	12679	103.0
742.3	5647.4	410.1	219.3	86.2	35902	18605	102.2
220.4	1195.3	39.0	32.6	11.2	29502	12967	101.1
127.4	2310.1	66.8	41.3	7.4	36739	12555	101.7
248.9	3730.7	275.3	142.5	45.1	35630	15191	100.9
36.6	1263.3	–	–	–	29661	10391	100.8
10.6	513.1	12.8	11.4	–	27539	9678	102.1
67.1	514.2	24.6	4.8	0.4	30478	12037	101.7
27.9	1236.7	49.0	42.1	2.4	34190	16351	101.5
14	8	15	12	13	5	11	2

济南、乌鲁木齐实际到帐外资金额根据人民币口径数据和2016年年均汇率推算而来。

附录四

中华人民共和国统计法

Statistical Law of The People´s Republic of China

（1983年12月8日第六届全国人民代表大会常务委员会第三次会议通过　根据1996年5月15日第八届全国人民代表大会常务委员会第十九次会议《关于修改〈中华人民共和国统计法〉的决定》修正　2009年6月27日第十一届全国人民代表大会常务委员会第九次会议修订）

第一章　总　则

第一条　为了科学、有效地组织统计工作，保障统计资料的真实性、准确性、完整性和及时性，发挥统计在了解国情国力、服务经济社会发展中的重要作用，促进社会主义现代化建设事业发展，制定本法。

第二条　本法适用于各级人民政府、县级以上人民政府统计机构和有关部门组织实施的统计活动。

统计的基本任务是对经济社会发展情况进行统计调查、统计分析，提供统计资料和统计咨询意见，实行统计监督。

第三条　国家建立集中统一的统计系统，实行统一领导、分级负责的统计管理体制。

第四条　国务院和地方各级人民政府、各有关部门应当加强对统计工作的组织领导，为统计工作提供必要的保障。

第五条　国家加强统计科学研究，健全科学的统计指标体系，不断改进统计调查方法，提高统计的科学性。

国家有计划地加强统计信息化建设，推进统计信息搜集、处理、传输、共享、存储技术和统计数据库体系的现代化。

第六条　统计机构和统计人员依照本法规定独立行使统计调查、统计报告、统计监督的职权，不受侵犯。

地方各级人民政府、政府统计机构和有关部门以及各单位的负责人，不得自行修改统计机构和统计人员依法搜集、整理的统计资料，不得以任何方式要求统计机构、统计人员及其他机构、人员伪造、篡改统计资料，不得对依法履行职责或者拒绝、抵制统计违法行为的统计人员打击报复。

第七条　国家机关、企业事业单位和其他组织以及个体工商户和个人等统计调查对象，必须依照本法和国家有关规定，真实、准确、完整、及时地提供统计调查所需的资料，不得提供不真实或者不完整的统计资料，不得迟报、拒报统计资料。

第八条　统计工作应当接受社会公众的监督。任何单位和个人有权检举统计中弄虚作假等违法行为。对检举有功的单位和个人应当给予表彰和奖励。

第九条　统计机构和统计人员对在统计工作中知悉的国家秘密、商业秘密和个人信息，应当予以保密。

第十条　任何单位和个人不得利用虚假统计资料骗取荣誉称号、物质利益或者职务晋升。

第二章　统计调查管理

第十一条　统计调查项目包括国家统计调查项目、部门统计调查项目和地方统计调查项目。

国家统计调查项目是指全国性基本情况的统计调查项目。部门统计调查项目是指国务院有关部门的专业性统计调查项目。地方统计调查项目是指县级以上地方人民政府及其部门的地方性统计调查项目。

国家统计调查项目、部门统计调查项目、地方统计调查项目应当明确分工，互相衔接，不得重复。

第十二条　国家统计调查项目由国家统计局制定，或者由国家统计局和国务院有关部门共同制定，报国务院备案；重大的国家统计调查项目报国务院审批。

部门统计调查项目由国务院有关部门制定。统计调查对象属于本部门管辖系统的，报国家统计局备案；统计调查对象超出本部门管辖系统的，报国家统计局审批。

地方统计调查项目由县级以上地方人民政府统计机构和有关部门分别制定或者共同制定。其中，由省级人民政府统计机构单独制定或者和有关部门共同制定的，报国家统计局审批；由省级以下人民政府统计机构单独制定或者和有关部门共同制定的，报省级人民政府统计机构审批；由县级以上地方人民政府有关部门制定的，报本级人民政府统计机构审批。

第十三条　统计调查项目的审批机关应当对调查项目的必要性、可行性、科学性进行审查，对符合法定条件的，作出予以批准的书面决定，并公布；对不符合法定条件的，作出不予批准的书面决定，并说明理由。

第十四条　制定统计调查项目，应当同时制定该项目的统计调查制度，并依照本法第十二条的规定一并报经审批或者备案。

统计调查制度应当对调查目的、调查内容、调查方法、调查对象、调查组织方式、调查表式、统计资料的报送和公布等作出规定。

统计调查应当按照统计调查制度组织实施。变更统计调查制度的内容，应当报经原审批机关批准或者原备案机关备案。

第十五条 统计调查表应当标明表号、制定机关、批准或者备案文号、有效期限等标志。

对未标明前款规定的标志或者超过有效期限的统计调查表，统计调查对象有权拒绝填报；县级以上人民政府统计机构应当依法责令停止有关统计调查活动。

第十六条 搜集、整理统计资料，应当以周期性普查为基础，以经常性抽样调查为主体，综合运用全面调查、重点调查等方法，并充分利用行政记录等资料。

重大国情国力普查由国务院统一领导，国务院和地方人民政府组织统计机构和有关部门共同实施。

第十七条 国家制定统一的统计标准，保障统计调查采用的指标涵义、计算方法、分类目录、调查表式和统计编码等的标准化。

国家统计标准由国家统计局制定，或者由国家统计局和国务院标准化主管部门共同制定。

国务院有关部门可以制定补充性的部门统计标准，报国家统计局审批。部门统计标准不得与国家统计标准相抵触。

第十八条 县级以上人民政府统计机构根据统计任务的需要，可以在统计调查对象中推广使用计算机网络报送统计资料。

第十九条 县级以上人民政府应当将统计工作所需经费列入财政预算。

重大国情国力普查所需经费，由国务院和地方人民政府共同负担，列入相应年度的财政预算，按时拨付，确保到位。

第三章 统计资料的管理和公布

第二十条 县级以上人民政府统计机构和有关部门以及乡、镇人民政府，应当按照国家有关规定建立统计资料的保存、管理制度，建立健全统计信息共享机制。

第二十一条 国家机关、企业事业单位和其他组织等统计调查对象，应当按照国家有关规定设置原始记录、统计台账，建立健全统计资料的审核、签署、交接、归档等管理制度。

统计资料的审核、签署人员应当对其审核、签署的统计资料的真实性、准确性和完整性负责。

第二十二条 县级以上人民政府有关部门应当及时向本级人民政府统计机构提供统计所需的行政记录资料和国民经济核算所需的财务资料、财政资料及其他资料，并按照统计调查制度的规定及时向本级人民政府统计机构报送其组织实施统计调查取得的有关资料。

县级以上人民政府统计机构应当及时向本级人民政府有关部门提供有关统计资料。

第二十三条 县级以上人民政府统计机构按照国家有关规定，定期公布统计资料。

国家统计数据以国家统计局公布的数据为准。

第二十四条 县级以上人民政府有关部门统计调查取得的统计资料，由本部门按照国家有关规定公布。

第二十五条 统计调查中获得的能够识别或者推断单个统计调查对象身份的资料，任何单位和个人不得对外提供、泄露，不得用于统计以外的目的。

第二十六条 县级以上人民政府统计机构和有关部门统计调查取得的统计资料，除依法应当保密的外，应当及时公开，供社会公众查询。

第四章 统计机构和统计人员

第二十七条 国务院设立国家统计局，依法组织领导和协调全国的统计工作。

国家统计局根据工作需要设立的派出调查机构，承担国家统计局布置的统计调查等任务。

县级以上地方人民政府设立独立的统计机构，乡、镇人民政府设置统计工作岗位，配备专职或者兼职统计人员，依法管理、开展统计工作，实施统计调查。

第二十八条 县级以上人民政府有关部门根据统计任务的需要设立统计机构，或者在有关机构中设置统计人员，并指定统计负责人，依法组织、管理本部门职责范围内的统计工作，实施统计调查，在统计业务上受本级人民政府统计机构的指导。

第二十九条 统计机构、统计人员应当依法履行职责，如实搜集、报送统计资料，不得伪造、篡改统计资料，不得以任何方式要求任何单位和个人提供不真实的统计资料，不得有其他违反本法规定的行为。

统计人员应当坚持实事求是，恪守职业道德，对其负责搜集、审核、录入的统计资料与统计调查对象报送的统计资料的一致性负责。

第三十条 统计人员进行统计调查时，有权就与统计有关的问题询问有关人员，要求其如实提供有关情况、资料并改正不真实、不准确的资料。

统计人员进行统计调查时，应当出示县级以上人民政府统计机构或者有关部门颁发的工作证件；未出示的，统计调查对象有权拒绝调查。

第三十一条 国家实行统计专业技术职务资格考试、评聘制度，提高统计人员的专业素质，保障统计队伍的稳定性。

统计人员应当具备与其从事的统计工作相适应的专业知识和业务能力。

县级以上人民政府统计机构和有关部门应当加强对统计人员的专业培训和职业道德教育。

第五章 监督检查

第三十二条 县级以上人民政府及其监察机关对下级人民政府、本级人民政府统计机构和有关部门执行本法的情况，实施监督。

第三十三条 国家统计局组织管理全国统计工作的监督检查，查处重大统计违法行为。

县级以上地方人民政府统计机构依法查处本行政区域内发生的统计违法行为。但是，国家统计局派出的调查机构组织实施的统计调查活动中发生的统计违法行为，由组织实施该项统计调查的调查机构负责查处。

法律、行政法规对有关部门查处统计违法行为另有规定的，从其规定。

第三十四条 县级以上人民政府有关部门应当积极协助本级人民政府统计机构查处统计违法行为，及时向本级人民政府统计机构移送有关统计违法案件材料。

第三十五条 县级以上人民政府统计机构在调查统计违法行为或者核查统计数据时，有权采取下列措施：

（一）发出统计检查查询书，向检查对象查询有关事项；

（二）要求检查对象提供有关原始记录和凭证、统计台账、统计调查表、会计资料及其他相关证明和资料；

（三）就与检查有关的事项询问有关人员；

（四）进入检查对象的业务场所和统计数据处理信息系统进行检查、核对；

（五）经本机构负责人批准，登记保存检查对象的有关原始记录和凭证、统计台账、统计调查表、会计资料及其他相关证明和资料；

（六）对与检查事项有关的情况和资料进行记录、录音、录像、照相和复制。

县级以上人民政府统计机构进行监督检查时，监督检查人员不得少于二人，并应当出示执法证件；未出示的，有关单位和个人有权拒绝检查。

第三十六条 县级以上人民政府统计机构履行监督检查职责时，有关单位和个人应当如实反映情况，提供相关证明和资料，不得拒绝、阻碍检查，不得转移、隐匿、篡改、毁弃原始记录和凭证、统计台账、统计调查表、会计资料及其他相关证明和资料。

第六章 法律责任

第三十七条 地方人民政府、政府统计机构或者有关部门、单位的负责人有下列行为之一的，由任免机关或者监察机关依法给予处分，并由县级以上人民政府统计机构予以通报：

（一）自行修改统计资料、编造虚假统计数据的；

（二）要求统计机构、统计人员或者其他机构、人员伪造、篡改统计资料的；

（三）对依法履行职责或者拒绝、抵制统计违法行为的统计人员打击报复的；

（四）对本地方、本部门、本单位发生的严重统计违法行为失察的。

第三十八条 县级以上人民政府统计机构或者有关部门在组织实施统计调查活动中有下列行为之一的，由本级人民政府、上级人民政府统计机构或者本级人民政府统计机构责令改正，予以通报；对直接负责的主管人员和其他直接责任人员，由任免机关或者监察机关依法给予处分：

（一）未经批准擅自组织实施统计调查的；

（二）未经批准擅自变更统计调查制度的内容的；

（三）伪造、篡改统计资料的；

（四）要求统计调查对象或者其他机构、人员提供不真实的统计资料的；

（五）未按照统计调查制度的规定报送有关资料的。

统计人员有前款第三项至第五项所列行为之一的，责令改正，依法给予处分。

第三十九条 县级以上人民政府统计机构或者有关部门有下列行为之一的，对直接负责的主管人员和其他直接责任人员由任免机关或者监察机关依法给予处分：

（一）违法公布统计资料的；

（二）泄露统计调查对象的商业秘密、个人信息或者提供、泄露在统计调查中获得的能够识别或者推断单个统计调查对象身份的资料的；

（三）违反国家有关规定，造成统计资料毁损、灭失的。

统计人员有前款所列行为之一的，依法给予处分。

第四十条 统计机构、统计人员泄露国家秘密的，依法追究法律责任。

第四十一条 作为统计调查对象的国家机关、企业事业单位或者其他组织有下列行为之一的，由县级以上人民政府统计机构责令改正，给予警告，可以予以通报；其直接负责的主管人员和其他直接责任人员属于国家工作人员的，由任免机关或者监察机关依法给予处分：

（一）拒绝提供统计资料或者经催报后仍未按时提供统计资料的；

（二）提供不真实或者不完整的统计资料的；

（三）拒绝答复或者不如实答复统计检查查询书的；

（四）拒绝、阻碍统计调查、统计检查的；

（五）转移、隐匿、篡改、毁弃或者拒绝提供原始记录和凭证、统计台账、统计调查表及其他相关证明和资料的。

企业事业单位或者其他组织有前款所列行为之一的，可以并处五万元以下的罚款；情节严重的，并处五万元以上二十万元以下的罚款。

个体工商户有本条第一款所列行为之一的，由县级以上人民政府统计机构责令改正，给予警告，可以并处一万元以下的罚款。

第四十二条 作为统计调查对象的国家机关、企业事业单位或者其他组织迟报统计资料，或者未按照国家有关规定设置原始记录、统计台账的，由县级以上人民政府统计机构责令改正，给予警告。

企业事业单位或者其他组织有前款所列行为之一的，可以并处一万元以下的罚款。

个体工商户迟报统计资料的，由县级以上人民政府统计机构责令改正，给予警告，可以并处一千元以下的罚款。

第四十三条 县级以上人民政府统计机构查处统计违法行为时，认为对有关国家工作人员依法应当给予处分的，应当提出给予处分的建议；该国家工作人员的任免机关或者监察机关应当依法及时作出决定，并将结果书面通知县级以上人民政府统计机构。

第四十四条 作为统计调查对象的个人在重大国情国力普查活动中拒绝、阻碍统计调查，或者提供不真实或者不完整的普查资料的，由县级以上人民政府统计机构责令改正，予以批评教育。

第四十五条 违反本法规定，利用虚假统计资料骗取荣誉称号、物质利益或者职务晋升的，除对其编造虚假统计资料或者要求他人编造虚假统计资料的行为依法追究法律责任外，由作出有关决定的单位或者其上级单位、监察机关取消其荣誉称号，追缴获得的物质利益，撤销晋升的职务。

第四十六条 当事人对县级以上人民政府统计机构作出的行政处罚决定不服的，可以依法申请行政复议或者提起行政诉讼。其中，对国家统计局在省、自治区、直辖市派出的调查机构作出的行政处罚决定不服的，向国家统计局申请行政复议；对国家统计局派出的其他调查机构作出的行政处罚决定不服的，向国家统计局在该派出机构所在的省、自治区、直辖市派出的调查机构申请行政复议。

第四十七条 违反本法规定，构成犯罪的，依法追究刑事责任。

第七章 附则

第四十八条 本法所称县级以上人民政府统计机构，是指国家统计局及其派出的调查机构、县级以上地方人民政府统计机构。

第四十九条 民间统计调查活动的管理办法，由国务院制定。

中华人民共和国境外的组织、个人需要在中华人民共和国境内进行统计调查活动的，应当按照国务院的规定报请审批。

利用统计调查危害国家安全、损害社会公共利益或者进行欺诈活动的，依法追究法律责任。

第五十条 本法自2010年1月1日起施行。

附录五

中华人民共和国统计法实施条例

Regulations for the Implementation of the Statistics Law of the People's Republic of China

中华人民共和国国务院令

第681号

《中华人民共和国统计法实施条例》已经2017年4月12日国务院第168次常务会议通过，现予公布，自2017年8月1日起施行。

总理 李克强

2017年5月28日

中华人民共和国统计法实施条例

第一章 总 则

第一条 根据《中华人民共和国统计法》(以下简称统计法)，制定本条例。

第二条 统计资料能够通过行政记录取得的，不得组织实施调查。通过抽样调查、重点调查能够满足统计需要的，不得组织实施全面调查。

第三条 县级以上人民政府统计机构和有关部门应当加强统计规律研究，健全新兴产业等统计，完善经济、社会、科技、资源和环境统计，推进互联网、大数据、云计算等现代信息技术在统计工作中的应用，满足经济社会发展需要。

第四条 地方人民政府、县级以上人民政府统计机构和有关部门应当根据国家有关规定，明确本单位防范和惩治统计造假、弄虚作假的责任主体，严格执行统计法和本条例的规定。

地方人民政府、县级以上人民政府统计机构和有关部门及其负责人应当保障统计活动依法进行，不得侵犯统计机构、统计人员独立行使统计调查、统计报告、统计监督职权，不得非法干预统计调查对象提供统计资料，不得统计造假、弄虚作假。

统计调查对象应当依照统计法和国家有关规定，真实、准确、完整、及时地提供统计资料，拒绝、抵制弄虚作假等违法行为。

第五条 县级以上人民政府统计机构和有关部门不得组织实施营利性统计调查。

国家有计划地推进县级以上人民政府统计机构和有关部门通过向社会购买服务组织实施统计调查和资料开发。

第二章 统计调查项目

第六条 部门统计调查项目、地方统计调查项目的主要内容不得与国家统计调查项目的内容重复、矛盾。

第七条 统计调查项目的制定机关(以下简称制定机关)应当就项目的必要性、可行性、科学性进行论证，征求有关地方、部门、统计调查对象和专家的意见，并由制定机关按照会议制度集体讨论决定。

重要统计调查项目应当进行试点。

第八条 制定机关申请审批统计调查项目，应当以公文形式向审批机关提交统计调查项目审批申请表、项目的统计调查制度和工作经费来源说明。

申请材料不齐全或者不符合法定形式的，审批机关应当一次性告知需要补正的全部内容，制定机关应当按照审批机关的要求予以补正。

申请材料齐全、符合法定形式的，审批机关应当受理。

第九条 统计调查项目符合下列条件的，审批机关应当作出予以批准的书面决定：

(一)具有法定依据或者确为公共管理和服务所必需；

(二)与已批准或者备案的统计调查项目的主要内容不重复、不矛盾；

(三)主要统计指标无法通过行政记录或者已有统计调查资料加工整理取得；

(四)统计调查制度符合统计法律法规规定，科学、合理、可行；

(五)采用的统计标准符合国家有关规定；

(六)制定机关具备项目执行能力。

不符合前款规定条件的，审批机关应当向制定机关提出修改意见；修改后仍不符合前款规定条件的，审批机关应当作出不予批准的书面决定并说明理由。

第十条 统计调查项目涉及其他部门职责的，审批机关应当在作出审批决定前，征求相关部门的意见。

第十一条 审批机关应当自受理统计调查项目审批申请之日起20日内作出决定。20日内不能作出决定的，经审批机关负责人批准可以延长10日，并应当将延长审批期限的理由告知制定机关。

制定机关修改统计调查项目的时间，不计算在审批期限内。

第十二条 制定机关申请备案统计调查项目，应当以公文形式向备案机关提交统计调查项目备案申请表和项目的统计调查制度。

统计调查项目的调查对象属于制定机关管辖系统，且主要内容与已批准、备案的统计调查项目不重复、不矛盾的，备案机关应当依法给予备案文号。

第十三条 统计调查项目经批准或者备案的，审批机关或者备案机关应当及时公布统计调查项目及其统计调查制度的主要内容。涉及国家秘密的统计调查项目除外。

第十四条 统计调查项目有下列情形之一的，审批机关或者备案机关应当简化审批或者备案程序，缩短期限：

(一)发生突发事件需要迅速实施统计调查；

(二)统计调查制度内容未作变动，统计调查项目有效期届满需要延长期限。

第十五条 统计法第十七条第二款规定的国家统计标准是强制执行标准。各级人民政府、县级以上人民政府统计机构和有关部门组织实施的统计调查活动，应当执行国家统计标准。

制定国家统计标准，应当征求国务院有关部门的意见。

第三章 统计调查的组织实施

第十六条 统计机构、统计人员组织实施统计调查，应当就统计调查对象的法定填报义务、主要指标涵义和有关填报要求等，向统计调查对象作出说明。

第十七条 国家机关、企业事业单位或者其他组织等统计调查对象提供统计资料，应当由填报人员和单位负责人签字，并加盖公章。个人作为统计调查对象提供统计资料，应当由本人签字。统计调查制度规定不需要签字、加盖公章的除外。

统计调查对象使用网络提供统计资料的，按照国家有关规定执行。

第十八条 县级以上人民政府统计机构、有关部门推广使用网络报送统计资料，应当采取有效的网络安全保障措施。

第十九条 县级以上人民政府统计机构、有关部门和乡、镇统计人员，应当对统计调查对象提供的统计资料进行审核。统计资料不完整或者存在明显错误的，应当由统计调查对象依法予以补充或者改正。

第二十条 国家统计局应当建立健全统计数据质量监控和评估制度，加强对各省、自治区、直辖市重要统计数据的监控和评估。

第四章 统计资料的管理和公布

第二十一条 县级以上人民政府统计机构、有关部门和乡、镇人民政府应当妥善保管统计调查中取得的统计资料。

国家建立统计资料灾难备份系统。

第二十二条 统计调查中取得的统计调查对象的原始资料，应当至少保存2年。

汇总性统计资料应当至少保存10年，重要的汇总性统计资料应当永久保存。法律法规另有规定的，从其规定。

第二十三条 统计调查对象按照国家有关规定设置的原始记录和统计台账，应当至少保存2年。

第二十四条 国家统计局统计调查取得的全国性统计数据和分省、自治区、直辖市统计数据，由国家统计局公布或者由国家统计局授权其派出的调查机构或者省级人民政府统计机构公布。

第二十五条 国务院有关部门统计调查取得的统计数据，由国务院有关部门按照国家有关规定和已批准或者备案的统计调查制度公布。

县级以上地方人民政府有关部门公布其统计调查取得的统计数据，比照前款规定执行。

第二十六条 已公布的统计数据按照国家有关规定需要进行修订的，县级以上人民政府统计机构和有关部门应当及时公布修订后的数据，并就修订依据和情况作出说明。

第二十七条 县级以上人民政府统计机构和有关部门应当及时公布主要统计指标涵义、调查范围、调查方法、计算方法、抽样调查样本量等信息，对统计数据进行解释说明。

第二十八条 公布统计资料应当按照国家有关规定进行。公布前，任何单位和个人不得违反国家有关规定对外提供，不得利用尚未公布的统计资料谋取不正当利益。

第二十九条 统计法第二十五条规定的能够识别或者推断单个统计调查对象身份的资料包括：

(一)直接标明单个统计调查对象身份的资料；

(二)虽未直接标明单个统计调查对象身份，但是通过已标明的地址、编码等相关信息可以识别或者推断单个统计调查对象身份的资料；

(三)可以推断单个统计调查对象身份的汇总资料。

第三十条 统计调查中获得的能够识别或者推断单个统计调查对象身份的资料应当依法严格管理，除作为统计执法依据外，不得直接作为对统计调查对象实施行政许可、行政处罚等具体行政行为的依据，不得用于完成统计任务以外的目的。

第三十一条 国家建立健全统计信息共享机制，实现县级以上人民政府统计机构和有关部门统计调查取得的资料共享。制定机关共同制定的统计调查项目，可以共同使用获取的统计资料。

统计调查制度应当对统计信息共享的内容、方式、时限、渠道和责任等作出规定。

第五章 统计机构和统计人员

第三十二条 县级以上地方人民政府统计机构受本级人民政府和上级人民政府统计机构的双重领导，在统计业务上以上级人民政府统计机构的领导为主。

乡、镇人民政府应当设置统计工作岗位，配备专职或者兼职统计人员，履行统计职责，在统计业务上受上级人民政府统计机构领导。乡、镇统计人员的调动，应当征得县级人民政府统计机构的同意。

县级以上人民政府有关部门在统计业务上受本级人民政府统计机构指导。

第三十三条 县级以上人民政府统计机构和有关部门应当完成国家统计调查任务，执行国家统计调查项目的统计调查制度，组织实施本地方、本部门的统计调查活动。

第三十四条 国家机关、企业事业单位和其他组织应当加强统计基础工作，为履行法定的统计资料报送义务提供组织、人员和工作条件保障。

第三十五条 对在统计工作中做出突出贡献、取得显著成绩的单位和个人，按照国家有关规定给予表彰和奖励。

第六章 监督检查

第三十六条 县级以上人民政府统计机构从事统计执法工作的人员，应当具备必要的法律知识和统计业务知识，参加统计执法培训，并取得由国家统计局统一印制的统计执法证。

第三十七条 任何单位和个人不得拒绝、阻碍对统计工作的监督检查和对统计违法行为的查处工作，不得包庇、纵容统计违法行为。

第三十八条 任何单位和个人有权向县级以上人民政府统计机构举报统计违法行为。

县级以上人民政府统计机构应当公布举报统计违法行为的方式和途径，依法受理、核实、处理举报，并为举报人保密。

第三十九条 县级以上人民政府统计机构负责查处统计违法行为；法律、行政法规对有关部门查处统计违法行为另有规定的，从其规定。

第七章 法律责任

第四十条 下列情形属于统计法第三十七条第四项规定的对严重统计违法行为失察，对地方人民政府、政府统计机构或者有关部门、单位的负责人，由任免机关或者监察机关依法给予处分，并由县级以上人民政府统计机构予以通报：

(一)本地方、本部门、本单位大面积发生或者连续发生统计造假、弄虚作假；

(二)本地方、本部门、本单位统计数据严重失实，应当发现而未发现；

(三)发现本地方、本部门、本单位统计数据严重失实不予纠正。

第四十一条 县级以上人民政府统计机构或者有关部门组织实施营利性统计调查的，由本级人民政府、上级人民政府统计机构或者本级人民政府统计机构责令改正，予以通报；有违法所得的，没收违法所得。

第四十二条 地方各级人民政府、县级以上人民政府统计机构或者有关部门及其负责人，侵犯统计机构、统计人员独立行使统计调查、统计报告、统计监督职权，或者采用下发文件、会议布置以及其他方式授意、指使、强令统计调查对象或者其他单位、人员编造虚假统计资料的，由上级人民政府、本级人民政府、上级人民政府统计机构或者本级人民政府统计机构责令改正，予以通报。

第四十三条 县级以上人民政府统计机构或者有关部门在组织实施统计调查活动中有下列行为之一的，由本级人民政府、上级人民政府统计机构或者本级人民政府统计机构责令改正，予以通报：

(一)违法制定、审批或者备案统计调查项目；

(二)未按照规定公布经批准或者备案的统计调查项目及其统计调查制度的主要内容；

(三)未执行国家统计标准；

(四)未执行统计调查制度；

(五)自行修改单个统计调查对象的统计资料。

乡、镇统计人员有前款第三项至第五项所列行为的，责令改正，依法给予处分。

第四十四条 县级以上人民政府统计机构或者有关部门违反本条例第二十四条、第二十五条规定公布统计数据的，由本级人民政府、上级人民政府统计机构或者本级人民政府统计机构责令改正，予以通报。

第四十五条 违反国家有关规定对外提供尚未公布的统计资料或者利用尚未公布的统计资料谋取不正当利益的，由任免机关或者监察机关依法给予处分，并由县级以上人民政府统计机构予以通报。

第四十六条 统计机构及其工作人员有下列行为之一的，由本级人民政府或者上级人民政府统计机构责令改正，予以通报：

(一)拒绝、阻碍对统计工作的监督检查和对统计违法行为的查处工作；

(二)包庇、纵容统计违法行为；

(三)向有统计违法行为的单位或者个人通风报信，帮助其逃避查处；

（四）未依法受理、核实、处理对统计违法行为的举报；

（五）泄露对统计违法行为的举报情况。

第四十七条 地方各级人民政府、县级以上人民政府有关部门拒绝、阻碍统计监督检查或者转移、隐匿、篡改、毁弃原始记录和凭证、统计台账、统计调查表及其他相关证明和资料的，由上级人民政府、上级人民政府统计机构或者本级人民政府统计机构责令改正，予以通报。

第四十八条 地方各级人民政府、县级以上人民政府统计机构和有关部门有本条例第四十一条至第四十七条所列违法行为之一的，对直接负责的主管人员和其他直接责任人员，由任免机关或者监察机关依法给予处分。

第四十九条 乡、镇人民政府有统计法第三十八条第一款、第三十九条第一款所列行为之一的，依照统计法第三十八条、第三十九条的规定追究法律责任。

第五十条 下列情形属于统计法第四十一条第二款规定的情节严重行为：

（一）使用暴力或者威胁方法拒绝、阻碍统计调查、统计监督检查；

（二）拒绝、阻碍统计调查、统计监督检查，严重影响相关工作正常开展；

（三）提供不真实、不完整的统计资料，造成严重后果或者恶劣影响；

（四）有统计法第四十一条第一款所列违法行为之一，1年内被责令改正3次以上。

第五十一条 统计违法行为涉嫌犯罪的，县级以上人民政府统计机构应当将案件移送司法机关处理。

第八章 附 则

第五十二条 中华人民共和国境外的组织、个人需要在中华人民共和国境内进行统计调查活动的，应当委托中华人民共和国境内具有涉外统计调查资格的机构进行。涉外统计调查资格应当依法报经批准。统计调查范围限于省、自治区、直辖市行政区域内的，由省级人民政府统计机构审批；统计调查范围跨省、自治区、直辖市行政区域的，由国家统计局审批。

涉外社会调查项目应当依法报经批准。统计调查范围限于省、自治区、直辖市行政区域内的，由省级人民政府统计机构审批；统计调查范围跨省、自治区、直辖市行政区域的，由国家统计局审批。

第五十三条 国家统计局或者省级人民政府统计机构对涉外统计违法行为进行调查，有权采取统计法第三十五条规定的措施。

第五十四条 对违法从事涉外统计调查活动的单位、个人，由国家统计局或者省级人民政府统计机构责令改正或者责令停止调查，有违法所得的，没收违法所得；违法所得50万元以上的，并处违法所得1倍以上3倍以下的罚款；违法所得不足50万元或者没有违法所得的，处200万元以下的罚款；情节严重的，暂停或者取消涉外统计调查资格，撤销涉外社会调查项目批准决定；构成犯罪的，依法追究刑事责任。

第五十五条 本条例自2017年8月1日起施行。1987年1月19日国务院批准、1987年2月15日国家统计局公布，2000年6月2日国务院批准修订、2000年6月15日国家统计局公布，2005年12月16日国务院修订的《中华人民共和国统计法实施细则》同时废止。

附录六

统计违法违纪行为处分规定

Statistics Regulation Violations of Law

中华人民共和国监察部
中华人民共和国人力资源和社会保障部 令
国家统计局

第18号

《统计违法违纪行为处分规定》已经监察部2009年2月9日第一次部长办公会议、人力资源社会保障部2008年12月30日第十六次部务会议、国家统计局2008年11月6日第十八次局务会议审议通过。现予公布,自2009年5月1日起施行。

监察部部长 马 馼
人力资源社会保障部部长 尹蔚民
国家统计局局长 马建堂
二〇〇九年三月二十五日

统计违法违纪行为处分规定

第一条 为了加强统计工作,提高统计数据的准确性和及时性,惩处和预防统计违法违纪行为,促进统计法律法规的贯彻实施,根据《中华人民共和国统计法》、《中华人民共和国行政监察法》、《中华人民共和国公务员法》、《行政机关公务员处分条例》及其他有关法律、行政法规,制定本规定。

第二条 有统计违法违纪行为的单位中负有责任的领导人员和直接责任人员,以及有统计违法违纪行为的个人,应当承担纪律责任。属于下列人员的(以下统称有关责任人员),由任免机关或者监察机关按照管理权限依法给予处分:

(一)行政机关公务员;

(二)法律、法规授权的具有公共事务管理职能的事业单位中经批准参照《中华人民共和国公务员法》管理的工作人员;

(三)行政机关依法委托的组织中除工勤人员以外的工作人员;

(四)企业、事业单位、社会团体中由行政机关任命的人员。

法律、行政法规、国务院决定和国务院监察机关、国务院人力资源社会保障部门制定的处分规章对统计违法违纪行为的处分另有规定的,从其规定。

第三条 地方、部门以及企业、事业单位、社会团体的领导人员有下列行为之一的,给予记过或者记大过处分;情节较重的,给予降级或者撤职处分;情节严重的,给予开除处分:

(一)自行修改统计资料、编造虚假数据的;

(二)强令、授意本地区、本部门、本单位统计机构、统计人员或者其他有关机构、人员拒报、虚报、瞒报或者篡改统计资料、编造虚假数据的;

(三)对拒绝、抵制篡改统计资料或者对拒绝、抵制编造虚假数据的人员进行打击报复的;

(四)对揭发、检举统计违法违纪行为的人员进行打击报复的。

有前款第(三)项、第(四)项规定行为的,应当从重处分。

第四条 地方、部门以及企业、事业单位、社会团体的领导人员,对本地区、本部门、本单位严重失实的统计数据,应当发现而未发现或者发现后不予纠正,造成不良后果的,给予警告或者记过处分;造成严重后果的,给予记大过或者降级处分;造成特别严重后果的,给予撤职或者开除处分。

第五条 各级人民政府统计机构、有关部门及其工作人员在实施统计调查活动中,有下列行为之一的,对有关责任人员,给予记过或者记大过处分;情节较重的,给予降级或者撤职处分;情节严重的,给予开除处分:

(一)强令、授意统计调查对象虚报、瞒报或者伪造、篡改

统计资料的;

(二)参与篡改统计资料、编造虚假数据的。

第六条 各级人民政府统计机构、有关部门及其工作人员在实施统计调查活动中,有下列行为之一的,对有关责任人员,给予警告、记过或者记大过处分;情节较重的,给予降级处分;情节严重的,给予撤职处分:

(一)故意拖延或者拒报统计资料的;

(二)明知统计数据不实,不履行职责调查核实,造成不良后果的。

第七条 统计调查对象中的单位有下列行为之一,情节较重的,对有关责任人员,给予警告、记过或者记大过处分;情节严重的,给予降级或者撤职处分;情节特别严重的,给予开除处分:

(一)虚报、瞒报统计资料的;

(二)伪造、篡改统计资料的;

(三)拒报或者屡次迟报统计资料的;

(四)拒绝提供情况、提供虚假情况或者转移、隐匿、毁弃原始统计记录、统计台账、统计报表以及与统计有关的其他资料的。

第八条 违反国家规定的权限和程序公布统计资料,造成不良后果的,对有关责任人员,给予警告或者记过处分;情节较重的,给予记大过或者降级处分;情节严重的,给予撤职处分。

第九条 有下列行为之一,造成不良后果的,对有关责任人员,给予警告、记过或者记大过处分;情节较重的,给予降级或者撤职处分;情节严重的,给予开除处分:

(一)泄露属于国家秘密的统计资料的;

(二)未经本人同意,泄露统计调查对象个人、家庭资料的;

(三)泄露统计调查中知悉的统计调查对象商业秘密的。

第十条 包庇、纵容统计违法违纪行为的,对有关责任人员,给予记过或者记大过处分;情节较重的,给予降级或者撤职处分;情节严重的,给予开除处分。

第十一条 受到处分的人员对处分决定不服的,依照《中华人民共和国行政监察法》、《中华人民共和国公务员法》、《行政机关公务员处分条例》等有关规定,可以申请复核或者申诉。

第十二条 任免机关、监察机关和人民政府统计机构建立案件移送制度。

任免机关、监察机关查处统计违法违纪案件,认为应当由人民政府统计机构给予行政处罚的,应当将有关案件材料移送人民政府统计机构。人民政府统计机构应当依法及时查处,并将处理结果书面告知任免机关、监察机关。

人民政府统计机构查处统计行政违法案件,认为应当由任免机关或者监察机关给予处分的,应当及时将有关案件材料移送任免机关或者监察机关。任免机关或者监察机关应当依法及时查处,并将处理结果书面告知人民政府统计机构。

第十三条 有统计违法违纪行为,应当给予党纪处分的,移送党的纪律检查机关处理。涉嫌犯罪的,移送司法机关依法追究刑事责任。

第十四条 本规定由监察部、人力资源社会保障部、国家统计局负责解释。

第十五条 本规定自2009年5月1日起施行。

中国统计出版社最新图书简目

（仅供参考，以实际出版为准）

统计资料

中国统计年鉴　中国统计摘要　中国发展报告
中国经济普查年鉴　国际统计年鉴　金砖国家联合统计手册
中国-东盟国家统计手册　中国农村统计年鉴　中国县域统计年鉴
中国城市统计年鉴　中国对外直接投资统计公报　中国地区经济监测报告
中国贸易外经统计年鉴　中国零售和餐饮连锁企业统计年鉴　中国商品交易市场统计年鉴
大中型批发零售和住宿餐饮企业统计年鉴　中国农产品价格调查年鉴　中国住户调查年鉴
中国价格统计年鉴　中国能源统计年鉴　全国农产品成本收益资料汇编
中国环境统计年鉴　中国建筑业统计年鉴　国外资源、能源和环境统计资料汇编
中国工业统计年鉴　中国城乡建设统计年鉴　中国县城建设统计年鉴
中国城市建设统计年鉴　中国科技统计年鉴　中国房地产统计年鉴
中国证券期货统计年鉴　中国劳动统计年鉴　中国第三产业统计年鉴
工业企业科技活动资料　中国社会统计年鉴　中国高技术产业统计年鉴
中国人才资源统计报告　中国教育统计年鉴　中国人口和就业统计年鉴
文化及相关产业统计概览　中国文化及相关产业统计年鉴　中国教育经费统计年鉴
中国民族统计年鉴　中国残疾人事业统计年鉴　中国民政统计年鉴
中国乡镇街道行政区域简册　中国基本单位统计年鉴　中国妇女儿童状况统计资料（英）

省级综合统计年鉴系列

北京 天津 河北 山西 内蒙古 辽宁 吉林 黑龙江 上海 江苏 浙江 安徽 福建 江西 山东 河南 湖北 湖南 广东 广西 海南 重庆 四川 贵州 云南 西藏 陕西 甘肃 青海 宁夏 新疆 新疆生产建设兵团

市(县)级综合统计年鉴系列

滨海新区 石家庄 唐山 邯郸 保定 沧州 邢台 廊坊 承德 衡水 秦皇岛 张家口 太原 大同 阳泉 长治 晋城 朔州 晋中 运城 忻州 临汾 吕梁 呼和浩特 呼和浩特新城区 鄂尔多斯 包头 沈阳 大连 长春 吉林 延吉 四平 通化 松原 哈尔滨 齐齐哈尔 黑龙江垦区 上海浦东新区 南京 无锡 徐州 常州 苏州 南通 连云港 淮安 盐城 扬州 镇江 泰州 宿迁 江阴 丹阳 海门 杭州 宁波 温州 嘉兴 湖州 绍兴 金华 衢州 舟山 台州 丽水 合肥 安庆 马鞍山 福州 厦门 宁德 漳州 龙岩 南昌 九江 上饶 新余 抚州 萍乡 赣州 吉安 景德镇 济南 青岛 潍坊 枣庄 日照 滕州 郑州 洛阳 平顶山 三门峡 商丘 信阳 济源 汝州 武汉 十堰 荆州 宜昌 荆门 咸宁 长沙 广州 深圳 惠州 东莞 汕尾 南宁 柳州 桂林 来宾 河池 防城港 海口 三亚 成都 贵阳 黔南 毕节 昆明 西安 咸阳 延安 宝鸡 安康 铜川 汉中 榆林 兰州 庆阳 银川 乌鲁木齐 兵团一师 兵团十师

调查年鉴系列

天津 山西 内蒙古 辽宁 吉林 上海　福建 江西 河南 湖北 湖南 广西　重庆 四川 云南 甘肃 宁夏 新疆

统计方法应用/实用手册

实用SAS统计分析教程　马克威统计分析与数据挖掘应用案例　统计公文知识问答
乡镇统计人员岗位知识培训系列教材：辅助调查员岗位基础知识　乡镇统计人员岗位基础知识
县级统计人员岗位知识培训系列教材：Excel在统计工作中的应用　简明统计分析
地市级统计人员岗位知识培训系列教材：统计报告与演示　Excel在统计工作中的应用

统计通俗读物/统计科普图书

国家统计局核心统计指标变迁　货架上的统计　账本里的统计

重点图书

砥砺奋进的五年——从十八大到十九大　新编英汉汉英统计大词典　中华医学统计百科全书
新常态下的中国服务业：理论与实践　新动能新产业发展报告-2017
挑大学选专业2018—考研择校指南　挑大学选专业2018—高考志愿填报指南